W0283305

Heiner Boberski

DAS ENGELWERK

Ein Geheimbund in der katholischen Kirche?

OTTO MÜLLER VERLAG SALZBURG

ISBN 3-7013-0781-4

© 1990 OTTO MÜLLER VERLAG SALZBURG
Einbandgestaltung: Leo Fellinger
Druck und Bindung: Wiener Verlag, Himberg

INHALT

I VORWORT

Wenn ihr in meinem Wort bleibt, seid ihr wirklich meine Jünger. Dann werdet ihr die Wahrheit erkennen, und die Wahrheit wird euch befreien.

JOHANNES-EVANGELIUM 8,31-32

Auf den folgenden Seiten wird der Versuch unternommen, eine Organisation unter die Lupe zu nehmen, die im gleichen Maß umstritten ist, in dem ihr Einfluß in der römisch-katholischen Kirche in den letzten Jahren zugenommen hat. Sie versucht anscheinend, ihre Ziele auf sehr geheimen Wegen zu erreichen. Diese Kennzeichnung würde wohl nach weit verbreiteter Meinung auch auf die schon recht bekannte Personalprälatur „Opus Dei" zutreffen, doch geht es beim hier gemeinten und meines Wissens erstmals in Buchform behandelten „Opus Angelorum" oder „Engelwerk" noch um etwas anderes: um den von mehreren namhaften Theologen geäußerten Vorwurf, Irrlehren zu verbreiten, die auf einer von der Kirche nicht anerkannten „Privatoffenbarung" beruhen.

Religiöse Überzeugungen - und seien sie noch so sonderbar - sind meiner Meinung nach nicht beweisbar und nicht widerlegbar, auch nicht der offenbar bei etlichen Menschen echt vorhandene Glaube an eine solche Engel- und Dämonenwelt, wie sie sich in den Schriften des Opus Angelorum widerspiegelt. Die entscheidende Frage ist aber, ob diese Lehren in der römisch-katholischen Kirche ihren Platz haben können oder ob die zentralen Stellen dieser Kirche nicht energischer vorgehen müßten, um „die Verehrung der heiligen Engel vor abstrusen Auswüchsen" - so der Passauer Bischof Franz Xaver Eder, als er am 20. Mai1988 im Passauer Bistumsblatt gegen Aktivitäten des Engelwerkes in seiner Diözese Stellung bezog - zu schützen.

Diese Frage zu klären, ist Sache der Theologen, zu denen ich nicht gehöre. Öffentlich den Wunsch vorzubringen, daß solche Fragen geklärt werden, ist das Recht jedes Katholiken und legitime Aufgabe des Journalisten, und in diesem Sinne habe ich mich mit dem Engelwerk befaßt. Dabei stand die Absicht im Vordergrund, ohne Polemik Fakten und - naturgemäß äußerst widersprüchliche - Aussagen zu diesem Thema zusammenzutragen und einander gegenüberzustellen.

Leider gestalteten sich die Recherchen sehr schwierig. Auf der einen Seite stand das Engelwerk, das sich von den Medien verfolgt fühlt und Interviews mit aus seiner Sicht „voreingenommenen" Journalisten ablehnt. Das Bemühen, von dort mündlich oder schriftlich Informationen zu erhalten, scheiterte. Ein für 14. November 1989 vereinbartes Gespräch mit P. Hansjörg Bitterlich, dem Superior der „Engelsburg" St. Petersberg in Tirol, wurde am 13. November telefonisch abgesagt. Bruder Franz Haas informierte mich, daß man ein Gespräch mit mir nicht als sinnvoll erachte, weil ich in der ORF-Jugendsendung „X-Large" am 12. November mit zwei kritischen Zitaten über das Engelwerk zu Wort gekommen war.

Mein Versuch, durch einen Katalog brieflich gestellter Fragen sowohl von P. Hansjörg Bitterlich als auch von Dr. Georg Blaskó, dem leitenden Priester im Engelwerk, Auskünfte zu bekommen, war vergeblich. Von Dr. Blaskó erhielt ich überhaupt keine Antwort, von St. Petersberg kam mit Datum vom 27. November 1989 ein abschlägiger Brief.

Weil es die Fairneß gebietet und die Sache erfordert, kommt aber das Engelwerk durch sehr viele Zitate aus seinen Publikationen und Schriften, die ich von anderer Seite erhalten habe, zu Wort. Dabei war sicher nicht beabsichtigt, „etwas aus dem Zusammenhang zu reißen", wie vielleicht Vorwürfe lauten könnten. Es bleibt jedem unbenommen, die OA-Texte im vollen Wortlaut zu studieren und mit den Zitaten zu vergleichen, wobei freilich - aber das liegt dann am Engelwerk - der Zugang zu einigen Texten oft nicht einfach sein mag.

In der Bibliotheksordnung des Engelwerkes heißt es über die nur in Mitgliederkreisen verbreiteten Schriften: „Im Sinne der Bibliotheksordnung ist es auch verboten, von diesen Schriften ohne Zustimmung der Verwaltung der Autorenrechte Übersetzungen oder Kopien zu fertigen oder auch das spezifische Gedankengut auf eine Weise zu verbreiten, die im Sinne der Weisungen der Heiligen Kirche und der Bibliotheksordnung nicht zulässig ist."[1]

Es sei an dieser Stelle betont, daß das vorliegende Buch, wenn es Teile aus den besagten Schriften zu Kenntnis bringt, dies nur im Sinne der zitierten Weisungen der Kirche tut, welche besagen, daß man sich an die Engellehre der Kirche halten und keinen Engelkult mit Namen aus einer angeblichen Privatoffenbarung betreiben soll[2]. Keineswegs besteht die Absicht, mit diesem Buch gegen diese Weisungen einen solchen Kult zu fördern oder die besagte Privatoffenbarung zu propagieren, es geht lediglich um eine möglichst authentische Information, wofür das Eingehen auf diese Texte notwendig ist.

Auf der anderen Seite regiert leider oft die Angst. Leute, die intensive Erfahrungen mit dem Engelwerk gemacht haben, wollen oft nicht darüber reden, jedenfalls nicht unter ihrem Namen. Mir lagen sogar schriftliche Berichte über solche OA-Kontakte vor, von denen ich auf Wunsch der Betroffenen keinen Gebrauch gemacht habe. Jenen, die mich trotz aller Bedenken - anonym oder mit Nennung ihres Namens - bei diesem Buch unterstützt haben, sei an dieser Stelle besonders herzlich gedankt. Es sei darauf hingewiesen, daß mir die Namen der im Buch ohne Namensnennung zitierten Personen fast durchwegs bekannt sind und ich mit den meisten mündlichen oder schriftlichen Kontakt hatte.

[1]Opus Sanctorum Angelorum, 3. Informationsbrief, Rom 1986, S. 27
[2]Vgl. Runderlaß der römischen Glaubenskongregation vom 29.9.1983, zitiert im 3. Informationsbrief, S. 18f.

Mein Anliegen ist, der interessierten Öffentlichkeit einigermaßen einen Überblick über das Thema Engelwerk zu verschaffen, inklusive der wichtigsten Pro- und Kontra-Stellungnahmen. Der Leser soll die Möglichkeit haben, sich selbst ein Bild zu machen. Ich kann und will ihm die Entscheidung, ob ihm das Engelwerk oder seine Gegner glaubwürdiger erscheinen, nicht abnehmen.

Dieses Bemühen um eine nüchterne Darstellung möge aber nicht so interpretiert werden, daß ich mich um ein persönliches Bekenntnis in dieser Frage drücken möchte. Nach meinem bisherigen Wissen halte ich die dem Engelwerk zugrunde liegenden Eingebungen der Frau Gabriele Bitterlich ebenso wie die darauf aufbauende Vorgangsweise des Werkes für einen gefährlichen Irrweg, auf den sich aber sicher viele gutgläubig begeben haben.

Mir geht es bei diesem Buch um einen Beitrag zur Wahrheitsfindung über das Engelwerk, ganz im Sinne des Bibelwortes: Die Wahrheit wird euch befreien. Vielleicht kann das Buch jenen, die auf der Suche nach dem richtigen Weg zu Gott sind, eine kleine Orientierungshilfe sein.

Wien, am 25. Jänner 1990 — Heiner Boberski

Auf den folgenden beiden Seiten finden Sie die beiden Seiten des abschlägigen Briefes aus dem Kloster St. Petersberg.
Anmerkung des Autors: Beim X-Large-Interview war mir tatsächlich ein Fehler unterlaufen. Ich hatte fälschlich von „scharfen Hunden“ in Anapolis gesprochen, nicht bedenkend, daß das Engelwerk „glatthaarige Hunde“ wegen ihrer dämonischen Durchstrahlung völlig ablehnt.

27. November 1989

An Herrn
Dr.Heiner Boberski
Redaktion "Die Furche"
Singerstr.7/IV/2
1010 W i e n

Sehr geehrter Herr Redakteur!

Pater Hansjörg hat mich beauftragt Ihr Schreiben vom 20.11.d.J. zu beantworten. Erlauben Sie bitte vorerst eine kleine Richtigstellung. Meine Absage eine Woche vor Ihrem angesagten Besuch, darf man nicht als kurzfristig bezeichnen.

Aus meinen Worten konnten Sie entnehmen, daß P.Hansjörg über Ihre Äußerungen, das Engelwerk betreffend sehr enttäuscht war. Trotzdem sie gemäß ihrer eigenen Angaben über eine Menge Material verfügen, gaben Sie in der Fernsehsendung X Large nur die Berichte aus " Kirche Intern" vom Sept.89 zum Besten. Selbst ein ungebildeter Zuhörer merkte sofort, wie dick hier aufgetragen wurde. Der Beitrag eignet sich glänzend für ein Witzblatt. Wir haben Tränen darüber gelacht.

Nun gut. Sie nehmen das für bare Münze. Um das für wahr zu halten braucht es eine sehr starke Willenskraft. Wenn Sie wirklich an unsere Stacheldrahtverhaue und Wachtürme glauben wollen, dann ist das Ihre Sache. Ich kann Sie daran nicht hindern. Ihre Meinung über das Engelwerk haben sie jedenfalls deutlich zum Ausdruck gebracht.

Aber Sie werden verstehen, daß man Sie wohl oder übel in den Kreis jener Leute einreihen muß, dem man hinsichtlich objektiver Berichterstattung über das Engelwerk kein Vertrauen schenken kann.

Auch wenn sie sich ärgern über Geheimhaltung und Schweigen. Sie alle wissen, wie man sich benehmen muß, damit man das Herz und die Zunge der Menschen öffnet. Mit dieser Aktion, wie sie derzeit läuft, können sie beim besten Willen die Herzen der Mitglieder des Engelwerkes nicht gewinnen. Da nützt es aber auch nichts, wenn Sie wie der Wolf bei den sieben Geislein die Stimme verstellen und erklären, sie möchten doch nur ein objektives Bild gewinnen, es kann doch nur zu unserem Besten sein, wenn wir Ihnen die gewünschten Auskünfte geben.

Sie haben genügend Unterlagen, aus denen Sie die Wahrheit ersehen können. Aber vielen Journalisten – es sind nun schon eine Reihe von Interviews gegeben worden – geht es leider nicht um die Berichterstattung der Wahrheit, sondern um Sensationsmeldungen. Sie brauchen das Brot, auf das sie ihre Marmelade schmieren können. Ich halte solche Meldungen, die nur zur Hälfte wahr sind für gefährlicher als solche, wo man die Unwahrheit mit Händen greifen kann.

Wie z.B. die Artikel von Hw.H. Pfarrer Schermann. Ihm müßte man gleich die Plätze im Burghof zeigen, wo die Hexen verbrannt werden und die schwarzen Messen gefeiert werden. Man müßte ihn zu unseren unterirdischen Waffenlagern und Munitionsvorräten führen und ihm die Schränke zeigen, wo wir die bösen Geister eingesperrt haben. Ganz Vertrauenswürdige können auch die riesigen Lager mit Goldbarren und andere unvorstellbare Schätze sehen. Unsichtbare Stacheldrahverhaue mit Wachtürmen und scharfen Hunden stammen vermutlich aus der anderen Welt. Man kann auch die Bäume besichtigen, hinter denen die Dämonen lauern. Ebenso die vielen jungen Menschen, welche mit einer Weltuntergangsspiritualität in Angst und Schrecken versetzt und so in psychische Abhängigkeit gezwungen wurden und denen es noch nicht gelungen ist, aus den finsteren Kerkern einer unserer Niederlassungen zu entfliehen. Doch die Welt wird auf sie keinen Anspruch mehr erheben, denn sie sind ja alle für die psychiatrische Klinik reif.

Prof Häring glaubt hier die Grundlage der Sühne zu sehen. Der arme Prof.Ritschel, der eine Gänsehaut bekommt, wenn er das geheime Handbuch liest, leidet vermutlich an einer Allergie gegenüber Dämonen. Gut, daß er nicht selbst versucht hat, in die Geheimnisse des Opus Angelorum einzudringen, wie Thomas Macho, der sich trotzdem so vieles aus den Fingern zuzeln mußte. Darum schickt er nun einen jüngeren mutigen Mann, wie Sie, der Tod und Teufel nicht fürchtet, hinter die schwerbefestigten und bewachten Mauern von St.Petersberg.

Bitte glauben Sie ja nicht, daß ich mich lustig zu machen will. Ich habe lediglich aus den Berichten der verschieden ehrenwerten und "seriösen" Medien zitiert.

Verehrter Herr Redakteur ! Ich weiß nicht, soll ich Sie ernst nehmen oder nicht. Ich für meine Personn ziehe es vor, Sie nicht ernst zu nehmen. Das hat nämlich viele Vorteile:

1.) Es ist gesünder. Man braucht sich nicht ärgern, denn Ärger schädigt die Galle und den Magen.

2.) Es ist billiger. Man braucht keinen Rechtsanwalt und Sie zahlen keine Gerichtskosten. Man spart die Porto- und Telephongebühren. Eine eigene Sekretärin müßte man beschäftigen, um immer wieder zu entgegnen.

3.) Es ist wirksamer. Denn jeder Mensch möchte doch beachtet werden. Geht nicht ein großer Teil der Presseschlachten um Eitelkeit und Geltungsbedürfnis. Es gab Menschen, die brachten sich um, weil sie zu wenig Beachtung gefunden hatten.

4.) Es spart Zeit. Die Pressemeldungen über das Engelwerk füllen bei uns bereits drei dicke Bände. Was glauben Sie, was es Zeit gekostet hätte, auf all diese Erzeugnisse zu antworten. Die vielen Richtigstellungen und Rechtfertigungen hätten uns voll beansprucht. Wir wären gar nicht mehr zu Gebet, Betrachtung und Besinnung gekommen. Unser Pressereferat ist jetzt schon überbelastet.

5.) Es ist auch recht so. Denn was bringt schon der elende Kampf mit den Menschen. Sie werden dadurch nicht gescheiter und bekehren tun sie sich schon gar nicht. Man muß sie in ihrem eigenen Saft braten lassen. Sie zerstören ja selbst das Schiff auf dem sie fahren. Genau dieselben Raketen, die sie in die Luft schießen, fallen auf ihren Kopf zurück.

So, und jetzt schreiben Sie ruhig ihr Buch gegen das Engelwerk. Ich kann Sie daran nicht hindern, aber Sie werden begreifen, daß Sie mich oder Pater Hansjörg als Mitarbeiter nicht werden gewinnen können. Es finden sich gewiß andere Leute, die Ihnen Informationen nach Ihrem Geschmack liefern.

Doch bedenken Sie bitte eines. Nach der Größe des Engelwerkes zu schließen wird der Streitwert eines allfälligen Verleumdungs-Prozesses sehr hoch sein. Vor uns können Sie zwar sicher sein. Wir werden Sie nicht klagen. Aber es könnte wohl einmal einem Mitglied des Engelwerkes der Gedanke kommen, von Ihnen gerichtlich den Wahrheitsbeweis zu fordern. Das gäbe dann ein größeres Problem für Sie und Ihren Verleger.

Ich bedanke mich für die Mühe, die Sie des Engelwerkes wegen aufgewendet haben und verbleibe

Ihrer

stets im Gebete gedenkend

Br. Franz

(Br. Franz Haas)

II NOCH EIN OPUS?

Die notwendige Einleitung zu einem komplizierten Thema

A) Warum das Engelwerk ein brisantes Thema ist

> *Ich glaube, für die Kirche ist die Gefahr sehr groß. Ich denke, daß das Engelwerk wirklich im Sinn hat, die Schlüsselpositionen in der Kirche allmählich zu besetzen und aus der Kirche eine Engelwerks-kirche zu machen.*
>
> *EIN EHEMALIGES ENGELWERK-MITGLIED*[1]

Am 25. März 1988 wandte sich der Erzbischof von München und Freising, Friedrich Kardinal Wetter, mit einer Verfügung und einem Verwaltungsbefehl folgenden Inhalts an die Öffentlichkeit:

Die Vollversammlung der Deutschen Bischofskonferenz befaßte sich auf ihrer Frühjahrssitzung vom 22.-25. Februar in Wiesbaden-Naurod mit dem Engelwerk. Sie hat dabei festgestellt, daß das Engelwerk die Auflagen des Apostolischen Stuhles vom Jahr 1983 nicht erfüllt hat. Daher gab die Vollversammlung nach eingehender Beratung den Diözesanbischöfen die Empfehlung, Exerzitien des Engelwerkes in ihren Diözesen zu untersagen.

Meine bischöfliche Verantwortung verlangt von mir, alles zu tun, den Glauben unversehrt zu bewahren, die Gläubigen vor falschen Lehren zu schützen und jene, die vom rechten Weg abgewichen sind, wieder zurückzuführen. Deshalb erlasse ich folgenden Verwaltungsbefehl.

Ich untersage allen Priestern, die der Schutzengelbruderschaft des Engelwerks, der Priestergemeinschaft im Opus Angelorum, dem Orden vom Hl. Kreuz (Ordo Canonicorum Regularium Sanctae Crucis), oder dem Sanitas e. V. angehören und deren Lehren und Ziele vertreten, Exerzitien, Einkehrtage oder ähnliche Veranstaltungen in der Erzdiözese München und Freising zu halten.

Ebenso entziehe ich den genannten Priestern gemäß c. 764 CIC die Predigterlaubnis für den Bereich der Erzdiözese München und Freising, da die von diesen Priestern verkündete Engellehre mit der Engellehre der Kirche nicht in Einklang steht. Von diesem Entzug der Predigterlaubnis sind der Erzdiözese München und Freising inkardinierte Priester ausgenommen, da gegen diese, sollten sie in ihrer Verkündigung Lehren vertreten, die nicht in Einklang mit der Lehre der Kirche stehen, auf andere geeignete Weise vorgegangen wird.

Das Verbot, Exerzitien und Einkehrtage zu halten, sowie der Entzug der

[1] „Stationen", Bayerisches Fernsehen, 7.7.1988

Predigterlaubnis bezieht sich auf den ganzen Bereich der Erzdiözese München und Freising, auch auf Kirchen und Kapellen, die Ordensinstituten, selbst solchen des päpstlichen Rechtes, gehören (vgl. c. 763 CIC) und auf alle Personengruppen, auch wenn ihre Veranstaltungen nicht öffentlich sein sollten.

Priestern, die dem oben genannten Verwaltungsbefehl zuwiderhandeln, werden zur Strafe alle Handlungen, die Weihegewalt voraussetzen, verboten (cc. 1333 § 1 und 1334 § 1 CIC).

Ich bin überzeugt, daß diese Maßnahmen beitragen, Unsicherheiten, die durch Aktivitäten des Engelwerkes entstanden sind, zu beseitigen und den Glauben in unserem Erzbistum unverfälscht zu bewahren.[2]

Da etwa zur gleichen Zeit auch andere Diözesen mit Warnungen und Verboten zum Opus Angelorum Stellung nahmen, fiel plötzlich Licht auf eine Gruppe innerhalb der römisch-katholischen Kirche, die bis dahin heimlich, still und leise gewirkt hatte und über ihre Anhängerschaft hinaus wenig bekannt war. Diese Anhängerschaft war und ist zwar nicht klein, aber vermutlich kaum über alle Ziele und Lehren, die dieser Organisation zugrunde liegen, informiert.

Vielen Christen, auch sehr eifrigen Katholiken, sagen die Namen „Opus Sanctorum Angelorum" oder „Werk der heiligen Engel" bis heute nichts. Sie können auch mit den Kurzbezeichnungen Opus Angelorum (OA) oder Engelwerk (EW) nichts anfangen. Dabei ist hier ein Problem für die römisch-katholische Kirche entstanden, dessen Ausmaß nicht zu unterschätzen ist und durchaus mit dem weitaus bekannteren Phänomen „Lefèbvre-Bewegung" verglichen werden kann.

Wie die Sympathisanten des exkommunizierten Alt-Erzbischofs Marcel Lefèbvre, aber auch die Anhänger des „Opus Dei", welches zumindest in einem Punkt - Geheimhaltung der Mitglieder - ähnlich operiert, erwecken auch die Vertreter des Engelwerkes den Eindruck besonderer traditioneller Frömmigkeit und Rechtgläubigkeit und - hier besteht ein Gegensatz zu den Lefèbvrianern - unbedingten Gehorsams gegenüber Rom. Der große Unterschied, der auch vielen und hochrangigen OA-Mitgliedern nicht bewußt sein dürfte, liegt darin, daß das Engelwerk eine Engel- und Dämonenlehre vertritt, die - wie nicht nur der Münchner Erzbischof meint - weit über das bisher diesbezüglich von der katholischen Kirche Gelehrte hinausgeht und auf kirchlich nicht anerkannten umstrittenen „Privatoffenbarungen" beruht.

Das Stichwort Privatoffenbarungen deutet bereits das Haupt- und Grundproblem mit dem Engelwerk und für das Engelwerk an. Nach von sämtlichen Theologen anerkannter kirchlicher Lehre ist die Offenbarung des christlichen Glaubensgutes mit dem Tod der Apostel abgeschlossen. Was später einzelnen

[2] Amtsblatt für das Erzbistum München-Freising, Nr. 8, 12.4.1988 (Zitiert in: Opus Sanctorum Angelorum, 4. Informationsbrief, Rom 1988, Die neuesten bischöflichen Entscheidungen, S. 3ff.)

Personen offenbart worden sein mag, ist daran zu messen, ob es mit der allgemeinen Offenbarung übereinstimmt beziehungsweise deren Inhalte nur neu ins Bewußtsein ruft. Solche Privatoffenbarungen mögen für den Glauben der betreffenden Personen entscheidende Bedeutung haben, die Kirche kann sogar ihre Echtheit für wahrscheinlich erklären (wie es zum Beispiel in den Fällen Lourdes und Fatima geschehen ist), aber kein Katholik kann dazu verpflichtet werden, an solche Offenbarungen zu glauben.

Das gilt umso mehr, wenn der Inhalt der Privatoffenbarungen mit dem Inhalt der allgemeinen Glaubenslehre wenig zu tun hat, sei es, daß dieser Inhalt dort gar nicht oder in anderer Form vorkommt. Und genau in diesem Punkt scheiden sich im Fall Engelwerk bereits die Geister. Während die einen meinen, die Engellehre des Opus Angelorum gehe über die traditionelle Lehre der Kirche hinaus und widerspreche dieser damit, meint der leitende Priester des OA, Georg Blaskó, nur ein direkter Widerspruch - und ein solcher sei bisher nicht gefunden worden - wäre schlimm:

„Schlimm wäre also gewesen, wenn ein Widerspruch gegen die kirchliche Lehre gefunden worden wäre, doch ist es ebenso schlimm, wenn eine Privatoffenbarung etwas kund tut, was in der kirchlichen Lehre nicht oder nicht ausdrücklich enthalten ist? Ist sie deshalb schon verwerflich?

Nehmen wir ein Beispiel: Die Heilige Schrift lehrt, daß die himmlische Stadt Jerusalem zwölf Tore hat. Auf jedem Tor einen Engel, der Name eines Apostels und ein Edelstein. Die Heilige Schrift zählt gewissenhaft auf, bei welchem Tor welcher Edelstein zu finden ist, doch sagt sie nicht, welcher Apostel, von denen, die die Heilige Schrift an anderer Stelle nennt, bei welchem Tor genannt ist. Auch sagt die Heilige Schrift nichts über die Eigenart des Tores und des darüberstehenden Engels. Ist es nun verwerflich, wenn eine Privatoffenbarung behauptet, daß beim ersten Tor der Name des heiligen Apostels Petrus und beim zweiten Tor der Name des heiligen Apostels Paulus geschrieben steht. Dies geht doch über die kirchliche Lehre hinaus, widerspricht ihr aber in keiner Weise.“[3]

Auf Wunsch der deutschen Bischöfe hat sich bereits zwischen 1977 und 1983 die Glaubenskongregation in Rom mit dem Engelwerk befaßt und am 29. September 1983 ein Rundschreiben veröffentlicht. Dieses lautet in deutscher Übersetzung so:

Exzellenz,

auf Ansuchen mancher Bischöfe hat diese Kongregation Lehre und Praxis des Opus Angelorum der Prüfung unterzogen. Nach vollbrachter Prüfung kamen Ihre Eminenzen, die Kardinäle dieser Kongregation, am Mittwoch, den 22.

[3] Georg Blaskó, Richtigstellung zu drei Schriftsätzen, Silz 1986, Abschnitt I, zu Nr. 125 (Zitiert im 4. OA-Informationsbrief, Korrespondenz mit Weihbischof Graf von Soden-Fraunhofen, S.17ff.)

Juni 1983, zu folgenden Entscheidungen, die der Heilige Vater in der Audienz vom 1. Juli gutgeheißen hat:

1. In der Förderung der Andacht zu den heiligen Engeln muß das Opus Angelorum sich der Lehre der Kirche wie der Heiligen Väter und Kirchenlehrer unterwerfen. Es soll im besonderen unter seinen Mitgliedern und unter den Gläubigen keinen solchen Kult der Engel verbreiten, der „Namen" benützt, die aus einer vermutlichen Privatoffenbarung (die Frau Gabriele Bitterlich zugeschrieben wird) bekanntgeworden sind. Es wird auch nicht gestattet, diese Namen in jenen Gebeten zu benützen, die von der Gemeinschaft verwendet werden.

2. Das Opus Angelorum wird in der Zukunft das sogenannte „Schweigeversprechen" von seinen Mitgliedern nicht wünschen und ihnen auch nicht vorschlagen, obschon es legitim ist, über die internen Angelegenheiten des Engelwerkes jene angemessene Diskretion zu wahren, die Mitgliedern der Institute der Kirche geziemt.

3. Das Opus Angelorum und seine Mitglieder werden alle liturgischen Normen streng beobachten, besonders was die Eucharistie betrifft. Dies gilt besonders für die sogenannte „Sühnekommunion".

Diese Entscheidungen teile ich Ihnen mit, auf daß durch Ihre pastorale Sorge diese alle vom Opus Angelorum und von dessen Mitgliedern, die in Ihrer Diözese weilen, beobachtet werden[4]

Die dem OA erteilten Auflagen, von denen auch im Schreiben des Münchner Kardinals die Rede ist, scheinen den deutschen Bischöfen aber nicht erfüllt worden zu sein, weshalb sie 1987, als zudem weitere der streng geheimgehaltenen Engelwerk-Schriften bekannt geworden waren, um eine neuerliche Überprüfung durch Rom ersuchten. Außerdem setzten mehrere Diözesen Schritte gegen das Engelwerk.

In Österreich hieß es bereits 1987 im St. Pöltner Diözesanblatt: „Warnung vor Engelwerk - Aus gegebenem Anlaß muß vor dem Opus Angelorum (OA), Engelwerk, gewarnt werden. Die Verantwortlichen dieses Werkes verstehen es, ihre theologische Grundlegung hinter einer arglosen und für manchen Betrachter sogar gewinnenden Schauseite zu verbergen. Sie versuchen, durch Exerzitien und Kurse zunehmenden Einfluß zu gewinnen. Weitere Informationen werden gelegentlich folgen."[5] Diese Informationen folgten freilich nie. Eine Rückfrage in St. Pölten ergab, daß man nicht zu viel Aufhebens von der Sache machen wollte. Anlaß für die „Warnung" war übrigens, daß gerade das bis dahin nur echten Insidern bekannte „Handbuch des Engelwerkes" außerhalb des OA aufgetaucht war.

Am 29. Februar 1988 faßte man im deutschen Bistum Aachen den Beschluß, „dem sogenannten ‚Engelwerk', bei dem es sich um eine kabbalistische Irrleh-

[4] Opus Sanctorum Angelorum, 3. Informationsbrief, Rom 1986, S. 18f.
[5] St. Pöltner Diözesanblatt, Nr. 11, 15.8.1987, S. 119

re handelt, auf Diözesanebene, sofern dort Bruderschaften bestehen, die Anerkennung abzusprechen".[6]

Sogar die OA-freundlichste deutsche Diözese, Augsburg, traf im Frühjahr 1988 Entscheidungen gegen das Engelwerk. Am 29. März entzog Bischof Josef Stimpfle die seit 1976 bestehende Druckerlaubnis für das OA-Werk „Tagesengel und Engel der beweglichen Feste". Schon am 8. März hatte der Augsburger Generalvikar, Dr. Eugen Kleindienst, in einem Brief an P. Willibald Zenkert ORC, Schondorf/Ammersee, folgendes geschrieben:

„Zur abschließenden Behandlung Ihres Antrages vom 01.02.1988 sollte der Ihrer Gemeinschaft angehörende Priester Frans de Deken am Montag, den 11.04.88, zu einem Gespräch in mein Büro kommen, um auf dieser Grundlage die Cura animarum für die Diözese Augsburg ausgestellt zu erhalten. Mittlerweile haben sich die Ausgangsbedingungen verändert, da sich die Vollversammlung der Deutschen Bischofskonferenz mit dem Orden vom Heiligen Kreuz und dem Engelwerk beschäftigt hat und der Erzbischof von München und Freising einen Verwaltungsbefehl erlassen hat, der das Wirken von Ihrer Gemeinschaft angehörenden Priestern erheblich betrifft. Die diesbezügliche Verordnung seiner Eminenz des Erzbischofs von München hat zwar in der Diözese Augsburg gegenwärtig keine Rechtswirksamkeit. Jedoch veranlaßt uns dieses Dokument zusammen mit der Empfehlung der Deutschen Bischofskonferenz zu einer gewissen Zurückhaltung, so daß wir vor dem Abschluß eigener Untersuchungen hinsichtlich des Kreuzordens und des Engelwerkes neue Dokumente zur Erteilung der Cura animarum inklusive Predigterlaubnis nicht mehr ausstellen werden. Der für Herrn de Deken in Aussicht genommene Termin wird demzufolge bis zur endgültigen Klärung der anstehenden Fragen aufgeschoben werden müssen."[7]

Der Passauer Bischof Franz Eder gab am 9. Mai 1988 eine ähnlich scharfe Verfügung samt Verwaltungsbefehl heraus wie vorher München und betonte darin: „Diese Verfügung will die Verehrung der heiligen Engel vor abstrusen Auswüchsen schützen und der Verehrung der heiligen Engel den richtigen und angemessenen Platz freihalten."[8]

Etwas milder und sprachlich mißglückt fiel der Erlaß des damaligen Diözesanadministrators Hubert Luthe vom 21. Juni 1988 für die Erzdiözese Köln aus: „Nach eingehender Prüfung hat die Deutsche Bischofskonferenz anläßlich ihrer Frühjahrsvollversammlung 1988 den Diözesanbischöfen empfohlen, Exerzitien des Engelwerkes in den Exerzitienhäusern der Diözesen zu untersagen. Da das Engelwerk (Opus Angelorum) theologische und spirituelle Irrtümer vertritt, können seine Veranstaltungen nicht mehr verantwortet werden und es wird hiermit untersagt, diesem Werk für seine Veranstaltungen

[6] Diözesanpriesterrat des Bistums Aachen, Protokoll der Sitzung am 29.2.1988 im Priesterhaus Maria Rast

[7] 4. OA-Informationsbrief, Die neuesten bischöflichen Entscheidungen, S. 1f.

[8] Amtsblatt für das Bistum Passau, Folge 4, 20.5.1988

weder kircheneigene noch sonstige Unterstützung durch kirchliche Einrichtungen zur Verfügung zu stellen."[9]

Mit diesen Entscheidungen war ein neuer offener Konflikt mit dem Opus Angelorum ausgebrochen. Den Vorwurf der Häresie (wie er von Theologen kam), aber auch mangelnder Humanität (wie ihn ehemalige OA-Mitglieder äußerten), konnten und wollten die „Engelwerker" natürlich nicht auf sich sitzen lassen. Zu den schon vorliegenden Texten pro und kontra Engelwerk kamen weitere Berge von Papier, in denen alte und neue Vorwürfe gegenüber dem OA erhoben oder zu widerlegen versucht wurden.

Viele Diözesen hielten sich zurück, höchstwahrscheinlich nicht aus Sympathie für das Engelwerk, sondern weil sie sich kaum betroffen fühlten oder die Sache nicht hochspielen wollten. So sollen etwa Freiburg im Breisgau und Rottenburg-Stuttgart mit internen Empfehlungen statt mit öffentlichen Erklärungen vorgegangen sein. Vom Bischof von Trier, Dr. Hermann Josef Spital, hat das OA selbst einen Brief vom 2. Mai 1988 an das langjährige OA-Mitglied Jakob Ruf veröffentlicht, in dem es heißt:[10]

„Die Aussagen aus den vermuteten Privatoffenbarungen der Frau Gabriele Bitterlich über Namen und Aufgaben vieler einzelner Engel werden weiterhin vertreten. Wenn dies in den Veranstaltungen des Engelwerkes auch weiterhin nicht ausgesprochen, sondern nur den Eingeweihten vermittelt wird, so können geistliche Übungen und Predigten nicht verantwortet werden, deren Veranstalter in wichtigen Bereichen nicht auf dem Boden der kirchlichen Lehre stehen."

Besonders in Österreich scheinen die Bischöfe Aufsehen um das Engelwerk zu scheuen. Die österreichische Diözese Eisenstadt ließ beispielsweise nur in einem internen Rundschreiben an ihre Priester vom 18. Mai 1989 diese wissen:

„Das Engelwerk, das in verschiedenen Diözesen Bayerns mit einem Verbot für Veranstaltungen von Einkehrtagen, Exerzitien und ähnlichem belegt worden ist, hat auch in anderen Diözesen verschiedene Aktivitäten entfaltet. Aufgrund vorliegender Informationen hat die Österreichische Bischofskonferenz im Herbst 1988 beschlossen: a) Die vom Engelwerk angesprochenen Privatoffenbarungen dürfen nicht verkündet werden. b) Es dürfen keine Engelweihen vorgenommen werden. c) Die in Bayern verbotenen Aktivitäten des Engelwerkes dürfen nicht nach Österreich verpflanzt werden. Dieser Beschluß der Österreichischen Bischofskonferenz hat auch für unsere Diözese Gültigkeit."

Seitens des Engelwerkes erklärte P. Hansjörg Bitterlich, Superior des Kreuzordensklosters St. Petersberg bei Silz, im Engelwerk-Rundbrief vom September 1989 mit Berufung auf einen Brief des Sekretärs der Österreichischen Bischofskonferenz - Militärbischof Dr. Alfred Kostelecky - vom 23. Mai 1989, von Beschlüssen könne man nicht sprechen, die Bischofskonferenz habe

[9] Amtsblatt des Erzbistums Köln, Stück 15, 1.7.1988, S. 146

[10] 4. OA-Informationsbrief, Die neuesten bischöflichen Entscheidungen, S. 27

„lediglich Wünsche ausgesprochen".[11] Das Verbot der Engelweihen scheint aber zumindest teilweise akzeptiert zu werden, heißt es doch im gleichen Rundschreiben unter den Mitteilungen betreffend „Oberösterreich" : „Bei Einkehrtagen und Besinnungs-Nachmittagen kann ab jetzt nur das Schutzengelversprechen abgelegt werden."

Trotz einer entsprechenden Ankündigung des Vorsitzenden, des Wiener Erzbischofs Kardinal Hans Hermann Groër, stand das Thema Engelwerk dann nicht offiziell auf der Tagesordnung der Herbsttagung 1989 der Österreichischen Bischofskonferenz, doch der Grazer Diözesanbischof Johann Weber versicherte als Pressesprecher der Bischöfe den Journalisten, man werde die drei Punkte nochmals gegenüber dem Engelwerk bekräftigen, dem man mit großer Sorge und Reserve gegenüberstehe.

Rom aber hat seit seinem Spruch von 1983, den die Gegner des Engelwerkes als eine zu milde, jedoch als eine eindeutige Ermahnung des Werkes empfinden, den die OA-Leitung aber als volle Anerkennung mit geringen, ohnehin genau befolgten Auflagen interpretiert, geschwiegen. Fällt der Glaubenskongregation eine Entscheidung auch deshalb schwer, weil die Anhängerschaft des Engelwerkes - weltweit soll es bereits etwa eine Million Mitglieder, darunter Bischöfe und Kardinäle, haben - so groß und einflußreich, so fromm und gehorsam ist? Fürchtet man - nach Lefèbvre - eine weitere Abspaltung von der Kirche? Hält Rom die namhaften Theologen äußerst suspekten Lehren des Engelwerkes zwar für falsch, aber letztlich für harmlos? Oder bejaht womöglich die Glaubenskongregation diese Lehren?

Das OA mag sich dagegen wehren, als „Geheimbund" bezeichnet zu werden. Aber daß es zum Beispiel selbst von der „geheimen Sühneweihe" spricht, daß es eine „Arkandisziplin" propagiert, daß es zumindest bis 1983 (nach Ansicht der deutschen Bischöfe aber darüber hinaus) ein Schweigeversprechen von seinen Mitgliedern gefordert hat, daß man kaum Zutritt zu seinen Niederlassungen erhält, daß es zumindest einzelne seiner Schriften sorgfältig gehütet hat und vielleicht noch hütet - und zwar nicht nur gegenüber der breiten Öffentlichkeit, was vielleicht noch verständlich wäre, sondern auch gegenüber kirchlichen Zentralstellen -, all das ist beweisbar. Und eine Aussage von P. Hansjörg Bitterlich deutet darauf hin, daß sich das Engelwerk als eine Art „Geheimdienst der Kirche" versteht.[12]

Der schärfste Engelwerk-Kritiker, Regionalbischof Heinrich Graf von Soden-Fraunhofen, Weihbischof in der Erzdiözese München und Freising, hat geschrieben: „Es war hohe Zeit, die Aktivitäten dieser Geheimgesellschaft ans Licht zu bringen."[13]

[11] St. Petersberg, September 1989, Begleitschreiben zum Angelus Nr. 9/1989
[12] Johannes Rothkranz, Manipulationswochen auf Madeira, Manuskript, Filsen/Rh. 1986, S.56
[13] Heinrich von Soden-Fraunhofen, Zwischen Engeln und Dämonen, Familienjournal, Aachen 12/1988, liegt monatlich den Kirchenzeitungen mehrerer Diözesen bei

Geheim bleibt natürlich auch die Mitgliedschaft. Angeblich gibt es gar keine „Mitglieder", obwohl in den offiziell bekannten Statuten solche natürlich vorgesehen sind. Einfache Leute finden interessanterweise wenig dabei, sich zum Engelwerk zu bekennen, weil sie es echt und ehrlich für eine fromme und glaubenstreue Organisation halten. Theologen und höhere kirchliche Amtsträger hingegen empfinden es anscheinend zunehmend als Vorwurf, dem Engelwerk zugerechnet zu werden, und bestreiten jegliche Mitgliedschaft, obwohl sie zum Teil sogar offen mit dem OA sympathisieren, wie zum Beispiel der emeritierte Salzburger Dogmatik-Professor Ferdinand Holböck. Aber wer sind dann die angeblich - nämlich nach eigenen Angaben des Engelwerkes - etwa 50 Engelwerk-Bischöfe? Halten sie sich bewußt verborgen?

Dem Engelwerk wird ja auch nachgesagt, es strebe nach der Macht in der Kirche, indem es im geheimen versuche, Anhänger des Werkes in kirchliche Spitzenpositionen zu bringen. Diese würden sich aber erst dann als Engelwerk-Mitglieder zu erkennen geben, wenn die Machtübernahme gesichert sei. Wörtlich sagte ein ehemaliges Mitglied am 7. Juli 1988 in der Sendung „Stationen" im Bayerischen Fernsehen: „Ich denke, daß das Engelwerk wirklich im Sinn hat, die Schlüsselpositionen in der Kirche allmählich zu besetzen und aus der Kirche eine Engelwerkskirche zu machen." Gibt es eine solche „Unterwanderung" der Kirche, und zeitigt sie womöglich schon erste „Erfolge" für das Opus Angelorum?

Wie man sieht, gibt es im Zusammenhang mit dem Engelwerk eine ganze Reihe äußerst brisanter Fragen, deren klare und präzise Beantwortung dringend erforderlich erscheint.

B) Das OA als Fressen für die Medien

> *Abtrünnige und Verräter scheinen - so der begründete Verdacht nach heutigem Stand - die Hauptlieferanten der Munition zu sein, mit der auf das Engelwerk geschossen wird.*[14]
>
> *DER SCHWARZE BRIEF*

Am 5. August 1989 widmete der Chefredakteur der angesehenen österreichischen Tageszeitung „Salzburger Nachrichten", Karl Heinz Ritschel, dem Engelwerk die Seiten 1 und 3 einer Samstag-Ausgabe und leitete seinen „Kosmos voller Engel und Dämonen" betitelten Artikel mit folgenden Zeilen ein:

„In welchem Buch würden Sie, geehrte Leserin, geneigter Leser, die folgenden Zitate vermuten? ‚Empfänglich für dämonische Strahlungen sind: am meisten die grauen, gefleckten und schwarzen Katzen, die gefleckten und schwarzen Hennen, die Schweine und die glatthaarigen Hunde, die Schmeiß-

[14] Der schwarze Brief, 23. Jg., Nr. 20/1988, Lippstadt, 19.5.1988

fliegen, Ratten und Schlangen...' Oder: ‚Im luziferischen Pentagramm setzt Luzifer in die obere der fünf Spitzen Astaroth (Geisteswissenschaft), in die linke Spitze Belial (Macht des Zauberstabes), in die rechte Spitze Asmodat (Apfel der Verführung), in die linke untere Spitze Satanas (Macht) und in die rechte untere Spitze Abbadon (Trieb).'"[15]

Zielsicher hat der erfahrene Publizist hier markante Stellen aus dem „Handbuch des Engelwerkes" zitiert, die man eher in Büchern über Magie oder Okkultismus vermuten würde als in der Schrift einer mitten in der römisch-katholischen Kirche tätigen Gruppierung, und damit beträchtliches Aufsehen erregt, denn in dieser Ausführlichkeit und an so prominenter Stelle hatte sich vorher noch kaum eine so bedeutende Zeitung mit dem Engelwerk befaßt.

Lange Zeit hat die Öffentlichkeit, haben ja auch Kirchenleute vom Opus Angelorum kaum Notiz genommen. Das war auch kein Wunder, weil das Werk sich in Stille entwickeln wollte und seine Lehren möglichst für sich behielt. Erst als immer mehr über das Innenleben des Engelwerkes durchsickerte, begannen sich einzelne Bischöfe und Theologen ernsthaft dafür zu interessieren.

Noch später bekamen die Medien mit, daß neben dem Opus Dei noch ein weiteres geheimnisvolles Opus in der katholischen Kirche existiert, das eigentlich ein Fressen für jede auf Sensationen erpichte Berichterstattung sein müßte: eine mittelalterliche Burg als Zentrale, unbedingter Gehorsam, geheime Riten und Schriften, die Vorstellung eines apokalyptischen Kampfes zwischen Engeln und Dämonen, der Verdacht von Geisterbeschwörungen und Magie - und all das ohne energisches Veto aus Rom. Plötzlich aber war das Engelwerk in aller Munde. Alles, was darüber erschienen ist - in periodisch erscheinenden Medien, nicht in Büchern -, läßt sich kaum noch überblicken. Da aber die meisten Berichte aus den gleichen Quellen schöpfen, genügt der Hinweis auf einige Beispiele.

Auslösend für die ersten ausführlicheren Medienberichte über das Engelwerk war sicher, daß der in Freising als Regionalbischof wirkende Weihbischof der Erzdiözese München, Heinrich Graf von Soden-Fraunhofen, im Sommer 1987 das Engelwerk-Handbuch, von dem er nach eigenen Worten „auf abenteuerliche Weise" ein Exemplar erhalten hatte, in dutzenden Kopien in den deutschsprachigen Diözesen in Umlauf gebracht hatte, worauf sich zuerst kleinere Zeitschriften, dann aber auch echte Massenmedien mit dem Phänomen Engelwerk beschäftigten. Zum echten „Fressen für die Medien" wurde das Engelwerk aber erst nach dem Verwaltungsbefehl von Kardinal Friedrich Wetter in München. Erst dann stiegen auch Agenturen, wie die Katholische Nachrichtenagentur (KNA) in der Bundesrepublik Deutschland und die Katholische Presseagentur (Kathpress) in Österreich groß ein.

Bereits im Juni 1987 - noch bevor Weihbischof Soden das Handbuch im

[15] Karl Heinz Ritschel, Kosmos voller Engel und Dämonen, Salzburger Nachrichten, 5.8.1989

deutschen Sprachraum verschickte - veröffentlichte die Zeitschrift „Code" den Beitrag „Auferstehung der jüdischen Sekte ‚Engelwerk'" von Gunther Burkhardt, der bereits ausgiebig aus dem Handbuch zitiert. Die geistige Verwandtschaft des OA mit einer um das Jahr 100 nach Christus im Gebiet von Qumran - berühmt durch die Handschriftenfunde im Jahr 1947 - ansässigen Sekte kommt darin ebenso zur Sprache wie die Magie und der Aberglaube des Handbuches.

Die politische Richtung von „Code" ist freilich mehr als umstritten, und das gab dem leitenden Priester des OA, DDr. Georg Blaskó, Gelegenheit, in einem Brief an den Vorsitzenden der Deutschen Bischofskonferenz, Bischof Dr. Karl Lehmann, den OA-Gegnern Antisemitismus vorzuwerfen:

„Den antisemitischen Trend bei seiner Exzellenz Graf von Soden-Fraunhofen und in seinem Kreis verrät auch die Tatsache, daß das Handbuch des OA aus diesem Kreis der Zeitschrift ‚Code' zugesandt wurde. Die neonazistische Tendenz dieser Zeitschrift ist Kennern bekannt. Diese Zeitschrift griff daraufhin das OA prompt als ‚jüdische Sekte' an."[16]

Blaskó hielt angeblich den Zisterzienserpater Dr. Hermann Riedl aus Zwettl, der bis 1989 an der Hochschule der Abtei Heiligenkreuz in Niederösterreich Dogmatik lehrte, für den Verfasser dieses Artikels und stellte ihn am Pfingstmontag, dem 8. Juni 1987, im Stiftshof von Heiligenkreuz deshalb zur Rede, worauf es zu einer lautstarken Auseinandersetzung kam. Einem anderen Bericht zufolge dankte Blaskó bei der OA-Weihnachtstagung 1987 in Altötting einem Priester und langjährigen OA-Mitglied, dem Dechant Heribert Hausen aus dem Erzbistum Köln, der ihm den „Code"-Artikel zeigte, in einer Weise, als ob ihm dieser eine wichtige, neue Mitteilung gemacht hätte.

Nach dem Verwaltungsbefehl von Kardinal Friedrich Wetter für die Erzdiözese München veröffentlichte die „Münchener katholische Kirchenzeitung" zunächst einen Hinweis auf diese Maßnahme[17] und dann einen ausführlichen, mit „H.S." (Verfasser war Weihbischof Heinrich von Soden-Fraunhofen) gezeichneten Beitrag unter dem Titel „Magie und Privatoffenbarungen sind kein gutes Fundament".[18] Einige Monate später lieferte das gleiche Medium unter dem Kürzel „kw" einen umfangreichen Bericht zu einem Informationsabend über das Engelwerk in Gars am Inn.[19] Bischof Soden hat aus seinem umfangreichen Wissen über das OA einen kleinen Teil auch in dem Aufsatz „Zwischen Engeln und Dämonen"[20] zusammengefaßt.

Auf der Gegenseite griff die von Claus Peter Clausen in Lippstadt herausge-

[16] Georg Blaskó, Brief an Bischof Karl Lehmann, 30.4.1988 (4. Informationsbrief, Die neuesten bischöflichen Entscheidungen, S. 13ff.)
[17] Münchener Katholische Kirchenzeitung, Von einer unüberbietbaren Deutlichkeit, 24.4.1988
[18] H(einrich von) S(oden-Fraunhofen), Magie und Privatoffenbarungen sind kein gutes Fundament, Münchener Katholische Kirchenzeitung, 1.5.1988, S. 3
[19] kw, Wann wird Rom sich dazu melden?, Münchener Kath. Kirchenzeitung, 25.9.1988, S. 24
[20] Siehe Fußnote 13

gebene Publikation „Der schwarze Brief/Informationen aus Kirche und Politik“ besonders heftig die Entscheidung der Deutschen Bischofskonferenz und den Verwaltungsbefehl des Münchener Kardinals an.

„Der schwarze Brief“ machte sich komplett die Argumente des Werkes, vor allem die Aussagen des leitenden Priesters, Dr. Georg Blaskó, zu eigen und glaubte, damit alle Vorwürfe widerlegen zu können. Zum Schluß hieß es, es bleibe nur „ein Wust von geradezu obskuren Anwürfen, die aus trüben Quellen stammen. Abtrünnige und Verräter scheinen - so der begründete Verdacht nach heutigem Stand - die Hauptlieferanten der Munition zu sein, mit der auf das Engelwerk geschossen wird.“

Das Engelwerk hatte aber auch schon Eingang in Agenturberichte und in die Spalten der Tagespresse gefunden. Anfang Mai 1988 meldeten die Gazetten zunächst die Entscheidung des deutschen Episkopats und das Vorgehen der Erzdiözese München und unmittelbar darauf die scharfen Reaktionen seitens des Engelwerkes, das gerichtliche Schritte und einen Einspruch in Rom ankündigte. In den folgenden Monaten tauchte das Thema immer wieder in einzelnen Medien auf. Zum Beispiel wählte „Die Welt“ in Hamburg im Herbst 1988 für einen Bericht darüber den Untertitel: „Brisantes Thema auf Vollversammlung der Bischofskonferenz“.[21]

Das Bayerische Fernsehen strahlte am 7. Juli 1988 im dritten Programm in der Sendung „Stationen“ einen Beitrag „Der Krieg der Engel“ aus, in dem auch ein führendes OA-Mitglied, Dr. Josef Finauer, zu Wort kam, aber im Grunde den Vorwürfen von ehemaligen Mitgliedern und anderen Gegnern des Werkes auswich oder wenig entgegenzusetzen hatte. Im Österreichischen Fernsehen blieb es dem Jugendmagazin „X-Large“ vorbehalten, am 12. November 1989 den ersten ausführlichen Bericht zum Engelwerk auszustrahlen, wobei kein OA-Vertreter vor die Kamera kommen wollte.

In Österreichs Printmedien stellte Jörg Baum in der allgemein als progressiv eingestuften Monatszeitschrift „Kirche intern“ (die später immer wieder auf dieses Thema einging) die Titelfrage: „Sitzt im ‚Engelwerk‘ der Teufel?“[22] Eine um mehr Ausgewogenheit bemühte Reportage von Werner Kunzenmann in der Innsbrucker „Kirche“, der Kirchenzeitung der Heimatdiözese des Engelwerkes, ließ am Schluß die Frage „Was ist das Geheimnis von Petersberg?“ offen.[23] Eine seriöse, aber insgesamt auch eher kritische Darstellung lieferte Ferdinand Altnöder in zwei Beiträgen für den Ring westösterreichischer Kirchenzeitungen,[24] wobei offenbar einige dieser Kooperation angehörende Redaktionen eine Veröffentlichung scheuten.

[21] Gernot Facius, Das „Engelwerk“ sorgt für Unruhe unter Katholiken, Die Welt, Hamburg, 19.9.1988

[22] Jörg Baum, Sitzt im „Engelwerk“ der Teufel, Kirche intern, Reisenberg, Juli 1988, S. 26-27

[23] Werner Kunzenmann, Was ist das Geheimnis von Petersberg?, Kirche, Innsbruck, 21.8.1988, S.16

[24] Ferdinand Altnöder, Nur Irrtümer und Auswüchse?, Kirchenblatt für Vorarlberg, 11. und 18.12.1988, jeweils S. 11

„Unbehagen mit dem ‚Opus Sanctorum Angelorum'(Engelwerk)" ließ auch die „Schweizerische Kirchenzeitung" in einem Artikel von Joachim Müller erkennen.[25]

Die österreichische Wochenzeitung „Die Furche" griff das Thema Engelwerk erstmals auf, als in Mayerling in Niederösterreich ein neues Studienhaus für Priesterstudenten entstand und sich herausstellte, daß etliche dieser Studenten rege Kontakte mit dem Engelwerk gehabt und vielleicht sogar noch hatten,[26] und berichtete auch später laufend über dieses Thema. Kurz darauf stieg auch das Wiener Magazin „Wochenpresse" in die Engelwerk-Berichterstattung ein.[27]

Daß an Zeitungsberichten mitunter einiges nicht stimmt, läßt sich auch am Thema Engelwerk erkennen. Die „Süddeutsche Zeitung" wies auf den Bau des neuen Zentrums der „Congregatio Opus Angelorum" (COA) - der dem einstigen Förderer des OA, dem Regensburger Altbischof Dr. Rudolf Graber, zugeschriebene Sammelbegriff für alle diesem Werk verbundenen Gemeinschaften lautet aber „Corpus Operis Angelorum" - in Schondorf am Ammersee hin und schlug dann in einer Passage etwas oberflächlich mit dem Holzhammer zu:

„So werden der Augsburger Bischof Stimpfle und der Regensburger Alt-Bischof Graber ebenso zu den Gönnern des Werkes gezählt wie die umstrittenen Wiener Oberhirten Groer und Krenn, deren Sekretär selbst Mitglied des Engelwerkes ist. Das bischöfliche Seminar Mayerling bei Wien gilt als Sammelpunkt der Engelwerks-Bewegung."[28]

Graber ist nämlich keineswegs mehr Gönner des Werkes - schon 1972 hat er sich davon distanziert -, und Kardinal Hans Hermann Groër (so die korrekte Schreibung), der Erzbischof von Wien ist, und Kurt Krenn, der einer von vier Weihbischöfen in Wien ist, sollte man nicht in einem Atemzug als „Oberhirten" bezeichnen. Sie haben auch keinen gemeinsamen Sekretär, sondern einer der Sekretäre Krenns, Reinhard Knittel, war Donate des mit dem Engelwerk verbundenen Kreuzordens, bestreitet aber heute jegliche Verbindung zum Engelwerk.[29]

Und das von der Erzdiözese Wien unterstützte Mayerlinger Studienhaus „Collegium Sanctissimae Trinitatis" ist offiziell weder Seminar noch bischöflich - es wird von der Weltpriestervereinigung „Oratorium des heiligen Philipp Neri"[30] geführt. Dr. Heribert Bastel, Präpositus des Wiener Oratoriums, protestiert jedes Mal lautstark, wenn das Mayerlinger Haus mit dem Engelwerk in Verbindung gebracht wird. Es steht freilich eindeutig fest, daß einige

[25] Joachim Müller, Unbehagen mit dem „Opus Sanctorum Angelorum"(Engelwerk), Schweizerrische Kirchenzeitung, 48/1988

[26] Heiner Boberski, Mayerlings Rätsel, Die Furche, Nr. 48, Wien, 2.12.1988, S. 1

[27] Herbert Geyer, Gegenreformation, Wochenpresse, Nr. 51, Wien, 23.12.1988, S. 24-28

[28] Norbert Göttler, Gefahr von gefleckten Katzen, Süddeutsche Zeitung, München, 14.6.1989

[29] Siehe auch die Kapitel X B und X C

[30] Wiener Diözesanblatt, Dezember 1988, S. 124

der dortigen Studenten auf Madeira und in Brasilien beim Kreuzorden waren und weitere zumindest engen Kontakt mit OA-Mitgliedern und eifrigen OA-Sympathisanten hatten.

In einigen Fachartikeln setzten sich Theologen[31] mit dem OA auseinander. Einen ebenso fundierten wie vernichtenden Artikel zum Engelwerk veröffentlichte zum Beispiel der bekannte niederländische Qumran-Forscher und Dominikaner Prof. Johannes van der Ploeg in der „Una-Voce-Korrespondenz".[32] Reaktionen aus der streng konservativen Leserschaft dieses Mediums blieben nicht aus.

Ebenfalls mit sehr kritischen Augen sah - mit Bezug auf den Kolosserbrief - der emeritierte Regensburger Neutestamentler Franz Mußner das Engelwerk.[33] Auch der große Moraltheologe und Redemptorist P. Bernhard Häring - seinem Orden gehörten ja ursprünglich zwei gegenwärtig besonders eifrige Engelwerker, die Brüder Hermann und Rupert Precht, an - meldete sich ablehnend zu Wort.[34]
Erwähnenswerte Zeitschriftenbeiträge zu diesem Thema verfaßten noch Werner Krebber[35] und Josef Mader.[36]

[31] Siehe Kapitel VIII

[32] Johannes P.M. van der Ploeg O.P., Eine alte jüdische Sekte und ihr christliches Echo, Una-Voce-Korrespondenz, Mai/Juni 1988, S. 157-171

[33] Franz Mußner, Das Opus Angelorum im Licht des Kolosserbriefs, Anzeiger für die Seelsorge, Heft 1/1989, S. 14-18

[34] Bernhard Häring, Geheimwissen und Glaube sind unverträglich, Münchener Katholische Kirchenzeitung, 8.1.1989, S. 20

[35] Werner Krebber, Das Engelwerk, Stimmen der Zeit, 113. Jahrgang, Heft 10, Oktober 1988, S. 709-712

[36] Josef Mader, Kritische Betrachtungen zum „Engelwerk", Anzeiger für die Seelsorge, Heft 10, Freiburg i. B., Oktober 1988, S. 388-392

III DIE „MUTTER" UND IHR WERK

Das Opus Angelorum in der Diözese Innsbruck

A) Mit Gabriele Bitterlich fing alles an

Als ich die Schriften der Mutter Gabriele gelesen habe, fand ich darin eine so tiefe Kenntnis der inneren geistigen Struktur der kommunistischen Dämonie, wie sie ohne besondere übernatürliche Erleuchtung nicht erklärt werden kann.

BISCHOF PAUL HNILICA S.J. [1]

Gabriele Bitterlich (1896–1978), „Mutter" des Engelwerkes

Für das Engelwerk ist sie nach wie vor nur die „Mutter", und so stehen auch auf ihrem Grabkreuz an der Burgmauer von St. Petersberg bei Silz in Tirol lediglich die Worte: „Gott ist gut - Mutter - 1.11.1896-4.4.1978". Ohne Ga-

[1] Schreiben vom 16. Oktober 1979 (Opus Sanctorum Angelorum, 4. Informationsbrief, Das Verfahren bei der Kongregation für Glaubenslehre, S. 66, Beilage zum OA-Brief an Kardinal Ratzinger, 4.4.1983)

briele Bitterlich, geborene Göhlert, wäre das Engelwerk sicher nie in dieser Form entstanden, denn es fußt ganz wesentlich auf den ihr angeblich in den Jahren nach dem Zweiten Weltkrieg zuteil gewordenen Privatoffenbarungen.

Gabriele Bitterlich, eine gebürtige Wienerin, wohnte zur Entstehungszeit des Werkes mit ihrem Mann und drei Kindern - sie betreute zusätzlich noch drei Pflegekinder - in der Kaiser-Franz-Joseph-Straße 5 in Innsbruck. Auf einen Jesuitenpater, der sie in dieser Zeit besuchte, machte sie einen bescheidenen Eindruck. Nach dessen Aussage lebte sie ab 1954 von ihrem Mann getrennt im gleichen Haus. Seitens des Engelwerkes wird als Argument für die Echtheit ihrer Privatoffenbarungen angeführt, daß sie gar keine Zeit gehabt hätte, die für ihre Schriften nötigen Kenntnisse zu erwerben: „Es ist vor allem festzuhalten, daß Frau Gabriele Bitterlich schon rein technisch außerstande war, aus der jüdischen religiösen Literatur etwas abzuschreiben. Sie konnte kein Hebräisch und war eine vielbeschäftigte Hausfrau und Mutter von drei eigenen und drei angenommenen Kindern, die meiste Zeit auch ohne Haushaltshilfe."[2]

Dazu ist nur anzumerken, daß zumindest die leiblichen Kinder von Frau Bitterlich bereits dem Kindesalter entwachsen waren, als mit der Niederschrift der Eingebungen begonnen wurde. Das älteste ihrer drei eigenen Kinder, die 1920 in Bregenz geborene Roswitha, wurde Malerin und lebt seit geraumer Zeit in Amerika. Sie muß eine Art Wunderkind gewesen sein, verzeichnet doch ein 1936 vom Vater Dr. Hanns M. Bitterlich im Selbstverlag herausgegebener Katalog bereits 359 Werke der damals 16jährigen Künstlerin, die schon auf erfolgreiche Ausstellungen und Erfolge mit Kunstkarten und Buchillustrationen - für den Innsbrucker Verlag Felizian Rauch und den Rosenheimer Kunstverlag L. Berchtenbreiter - zurückblicken konnte.

Aus dem Katalog geht hervor, daß im Hause Bitterlich viele Märchen und Phantasiegeschichten erzählt wurden, die das kreative Mädchen zu originellen Bildern inspirierten. In den Kinder- und Jugendwerken von Roswitha Bitterlich spielten übrigens neben Märchen- und Sagenfiguren besonders auch Heilige und Engel eine große Rolle. Schon ihr Opus 1, mit zweieinhalb Jahren gezeichnet, trug den Titel „Roswitha mit zwei Schutzengeln". Über Werk 167 heißt es im Katalog: „Zu Weihnachten 1932 malte Roswitha für den kleinen Bruder Hannsjörg das erste Zwergenbuch mit 20 Aquarellen und kindlichen Versen; es wurde 1933 vom Scherlverlag, Berlin, zur Reproduktion angenommen und im Frühjahr 1934 in der ‚Gartenlaube' veröffentlicht."[3]

Auf diesen 1923 geborenen Bruder Johann Georg, genannt Han(n)sjörg, der Priester wurde, wird noch zurückzukommen sein. Er ist übrigens in Schluckenau in Nordböhmen zur Welt gekommen, denn die Familie übersiedelte bald nach Roswithas Geburt aus Vorarlberg, wo der Vater Landesregierungssekre-

[2] Georg Blaskó, Richtigstellung zu drei Schriftsätzen, Silz 1986, Abschnitt II
[3] Katalog Roswitha Bitterlich, Herausgegeben von Hanns M. Bitterlich, Innsbruck 1936, S. 20

tär gewesen war, für sieben Jahre nach Schluckenau, von wo die väterliche Familie stammte.

Denkt man an das später durch die Mutter initiierte Engelwerk, fallen im Roswitha-Bitterlich-Katalog vor allem zwei Bilder aus dem Jahr 1935 auf:

„295 Der Würgengel

Halb über, halb unter der Erde dringt das Gespenst des Würgengels auch durch die Häuser und greift aus Torbogen und winkeligen Gassen nach den verzweifelten Opfern. Seine Flammenflügel ragen wie eine grause Botschaft ‚hier bin ich' gegen den Himmel. (Ölbild)" und

„319 Der Engel mit der Zornschale

Einer der Engel des Gerichtes, der Gottes Zorn in seinen Schalen trägt. Der Zorn Gottes fließt über und strömt als Blut über die Erde. Im Hintergrund erscheint ein anderer Engel, welcher Gottes Befehl, die Sonne auszulöschen, erfüllen wird. (Ölbild)"

Die Neigung zum Geheimnisvollen verrät die Beschreibung von Roswithas Opus 148, Sternenbilder: „Nach dem Klang der Sternenbilder in ihrem Schulatlas schuf sie binnen kurzer Zeit 38 Aquarelle, die Sonne, Planeten, Fixsterne und Himmelsrichtungen darstellend. Durch eine neue selbsterdachte Schrift, womit sie die Bilder bezeichnete, wollte sie diese vor der Neugierde der Welt schützen, und erst ein Jahr später schrieb sie auf Zureden der Eltern die Namen in lesbarer Schrift darunter."

Mit Engeldarstellungen hat sich Roswitha Bitterlich immer wieder befaßt. 1935 ist in Rosenheim ihr Bilderbuch „Hallelui-nein!" erschienen, die Geschichte von einem unartigen Engelein, das zur Strafe so lange auf die Erde muß, bis es Hallelui-ja singt. Jahrzehnte später hat sie dann, nach vielen anderen Arbeiten, in der vom Engelwerk erworbenen Burg St. Petersberg bei Silz in Tirol die Kapelle mit Engelmalereien ausgestaltet.

Auch das dritte Kind der Familie Bitterlich war hochbegabt. Wolfram Bitterlich dissertierte 1957 mit der Arbeit „Verstärker für Schallregistrierphonometer" an der Universität Innsbruck und habilitierte sich 1968 mit dem Werk „Die Ausbreitung von VLF-Wellen durch das Erdinnere". Sein umfangreiches Hauptwerk, „Einführung in die Elektronik" - es umfaßt nicht weniger als 632 Seiten mit 949 Textabbildungen -, ist 1967 im angesehenen Springer Verlag, Wien-New York, erschienen. Der Dozent am Physikalischen Institut der Universität Innsbruck ist relativ jung gestorben.

Eines der Pflegekinder von Frau Bitterlich ist in der Erzdiözese Salzburg im Sekretariat von Weihbischof Jakob Mayr angestellt. Sie stellt ihrer Pflegemutter nur das allerbeste Zeugnis aus.

Der frühere Regensburger Bischof Dr. Rudolf Graber[4], der sich Ende 1972 radikal vom Engelwerk abwandte, kannte sowohl Gabriele Bitterlich als auch die als „Resl von Konnersreuth" bekannte stigmatisierte Therese Neumann,

[4] Gespräch mit Bischof Graber, Juli 1989

die er im nachhinein als wesentlich glaubwürdiger ansieht als Gabriele Bitterlich. Mutter Bitterlich wirkte auf ihn auch nicht so, daß ihr theologische Schriften zuzutrauen gewesen wären. Einen ähnlichen Eindruck soll 1965 der Münchener Generalvikar Matthias Defregger von ihr gewonnen haben.

Dieser Eindruck könnte falsch gewesen sein, denn es gibt eine Schrift, die sogar die kirchliche Druckerlaubnis einer österreichischen Diözese hat und im Katalog der Österreichischen Nationalbibliothek unter Gabriele Bitterlich aufscheint. Es handelt sich um das 32-Seiten-Büchlein „Folge mir", das mit Druckerlaubnis der Diözese Graz-Seckau vom 18. Jänner 1962, Zahl 189, im Grazer Fatima-Verlag erschienen ist und dessen Text laut Angabe im Buch von „B. Gabriel" stammt. Die darin enthaltenen Betrachtungen zu den 14 Kreuzwegstationen verraten eine tiefe, manchen aber sicher zu übertriebene Frömmigkeit, in die sie sich nicht einfühlen können. Wäre aber die zentrale Rolle Christi im Heilsgeschehen in allen Engelwerk-Schriften so spürbar wie hier, hätte das OA vermutlich weniger Probleme.

Das übrige Bitterlich-Schrifttum über die Engel- und Dämonenwelt erschien allerdings unter Ausschluß der Öffentlichkeit. Wie seitens des OA ständig betont wird, läßt schon Frau Bitterlichs Bildungsniveau auf keinerlei „literarische Abhängigkeit" schließen: „Als Maturantin verfügte sie zwar über eine gute religiöse und Allgemeinbildung, war aber der hebräischen Sprache und der Literatur über die jüdische Überlieferung unkundig. Die Priester, die sie von 1950 und von früher her kennen, bestätigen, daß sie außerstande war, hinsichtlich dieser Überlieferung Studien zu betreiben und Abschriften zu fertigen. Sie schrieb ihre Schriften im Lichte des Geistes, bei der Hand nur die Heilige Schrift und das Meßbuch, wie ihr Beichtvater es ihr befohlen hatte. Wir Priester, die wir sie kannten, bezeugen ihre unbedingte Glaubwürdigkeit."[5]

Ausführliche, aber natürlich subjektive Mitteilungen über Gabriele Bitterlich machte ihr Sohn Hansjörg 1986 gegenüber Studenten auf Madeira[6]: Sie soll schon als Kind die Gnade gehabt haben, ihren Schutzengel zu sehen. Dies sei aber zunächst verborgen geblieben, weil sie meinte, alle anderen könnten ihn auch sehen. Als sie einmal davon gesprochen habe, sei ihr von ihrer Mutter eine Ohrfeige gegeben worden, weshalb sie in der Folge darüber schwieg. Hansjörg Bitterlich hob auch hervor, daß seine Mutter schon Jahre vor der Aufzeichnung ihrer Visionen unter einer sehr strengen und klugen geistlichen Führung gestanden sei.

Über den Beginn dieser Aufzeichnungen durch „die Seele" (Gabriele Bitterlich) heißt es in der Einführung zur Schrift „Das Reich der Engel, A-Teil": „Das Werk ist die Arbeit langer Jahre. Die Seele hätte ohne den als strikt er-

[5] Georg Blaskó, Rundbrief an deutsche Bischöfe, 18.9.1987, S. 6
[6] Johannes Rothkranz, Manipulationswochen auf Madeira, Manuskript, Filsen/Rhein 1986, S. 75ff.

kannten Auftrag des Herrn nichts davon dem führenden Priester zu sagen gewagt. Und dieser entschloß sich erst nach langer Zeit des Gebets und der Zögerung zum entscheidenden Befehl, die Erkenntnisse im Gehorsam aufzuschreiben. Ohne diesen Gehorsamsbefehl hätte die Seele es weit lieber vorgezogen, alles in weltabgeschiedener Verborgenheit zu begraben. Allein - am Tag des heiligen Evangelisten Markus, dem Tag nach dem Weißen Sonntag, mußte mit der Niederschrift begonnen werden."

Diese Sätze beziehen sich auf das Jahr 1949. Aus dem Vorwort zum Text „Die Zusammenhänge in der Heiligen Schrift" geht etwas mehr über die „Arbeit langer Jahre" hervor: „Schon im Jahre 1942 hat der gute Engel, als sein Schützling das erstemal eine gesammelte Ausgabe der Heiligen Schrift (Pius Parsch, Klosterneuburger Ausgabe 1934) in die Hand bekam, begonnen, die Zusammenhänge in der Heiligen Schrift zu beleuchten, zur gleichen Zeit, als der Herr die Aufzeichnungen über Strömungen und Strahlungen im Schöpfungs- und Erlösungsgeschehen wünschte. Trotzdem dauerte es noch vier Jahre, bis dem Wunsche des Herrn nachgekommen wurde."

Auch die Einführung zur OA-Schrift „Das Reich der Engel" verweist auf den schon länger zurückliegenden Anfang der „Privatoffenbarung": „An diesem Anfang steht, viele Jahre zurückliegend, der schon dem Kind visuell sichtbare, gütige Engelbegleiter. Immer ging das Wissen um diese heiligen Engel mit der Seele, immer standen sie wie große Brüder und kaum faßbare Herrlichkeiten hier, rissen Sichten auf in die Welt Gottes, lehrten Gebete und beteten mit, sagten ‚Schreibe!' und dann mußte etwas geschrieben werden.

Dann aber sprach der Herr selbst: ‚Ich will, daß Meine Engel mehr von euch erkannt und geliebt und mehr um ihre Hilfe gebeten werden. Begebt euch nicht dieser Hilfe!'

Das war schon vor einigen Jahren. Nach mehreren solchen Mahnungen des Herrn befahl der führende Priester - vom 30. August 1947 an - daß eine Art Tagebuch geschrieben werde. In diesen Aufzeichnungen kann man das ofte Hereintreten der Engel deutlich verfolgen. Im Dezember 1948 sollte auf Wunsch des Herrn das bisher gegebene Wissen über die heiligen Engel in einem schriftlichen Zusammenhang niedergelegt werden. Das ist geschehen. In der Karwoche 1949 sollte etwas über die Engel der Kirche geschrieben werden. Das ist geschehen."

Am 25. April 1949 steht in diesem Tagebuch verzeichnet:

„In den Nachtstunden vom Weißen Sonntag auf den Markustag völlig leere Hülle ohne Gefühl des Körperlichen geworden. Ein schwingendes Erschüttern der Luft wie klar zutage tretende Wellen ringsum. Den Herrn zu den Engeln reden gehört. Von diesem Klang und dieser Sprache stirbt der Mensch. Dann sagte jemand: ‚Schreibe!' In der Dunkelheit den großen neuen Begleiter erkannt, man konnte mit den Augen durch ihn hindurchsehen. Geschrieben. Am Morgen bei der heiligen Kommunion dem liebsten Herrn so sehr die eigene Unwürdigkeit vor Augen gestellt und die Unfähigkeit, richtig zu erfassen und wahrhaft zu schreiben. Der Herr sagte streng: ‚Wenn Ich dir den Himmel aufreiße und heiße zu schreiben, so hast du dies zu tun!‘ Dann setzte er sehr gütig hinzu: Sorge dich nicht, die Engel werden dir helfen. Ich stehe hinter dir. Es soll das, was du jetzt schreibst, erst nach deinem Tod offenbar werden. Ich will Meine Engel bei den Menschen verherrlicht sehen. Es kommt die Zeit der Engel, die große Macht der guten wie der bösen.‘ Und dann sagte er ganz liebevoll: ‚Willst du Mich auch vor Meiner Mutter und den ganzen Engeln verherrlichen? Dann sprich von jetzt an nur das Notwendigste, denn deine Worte werden gewogen werden. Schau nur mehr auf Mich und folge blind.“

In der Zeit von dieser Nacht - 24./25. April 1949 - bis zum 3. Juni 1949 entstand die Schrift „Das Reich der Engel“, der A-Teil eines dreiteiligen Werkes, das sich noch mit den Dämonen und Strahlungen befassen sollte. Die Einführung zu dieser Schrift stammt von Dr. Walter Waitz und trägt das Datum 11. Oktober 1949. In den nächsten Jahren folgten etliche weitere Schriften[7], wobei nicht ganz klar ist, ob diese auf lauter neuen Eingebungen beruhen oder nur das schon 1950/51 vorhandene Wissen neu oder anders aufbereiten.

Gabriele Bitterlich habe sich - so Sohn Hansjörg[8] - in „heroischer Weise“ der kirchlichen Führung unterworfen und in pünktlichster Weise gehorcht, als einer ihrer Beichtväter den Auftrag zum Schreiben zurückzog und sie erst ein Jahr später wieder schreiben durfte. Für das Werk sei das ein „großer Verlust“ gewesen, viele Erkenntnisse seien für immer verlorengegangen.

Ihre Seelenführer waren nach Aussage von Hansjörg Bitterlich durchwegs gelehrte Männer, nämlich die Professoren Michael Hoffmann SJ, Michael Gatterer SJ, Otto Pohley SJ und Albert Auer. Bitterlich nannte diese Namen 1986 auf Madeira[9]. Hier wäre freilich hinzuzufügen, daß von diesen vier angesehenen Priestern die drei Jesuiten schon tot waren[10], als die Niederschriften ihren Anfang nahmen, und mit der Entstehung des Engelwerkes daher nicht das geringste zu tun hatten.

P. Michael Hoffmann SJ, geboren am 7. August 1860 in Kundl (Tirol), war Professor für Kirchengeschichte und Kirchenrecht und schuf 1910/11 das Innsbrucker Canisianum, dem er bis 1938, außer von 1919 bis 1925 (da war er Rektor des Germanikum in Rom), vorstand. Nach dessen Aufhebung begleitete er die verbliebenen Studenten nach Sitten in der Schweiz, wo er am 22. Jänner 1946 starb. Er genoß hohes Ansehen als Priestererzieher.

P. Michael Gatterer SJ, geboren am 21. September 1862 in Oberrasen (Südtirol), machte sich besonders um die Kinderkommunion verdient und lehrte von 1919 bis 1933 an der Innsbrucker Universität Pastoraltheologie. Anschlie-

[7] Siehe Kapitel VII
[8] Rothkranz, Madeira, S. 76
[9] Rothkranz, Madeira, S. 76
[10] Österreichisches Biographisches Lexikon 1815-1950, herausgegeben von der Österreichischen Akademie der Wissenschaften unter Leitung von Leo Santifaller, Graz-Köln 1957, zu Hoffmann: Band 2, S. 384, zu Gatterer: Band 1, S. 410.

ßend ist er noch als Beichtvater und Krankenseelsorger aktiv gewesen und am 6. Juni 1944 in Innsbruck gestorben.

Bezüglich P. Otto Pohley lautete die knappe Auskunft des Wiener Provinzialates der Gesellschaft Jesu: geboren am 30. April 1887 in Lednice in Mähren, 1907 in den Orden eingetreten, Philosophieprofessor in Innsbruck bis 1938, am 26. Dezember 1941 in Cagliari auf der Insel Sardinien gestorben.

Über P. Albert Auer OSB, geboren am 27. Jänner 1891 in Landshut (Bayern), findet sich in einer nach seinem Tod „von einer Hörergemeinschaft aus Österreich" herausgegebenen Schrift[11] - an ihrem Beginn steht interessanterweise ein Bild mit der Unterschrift „Ich sende meinen Engel" - ein Lebenslauf. Der 1921 in Regensburg zum Priester geweihte Benediktiner wirkte, zunächst als Dozent (ab 1929), dann als Professor (ab 1952), an der Theologischen Fakultät in Salzburg und zwischen 1956 und 1961 als Präses des Päpstlichen Philosophischen Institutes. Weiter heißt es: „Er lehrte Philosophie unter besonderer Berücksichtigung der Ethik, des Naturrechtes und der Staatsphilosophie. Er war ein hervorragender Seelenführer und väterlicher Freund aller Bedrängten. 1964 ging er als Seelsorger nach Flüeli in der Schweiz, wo er am 20.3.1973 starb." Möglicherweise hatte P. Albert mit dem Entstehen der OA-Niederlassung in Flüeli zu tun.

Nicht aber führte Hansjörg Bitterlich auf Madeira zwei weitere Vertraute der „Mutter" an, Walter Waitz und Georg Blaskó, bei dem sie später beichten mußte, wie ein ehemaliges Mitglied des Engelwerkes berichtet. Beide waren aber für das Werden des Werkes sicher entscheidender als die von Bitterlich genannten Theologen.

Ein weiterer geistlicher Begleiter von Gabriele Bitterlich, der auf Madeira nicht erwähnt wurde, Kaplan Othmar Fischer, Jahrgang 1895, bezeichnete Gabriele Bitterlich als „hochgebildete Dame von großer Mütterlichkeit und menschlicher Einfachheit, eine vollendete ancilla Domini, sehr klar im Denken", für die er „100prozentig" einstehen könne[12]. Fischer hatte seinerzeit im Auftrag des Innsbrucker Bischofs Paul Rusch einiges Material gesammelt und dem Bischof übergeben. Zur Frucht der Bitterlich-Offenbarungen, zum „Opus Angelorum", wollte sich der alte Priester nicht näher äußern.

„Sie war davon überzeugt, daß das, was sie macht, ein gutes Werk ist, und sie wirkte fraulich und mütterlich", charakterisiert ein ehemaliges OA-Mitglied, das heute dem Werk sehr kritisch gegenübersteht, die Tiroler Hausfrau, „aber ein Großteil ihrer Persönlichkeitsstruktur blieb verborgen." Die älteren Brüder schirmten Frau Bitterlich gegenüber den jüngeren ab, letztere hatten kaum Zutritt zu ihr.

Was über Gabriele Bitterlich bekannt ist, ergibt ein widersprüchliches Bild.

[11] Albert Auer, Gott ruft Dich jeden Tag, Gedanken aus Vorträgen, Veritas Verlag, Linz-Wien 1981, S. 78

[12] Telefongespräch mit Kaplan Fischer, Mai 1989

Es besteht teilweise daraus, was aus Sicht des Engelwerkes „Abtrünnige", die Frau Bitterlich noch gekannt haben, berichten, zum anderen Teil aus OA-Darstellungen. Daß Gabriele Bitterlich die Wundmale Christi hatte, ist nicht belegt. Bei dem Herz-Jesu-Missionar P. Severin Ritter von Lama, der ein Engelbuch von Friedrich von Lama neu aufgelegt hatte, soll sie eines Tages mit verbundenen Händen erschienen sein, Pater Lama ließ später einem Zeugen gegenüber erkennen, daß er kein rückhaltloses Vertrauen zu Frau Bitterlich hatte. Es heißt, die Stigmata seien wieder zugewachsen, damit sie alle ihre Eingebungen aufschreiben könne.

Fragwürdig sind die Aussagen von Hansjörg Bitterlich, seine Mutter habe zweimal pro Jahr beim Ortsbischof, der sich persönlich informieren wollte, erscheinen müssen und der Bischof habe jeweils die Anweisung gegeben, ob etwas geschrieben werden durfte. Tatsächlich dürfte Bischof Rusch kaum etwas vom Inhalt der Schriften erfahren, sondern die ganze Angelegenheit seinem alten Schulkollegen Walter Waitz, der als Vizeoffizial im Ordinariat der Apostolischen Administratur und späteren Diözese Innsbruck tätig war, überlassen haben.

Dieser Walter Waitz, ein Neffe des früheren Salzburger Erzbischofs, stand aber den Visionen der Gabriele Bitterlich keineswegs neutral gegenüber, sondern zählte bald zu ihren eifrigsten Anhängern. Manche meinen sogar, er habe bei der Niederschrift der umstrittenen Privatoffenbarungen selbst entscheidend seine Hand im Spiel gehabt und das Gabriele Bitterlich fehlende theologische Wissen eingebracht.

Angeblich hat Mutter Bitterlich rund 80.000 Manuskriptseiten[13] über ihre Eingebungen hinterlassen! Diese Originaltexte, die ihr Sohn Hansjörg hütet, sind das Fundament der später vervielfältigten OA-Schriften. Es geht darin, soweit diese meist streng geheim gehaltenen Schriften bekannt geworden sind, um die Namen und Eigenschaften von zumindest Hunderten Engeln und Dämonen. Auch deren Aussehen, ja sogar die Farbe ihrer Mäntel, soll der einfachen Innsbrucker Hausfrau in „inneren Sichten" genau geoffenbart worden sein.

Ein ehemaliges Engelwerk-Mitglied berichtet, sie habe behauptet, von jedem Priester den Namen, das Aussehen und die Tätigkeit des ihm zugehörigen Engels zu wissen. Als sie auf Wunsch dieses Mitgliedes einmal Szenen aus dem Leben Jesu, die sie gesehen zu haben vorgab, beschreiben sollte, habe sie wörtlich Schilderungen der stigmatisierten Ordensfrau und Mystikerin Katharina Emmerich (1774-1824) wiederholt. Darauf aufmerksam gemacht, sei sie rot geworden und habe gesagt: „Ich kenne dieses Mädchen nicht."

Dieser Zeuge berichtet außerdem, er habe mit der „Mutter" auch einmal über Radiästhesie gesprochen. Sie habe ihm damals bezüglich Pendeln, Wünschelrutengehen, Astrologie und Kartenlegen erklärt, daß es schade wäre, wenn

[13] Rothkranz, Madeira, S. 77

diese Dinge verlorengingen, denn sie seien vom Teufel nur verunreinigt und könnten nützlich sein, wenn man sie reinigt und in die Kirche heimholt.

Eines der Gründungsmitglieder, Schwester Maria Saba, soll „mit Gottes Zulassung" Tarot-Karten (auf die Kabbala, mit der die Entstehung dieses Kartenspiels zu tun hat, wird noch zurückzukommen sein) benützt haben, die über Namen und Aufgaben von Engeln Aufschluß gaben. Schwester Maria Saba, so der Zeuge, sei mit Sicherheit beauftragt gewesen, die Praxis des Kartenlegens „zu reinigen und für das Werk heimzuholen". Laut Mutter Bitterlich mögen Engel keine Zahlen, die seien vom Teufel, sondern nur Buchstaben.

Eine vermutlich angewendete Methode, um den Schutzengel neuer Mitglieder zu benennen, war die Berechnung der Quersumme der Initialen des Kandidaten (jeder Buchstabe bedeutet auch eine Zahl). Die Buchstaben der Wurzel des Engelnamens (die Endung, zum Beispiel -el, wird vernachlässigt) müssen die gleiche Quersumme ergeben. Den Zahlen, die dabei eine Rolle spielen, entsprechen bestimmte Tarot-Karten mit ihren Bildern. Jeder Kandidat erhält mit dem Namen des Schutzengels auch eine Deutung. Ein ehemaliges Mitglied stellte eine verblüffende Übereinstimmung dieser Deutung mit den Bildern der in Frage kommenden Karten fest, vor allem mit jener Karte, die der Quersumme der eigenen Initialen und der Wurzel des Engelnamens entsprach.

Nachdem ihr Sohn Hansjörg Pfarrer in Galtür geworden war, ab 1. Februar 1961, wohnte Gabriele Bitterlich zeitweise dort. Später übersiedelte sie ganz in die Burg Petersberg, die das Engelwerk Mitte der sechziger Jahre erwarb und zu seiner „Engelsburg" ausbaute. „Der Fels, auf dem die Burg St. Petersberg steht, reicht bis zum Mittelpunkt der Erde", soll sie gesagt haben. Dem widerspricht zwar der diesen Satz vollkommen wörtlich nehmende derzeitige Leiter des Engelwerkes, Georg Blaskó, der meint, ein solcher Satz könne „schon deshalb nicht von Frau Bitterlich stammen, weil sie als Abiturientin sehr wohl wußte, daß kein Fels bis zum Mittelpunkt der Erde reicht."[14] Aber ehemalige Mitglieder bestätigen, daß sie sich gerne in solchen großartigen Bildern - „Die Sünden der Werksmitglieder sind so groß wie ein Reisigbündel, das die Burg Petersberg überragt" - ausdrückte.

So wird von ihr auch folgender Satz über den späteren Novizenmeister des mit dem Werk verknüpften Kreuzordens, Hermann Precht, kolportiert: „Als Hermann seine Hand auf den Zinnsarg des Petrus[15] legte, da hielten der ganze Himmel und Erde den Atem an." Hermann Precht soll wieder öfters gesagt haben: „Die Mutter Bitterlich kommt gleich nach der Mutter Gottes in der Glorienhierarchie."

Zu Weihnachten, Ostern und hohen Festen durften meist alle Brüder und Schwestern vom Petersberg in Gruppen zu Gabriele Bitterlich kommen. Je-

[14] Georg Blaskó, Richtigstellung zu drei Schriftsätzen, B, S 2, 74
[15] Den es gar nicht gibt

Gabriele Bitterlich auf einem Spaziergang in St. Petersberg

der, der sich demütig vor der sitzenden Frau hinkniete und die Hände auf ihren Schoß legte, bekam ein Kreuz auf die Stirn. Anschließend sang die ganze Gruppe das Marienlied „Sei gegrüßt, du Gnadenreiche!", das in diesem Zusammenhang als Lied für die Mutter galt.

Während der im Engelwerk üblichen „Passio" am Donnerstag und Freitag hatte Gabriele Bitterlich ihre Leidensstunden. Wenn mitunter laute Schreie aus ihrer Kammer drangen, hieß es: „Die Mutter hat nicht nur mit Engeln, sondern auch mit Dämonen zu tun." Nur ganz bestimmte Priester durften zu ihr in die Leidenskammer. Dort wurde die Messe privatissime gefeiert, und nach jeder Passio gab es „neue Weisungen vom Herrn".

Den Novizen und Anwärtern des Opus Angelorum wurde nach Angaben von früheren OA-Angehörigen über Gabriele Bitterlich erzählt:

P. Hansjörg Bitterlich, Sohn und Erbe der Schriften

- Sie ist die Seherin aller Engel. Besonders sieht sie jeden Schutzengel.
- Beichtet, die Mutter sieht ins Herz, sie kennt jede Sünde, sie durchschaut alle Geheimnisse.
- Sie kann konsekrierte Hostien von anderen unterscheiden. Sie hat direkten Kontakt zu vielen armen Seelen, besonders zu Priesterseelen.
- Sie ist an vielen Brennpunkten der Welt im Einsatz, so auch bei Geiselbefreiungen, in Afrika bei der Flugzeugentführung 1975.
- Sie ist Trägerin der unsichtbaren Wundmale Christi.

Die Priester des Engelwerkes nannte Gabriele Bitterlich „meine Adler" oder „Aquilaner" und meinte damit, daß diese nicht das Gesichtsfeld eines Normaltheologen hätten, sondern wie der Evangelist Johannes das theologische Gesichtsfeld eines Adlers. Als der Dekan von Silz, Anton Draxl, einmal um eine priesterliche Aushilfe vom Petersberg bat, soll sie gesagt haben: „Meine Adler sind nichts für die Gemüsegärten dort unten." P. Hermann Precht empfahl angeblich den Novizen, immer vor sich hinzusagen: „Ich bin ein Aquilaner!"

Ein Zeuge verbürgt sich auch dafür, daß Mutter Bitterlich überall Dämonen witterte. Über einen nahen Berg habe sie gesagt: „Am ganzen Simmering haben sich Dämonen im Fels festgekrallt." Mit dem Satz „Hinter jedem Baum lauert ein Dämon!" habe sie Prozessionen um die Burg ausgelöst, bei denen unablässig der Exorzismus gebetet wurde und die Priester violette Stolen trugen.

Georg Blaskó[16] hat diese Äußerungen bestritten und gemeint, Petersberg pflege nur den Tiroler Brauch der Flurprozession, bei dem aber keineswegs unablässig der Exorzismus gebetet werde. Mutter Bitterlich habe zwar von „Adlern" gesprochen, weil oft Priester in die Mission geflogen seien, aber nie von „meinen" Adlern, außerdem sei sehr wohl priesterliche Aushilfe in der Nachbarschaft geleistet worden. Ja, sagen Kritiker des Werkes, aber beides treffe nicht auf die Frühzeit des Engelwerkes zu. Da habe es noch keine Flüge in die Mission gegeben, und da habe man keine Aushilfe geleistet. Blaskó wisse aber davon vielleicht nichts, denn er habe innerhalb des Werkes immer sein eigenes, etwas abgesondertes Leben geführt, räumt ein Ex-Engelwerker ein. Laut einem Bericht aus 1976 wurde damals noch die Aushilfe in Gemeinden, wo Handkommunion üblich war, verweigert.[17]

Die Bedeutung des Wortes „Adler" für das Opus Angelorum zeigt vielleicht am besten ein OA-Rundschreiben für Wien aus dem Herz-Jesu-Monat (Juni) 1987, in dem von den wünschenswerten Eigenschaften des künftigen Rektors der OA-Priestergemeinschaft in der Erzdiözese Wien unter anderem gesagt wird: „Er soll eine Feuerseele sein und sich wie ein Adler, dem Hl. Johannes gleich, zu Gott emporschwingen können..."[18]

[16] Georg Blaskó, Richtigstellung zu drei Schriftsätzen, B, S 2, 76
[17] P. Schmidpeter u.a. (Comboni-Missionare), Bericht über das Engelwerk, Manuskript (1976)
[18] OA-Rundschreiben des Wiener Sekretariates, Herz-Jesu-Monat 1987

Die „Engelsburg"
St. Petersberg

Das Engelwerk sieht die Burg St. Petersberg als das Abbild des Himmlischen Jerusalem der Apokalypse an (12 Tore):

Die Tore:

1. Ecksteine – Turmeingang (vom Hof)
2. Priester – Haupthoftor
3. Feuerseelen – Schloßkapelle
4. Die Reinen – Schwesterntrakt (vom Hof)
5. Büßer – Kreuzkapelle
6. Opferseelen – Brüdertrakt (vom Hof)
7. Fernherkommende – Faulturm
8. Barmherzige – Brückentor
9. Lastträger – beim Grabmal
10. Gottgezeichnete – beim Mühlenhaus
11. Schwerter – Sendungsstiege
12. Märtyrer – Waschküchentüre

Bedeutung einzelner Orte im Burggebiet nach Auskünften eines ehemaligen Mitglieds:

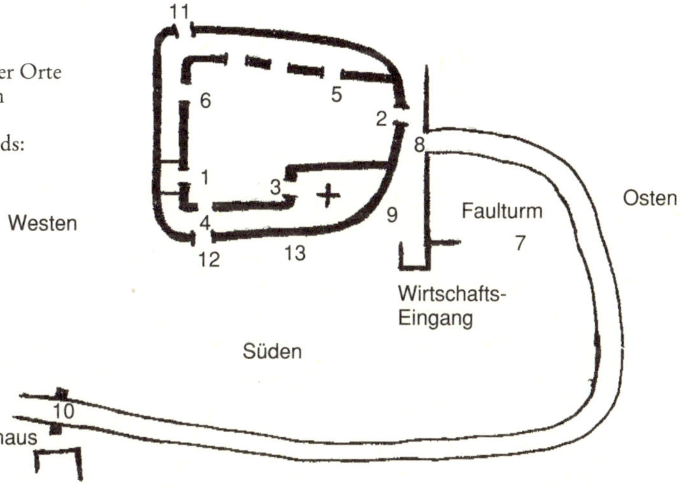

Die 13 wurde hier ergänzt und zeigt das „Grab der Mutter".
Nr. 9 „Lastträger – beim Grabmahl" zeigt jenen Ort an, wo die auf mysteriöse Weise ums Leben gekommene Annemarie liegt.

Ein ehemaliges Mitglied betont, daß sowohl Frau Bitterlich höchstpersönlich als auch OA-Priester Neulingen im Werk eingeschärft haben: „Ihr müßt nicht wie Engel werden, sondern ihr müßt selbst Engel werden!" Sie sei der Überzeugung gewesen, daß die Engel, mit denen Christus einst kommen wird, die Glieder des Opus Angelorum sein würden. Zu ideal wollte sie ihre „Adler" aber offenbar auch nicht, denn sie habe auch einmal gesagt: „Es ist gut, wenn die Mitglieder des Opus Angelorum Schwächen haben, dann hat man sie, wenn sie das Werk verlassen wollen, in der Hand." Über den Pfarrer von Haiming, einer Ortschaft nahe St. Petersberg, habe sie gemeint: „Den hat der Teufel aus dem Werk hinausgeführt."

Gegenüber dem gleichen Mitglied soll sie auch einen Satz ausgesprochen haben, der wenig Respekt vor den Amtsträgern der Kirche erkennen ließe: „Die Bischöfe sind lauter dumme Gockeln." Diese Aussage machte sie angeblich auf die Frage, ob sie keine Angst habe, daß die Bischöfe ihr bezüglich der weiteren Entfaltung des OA einen Strich durch die Rechnung machen könnten. Georg Blaskó, der sich gesträubt hat, in seinen „Richtigstellungen" diesen Satz überhaupt zu zitieren, hält es offenbar für undenkbar, daß der „Mutter" solche Worte über die Lippen gekommen sein könnten.

Die spürbare Strategie des Engelwerkes, hauptsächlich Weihbischof Soden-Fraunhofen für Maßnahmen gegen das OA verantwortlich zu machen, zeugt allerdings auch von keiner besonderen Hochschätzung jener Bischöfe, die in Deutschland gegen das OA vorgegangen sind, sondern beinhaltet den Vorwurf, diese Bischöfe seien nicht klug genug, die aus der Sicht des Engelwerkes unfairen Machenschaften dieses Weihbischofs zu durchschauen.

Über die Lippen sollen Gabriele Bitterlich auch die Worte „Die ganze heutige Jugend ist schlecht!" gekommen sein. Und völlig weltabgewandt und abgeklärt lebte Gabriele Bitterlich nicht, behauptet ein ehemaliges Mitglied. Es habe Aufsehen in St. Petersberg erregt, als einmal ein Hausmädchen einen Stoß Illustrierte aus dem Wohnbereich der Mutter brachte. Und diese soll getobt haben, wenn etwas nicht geklappt hat.

Gabriele Bitterlich soll sehr darunter gelitten haben, daß ihr Mann Freimaurer war (was vom OA vehement bestritten wird). Eine von ihr überlieferte Aussage lautet aber: Er starb in der Loge, bevor das Werk geboren wurde. Ihr Bestreben sei gewesen, ein Gegengewicht zur Freimaurerei zu schaffen, und sie habe gemeint, wie ein Ex-OA-Mitglied mitbekommen haben will, daß dies nur mit ähnlichen Methoden - zum Beispiel mit strikter Arkandisziplin, die sie auch „U-Boot-Taktik" nannte - möglich sei.

Das würde bedeuten, daß beim Engelwerk der Grundsatz „Der Zweck heiligt die Mittel" gilt, worauf ein Vorfall zwischen zwei jungen Engelwerk-Mitgliedern auf dem Petersberg hindeutet. Christoph Coester hatte in einer Sache Gregor Dalliard angelogen. Als sich Dalliard daraufhin bei Mutter Bitterlich beklagte, erklärte sie wörtlich: „Bruder Christoph hat nicht gelogen, das ist Engelspiritualität." Mit anderen Worten: Für ein höheres Ziel sei Lügen erlaubt. Der Zeuge dieser Begebenheit, Günther Neuner, heute Pfarrer in Westendorf im Allgäu, hat nicht zuletzt dieses Vorfalls wegen dem Engelwerk den Rücken gekehrt. Übrigens hat auch Dalliard daraufhin das Werk verlassen und später in der Schweizer Diözese Sitten für Unruhe gesorgt. Christoph (Carl Theodor) Coester ist mehrere Jahre später unter ungeklärten Umständen aus dem Werk geflüchtet.

Die Leitung des Opus Angelorum sieht die Mutter natürlich in einem ganz anderen Licht und stellt sie auch entsprechend dar: „Der leitende Priester des Engelwerkes, Dr. Georg Blaskó, bezeugt vor Gott und der Kirche, und mit ihm bezeugen auch seine priesterlichen Mitbrüder die Lauterkeit, Wahrhaftigkeit und Glaubwürdigkeit von Frau Gabriele Bitterlich; und daß sie von Gott begnadet, unbeeinflußt von literarischen Quellen (außer der Heiligen Schrift und dem Schottmeßbuch hatte sie keine Bücher bei sich) ihre Erkenntnisse über Schöpfung, Erlösung, Heiligung und über die heiligen Engel im Gehorsam gegenüber dem Seelenführer aufgeschrieben hat."[19]

Hansjörg Bitterlich schilderte die Gründerin des Werkes geradezu als Heilige[20]: „Obwohl die Mutter bis über den Kopf mit Arbeit beladen war, hat sie sich zweimal die Woche um die Armen in den Armenvierteln gekümmert. Unser Haus war von Armen umlagert. ... Die Menschen, die Mutter Gabriele näher kannten, schätzten sie durchwegs als heiligmäßige Person. Neben den schon erwähnten Tugenden muß ihre Demut und Klugheit genannt werden. ... Sie verstand es, andere Menschen mit kluger Hand zu führen. ... Sie war immer fröhlich, bis in ihre schmerzhafte Todeskrankheit hinein. ... Auch wunderbare Zeichen geschahen öfters in ihrem Leben und können wohl als Indizien für die Echtheit angeführt werden. ... "

Nach dem Tod der Mutter sollen ein paar ganz auffällige Heilungen geschehen sein, und der leitende Priester des Engelwerkes, Georg Blaskó, hat betont[21], daß einige Bischöfe schon seit Jahren ein Seligsprechungsverfahren verlangten. Hier ist sicher der verstorbene Bischof Antonio Ferreira de Macedo, Koadjutor in der brasilianischen Diözese Aparecida, angesprochen. Er nahm in einem vom Opus Angelorum gern zitierten Schreiben zu Gabriele Bitterlich und jenen Schriften, die er von ihr kannte (vermutlich nicht alle), ganz den Standpunkt des Opus Angelorum ein:

„Da ich die deutsche Sprache kenne, habe ich die genannten Schriften im Original lesen können. Die Schreiberin habe ich persönlich besucht und halte sie für würdig, daß ihr Seligsprechungsprozeß begonnen werde. Sie hat Schriften niedergeschrieben in Unkenntnis der hebräischen Sprache und Literatur, sich einzig Gottes Ehre und das Wohl der Kirche vor Augen haltend. Sie hatte auf Befehl ihres Bischofs kein anderes Buch zur Hand als die Heilige Schrift

[19] Rundschreiben von P. Wolfgang Knupfer, Schondorf, 17.5.1988
[20] Rothkranz, Madeira, S. 77
[21] Georg Blaskó, Brief an Weihbischof Heinrich von Soden-Fraunhofen, 15.11.1986

und das Meßbuch. Sie schrieb ihre Schriften im allgemeinen knieend und nachts, weil sie als sorgende und beispielhafte Familienmutter durch ihre große Familie tagsüber sehr belastet war, bis der Bischof im Gehorsam ihr Nachtruhe befahl, welchem Befehl sie sich in aller Demut unterwarf."[22]

Ähnliches meinte der verstorbene Bischof João Pereira Venâncio von Leiria: „Hinzu kommt die Glaubwürdigkeit der Person, die - in völliger Unkenntnis der jüdischen Sprache und kabbalistischen Literatur – diese Schriften nicht ohne übernatürlichen Anhauch geschrieben hat, wie ich meine, ohne dem Urteil der zuständigen Behörden vorgreifen zu wollen."[23]

Der dritte Bischof, den das Engelwerk in diesem Zusammenhang gern zitiert, ist der aus der Slowakei stammende Jesuit Paul Hnilica, Titularbischof von Rusado: „Als ich die Schriften der Mutter Gabriele gelesen habe, fand ich darin eine so tiefe Kenntnis der inneren geistigen Struktur der kommunistischen Dämonie, wie sie ohne besondere übernatürliche Erleuchtung nicht erklärt werden kann. Da aber eine in einer so großen Sache zutreffende Weissagung (die nicht nur Zukünftiges, sondern auch verborgen Gegenwärtiges offenbart) ein Zeichen übernatürlichen Ursprungs ist, bin ich überzeugt - salvo meliori judicio Ecclesiae, dem wir uns alle im Opus Angelorum unterwerfen -, daß diese Schriften mit dem katholischen Glauben übereinstimmen und nicht ohne übernatürliche Hilfe Gottes geschrieben worden sind. Darüberhinaus bin ich sicher, daß die geistigen Mittel, die in diesen Schriften niedergeschrieben sind, wie die namentliche Anrufung der heiligen Engel, für die Heilige Kirche - wenn sie sie annehmen will - jene Waffen darstellen, mit denen der gottlose Kommunismus besiegt werden kann."[24]

Licht auf die Haltung des Werkes zur „Mutter" wirft, was der deutsche Jungtheologe Johannes Rothkranz 1986 auf Madeira nach einem Gespräch mit dem damaligen Donaten des Kreuzordens, P. Reinhard Knittel, notierte: „‚Die Mutter' wird unzulässigerweise als Heilige verehrt. Ein Primiziant aus Anapolis erteilte in Rom den Primizsegen mit der Formel: ‚... auf die Fürsprache der allerseligsten Jungfrau Maria, des hl. Erzengels Michael und unserer Mutter Gabriele ...' Von P. Reinhard darauf aufmerksam gemacht, erwies sich der Betreffende als unbelehrbar."[25]

In der dafür zuständigen Diözese Innsbruck - Gabriele Bitterlich ist 1978 in St. Petersberg gestorben - ist jedenfalls noch kein Seligsprechungsprozeß im Gange. Tatsache ist, daß in den Rundbriefen des Engelwerkes Meldungen von Gebetserhörungen erbeten werden, um einen solchen Prozeß einleiten zu

[22] Schreiben vom 21. Oktober 1979 (4. OA-Informationsbrief, Das Verfahren bei der Kongregation für Glaubenslehre, S. 66f., Beil. z. OA-Brief an Kardinal Joseph Ratzinger, 4.4.1983)
[23] Schreiben vom 18. Oktober 1979 (4. OA-Informationsbrief, Das Verfahren bei der Kongregation für Glaubenslehre, S. 66, Beilage zum OA-Brief an Kardinal Ratzinger, 4.4.1983)
[24] Schreiben vom 16. Oktober 1979 (4. OA-Informationsbrief, Das Verfahren bei der Kongregation für Glaubenslehre, S. 66, Beilage zum OA-Brief an Kardinal Ratzinger, 4.4.1983)
[25] Rothkranz, Madeira, S. 19

können. Er wird aber kaum losgelöst von einem endgültigen Urteil der katholischen Kirche über das Opus Angelorum zu führen sein, denn - und das dürfte einer der wenigen Punkte sein, wo sich Gegner und Anhänger des Engelwerkes ziemlich einig sind - die Privatoffenbarungen der Mutter sind untrennbar mit dem Engelwerk verbunden. Das ist auch im Sinn der Bibel logisch: Propheten sind an ihren Früchten zu erkennen und zu messen.

Daß ein führendes OA-Mitglied, Walter Waitz, einmal gemeint haben soll, das Engelwerk könne auch ohne seine Urschriften und das Engel-Kalendarium fortbestehen, ist brieflich dokumentiert und soll an dieser Stelle nicht unerwähnt bleiben[26], steht aber im Widerspruch zur heutigen Werksleitung: „Auch wenn der hier erwähnte Brief wirklich diesen Wortlaut hätte, so wäre er keineswegs ein Zeugnis des Werkes."[27]

Ein ehemaliges Mitglied ist bei dem Gedanken an eine Heiligsprechung von Gabriele Bitterlich entsetzt: „Stellen Sie sich vor, es gelänge dem OA, die Heiligsprechung der Bitterlich durchzusetzen! Was würde passieren, wenn eines Tages aufkäme, das OA ist nichts anderes als eine römisch-katholisch getarnte Loge, deren Gründerin durch die Kirche heiliggesprochen wurde. Der entstandene Schaden wäre irreparabel!"

Sowohl das Engelwerk wie auch seine Gründerin bleiben somit wohl noch einige Zeit Konfliktthemen. Eine vollständige und objektive Biographie über Gabriele Bitterlich wäre vielleicht hilfreich, kaum aber eine, die nur die Sicht des an ihrer Seligsprechung interessierten Engelwerkes widerspiegelt. Eine Biographie sei in Arbeit, erklärte Sohn Hansjörg schon 1986 auf Madeira[28], und im September 1989 wurde mittels Rundschreiben erstmals eine solche Schrift über Mutter Bitterlich angeboten, aber nur Engelwerk-Mitgliedern. Ein Vorgehen, das für das Engelwerk leider bezeichnend ist und das vermuten läßt, daß auf die kritischen Fragen Außenstehender bezüglich Frau Bitterlich in dieser Biographie, die Ende 1989 noch nicht erhältlich war, kaum ausreichend eingegangen wird.

B) Wie „innere Sichten" zu Schriften wurden

> *Nach der erneuten Beschäftigung mit den Schriften des Engelwerkes, diesmal mit zehn Schriften, muß ich gestehen, daß ich... dazu neige, dieses ganze Denken, auf eine (sit venia verbo) paranoide Schizophrenie zurückzuführen.*
> *JOHANN AUER*[29]

Für das Engelwerk sind die von Gabriele Bitterlich niedergeschriebenen Eingebungen übernatürlichen Ursprungs. So heißt es in der Einführung zum zweibändigen Werk „Die heiligen Tagesengel": „Die vorliegenden Bücher sind uns

[26] Louis M. Attems, Brief an Johann Auer, 25.2.1979
[27] Georg Blaskó, Richtigstellungen zu drei Schriftsätzen, A, S 1, 13
[28] Rothkranz, Madeira, S. 77
[29] Johann Auer, Gutachten II, Sinzing 1987, S. 4

durch die Gnade und die barmherzige Liebe Gottes geschenkt worden durch eine demütige Sühneseele."[30]

Im 3. Informationsbrief des Engelwerkes heißt es nüchtern: „Die im Runderlaß vom 29. September 1983 der Heiligen Kongregation für Glaubenslehre erwähnte Privatoffenbarung der Frau Gabriele Bitterlich wurde schriftlich niedergelegt als eine Art geistliches Tagebuch, aus welchem sie selber Auszüge gefertigt hat."[31]

Übrigens hat Georg Blaskó deutlich der vielfach, auch vom Innsbrucker Bischof Paul Rusch geäußerten, Meinung widersprochen, daß die Eingebungen nur auf dem Hören einer übernatürlichen Stimme (Audition) beruhten: „Der fachsprachlichen Genauigkeit halber wäre es richtig, von Privatoffenbarungen und nicht von ‚Auditiones' zu sprechen, weil es sich nicht nur um Auditionen, sondern auch um Schauungen handelt."[32]

Kann es aber nicht auch andere Erklärungen für die Entstehung der zahlreichen Engelwerk-Schriften, deren Inhalt noch ausführlich zu behandeln sein wird, geben? Dazu wären viele Fragen zu klären: Hat wirklich Gabriele Bitterlich allein und, wie seitens des Engelwerkes ständig betont wird, nur mit Hilfe der Bibel und des Schott-Meßbuches diese Schriften verfaßt? Haben ihr andere dabei geholfen? War ihre psychische Gesundheit über jeden Zweifel erhaben? Ist schlichter Betrug auszuschließen? Oder gibt es stichhaltige Argumente für eine echte Privatoffenbarung?

Ein Schlüssel zur Lösung dieses Rätsels könnte in der Person des Ehemannes von Gabriele Bitterlich liegen. Auch über ihn gehen die Meinungen auseinander. Vom Engelwerk stammt folgende Aussage: „Dr. jur. Hans Maria Bitterlich war Fabrikdirektor in Schluckenau, Landesregierungssekretär in Bregenz, er hielt Gastvorlesungen an der Universität Innsbruck. Nebenberuflich betätigte er sich als Sportlehrer und Bildhauer."[33]

Hansjörg Bitterlich hat über ihn berichtet: „Mein Vater war praktizierender Katholik, der aus seiner katholischen Überzeugung keinen Hehl machte."[34] Deshalb soll Dr. Bitterlich in der NS-Zeit 1939 auch seine Stelle verloren haben.

Einige Quellen geben an, daß Hans Maria Bitterlich Spiritist und Logenbruder war und eine entsprechende Bibliothek besessen hat, deren Werke einiges zur Enstehung der „Privatoffenbarungen" beigetragen haben könnten. Ein ehemaliges Mitglied des Werkes kann sich erinnern, daß Frau Bitterlich selbst gesagt habe, daß ihr Mann in der Loge starb, bevor das „Werk" gegründet wurde.

[30] Die heiligen Tagesengel, Band I, S. 12
[31] Opus Sanctorum Angelorum, 3. Informationsbrief, Rom 1986, S. 26
[32] Georg Blaskó, Richtigstellung zu drei Schriftsätzen, A, S 1, 1
[33] Georg Blaskó, Richtigstellung zu drei Schriftsätzen, B, S 2, 67
[34] Hansjörg Bitterlich, Brief an Weihbischof Soden-Fraunhofen, 25.11.1977

Das Engelwerk hat dazu andere Aussagen gemacht, so noch 1976 der verstorbene frühere leitende Priester des Werkes, Msgr. Dr. Walter Waitz: „Wer den verstorbenen Dr. Hannes Bitterlich gekannt hat, weiß, daß er verschiedene Hobbies hatte, aber keineswegs als Spiritist gelten kann." Insbesondere hat man den Gedanken, Frau Bitterlichs Privatoffenbarungen könnten mit der Bibliothek ihres Gatten zu tun haben, zurückgewiesen: „Tatsächlich haben leitende Priester in der Bibliothek des Herrn Doktor nachgesehen. Und ihr Sohn hat alles geerbt. Aber es kamen dabei keine Bücher mit diesen Engelnamen vor und schon gar nicht mit dem theologisch und asketisch einwandfreien Inhalt, wie das ‚Kalendarium' ihn aufweist."[35]

Der derzeitige Leiter des Engelwerkes, Georg Blaskó, dementierte jegliche Nähe des Ehepaares Bitterlich zu den Freimaurern: „Die Einstellung von Frau Bitterlich gegenüber der Freimaurerei war durch ihre kirchliche Haltung bestimmt. Auch ihr Gemahl nahm der Freimaurerei gegenüber von vornherein eine ablehnende Haltung ein. Die Gatten waren diesbezüglich eines Sinnes. Sicher schließt dies den Kampf gegen alles Böse ein. Dies besagt aber nicht, daß Frau Bitterlich das Werk der hl. Engel als Freimaurer mit umgekehrten Vorzeichen verstanden hat, noch weniger, daß sie die Mittel der Freimaurerei verwenden wollte."[36] Womit wieder Aussage gegen Aussage steht.

Blaskó hat auch bereits 1976 in einem Brief an den damaligen Innsbrucker Diözesanbischof Paul Rusch betont, keinerlei Bücher hätten für die Entstehung der Bitterlich-Schriften eine Rolle gespielt: „Msgr.Dr. Walter Waitz, Vizeoffizial der Diözese Innsbruck, P. Ephräm Lampert OFM Cap., früher Professor der Dogmatik, H.H. Pfarrer Hansjörg Bitterlich, Frau Dr. Angelika Richter und ich selber können jederzeit eidlich bestätigen, daß Frau Bitterlich es immer abgelehnt hat, in die Bücher Einsicht zu nehmen, die für einige, aber bei weitem nicht für alle Engelnamen als Quelle hätten dienen können."[37]

Man geht wohl nicht fehl, diese Blaskó-Aussage als Eingeständnis der Tatsache zu deuten, daß im Hause Bitterlich Bücher mit Engelnamen vorhanden waren. Dieses Faktum spielt Blaskó aber gleich wieder herunter: „Die Bibliothek ihres Mannes Dr. Hannes Bitterlich ist in den Besitz ihres Sohnes, Pfarrer Hansjörg Bitterlich, übergegangen und von ihm in Verwahrung genommen. Eine Einsichtnahme ist aufgrund dieser Umstände nicht anzunehmen, umso mehr, da Frau Bitterlich selber gar nicht daran interessiert war und ist."[38] Zehn Jahre später wiederholte Blaskó in seinen „Richtigstellungen zu drei Schrift-

[35] Walter Waitz, Stellungnahme zum Bericht der Comboni-Missionare, März 1976
[36] Georg Blaskó, Richtigstellung zu drei Schriftsätzen, B, S 2, 73
[37] Georg Blaskó, Brief an Bischof Paul Rusch, 27.4.1976
[38] Blaskó, Brief, 27.4.1976

sätzen", Waitz habe mit Recht die Existenz von Freimaurer-Literatur in der Bitterlich-Bibliothek bestritten[39]

Ein ehemaliges Engelwerk-Mitglied wußte anderes zu berichten: „Ich habe die Bücher, deren Existenz Dr. Waitz geleugnet hat, persönlich in Augenschein genommen und teile mit, daß auch Bücher, die mit ‚Bitterlich' signiert waren, dabei gewesen sind!" Auch fremdsprachige Freimaurerliteratur soll sich in den Kartons, die damals im Nebenraum der St. Petersberger Schloßkapelle aufbewahrt wurden, befunden haben.

Die Existenz solcher Kartons ist jedenfalls vom Engelwerk zugegeben worden, allerdings mit der Einschränkung: „Die betreffenden Kartons gehörten nicht zum Nachlaß von Dr. Hannes B., sondern kamen uns unverlangt von dritter Seite zu. Der größere Teil wurde an die für die Prüfung der Freimaurerfrage zuständige kirchliche Stelle weitergeleitet. Keiner dieser Bände ist mit Dr. Hannes Maria Bitterlich signiert."[40] Waren sie vielleicht nur mit „Bitterlich", und zwar mit Tinte, wie der Zeuge angibt, ohne Titel und Vornamen signiert?

Eine solche halbwahre „Richtigstellung" wäre nicht undenkbar. Im Herbst 1986 stellte Blaskó zur Aussage eines Ex-Mitgliedes „richtig": „Es trifft nicht zu, daß gesagt worden ist: ‚Wir besitzen Schriften, die niemals in die Hände eines Kardinals oder Bischofs gelangen dürfen, sonst wäre es aus mit uns!' Der Kongregation für die Glaubenslehre wurden alle entsprechenden Schriften vorgelegt." Und was ist mit den offenbar „nicht entsprechenden" Schriften? Tatsache ist, daß das inzwischen berüchtigte „Handbuch des Engelwerkes" erstmals im Dezember 1986, also erst nach dieser „Richtigstellung", Rom zur Vorlage angeboten wurde, nachdem ein Exemplar abhanden gekommen war und man fürchten mußte, der Vatikan werde von anderer Seite über den Inhalt informiert werden.

Dieses Faktum geht aus dem Brief Blaskós an die deutschen Bischöfe vom 18. September 1987 eindeutig hervor: „Hochwürdiger Pater Hansjörg Bitterlich hat mit einem Schreiben vom Dezember 1986 der Heiligen Kongregation für Glaubenslehre angeboten, dieses Handbuch für eine neue Untersuchung vorzulegen. Es kam keine schriftliche Antwort. Soweit wir aber wissen, hält die Heilige Kongregation die Angelegenheit für genügend untersucht."[41]

Bei der genannten für die Freimaurerfrage zuständigen Stelle handelt es sich übrigens, laut Auskunft von Weihbischof Soden, um das Lokalsekretariat für die Nichtglaubenden in der Bundesrepublik Deutschland und der deutschsprachigen Schweiz in Augsburg, geleitet von Bischof Josef Stimpfle. Bischöflicher Referent ist der dem Engelwerk zumindest sehr nahe stehende Moraltheologe Dr. Ingo Dollinger.

[39] Georg Blaskó, Richtigstellung zu drei Schriftsätzen, B, S 2, 69
[40] Ebendort
[41] Georg Blaskó, Brief an die deutschen Bischöfe, 18.9.1987

Daß eine spiritistische Bibliothek im Hause Bitterlich existierte und Gabriele Bitterlich das sogar zugab - allerdings mit dem zusätzlichen Hinweis, „die Engelnamen kämen vom Himmel" -, bestätigte eine Zeugin gegenüber Weihbischof Heinrich von Soden-Fraunhofen. Diese Zeugin arbeitete zwischen 1976 und 1978 im Pfarrhof von Galtür - Hansjörg Bitterlich war damals dort Pfarrer - an der Registrierung und Auswertung der Engelwerk-Schriften.

Aber auch wenn die Namen der Engel - und die der Dämonen - vom Himmel gekommen sein sollten, bedurfte Gabriele Bitterlich doch, wie es auch in der Einleitung zur Schrift „Das Reich der Engel" heißt, zur Vollendung ihres Offenbarungswerkes irdischer Hilfe: „Ohne den ständigen Segen und die Kraft dreier das zu schreibende Werk behütender Priester wäre ein Durchstoßen durch den dämonischen Teil (B) überhaupt nicht möglich gewesen."

Wer die drei Geistlichen waren, die zu den Niederschriften der Offenbarungen beitrugen, ja sie vielleicht sogar lenkten, läßt sich, ehe das OA nicht konkrete Auskünfte über die Entstehung der Schriften gibt, nur vermuten. Mit Sicherheit gehörte Msgr. Dr. Walter Waitz, zu ihnen. Ein Innsbrucker Seelsorger, der etwa um das Jahr 1960 einmal in Reutte Exerzitien hielt, kann sich erinnern, daß Dr. Waitz und Gabriele Bitterlich damals dort in einem Gasthof an Engelwerk-Schriften arbeiteten.

Weiters kommen natürlich der schon erwähnte Beichtvater von Gabriele Bitterlich, Professor Albert Auer OSB, und die maßgeblichen Gründungsmitglieder des Werkes, der Kapuzinerpater Ephräm Lampert und Dr. Josef Finauer, als Helfer in Frage. Wie weit Hansjörg Bitterlich und Georg Blaskó, heute eindeutig die ersten Hüter der Engelwerk-Schriften, bereits in die Entstehung der ersten Schriften involviert waren, steht nicht fest. Sicher ist, daß damals, um das Jahr 1950, eine Gruppe Innsbrucker Theologiestudenten, zu der neben Bitterlich und Blaskó auch das spätere OA-Mitglied Louis Attems zählte, regen Anteil an der Entwicklung des Werkes nahm.

Daß der Inhalt der im Umlauf befindlichen Schriften nicht aus wortgetreuen Abschriften von „Engel-Diktaten" besteht, ist offenkundig und wird so vom Engelwerk auch nicht behauptet. Dort sagt man, Frau Bitterlich habe „eine Art geistliches Tagebuch" geführt, „aus welchem sie selber Auszüge gefertigt hat"[42]. Solange die Originalmanuskripte von Frau Bitterlich nicht freigegeben werden, bleibt aber rätselhaft, in welcher Form und bis zu welchem Ausmaß theologische Berater eingegriffen haben.

Fest steht, daß es Parallelen mit anderer Literatur gibt. Da aber „literarische Abhängigkeit" von anderen Quellen seitens des OA nach wie vor stets bestritten wird - zu den Gemeinsamkeiten mit einem Zweig der jüdischen Überlieferung, der Kabbala, auf die noch einzugehen sein wird, hat man sich inzwischen bekannt -, gibt es für die Parallelen nur zwei Erklärungen: Entweder es liegen echte Eingebungen vom Himmel vor und diese wurden in ähnlicher Form

[42] 3. OA-Informationsbrief, S. 26

schon in früheren Zeiten Angehörigen des jüdischen Volkes zuteil - oder man hat wissentlich oder unwissentlich die Unwahrheit gesagt.

In letzterem Fall sind die Engelvorstellungen der Frau Bitterlich und in der Folge des OA - vermutlich durch eigene Phantasieprodukte ergänzt - aus solchen Überlieferungen übernommen. Dann geht es nur noch um die Frage, wieweit sie und ihre Umgebung sich dessen bewußt waren, ob also schlichter Betrug vorliegt oder zu lebhafte, wenn nicht krankhafte Phantasievorstellungen, gepaart mit dem Unvermögen oder der mangelnden Bereitschaft, die Herkunft der Inhalte dieser Vorstellungen richtig zu deuten.

Was meinte nun ein guter Kenner des Engelwerks, der verstorbene Regensburger Theologe Johann Auer, der zwei Gutachten über das OA erstellt hat, zur Entstehung der Schriften[43]: „In meinem Gutachten von 1977 versuchte ich, das unlogische Durcheinander in den Gedankengängen dieser Schriften durch Hinweis auf ähnliche Erscheinungen in der Qabbalistik zu deuten. Nach der erneuten Beschäftigung mit den Schriften des Engelwerkes, diesmal mit zehn Schriften, muß ich gestehen, daß ich darüber hinaus dazu neige, dieses ganze Denken, auf eine (sit venia verbo) paranoide Schizophrenie zurückzuführen, die gekennzeichnet ist durch die ‚Unfähigkeit, abstrakte Begriffe zu bilden und die Unfähigkeit, die begrifflichen Grenzen zu wahren' (übergeneralisierendes Denken). Ich möchte, um es gleich hier zu sagen, den zuständigen römischen Stellen raten, einem guten katholischen Psychiater die Schriften zur Begutachtung in dieser Richtung vorzulegen. Als Theologe bin ich - so scheint mir, überfordert, dazu noch ein vernünftiges Urteil abzugeben, weil die Schriften unvernünftig erscheinen."

Auf den oft geäußerten Vorwurf, die Lehren des OA lehnten sich eng an die Kabbala (Qabbala) bezeichnete Überlieferung jüdischer Mystik an, wird noch zurückzukommen sein. Für eine umfassende kirchliche Untersuchung der ganzen Angelegenheit müßte das Engelwerk nicht nur sämtliche Original-Manuskriptseiten und sämtliche darauf beruhenden Schriften zur Verfügung stellen, sondern auch Einsicht in die hoffentlich noch komplett vorhandene Büchersammlung des Dr. Hanns Maria Bitterlich gewähren.

C) Die Saat geht auf

> *Es sei nun darauf hingewiesen, daß wir eine Überprüfung der Schriften - da der Zeitpunkt hierfür noch nicht gekommen ist - nie beantragt haben.*
> *GEORG BLASKÓ* [44]

Wie weit war das „Werk der heiligen Engel" bis zum Tod von Gabriele Bitterlich im Jahre 1978 gediehen? Bis dahin spielten sich die entscheidenden

[43] Auer, Gutachten II, S. 4
[44] Georg Blaskó, Brief an Bischof Paul Rusch, 27. April 1976

Dinge vornehmlich in der Apostolischen Administratur Innsbruck-Feldkirch ab, aus der in den sechziger Jahren die Diözesen Innsbruck (1964) und Feldkirch (1968) entstanden. Erst im letzten Lebensjahrzehnt von Mutter Bitterlich ging ihre Saat auch in anderen Ländern und Erdteilen richtig auf, entstanden auch außerhalb der Diözese Innsbruck, die etwas kleiner als das Bundesland Tirol ist, zum Opus Angelorum gehörige Gemeinschaften.

Aufgrund der Angaben in OA-Schriften reichen die Anfänge der geistlichen Bewegung, aus der sich im Lauf der Zeit das Engelwerk entwickelte, in das Jahr 1947 zurück. Am 30. August 1947 soll Gabriele Bitterlich von ihrem Beichtvater den Auftrag bekommen haben, eine Art geistliches Tagebuch über ihre Eingebungen zu schreiben. Ein Jahr später, im Dezember 1948, wurde beschlossen, das bisherige Wissen im Zusammenhang niederzuschreiben.

Richtig los ging es im April 1949. Am 20. April kam es zum „Aufruf zum Werk der heiligen Engel"[45], es erfolgte der Zusammenschluß einiger Priester zur Engelverehrung. Am Markustag, dem 25. April, wurde mit der Niederschrift des Buches „Das Reich der Engel" begonnen, am 3. Juni war diese erste Schrift des Engelwerkes vollendet. In den folgenden Monaten und Jahren entstanden weitere Schriften[46], die in der Regel von Dr. Walter Waitz ediert und zumindest zum Teil wohl auch ergänzt wurden.

Im OA-Rituale steht zur Entstehung und Zielsetzung des Werkes: „Am Anfang des OA steht der Herr und Erlöser selber. Er gründet es, nicht der Mensch und nicht der Engel. Er weist auf den Kampf hin und er öffnet dem Menschen den Blick auf die unsagbar herrliche Engelwelt. Und so gliedert sich das Werk in ein deutliches Erkennen, was der Engel ist, was er tut und was er will, aber auch was der Teufel ist, was er tut und was er will, - in eine bewußte freiwillige Bindung des Menschen an die heiligen Engel zum Zweck einer gemeinsamen einheitlichen Stoßkraft, - in ein gemeinsames Kennenlernen, ein gegenseitiges Erziehen und von Gott Geeintwerden zum gemeinsamen Kampf. - und endlich in das Hingeführtwerden zur Hingabe an Gott und zum restlosen Sühneeinsatz, besonders für den Priester, den Stellvertreter Gottes, dem der ärgste Ansturm des höllischen Feindes gilt."[47]

Gegen den Vorwurf, es habe auch kirchliche Stellen über die Schriften der Frau Bitterlich ohne Zwang nie ausreichend informiert, hat sich das Engelwerk wiederholt, aber nie überzeugend zur Wehr gesetzt. Aus Sicht des Engelwerkes sah die Entwicklung um die Bitterlich-Schriften in den ersten Jahren so aus:

„Das OA legte von Anfang an größtes Gewicht darauf, die zuständigen kirchlichen Oberen auf dem Laufenden zu halten und immer in Gehorsam ihnen

[45] Opus Sanctorum Angelorum, Jahreslesungen I, Aus den Rundbriefen 1955 bis 1963, unveränderte Neuauflage, St. Petersberg 1981, S. 83

[46] Siehe Kapitel VII

[47] Opus Sanctorum Angelorum, Rituale des OA, 1970, S. 6

gegenüber vorzugehen. So wurden die Schriften der Frau Gabriele Bitterlich vom Anfang ihrer Entstehung im Sommer 1947 an Seiner Exzellenz, dem Hochwürdigsten Herrn Diözesanbischof Dr. Paulus Rusch zur Überprüfung vorgelegt. Seine Exzellenz ordnete an, daß die Schriften durch den hochwürdigen P. Löw CSsR, damals Relator der Ritenkongregation für historische Heiligsprechungen, bei der Ritenkongregation laufend geprüft werden. Solange P. Löw die entstehenden Fragen mit Frau Bitterlich genügend klären konnte, wollte Seine Exzellenz nicht eingreifen. Die Rundbriefe jedoch, die für eine weitere Verbreitung bestimmt waren, prüfte er persönlich und erteilte selber jeweils die kirchliche Gutheißung. Eine der erstentstandenen Schriften (‚Das Reich der Engel') wurde Seiner Heiligkeit, Papst Pius XII., persönlich übergeben und durch das Staatssekretariat Seiner Heiligkeit bedankt."[48]

Das genaue Datum dieser Übergabe nennt „Der schwarze Brief": „Die erste Fassung des ‚Engelbuches' wurde unmittelbar nach der Fertigstellung Papst Pius XII. in einer Audienz am 20.12.1949 überreicht."[49]

Und tatsächlich liegt ein an Walter Waitz gerichteter Brief des damaligen Substituten im vatikanischen Staatssekretariat, Montini, vom 9. Mai 1951 vor, in dem es heißt: „Euer Hochwuerden verehrten Seiner Heiligkeit die von Ihnen besorgte Veroeffentlichung ‚Das Engelbuch'. Der Heilige Vater hat die ihm zugedachte Aufmerksamkeit mit Dank entgegengenommen und sendet Euer Hochwuerden wie der von Ihnen vorgestellten Frau Gabriele M. Bitterlich und deren Familie von Herzen den erbetenen Apostolischen Segen."[50]

Als Bestätigung dafür, daß in Rom die Bitterlichsche Offenbarung früh bekannt war, kann auch ein Schreiben des langjährigen Vorstandes des Grazer Institutes für Religionswissenschaft, Prof. DDr. Claus Schedl, wie Löw Redemptorist, vom 20. August 1979 gelten, in dem sich folgende Sätze finden:

„Ich selbst wurde schon im Jahre 1951 während eines Studienaufenthaltes am Päpstlichen Institut in Rom mit dem neu auftauchenden Problem einer Engeloffenbarung befaßt, als mir P. Joseph Löw, Relator der Ritenkongregation, eine Liste von Engelnamen, über deren Herkunft mir nichts gesagt wurde, zur philologischen Untersuchung vorlegte. Mit Hilfe des am Bibelinstitut vorhandenen wissenschaftlichen Instrumentariums mußte ich bestätigen, daß es sich um richtig gebildete hebräische Engelnamen handelte, die teilweise in der jüdischen Literatur belegbar waren."[51]

Das ist also belegbar. Merkwürdig wirkt hingegen, wenn in dem OA-Text „Das Werden des Werkes" von den Schriften behauptet wird: „Sie gehen zurück auf die Schau einer Familienmutter, wurden 1948/49 schriftlich niederge-

[48] 3. OA-Informationsbrief, S. 17

[49] Der schwarze Brief, 23. Jg., Nr. 20/1988, Lippstadt, 19.5.1988

[50] Vatikanisches Staatssekretariat, Brief an Walter Waitz, Nr. 250417, 9.5.1951 (4. OA-Informationsbrief, Das Verfahren bei der Kongregation für Glaubenslehre, S. 1)

[51] Claus Schedl, Resümee über die Theologie des Engelwerkes, Manuskript, Graz, 20.8.1979

legt, nach langer Prüfung durch die Kirche. Da wurde ein Blick hinein in die Engelwelt geöffnet: Die Ersterschaffenen Gottes. Das war der Beginn einer längeren Schriftenreihe. Mit Einverständnis des Oberhirten wurde alles geprüft, damit jeder Wildwuchs ausgeschlossen bleibt." Von „langer Prüfung durch die Kirche" kann 1948/49 überhaupt nicht die Rede sein! Und wurde mit „Einverständnis" oder „im Auftrag" des Oberhirten geprüft?

Ab September 1955 kamen auch die ersten Rundbriefe heraus, die sich Bischof Paul Rusch, wie erwähnt, später vorlegen ließ: „Seit 1959 wird auf Wunsch unseres Hochwürdigsten Herrn Bischofs jeder Rundbrief zuerst zur kirchlichen Durchsicht und Genehmigung vorgelegt."[52] Die Rundbriefe erschienen zwischen 1955 und 1969 angeblich in einer Auflage von nur 100 Stück[53]. Diesen Schriften gestehen auch Kritiker des Werkes Qualität und geistige Tiefe zu, wenngleich sich nicht jeder Katholik mit der darin enthaltenen sehr traditionellen Frömmigkeit anfreunden könne.

Bereits im Jahr 1950 hatten die Priester der Gründungsgruppe die Engel- und Sühneweihe abgelegt. Solche Weihen, die nur aus der Privatoffenbarung von Frau Bitterlich abgeleitet worden sein können, reichte nun das kirchenrechtlich noch gar nicht anerkannte „Werk der heiligen Engel" in Innsbruck zur Approbation ein, die auch gewährt wurde. Wenn betont wird, daß Bischof Dr. Paul Rusch nur die Rundbriefe „persönlich" prüfte, liegt nahe, daß er das bei anderen Schriften nicht tat (die ihm wohl auch nicht vorgelegt wurden). Bezüglich der Weihen dürfte sein Ordinariat nur Wünsche seines Studienkollegen Walter Waitz abgesegnet haben, Rusch selbst aber nie eingehend mit der Materie befaßt gewesen sein. Die Approbationen sind von Provikar Bruno Wechner, dem späteren Bischof von Feldkirch, ausgefertigt.

Die Schutzengelweihe wurde am 14. Februar 1951 approbiert. Am 3. April 1951 wurden die Engelweihe und die Sühneweihe genehmigt. Nach OA-Angaben in einem lateinisch abgefaßten Überblick aus der Zeit um 1970 legten in den folgenden Jahren rund 5000 Personen die Schutzengelweihe ab, etwa 500 die Engelweihe und zirka 200 die Sühneweihe.

Nach anfänglicher Euphorie muß das Engelwerk eine Krisenzeit durchgemacht haben. In der Einführung zur OA-Schrift „Die Gemeinschaft der Heiligen" steht über die Entstehung des Werkes: „Nach Jahren ganz verborgenen Werdens stellte im Frühjahr 1949 der Herr mit den ersten Schriften (‚Ersterschaffene, Das Engelbuch, das Kalendarium, das Dunkle Buch I' etc.), mit der ersten kleinen Gemeinschaft, mit den ersten Weihen (Engelweihe, Sühneweihe) das Werk der heiligen Engel an das Tageslicht auf Erden.

Aber schon drei Jahre später brauste der erste Sturm schwerster Prüfung über das Werk, dem nur die Treue des Hochwürdigsten Oberhirten und einer ganz kleinen Gruppe Menschen an der Hand ihrer Engel standhielt. Jahre des

[52] Opus Sanctorum Angelorum, Jahreslesungen I, S. 3
[53] Siehe Kapitel VII A

Schweigens und der Bewährung im Gehorsam gegen die heilige Kirche folgten; sie hatten ihren Niederschlag in den Kreuz-Schriften des Werkes."

Worin diese schwere Prüfung bestand, ist ebenso unbekannt wie der Inhalt der erwähnten Kreuz-Schriften, die zu den nur dem Namen nach bekannten OA-Schriften zählen. Bekannt ist, daß Gabriele Bitterlich in Konventen für das Werk warb, was ihr schließlich von Bischof Rusch verboten worden sein soll. Aber langsam ging die Saat auf, begannen die internen Schriften in weiteren Kreisen zu kursieren.

Bischof Rusch soll selbst - so P. Hansjörg Bitterlich 1986 auf Madeira[54] - 1958 den Auftrag gegeben haben, eine Schutzengelbruderschaft zu gründen, behauptet man seitens des Engelwerkes. Mit der kanonischen Errichtung dieser Bruderschaft 1961 hatte das „Werk der heiligen Engel" jedenfalls endlich eine kirchenrechtliche Grundlage.

Jungen Leuten, die man für das OA zu interessieren versuchte, wurde schon in den sechziger Jahren die Gründung oder Wiederbelebung eines Ordens in Aussicht gestellt, wie aus einer OA-Broschüre hervorgeht: „‚Wo der Stern steht, dort sollt ihr bauen!' So hieß die Weisung des Himmels im Jahre 1965 für die Brüder, die nach einem ersten Haus für den Orden Ausschau hielten. Als sie auf die Burgruine von St. Petersberg in Tirol aufmerksam wurden und die Burgkapelle mit ihren alten, morschen Mauern betraten, überkam sie ein freudiges Staunen; denn über dem Altarraum strahlte von der hohen Decke herunter in leuchtenden, frischen Farben ein großer sechsstrahliger Marien-Stern. Allen war es klar: wir haben den Stern gefunden, wo Gott uns haben will."

1965 trat also das Engelwerk in ein neues Stadium. Mit dem Erwerb der Burg St. Petersberg bei Silz, die ab dem 28. Juli 1965 renoviert und umgebaut wurde, gewann man ein echtes Zentrum für weitere Expansion. Die Redemptoristen Hermann und Rupert Precht ließen sich von ihrem Orden beurlauben (was weniger reibungslos ablief, als es das OA darstellt) und widmeten sich ganz der Aufbauarbeit im Werk. 1970 trat auch der bis dahin in der Diözese Freiburg tätige Kirchenrechtler Georg Blaskó ganz in den Dienst des Werkes, das nun auch schon Schwesterngemeinschaften und Priestergemeinschaften umfaßte.

Ein Höhepunkt der Entwicklung aus der Sicht des Werkes war am 23. Oktober 1968 eine Privataudienz bei Papst Paul VI., an der Engelwerk-Priester aus vier Nationen teilnahmen. Die ersten wirklichen Rückschläge folgten erst in den siebziger Jahren. Ende 1972 brach der Regensburger Bischof Dr. Rudolf Graber, bis dahin ein eifriger Förderer, seine Beziehungen zum Engelwerk ab. Er und der Münchener Weihbischof Heinrich von Soden-Fraunhofen sorgten schließlich dafür, daß sich die Deutsche Bischofskonferenz 1977

[54] Rothkranz, Madeira, S. 98

mit der Bitte um eine Überprüfung des Opus Angelorum an die römische Glaubenskongregation wandte.

Bischof Rusch hat seine Genehmigungen und Approbationen später nie widerrufen, obwohl ihn manches sehr gereut haben dürfte, nachdem er in den frühen siebziger Jahren nähere Informationen über die inneren Vorgänge im Werk erhalten hatte. Daß die 1970 gegründete Innsbrucker Priestergemeinschaft im Opus Angelorum 1973 wegen mangelnder Aktivität wieder aufgehoben wurde, ist als Indiz dafür zu werten, daß Rusch deutlich auf Distanz zum Engelwerk ging.

Spätestens 1976 zeigte sich, daß Rusch mit dem Engelwerk keine Freude hatte. Das geht klar aus einem damaligen Bericht „von P. Schmidpeter - Br. Haspinger - Br. Olbert“ aus der Gemeinschaft der Comboni-Missionare (MFSC) hervor, der mit folgender Feststellung beginnt: „Diesem Bericht gehen voraus:

- der Austritt von vier jungen Leuten aus unserer Gemeinschaft und deren Eintritt beim Engelwerk
- ein Besuch von oben genannten Mitbrüdern beim Engelwerk auf dem Petersberg am 6. Februar 1976
- ein Besuch bei Herrn Bischof Rusch von Bruder Haspinger und Bruder Olbert am 9. Februar 1976 in Innsbruck
- der Bericht wurde vor der Vervielfältigung an Bischof Rusch/Innsbruck geschickt, um sicher zu gehen, daß seine Aussagen zum Engelwerk nicht verfälscht dargelegt werden. Bischof Rusch hat den Bericht korrigiert und am 17. Februar 1976 zurückgeschickt.“

„Darstellung nach Bischof Rusch“ ist ein Abschnitt dieses Berichtes betitelt, der den damaligen Wissensstand des Innsbrucker Oberhirten und seine Einstellung zum Engelwerk darlegt: „Eine Frau Bitterlich, die in Innsbruck lebt, hat in einer Audition (=inneres Hören einer übernatürlichen Stimme) die Namen von 365 Engelnamen gehört. Es entstand ein Geheimbuch mit den 365 Engelnamen und deren Beschreibung. Hier ist die Gründung des Engelwerks zu sehen.

Unter Schwierigkeiten habe ich ein Exemplar dieses Geheimbuches erhalten und es überprüfen lassen. Die Überprüfung ergab, daß diese 365 Engelnamen, mit Ausnahme von zweien, wirklich hebräischen Ursprungs sind. Die Engelbrüder berufen sich darauf, daß es sich hier infolgedessen um eine echte Privatoffenbarung handle, da Frau Bitterlich nicht hebräisch kann und da sonst überhaupt keine solchen Engelnamen bekannt sind.

Ich bin also der Frage nach der Echtheit dieser angeblichen Privatoffenbarung nachgegangen.

Die Überprüfung aus inneren Gründen: Pater Karl Rahner wurde von mir gebeten, dieses Buch aus rein theologischen Gründen zu überprüfen. Er kam zu dem Ergebnis, daß es mit äußerster Wahrscheinlichkeit unecht sei.

Die Überprüfung aus äußeren Gründen: Ich fragte bei wissenschaftlichen

Hebräisten an, wie das mit diesen Engelnamen sei. Es wurde mir bekanntgegeben, daß die spätjüdische Theologie etwa um 100 nach Christus bereits circa 1000 Engelnamen kannte, die freilich nicht aus der Offenbarung stammten. Diese Engelnamen wurden auch in der hebräischen Literatur weiter übermittelt und sind vor allem in nicht allgemein zugänglichen Büchern bis in die heutige Zeit hinein verbreitet worden, besonders in der spiritistischen Literatur.

Nun aber war der verstorbene Mann der Frau Bittlinger (sic!) ein Spiritist. Infolgedessen könnte es leicht möglich sein, daß Frau Bitterlich selbst aus einem solchen Buch die Engelnamen entnommen hat. Ich habe deswegen die leitenden Engelpriester aufgefordert, in der Bibliothek der Frau Bitterlich nachzusehen, ob solche Bücher vorhanden sind. Dies ist jedoch nicht geschehen. Ergebnis: De authenticitate auditionum non constat.

Hiezu sei noch festgestellt: Ich habe den deutlichen Wunsch geäußert, das Buch möge bei der Glaubenskongregation zur Überprüfung eingereicht werden. Bis jetzt habe ich hiezu keinen Bescheid, ob dies geschehen ist."[55]

Tatsächlich hat das OA dem damaligen Präfekten der Kongregation für die Glaubenslehre in Rom, Franjo Kardinal Šeper, eine Ausgabe des Werkes „Tagesengel" übergeben, wie dieser in einem Brief vom 25. März 1976 bestätigte: „Dank für Ihren Brief vom 20. d.M. Sie haben mir die zwei Bändchen ‚Tagesengel' überreicht mit einem Begleitschreiben, datiert 11. X. 1975, in welchem es heisst, dass Sie das im Auftrag Sr. Exz. Rusch tun. Ich habe verstanden, dass Sie diese Bücher mir persönlich, zu meiner Information, und nicht für die Kongregation gegeben haben. So habe ich diese bei mir aufbewahrt, wie auch den Begleitbrief.

Da Sie mir die Bücher persönlich überreichten, kam es mir überhaupt nicht in den Sinn, dass ich dies noch eigens Sr. Exz. Rusch bestätigen sollte.

Ich wünsche den Mitgliedern des ‚Opus Angelorum' ein reiches Wachstum in der Gnade und viel Erfolg im Apostolat und segne Sie von Herzen."[56]

Woran es lag, daß Kardinal Seper den Eindruck hatte, die Bücher seien zu seiner persönlichen Erbauung und nicht zu einer Überprüfung durch die Glaubenskongregation bestimmt, soll dahingestellt bleiben. Es klärt sich vielleicht durch einen am Ende dieses Kapitels zitierten Brief von Dr. Georg Blaskó vom April 1976. Merkwürdig ist nur, daß es seitens des Engelwerkes im März 1976 in einer Erwiderung auf den Comboni-Bericht mit Hinweis auf eine Audienz vom 12. Oktober 1974 (!) hieß: „Der Kardinal kannte das Buch bereits. Nach der Audienz wurden ihm beide Bändchen dieses Buches zugestellt."[57] Ob 11. oder 12. Oktober, ob 1974 oder 1975 - sicher ist, daß Kardinal Šeper spätestens am 12. Oktober 1975 im Besitz des Buches „Tagesengel" war.

[55] P. Schmidpeter u.a. (Comboni-Missionare), Bericht über das Engelwerk (1976)
[56] 4. OA-Informationsbrief, Das Verfahren bei der Kongregation für Glaubenslehre, S. 3
[57] Walter Waitz, Stellungnahme zum Bericht der Comboni-Missionare, März 1976

Das Engelwerk hat die Geheimhaltung seiner Schriften oft mit einem entsprechenden Auftrag von Bischof Rusch begründet, der selber von Anfang an über alles informiert gewesen sei. Daß auch für ihn das Engel-Kalendarium ein „Geheimbuch“ war, geht aber nicht nur aus seinen Aussagen gegenüber den Comboni-Missionaren hervor, sondern auch aus einem Brief an den Münchener Erzbischof, Kardinal Julius Döpfner, vom 26. März 1976: „Der Generalvikar Dr. Hammerl hat in meinem Auftrag eine Visitation durchgeführt. ...Es dient ihnen als spirituelle Unterlage das sogenannte ‚Engelbuch‘, das sie als Geheimbuch nicht in andere Hände geben. Unser Generalvikar hat ihnen aber ein Stück entwunden.“[58]

Zum Anlaß ihres Berichtes, dem Abwandern von vier jungen Leuten zum Engelwerk, hielten die Comboni-Missionare, die mit P. Hermann Precht und einem weiteren Pater (Jean Marc Bonvin) sprechen konnten, folgende - eher an die Praktiken von Sekten als von Gemeinschaften der katholischen Kirche gemahnende - Eindrücke fest: „Wir durften nicht allein mit unseren jungen Leuten sprechen. Nach einem etwa zweistündigen Gespräch mit den zwei Patres wurde auf unseren Wunsch Gebhard Zenkert geholt. Die Patres meinten, wir würden wohl nichts dagegen haben, wenn sie dabeiblieben.

Auf die Frage, was auf dem Petersberg besser sei als bei den Comboni-Missionaren kam die Antwort: Feierliche Liturgie - keine Gruppenmessen - strenges Gemeinschaftsleben. Durch die heiligen Engel sehen sie ihre Berufung viel klarer.

Unser Eindruck: Man kann wahrscheinlich ohne Übertreibung sagen, daß die jungen Leute keine eigene Meinung haben dürfen. Es liegt die Vermutung nahe, daß es auf dem Petersberg nur zwei Möglichkeiten gibt: entweder völliger Gehorsam, oder: Austritt aus der Gemeinschaft.

Allerdings liegt der Eindruck belastend nahe: wer in diese Hände geraten ist, wird schwerlich wieder loskommen.

Es war für uns peinlich, mit Gebhard zu reden, er durfte seine persönliche Meinung sicher nicht sagen, das heißt, wenn das, was er sagte, seine persönliche Meinung war, kann man nur sagen: schade für diese jungen Leute.

Wenn die Patres sagen: ‚Wer einmal vom Engelwerk beziehungsweise den heiligen Engeln erfaßt ist, kommt nicht mehr los‘, dann mag dies weitgehendst stimmen. So wie sich die Burg hinter uns wieder geschlossen hat und die Einzelnen ins Stillschweigen zurückzogen, so geheimnisvoll ist eigentlich alles. Außer durch Gebet ist ein Einfluß von außen nicht möglich: kein Radio, keine Zeitung, kein Fernsehen, zensurierte Post, kontrollierte Besuche!

Unser Urteil wäre etwa folgendes: Was auf dem Petersberg geschieht, ist ein Versuch, einen strengen Orden aufzubauen - ganz konservativ - mit einer gefährlichen Engelspiritualität.“[59]

[58] Bischof Paul Rusch, Brief an Kardinal Julius Döpfner, 26.3.1976
[59] P. Schmidpeter u.a. (Comboni-Missionare), Bericht über das Engelwerk

Bischof Rusch soll im Zusammenhang mit dieser Angelegenheit zu den Comboni-Missionaren wörtlich gesagt haben: „Auf Grund meiner Untersuchungen und Erfahrungen mit dem Engelwerk rate ich ab, daß Theologen oder Ordensmitglieder dort eintreten. Sagen Sie dies ruhig Ihrer Gemeinschaft (=Comboni-Missionare) und allen, die sich bei Ihnen über das Engelwerk informieren. Ich stehe zu allem, was ich gesagt habe.“[60]

Namens der Leitung des Opus Angelorum nahm im März 1976 Walter Waitz zum Comboni-Bericht Stellung. Aufschlußreiche Zitate am Beginn dieses Waitz-Papiers lauten:

„Das COA (=Corpus Operis Angelorum) ist als Zusammenfassung aller Gliederungen des Engelwerkes ein von Bischof Dr. Graber/Regensburg vor Jahren einmal angeratener Sammelname... Derzeit gibt es zwölf von ihren Ordinarien beziehungsweise Ordensobern freigestellte Priester im Engelwerk, die in Europa und in Übersee im Einsatz stehen. Der Name ‚Novize‘ und ‚Noviziat‘ wird mangels einer geeigneteren Bezeichnung behelfsweise verwendet, ist aber auch von den beiden südamerikanischen Protektoren im Hinblick auf eine kommende Approbation bewilligt. Mit Dekret des Bischöflichen Ordinariates vom 12. Apri 1972 dürfen die in St. Petersberg weilenden Theologen ein geistliches Kleid tragen.“

In diesem Schreiben wies Waitz bekanntlich auch den Vorwurf zurück, Dr. Bitterlich sei Spiritist gewesen. Man habe auch in der Bibliothek nachgesehen, aber „keine Bücher mit diesen Engelnamen“ gefunden. Karl Rahner habe nie mit Frau Bitterlich Kontakt aufgenommen, man sei nie informiert worden, aus welchen Gründen für ihn das Buch „mit äußerster Wahrscheinlichkeit unecht“ sei.

Zum Übertritt der jungen Leute - plötzlich sind es nur mehr drei - von den Comboni-Missionaren zum Engelwerk erklärte Waitz: „Ich habe mit diesen drei jungen Leuten Kontakt aufgenommen - ohne Assistenz eines Mitbruders in St. Petersberg. Mein Eindruck war, daß diese jungen Leute zunächst einmal vom Engelwerk gar nicht ab- und angeworben werden konnten, weil man von ihnen nichts wußte, daß sie aber gelegentlich von Engelwerk-Exerzitien auf das Werk aufmerksam gemacht worden sind. Wie sie mir sagten, sind sie erst nach langer Prüfung und nach sehr ernster Überlegung vom Mellatz weg und nach St. Petersberg übersiedelt. Sie haben jetzt eine Zeit der Selbstprüfung, nach welcher erst die Entscheidung fällt, wo sie ihr Studium fortsetzen wollen und können.

‚Wir durften nicht allein mit den jungen Leuten reden‘: Sie hätten es ja klar verlangen können. Wenn man aber die Überzeugung hat (woher nur?), daß die jungen Männer (die immerhin volljährig sind!) keine eigene Meinung haben dürfen, dann war auch eine weitere Unterredung ziemlich zwecklos. Oder

[60] P. Schmidpeter u.a. (Comboni-Missionare), Bericht über das Engelwerk

wollte man etwa von den erwachsenen jungen Männern hören, daß es ihnen auf dem St. Petersberg nicht gefällt und daß sie liebend gern wieder zu ihrer früheren Gemeinschaft zurückkehren würden? Kein Priester des Opus Angelorum hätte ihnen dann weder ein physisches noch ein psychisches Hindernis in den Weg gelegt, ihre Absicht auszuführen.

Außerdem impliziert diese Bemerkung, daß man schwerlich von diesem Opus Angelorum (oder war nur der St. Petersberg gemeint?) wieder loskommt, auch eine Beleidigung der priesterlichen Mitbrüder und der Schwestern, die sich dort freiwillig ganz oder teilweise in den Dienst der guten Sache der Priesterhilfe gestellt haben.

Die Bemerkung: ‚Es war für uns peinlich mit Gebhard (Zenkert) zu reden, er durfte seine persönliche Meinung nicht sagen, das heißt, wenn das, was er sagte, seine persönliche Meinung war, kann man nur sagen: schade für diese jungen Leute'! Wiederum eine sehr starke Diskriminierung. Und dabei war gerade dieser Herr in den sieben Jahren seiner Zugehörigkeit zur Gemeinschaft der Comboni-Missionare nach seinen zwei Ausbildungsjahren in der Brüderausbildung, in der Verwaltung, in erster Linie aber in der Jugendarbeit und Werbung für den Ordensnachwuchs tätig. Und solche Leute sollen nun auf einmal einem magisch-hypnotischen Zwang erliegen, sobald sie auch nur einmal (bei Exerzitien!) mit dem Opus Angelorum in Berührung kommen!!"

Waitz bestritt in diesem Text auch die totale Weltabgeschiedenheit: „Man hat in Petersberg zwar keinen Fernsehapparat, wohl aber ist einzelnen Mitgliedern der Gebrauch eines Rundfunkempfängers gestattet. Zeitungen wie ‚Presse' und ‚Präsent', sowie Missions- und Kirchenblätter liegen auf."

Am 27. April 1976 meldete sich schließlich noch Dr. Georg Blaskó, seines Zeichens damals Synodalrichter der Diözese Innsbruck und Rechtsberater des Opus Ss. Angelorum, brieflich bei Bischof Rusch und ging dabei besonders auf die Frage der Echtheit der Engel-Offenbarungen ein. Er bestritt entschieden eine literarische Abhängigkeit der Bitterlich-Engelnamen von spätjüdischer Literatur, betonte aber gleichzeitig, Gemeinsamkeiten mit dieser Überlieferung bedeuteten eher eine „erhöhte Glaubwürdigkeit". Er ergänzte: „Welche Arbeit notwendig gewesen wäre, aus der Literatur die Engelnamen zu sammeln, ist zu entnehmen aus den einleitenden Erklärungen eines Philologen, der 15 Jahre nach der Entstehung des Buches von Frau Bitterlich eine solche Arbeit übernommen hat (Gustav Davidson, A Dictionary of Angels, 1976, Collier Macmillan, Toronto, Ontario, Canada). Aufgrund des äußeren Kriteriums ist also eine literarische Abhängigkeit im Sinne des kompilatorischen Abschreibens auszuschließen."

Blaskó wies hier die These, Frau Bitterlich könnte sich auf „parapsychologischem Weg" Kenntnisse aus den Büchern ihres Mannes angeeignet haben, interessanterweise mit dem Argument zurück, daß man „auf diese Weise nur Bruchteile der vorhandenen Kenntnisse und dies auch nur verworren und gestört übermitteln kann (vgl. die diesbezüglichen Ergebnisse der russischen

Forschung bei Sheila Ostrander-Lynn Schroeder, PSI, deutsch 1975, Scherz Verlag, Bern)". Er betonte aber nicht nochmals, daß die Namen in den Büchern gar nicht vorkämen.

Die spätjüdische Angelologie habe keine Beziehung zur Christologie gehabt, aber - so Blaskó - im Buch von Frau Bitterlich sei „die ganze Struktur der Engelhierarchie konsequent und durchgehend auf die heiligste Dreifaltigkeit hingeordnet. Seine Kernaussagen lauten: „Selbst wenn die Engelnamen und die eine oder andere Attribution Ergebnis einer Abschreibung wären, ist deren Ausdeutung ohne Präzedenz... Sicher werden den letzten theologischen Nachweis für die Echtheit der Engelnamen erst kirchlich überprüfte und anerkannte Wunder erbringen. Doch bis solche Wunder vorliegen, bedeutet deren Fehlen kein Urteil im Sinne des ‚constare de non-supernaturalitate' (‚es steht fest, daß es sich um keinen übernatürlichen Ursprung handelt'), sondern nur ein Urteil im Sinne des ‚non constare de supernaturalitate' (‚es steht nicht fest, daß es sich um einen übernatürlichen Ursprung handelt') ist gerechtfertigt."

Schließlich bekrittelt Blaskó noch Bischof Ruschs Hinweis auf Prof. Karl Rahners Urteil über das „Engel-Buch":

„1. Selbst wenn P. Rahner ein Gutachten in diesem Sinne je abgegeben hätte, dürfte der Ordinarius im Sinne von Canon 1393 § 5 den Namen des Zensors nie bekanntgeben.

2. P. Karl Rahner müßten wir als Zensor wegen Befangenheit energisch ablehnen; denn

a) P. Karl Rahner hat jenes Preisausschreiben der Großloge von Wien, das nach Übernahme des Provinzialates durch P. Heinzel im Schuljahr 1949/50 auf dem schwarzen Brett der theologischen Fakultät erschien und von dort gewaltsam entfernt wurde, mit unterschrieben. Mit der Entfernung dieses Preisausschreibens wurde damals H.H. Pfarrer Bitterlich verdächtigt und mehrmals verhört.

b) P. Karl Rahner hat sowohl im Falle P. Kripp als auch im Falle P. Schupp für die Genannten und gegen den Ordinarius Stellung bezogen, während Vertreter des Engelwerkes für den Ordinarius und gegen die Auffassung und Handlungsweisen der Genannten Stellung genommen haben (Msgr. Waitz).

3. Im Gegensatz zum Namen des Zensors sollten die Gründe für die Verweigerung der Approbation im Sinne des Canon 1394 § 2 bekanntgegeben werden. Nun ist uns unbekannt, aufgrund welcher Unterlagen P. Rahner sein Urteil abgegeben hat. Vielmehr hat er uns gegenüber im Verlauf der Jahre mehrmals bestritten, ein Buch des Engelwerkes je vom Ordinariat bekommen zu haben. Unter diesen Umständen muß ich den Hochwürdigsten Ordinarius ersuchen, entweder uns die Stellungnahme von P. Karl Rahner - die gemäß Canon 1393 § 4 schriftlich vorliegen muß - vollinhaltlich bekanntzugeben, oder aber die Berufung auf die Autorität P. Rahners zurückzunehmen."

Bemerkenswert ist hier nicht nur die für Blaskó typische Argumentation mit Paragraphen in den Punkten 1 und 3, sondern auch, daß hier erstens ein über

25 Jahre zurückliegender Vorfall als Argument verwendet wird und zweitens sich Blaskó „bischöflicher als der Bischof", dem ja Rahners Haltung in den Fällen Kripp und Schupp bestens bekannt sein mußte, gibt.

Widersprüchlich sind Blaskós Aussagen zu den Schriften. Einerseits hebt er hervor, daß Rusch über die Entstehung der Schriften von Anfang an informiert war und diese von P. Löw bis zu dessen Tod laufend geprüft wurden, anderseits erwähnt er mit kritischem Unterton, daß Generalvikar Hammerl „die Übergabe der im Comboni-Bericht als ‚Geheimbuch' bezeichneten Schrift verlangt hat, wobei der Inhaber der Autorenrechte, H.H. Pfarrer Bitterlich, gar nicht um seine Zustimmung befragt wurde". Der Schluß liegt nahe, daß Rusch selbst außer den Rundbriefen vorher nie eine OA-Schrift zu lesen bekam (und P. Löw vielleicht auch nur, weil er dem OA wohlgesinnt war), wenn man folgenden Satz Blaskós liest: „Es sei nun darauf hingewiesen, daß wir eine Überprüfung der Schriften - da der Zeitpunkt hierfür noch nicht gekommen ist - nie beantragt haben."

Ist der Zeitpunkt für eine Überprüfung nach Ansicht Blaskós erst dann gekommen, wenn das OA in der Kirche so viel Einfluß hat, daß bei einer Überprüfung der Schriften nichts mehr schiefgehen kann? Gibt es eine andere Lesart für diesen Satz? Erklärt dieser Satz vielleicht auch, warum Kardinal Šeper den Eindruck hatte, das Buch „Tagesengel" sei ihm nur privat, aber nicht zur Begutachtung durch die Glaubenskongregation übergeben worden?

Der Hinweis, daß das OA bereits einige Bedeutung erlangt hat, aber noch auf dem Weg ist, zieht sich auch durch den Schlußabsatz in Blaskós Brief: „Ich hoffe, daß diese Darlegung Eurer Exzellenz eine Hilfe sein werden. Denn das Engelwerk hat während der 25 Jahre seit wir uns kennen, eine Bedeutung erlangt, die eine Behandlung als Nebensache nicht mehr zuläßt, auch für die Diözese Innsbruck. Hinsichtlich der Schriften ist aber vom Ordinarius von Innsbruck jetzt nicht mehr verlangt als eine wohlwollende Tolerierung ihres Privatgebrauches. Eine Veröffentlichung ist ja nicht geplant. Und eine solche Tolerierung möchte ich, auch im Bewußtsein meiner Verantwortung als Synodalrichter in dieser Diözese, Ihnen vorschlagen."

Bischof Rusch tolerierte auch das OA und den privaten Gebrauch seiner Schriften weiter. Aber er hatte sicher noch aufgrund anderer Vorfälle ein Unbehagen gegenüber dem Engelwerk: „Das OA hat zweimal ein Ansuchen unterbreitet, einen im OA ausgebildeten Kandidaten der Theologie zu weihen, und zwar zur ausschließlichen Verwendung in eben diesem Engelwerk. Da mir diese Leute persönlich überhaupt nicht bekannt waren und das Engelwerk als pia unio auch kirchenrechtlich keine Dimissorien ausstellen kann, habe ich eine solche Weihe abgelehnt. Das Engelwerk hat jedoch dann einen südamerikanischen Bischof gefunden, der die Weihe durchgeführt hat, und zwar auf den Titel seiner eigenen Diözese."[61]

[61] Bischof Paul Rusch, Brief an Kardinal Julius Döpfner, 26.3.1976

Mitte der siebziger Jahre herrschte offensichtlich bereits ein gespanntes Verhältnis zwischen dem Engelwerk und der Leitung seiner Heimatdiözese, aber als Gabriele Bitterlich am 4. April 1978 auf dem St. Petersberg starb, hatte sich das OA bereits weit über die Diözese Innsbruck hinaus in der Kirche etabliert.

Brüder am Grab von Mutter Bitterlich

IV VON DER BRUDERSCHAFT ZUM ORDEN

Das Netz von Engelwerk-Gemeinschaften

A) Die Schutzengelbruderschaft

Die Leitung dieser Bruderschaft ist zugleich als älteste Mittelgruppe die Leitung des ganzen Werkes.

4. COA-LEHRBRIEF

Zum „Werk der heiligen Engel" zählen mehrere geistliche Gemeinschaften, die es auseinanderzuhalten gilt, obwohl sie letztlich von einer gemeinsamen Leitung, der „Procura Generale dell 'OA" in der Via Antonio Musa 8 in Rom, repräsentiert werden. Als Sammelbegriff hat sich auch die Bezeichnung „COA" (Corpus Operis Angelorum) eingebürgert. Unter dieser Bezeichnung bestehen im deutschsprachigen Raum Sekretariate in Innsbruck (Kaiser-Franz-Joseph-Straße 5) beziehungsweise Silz (St. Petersberg) und neuerdings Bregenz (Im Dorf 15), in Goldach in der Schweiz und in Schondorf am Ammersee.

Die einzelnen mit dem Engelwerk verbundenen Gemeinschaften haben aber einen jeweils völlig verschiedenen kirchenrechtlichen Status und unterschiedliche Organisationsformen.

Die erste offizielle Anerkennung fand das Werk in der Diözese Innsbruck als Schutzengelbruderschaft, als „pia unio" (fromme Vereinigung), wie der kirchenrechtliche Begriff dafür lautet. Im entsprechenden, von Bischof Paulus Rusch unterzeichneten Dekret vom 20. April 1961 heißt es:

Nachdem wir die Statuten und Konstitutionen der Schutzengelbruderschaft bereits mit Schreiben vom 3. November 1960 genehmigt hatten, wird hiemit diese Bruderschaft im Sinne von Can. 708 C.J.C. als ‚Sodalitium in honorem Sanctorum Angelorum Custodum' kanonisch errichtet.

Gemäß Can. 712, § 1, C.J.C. wird die Schutzengelbruderschaft im Einverständnis mit dem Herrn Abt von Wilten in der Stiftskirche zum hl. Laurentius (Kreuzaltar) errichet.

Zum ersten Rektor wird über Vorschlag des Bruderschaftsrates H.P. Ephräm Lampert O.F.M.Cap., Lektor der Theologie im Kapuzinerkloster in Innsbruck, hiemit ernannt."[1]

Die Gründung war nichts Sensationelles, denn Schutzengelbruderschaften hatte es seit dem Mittelalter gegeben. Wenn die OA-Aussage stimmt, Bischof Rusch habe selbst die Errichtung einer solchen Bruderschaft angeregt, dann

[1] Opus Sanctorum Angelorum, 3. Informationsbrief, Rom 1986, S. 46

darf man annehmen, daß der Innsbrucker Oberhirte eher an die Tradition solcher Frömmigkeitsformen als an die Bitterlich-Offenbarungen dachte.

Die 21 Paragraphen umfassenden Statuten der Schutzengelbruderschaft wurden mit kirchlicher Druckerlaubnis vom 9. Juni 1961 gedruckt. § 2 lautet: „Das Ziel der Bruderschaft ist: a) die persönliche Verehrung der Schutzengel und die Verbreitung dieser Verehrung; b) der Dienst an der hl. Kirche (am Nächsten) als Schutzengeldienst; Kampf gegen die Mächte der Finsternis, Hilfe den Irrenden und Gefallenen, Führung den Suchenden und Voranstrebenden."

Die Leitung der Bruderschaft übernahm der zunächst aus den Gründungsmitgliedern zusammengesetzte Bruderschaftsrat - er bestimmt und ergänzt gemäß § 4 in gemeinsamer Wahl die Anzahl seiner Mitglieder selbst und tritt mindestens einmal pro Jahr zusammen -, dessen Beschlüsse laut § 6 sowohl für den Rektor, dem als Leiter aber ein Vetorecht zusteht, als auch für die gesamte Schutzengelbruderschaft bindend sind. Der Rektor sollte dem Bruderschaftsrat angehören und wird von diesem dem Ortsbischof zur Ernennung vorgeschlagen (§ 5).

In diesem Zusammenhang findet sich auch der Begriff „Engelwerk" schon in den damaligen Statuten: „Sofern eine geeignete Persönlichkeit im Bruderschaftsrat nicht gefunden wird, schlägt dieser dem Orts-Ordinarius einen Kandidaten als Rektor aus dem Kreis jener Priester vor, die sich im Engelwerk durch Eifer in den Pflichten und Zielen der Bewegung bereits bewährt haben." (§ 5)

§ 9 erläutert, wer Mitglied werden kann: „In die Schutzengelbruderschaft können alle Tatkatholiken aufgenommen werden, wenn sie dem Schutzengel-Ideal nachstreben und unter Berücksichtigung von can. 693 die nötige Eignung zum Schutzengeldienst besitzen." Zur gültigen Aufnahme sind laut § 11 nötig: „a) Die Einwilligung des Rektors, b) der Vollzug des Aufnahmeritus, c) die Eintragung in das Mitgliederbuch (Bruderschaftsbuch) gemäß can. 694 § 2."

Angesichts dieses genau beschriebenen Aufnahmemodus und der Erwähnung eines Mitgliederbuches ist es unverständlich, wenn seitens des Engelwerkes behauptet wird, es gebe keine Mitglieder. Dem Bruderschaftsrat gehörten in den siebziger Jahren an:

a) P. Ephräm Lampert OFM.Cap., Rektor der Bruderschaft, Innsbruck
b) Pfarrer Hansjörg Bitterlich, Galtür
c) Oberstudienrat Prof.Dr. Josef Finauer, Innsbruck
d) Rektor Michael Prader, Diözese Bozen-Brixen, derzeit Rom
e) P. Hermann Precht CSsR, St. Petersberg, Silz
f) DDr. Georg Blaskó, Synodalrichter, Petersberg, Silz
g) Dr. Angelika Richter, Lehrerin, Petersberg, Silz
h) Dipl.-Psych. Martin Franke, Horrem bei Köln
i) Prokurist Paul Moser, Rorschacherberg/Schweiz
j) Frau Gabriele Bitterlich, Hausfrau, Petersberg, Silz

k) Msgr. Dr. Walter Waitz, Vizeoffizial, Sekretär der Bruderschaft, Innsbruck
l) Sr. Agnes Wagner vom Guten Hirten, Sonnbergschule, Imst.[2]

Über den genauen Aufnahmeritus ist den Statuten nichts zu entnehmen, doch steht fest, daß die neue „pia unio" bereits über bestimmte Riten, vom Innsbrucker Bischof schon approbierte Weihen, verfügte. Sie werden im Artikel 39 der die Statuten ergänzenden Konstitutionen der neuen Bruderschaft angeführt: „Die am 14.2.1951 approbierte Schutzengelweihe, die am 3.4.1951 approbierte Engelweihe und die am 3.4.1951 approbierte Sühneweihe gehören zu den Riten der Schutzengelbruderschaft. Sie können und dürfen sowohl innerhalb wie außerhalb der Bruderschaft immer nur entsprechend den Konstitutionen der Schutzengelbruderschaft abgelegt werden."[3]

Artikel 40 dieser Konstitutionen besagt, daß für den Eintritt in die Bruderschaft die Schutzengelweihe vorgeschrieben ist. Diese konnte ursprünglich auch als „Streuweihe" für Gruppen, etwa Schulklassen, erteilt werden. Für diese „Streuweihe" wurde am 12. Februar 1965 eine eigene Weiheformel mit dem Titel „Schutzengelversprechen" approbiert. Dieses Schutzengelversprechen gilt jetzt nur als Vorbereitung für die Schutzengelweihe und macht den, der es ablegt, noch nicht zum Engelwerk-Mitglied.

Im 4. COA-Lehrbrief (nicht zu verwechseln mit dem 4. Informationsbrief des OA) wird die zentrale Rolle der Schutzengelbruderschaft im gesamten Engelwerk hervorgehoben: „Die Leitung dieser Bruderschaft ist zugleich als älteste Mittelgruppe die Leitung des ganzen Werkes." Derzeit ist Dr. Georg Blaskó zugleich Rektor der Bruderschaft und leitender Priester des gesamten Engelwerkes. Der in einem Gerichtsurteil von 1984 als Rektor der Innsbrukker Schutzengelbruderschaft genannte P. Franziskus Peter Färber ORC, St. Petersberg, Haus Nr. 146, A-6424 Silz, dürfte nur in Vertretung von Blaskó in dem damaligen Prozeß gegen den Altöttinger Verleger Heinrich Kreuzer agiert haben.

Ein Antrag von Dr. Walter Waitz vom 13. März 1965, auch in der Erzdiözese München-Freising eine Schutzengelbruderschaft zu errichten, scheiterte. Walter Waitz und Georg Blaskó gaben bei einer Vorsprache in München dem Ansuchen die Statuten, eine Erklärung zur Bedeutung der sogenannten Engelweihen und - was sich als Fehler erwies - den Text einiger Seiten des zweibändigen Werkes „Tagesengel" bei.[4] Laut einer Gesprächsnotiz des damaligen Münchener Generalvikars vom 24. März war übrigens von sieben Folianten Bitterlich-Schriften die Rede. Kardinal Julius Döpfner und Generalvikar Matthias Defregger verweigerten nach entsprechenden Gutachten zweier Theologen, des späteren Weihbischofs Ernst Tewes und des Regens Josef

[2] Zitiert nach Heinrich von Soden-Fraunhofen, Beobachtungen zum Engelwerk, Manuskript, Freising, September 1986, S. 12
[3] 3. OA-Informationsbrief, S. 29
[4] Heinrich von Soden-Fraunhofen, Das Engelwerk, Manuskript, Freising, 15.9.1988

Finkenzeller, mit einem Bescheid vom 18. Mai 1965 einer solchen Einrichtung die Zustimmung.

B) Die Priestergemeinschaften im OA

> *Die heutigen Glieder der Priestergemeinschaft kennen diese früheren Schriften. Den Bischöfen, welche die Priestergemeinschaften des OA errichtet haben, wurden die Schriften nicht vorenthalten.*
>
> *GEORG BLASKÓ*[5]

Eine kirchenrechtlich anerkannte Organisation namens „Opus Sanctorum Angelorum" besteht nicht. Das gibt auch das Engelwerk selbst in Beantwortung des Fragenkataloges (Quästionariums) der Diözese Augsburg anläßlich einer dortigen kanonischen Visitation im Jahr 1988 zu: „Keine Rechtsperson des kirchlichen oder staatlichen Rechtes ist dagegen das Opus Sanctorum Angelorum (OA) als solches. Das OA als solches mußte als internationale geistliche Bewegung seine kanonische Verankerung in den diözesan errichteten Priestergemeinschaften suchen, da der CIC 1919 nur Ordensgemeinschaften eine internationale Struktur zugebilligt hat."[6]

Und da auch vom Modell einer Personalprälatur wie „Opus Dei" in den sechziger Jahren noch keine Rede war, bemühte man sich also nach der Gründung der Innsbrucker Schutzengelbruderschaft und dem Scheitern in München um die Errichtung von Priestergemeinschaften in den Diözesen. Sie erhielten im allgemeinen die Bezeichnung „Priestergemeinschaft vom Heiligen Kreuz im Werk der heiligen Engel" (Sodalitium Sacerdotum a Sancta Cruce in Opere Sanctorum Angelorum).

Übrigens beweisen alte Informationsblätter aus den späten sechziger Jahren, daß schon damals - noch vor jeglicher kirchlicher Anerkennung - der Begriff „Priestergemeinschaft des Opus Angelorum" verwendet wurde. Auf einem solchen Blatt aus 1969 werden fünf OA-Zentralen in deutschsprachigen Ländern erwähnt, und zwar neben Freiburg im Breisgau (Georg Blaskó), Maria Vesperbild (Jakob Ruf) und Innsbruck (Walter Waitz) interessanterweise die zentralen Stellen für Glaubensverbreitung in Österreich (Dr. Herbert Madinger, A-1150 Wien, Reindorfgasse 21, Rektor der katholischen Glaubensinformation in Österreich) und in der Schweiz (Paul Kathriner, CH-6365 Kehrsitten NW, Rektor der katholischen Glaubensinformation in der Schweiz)! Diese Stellen dürften aber später zum OA auf Distanz gegangen sein. Zumindest sagt Madinger heute, er habe keinen Zugang zu den OA-Schriften gefunden, der Kontakt sei bald abgerissen.[7]

[5] Georg Blaskó, Richtigstellung zu drei Schriftsätzen, Silz 1986, A, S 1, 11
[6] Opus Sanctorum Angelorum, 4. Informationsbrief, Rom 1988, Entwürfe, S. 11
[7] Telefonat mit Dr. Herbert Madinger, Jänner 1990.

Offiziell erreicht wurde das Ziel der Gründung einer Priestergemeinschaft zum ersten Mal im Februar 1969 in der Diözese Augsburg. Im von Bischof Josef Stimpfle unterzeichneten Dekret heißt es:

Mit Wirkung vom 22. Februar 1969, dem Thronfest des heiligen Apostels Petrus, errichte ich die Priestergemeinschaft im Opus Sanctorum Angelorum in Deutschland im Sinne von can. 708 und 100 § 1 CIC als Sodalitium mit dem Charakter einer kirchlichen Rechtsperson. Gemäß can. 712 CIC erfolgt die Errichtung auf dem Gnadenaltar von Maria Vesperbild bei Ziemetshausen. Gleichzeitig approbiere ich die vorgelegten Satzungen.

Zum ersten Rektor der Priestergemeinschaft des Opus Sanctorum Angelorum in Deutschland ernenne ich hiemit aufgrund des satzungsgemäßen Vorschlags den hochwürdigen Herrn Jakob Ruf in Maria Vesperbild.[8]

Offizielle Anerkennung in Rom - mit der wichtigen Einschränkung, daß damit die Diözese Rom und nicht der Heilige Stuhl beziehungsweise die Zentrale der Weltkirche gemeint ist - fand das Werk schon ein Jahr später. Am 6. Februar 1970 errichtete der Generalvikar des Papstes für die Diözese Rom, Kardinal Angelo Dell'Acqua, die Priestergemeinschaft im Werk der heiligen Engel für diese Diözese. Der erste Rektor wird im entsprechenden Dekret[9] nicht genannt.

Im Dezember 1986[10] konnte das Werk stolz vermelden: „In den folgenden Jahren wurden weitere 48 Priestergemeinschaften des OA in zahlreichen Ländern der Welt errichtet. Die mit einer Ausnahme gleichlautenden Statuten dieser Priestergemeinschaften wurden jeweils mit der Errichtung auch approbiert." Diese Statuten wurden, soweit nötig, dem kirchlichen Gesetzbuch von 1983 angepaßt.

Folgende „Satzungen der Priestergemeinschaft im Opus Sanctorum Angelorum" wurden am 20. Februar 1970 unter der Nummer 215 von Bischof Paul Rusch namens des Bischöflichen Ordinariates in Innsbruck genehmigt:

1. Die Priestergemeinschaft im Opus Sanctorum Angelorum ist ein als kirchliche Rechtsperson errichtetes Sodalitium.

2. Die Priestergemeinschaft wird auf dem Altar der Burg St. Petersberg bei Silz in Tirol errichtet.

3. Ziel der Priestergemeinschaft ist:
Hilfe für die Priester durch die heiligen Engel,
Zusammenschluß der Priester in der Treue zu Papst und Bischof,
Stärkung des besonderen sakramentalen Priestertums im Volk Gottes.

4. Der Vorstand besteht aus dem Rector, Sekretär und Ökonom.

5. Der Rector wird auf Grund des Vorschlags des Bruderschaftsrates der in

8 3. OA-Informationsbrief, S. 47
9 3. OA-Informationsbrief, S. 49
10 3. OA-Informationsbrief, S. 44

Innsbruck canonisch errichteten Schutzengelbruderschaft des Opus Sanctorum Angelorum vom Bischof von Innsbruck ernannt. Sekretär und Ökonom werden vom genannten Bruderschaftsrat gewählt.

6. Die Vollversammlung hat beratende Funktion gegenüber dem Vorstand.

7. Die Priestergemeinschaft im OA gliedert sich in drei Gruppen

a) Die führende Gruppe: umfaßt Priester, die aus dem Opus Sanctorum Angelorum kommen, bereits der Schutzengelbruderschaft angehören und die Richtlinien des Opus Sanctorum Angelorum innerhalb der Priestergemeinschaft durchführen.

b) Die beratende Gruppe: steht der ersten Gruppe bei und umfaßt Priester, welche die Schutzengelweihe vollzogen haben und sich in der Treue zum Papst und Bischof zusammenschließen, um sich gegenseitig zu stützen und den Brüdern im Priestertum zu helfen.

c) Die bewahrende Gruppe: umfaßt Priester der bedrängten und ringenden Kirche, die von der Priestergemeinschaft zu Halt und Stütze zusammengeschlossen werden.

8. Diesen drei Gruppen der Priestergemeinschaft steht der große Helferkreis aus Ordensleuten und erprobten Laien des OA zur Seite.

9. Mitglieder im kanonischen Sinn werden auf Grund des Beschlusses des Vorstandes durch einen eigenen Ritus aufgenommen und in das Mitgliederbuch eingetragen.

10. Die geistigen Mittel für die Erreichung des Zieles sind: Priesterhilfe jeder Art, Exerzitien, Einkehrtage, der apostolische Einsatz der Mitglieder, Sühne, Gebet und die Weihen des Opus Sanctorum Angelorum.

11. Materielle Mittel sind die Beiträge der Mitglieder, Spenden und Stiftungen von Wohltätern.

12. a) Ein Mitglied kann über Beschluß des Vorstandes ausgeschlossen werden, wenn kirchenrechtliche Gründe dies fordern oder wenn gegen Sinn und Ziel der Priestergemeinschaft schwer gefehlt wurde.

b) Im Falle einer Auflösung der Priestergemeinschaft geht ihr Eigentum in das Vermögen der Mitglieder über mit der Auflage, es im Sinne des Opus Sanctorum Angelorum zu verwenden.

Wie sieht die Regelung zur Aufnahme von Mitgliedern in die Priestergemeinschaft aus? „Die Priestergemeinschaft repräsentiert vor dem Ortsordinarius all jene, die die Schutzengelweihe gemacht haben. Jeder Priester, der die Hilfe der Engel gemäß dem Aufnahmeritus in Anspruch nimmt, kann Mitglied der Priestergemeinschaft werden. Die Schutzengelweihe kann gleichzeitig mit der Aufnahme in die Priestergemeinschschaft vollzogen werden. Aber sie kann auch vorher oder nachher abgelegt werden.“[11]

[11] 3. OA-Informationsbrief, S. 13: Deutsche Fassung eines Beitrages aus „Christ to the World“, offiziöse Zeitschrift der Heiligen Kongregation für die Evangelisation der Völker, Heft 1, Jänner/Februar 1984

Welche waren und sind nun die wichtigsten Diözesen mit einer solchen Priestergemeinschaft im Opus Angelorum?

Noch 1969[12] fand das Opus Angelorum in der Diözese Regensburg durch Bischof Dr. Rudolf Graber, der sich aber drei Jahre später wieder davon distanzierte, Anerkennung. In der Erzdiözese Freiburg wurde am 25. Jänner 1970 der heutige Gesamtleiter des OA, Dr. Georg Blaskó, zum Rektor der Priestergemeinschaft bestellt[13].

Am 13. Februar 1970 entstand die Priestergemeinschaft von Leiria in Portugal und damit ein wichtiger Kontakt für die spätere Ordensrestauration des Opus Angelorum.

In der Diözese Innsbruck genehmigte Bischof Rusch mit obigem Dekret vom 20. Februar 1970 die Satzungen der dortigen Priestergemeinschaft. Sie wurde - wie schon erwähnt - 1973 wegen mangelnder Aktivitäten wieder aufgehoben. Relativ früh muß auch in der Schweizer Diözese Sitten eine solche Gemeinschaft errichtet worden sein[14].

Am 18. Dezember 1970 bestätigte auch die Diözese Linz eine Priestergemeinschaft im Opus Angelorum. Ihr Rektor ist der 1925 geborene Pfarrer von Andrichsfurt, Josef Humer, der auch für das Dekanat Ried im Innkreis dem Priesterrat der Diözese angehört.[15]

In der Folge faßte das Engelwerk mit solchen Priestergemeinschaften vor allem in Lateinamerika Fuß: am 25. März 1971 in Aparecida/Brasilien, am 27. April 1971 in Lima/Peru, am 7. Mai 1971 in Guatemala. Am 26. April 1972 entstand in Porto Alegre/Brasilien ein „Sodalicio dos Santos Anjos" und schließlich am 12. April 1974 das Sodalitium „Brüder vom Kreuz" in Curitiba/Brasilien, von wo aus man die Restaurierung des alten Ordens von Coimbra, auf die noch ausführlich einzugehen sein wird, betrieb.

OA-Priestergemeinschaften entstanden in diesen Jahren auch in Manila auf den Philippinen (3. Juni 1972) und in Pretoria in Südafrika (8. September 1973).

In der Erzdiözese Wien vertraute am 25. Dezember 1971 Kardinal Franz König dem Prior der Zisterzienserabtei Heiligenkreuz, Dr. Walter Schücker, die Leitung der neu errichteten Priestergemeinschaft an[16]. Bemerkenswert ist, daß im August 1976 der damalige Heiligenkreuzer Abt, Franz Gaumannmüller, ohne öffentliche Erklärung Schücker, der dann am 7. Juni 1977 starb, von seinem Amt als Prior abberief und den Kreuzaltar, wo die Priestergemeinschaft errichtet worden war, aus der Stiftskirche entfernen ließ. Gerüchten zufolge war der Abt dahinter gekommen, was es mit dem Engelwerk auf sich hatte, und wollte sich auf diese Art davon distanzieren. Schücker vefaßte übri-

[12] Angabe im 3. Lehrbrief des COA
[13] Dekret im 3. OA-Informationsbrief, S. 48
[14] Opus Sanctorum Angelorum, Rituale des OA, 1970, S. 61
[15] Personalschematismus der Diözese Linz, Linz 1985, S. 109
[16] Dekret im 3. OA-Informationsbrief, S. 50

gens die Büchlein „Ordensleben und Engelwirken“ und „Gelübdebindung“. In Heiligenkreuz hat das Engelwerk nach wie vor deklarierte und vermutlich auch versteckte Anhänger.

Als Pioniere des Engelwerkes in der Erzdiözese Wien haben sich noch der Pallottiner Josef Ebers und die Heiligenkreuzer Zisterzienserpatres Bernhard Vosicky und Meinrad Tomann erwiesen. Kurze Zeit war P. Dr. Robert Bliem, Redemptorist aus Katzelsdorf, Rektor der Wiener Priestergemeinschaft im OA. Von dessen Nachfolger, Msgr. Prof. Josef Pinzenöhler, nehmen viele an, daß er von den Interna des Werkes, vor allem von den Geheimschriften, kaum etwas weiß. Andererseits unterschätzt man vielleicht das Wissen mancher Mitglieder, zumindest behauptete vor wenigen Jahren das OA: „Die heutigen Glieder der Priestergemeinschaft kennen diese früheren Schriften. Den Bischöfen, welche die Priestergemeinschaften des OA errichtet haben, wurden die Schriften nicht vorenthalten.“[17]

Das Engelwerk verweist darauf, daß über die Tätigkeit der Priestergemeinschaften nicht nur den Diözesanbischöfen, sondern auch der Kongregation für die Kleriker Bericht erstattet wurde. Wie umfangreich ein solcher Bericht vom 15. Mai 1985 war und wie sorgfältig er geprüft wurde, ist unbekannt. Jedenfalls antworteten namens der Kongregation Kardinal Silvio Oddi und sein Sekretär Maximinus Romero schon neun Tage später, am 24. Mai 1985, mit einem vom Engelwerk zitierten[18] ebenso kurzen wie anerkennenden Schreiben.

Sehr bald bürgerte sich im Engelwerk der Brauch einer „Weihnachtstagung“ ein, zu der zwischen Weihnachten und Silvester OA-Priester zusammenkamen. Viele Jahre war das Franziskushaus in Altötting Ort dieser Veranstaltung, ehe die Maßnahmen der Diözesen München und Passau im Frühjahr 1988 zu einem Wechsel führten. So wurde die jüngste Weihnachtstagung für 26. bis 3o. Dezember 1989 in Marienfried/Ulm angesetzt.

In wie vielen Diözesen ist nun tatsächliche eine Priestergemeinschaft im Opus Sanctorum Angelorum errichtet? Die dazu kolportierten Zahlen stammen aus verschiedenen Jahren und sind nicht genau gleich, aber ähnlich. Im März 1976, in der Antwort des OA auf den Bericht der Comboni-Missionare, war von 45 Bischöfen die Rede, die ein solches Sodalitium mit Dekret errichtet hatten. Im Juli 1981 berichtete eine Klosterschwester ihrer Generaloberin von 55 Diözesen, in denen eine pia unio des Engelwerkes bestehe. Am 15. November 1986 schrieb Dr. Georg Blaskó an Weihbischof Soden: „In Wirklichkeit ist das OA eine religiöse Bewegung, die in 50 Diözesen der Welt, darunter drei deutschen Diözesen und die Diözese Rom..., mit Gutheißung der Kleruskongregation... als kirchliche Vereinigung kanonisch errichtet ist.“ Laut Dokumentation von Johannes Rothkranz sprach aber P. Hansjörg Bitterlich im Sommer 1986 auf

[17] Georg Blaskó, Richtigstellung zu drei Schriftsätzen, A, S 1, 11

[18] 3. OA-Informationsbrief, S. 44f. und S. 53/italienisch

Madeira bereits von 56 Priestergemeinschaften, die man in einer Konföderation zusammenzufassen versuche[19].

Im Mai 1988 wurde die Zahl der Diözesen, in denen OA-Priestergemeinschaften bestehen, mit 53 angegeben[20], worauf auch ein Wiener Wochenmagazin Ende 1988 meldete: „In 53 Diözesen ‚zwischen Alaska und Südafrika' ist das Opus Angelorum kirchlich anerkannt."[21]

C) Die Regularkanoniker vom Heiligen Kreuz

> *Diese Privatoffenbarungen dürfen keineswegs als Fundament des religiösen Lebens der Sodalen des restaurierten Ordens der Regularkanoniker vom Heiligen Kreuz betrachtet werden.*
>
> *AUGUSTIN KARDINAL MAYER*[22]

Sozusagen die Elitetruppe des Opus Angelorum bilden jene Priester, die dem Orden der Regularkanoniker vom Heiligen Kreuz (Ordo Canonicorum Regularium S. Crucis) angehören, der zunächst das Kürzel „OSC" verwendete und seit September 1986 die Abkürzung „ORC" benützt. Daß dieser Orden ganz fest mit dem Engelwerk verbunden ist, geht schon eindeutig aus Schriften des Werkes hervor: „Auf Grund eines Hinweises der Heiligen Kongregation für Ordensleute und Säkularinstitute erklärten sich führende Priester des OA bereit, den in Coimbra durch 700 Jahre blühenden Orden der Regularkanoniker vom Heiligen Kreuz zu restaurieren."[23]

Der alte und ehrwürdige portugiesische Orden war im Jahr 1131 gegründet und am 13. Jänner 1135 von Papst Innozenz II. bestätigt worden. Das bekannteste Mitglied des Ordens war vermutlich der heilige Antonius von Padua. Er gehörte dem Stammkloster zu Coimbra an, ehe er in den Franziskanerorden übertrat. Im Jahr 1784 erschien die letzte Ausgabe der alten Konstitutionen von Coimbra, im Jahr 1904 starb der letzte Angehörige des Ordens, Joaquim da Boa Morte (Joachim vom Guten Tod). Über ihn heißt es in einem Engelwerk-Text: „Er lebte und starb wie ein Heiliger und wurde später im Grabe unversehrt gefunden." Kirchenrechtlich ist es möglich, einen Orden, der noch nicht länger als hundert Jahre erloschen ist, zu restaurieren, und genau das geschah in diesem Fall.

[19] Johannes Rothkranz, Manipulationswochen auf Madeira, Manuskript, Filsen/Rhein 1986, S. 98

[20] Kathpress, Wien, 5.5.1988

[21] Herbert Geyer, Gegenreformation, Wochenpresse, Wien, Nr. 51, 23.12.1988

[22] Zitiert nach Johannes Rothkranz, Kritische Anmerkungen zum „Handbuch" und zum „3. Informationsbrief" des Engelwerks, Manuskript, ohne Ort, ohne Jahr, S. 12f, lateinisch im 3. OA-Informationsbrief, S. 36

[23] 3. OA-Informationsbrief, S.32

Ob das Engelwerk selbst auf die Idee kam, in das Gewand eines alten Ordens zu schlüpfen, oder ob der Vorschlag von anderer Seite kam, ist umstritten, auf alle Fälle wurde die Chance ergriffen. Hansjörg Bitterlich soll 1986 auf Madeira erklärt haben: „Wir hätten die Neubelebung des Kreuzordens nie in Angriff genommen, wenn wir nicht von der Religiosenkongregation den ausdrücklichen Auftrag dazu erhalten hätten."[24] Man habe „von Rom aus zwei andere aussterbende Gemeinschaften vorgeschlagen", schließlich habe sich aber der Kreuzorden „als der günstigste erwiesen"[25]. Eine der anderen ins Auge gefaßten Gemeinschaften war jene der Regulierten Lateranensischen Chorherren, weiß der Zisterzienserpater und Dogmatiker Dr. Hermann Riedl zu berichten.

Der Engelwerk-Kritiker Johannes Rothkranz berichtet jedenfalls, sich an ein Gespräch im Februar 1986 in Augsburg erinnernd, daß dort davon die Rede war, „auf was für Um- und Schleichwegen der Kreuzorden wiederbelebt wurde, einzig und allein, weil das Engelwerk mit aller Gewalt eine kirchenrechtliche Legitimation für ‚seine' Priester anstrebte"[26]. Er sieht die Vorgänge bei der Ordensgründung so: „Rom hat die Vorschläge gemacht, als das Engelwerk sich über verschiedene Kanäle dringend um eine Ordensgründung bewarb. Warum die erst aussterbenden Gemeinschaften ‚nicht so günstig' waren, liegt auf der Hand. Deren noch vorhandene Mitglieder hätten sich aller Wahrscheinlichkeit nach gegen die abstruse Engelwerksspiritualität gewehrt und es hätte Ärger gegeben. Der Kreuzorden hingegen war restlos ausgestorben und stand nur noch auf dem Papier."[27]

Die Vorarbeit für den Orden hatte in Nachwuchssuche und Intensivierung der Beziehungen zu Rom bestanden. Im Herbst 1977 schrieb Walter Waitz: „Es war von Anfang an das Bestreben der Leitung des Werkes, sich sofort auch mit den obersten römischen Behörden und päpstlichen Kongregationen zu verständigen. Diese Verbindungen wurden seit dem Jahr 1971 intensiviert, zumal Theologen des Opus Angelorum an der päpstlichen St. Thomas-Universität in Rom sich auf die Priesterweihe vorbereiteten."[28]

Laut einer OA-Broschüre wurden 1971 endgültig die Weichen in Richtung Orden gestellt: „Von großer Bedeutung für den Orden war das Jahr 1971, als im Laufe von wenigen Monaten aus den verschiedensten Richtungen kommend zwölf junge Männer in St. Petersberg anfragten, ob sie dort eintreten und Ordenspriester werden könnten.

Man sagte ihnen: ‚Ihr könnt kommen, wenn ihr das Risiko des Anfangs auf euch nehmen wollt.' Die Burg war zur Hälfte wieder hergestellt. Und sie kamen:

[24] Rothkranz, Madeira, S. 98
[25] Ebendort
[26] Ebendort
[27] Ebendort
[28] Walter Waitz, Brief an Weihbischof Heinrich von Soden-Fraunhofen, 5.10.1977

drei junge Priester, ein Bäckergeselle und acht Abiturienten. Mit zwölf Männern hat der Orden vom Heiligen Kreuz am 24. Februar 1132 in Coimbra begonnen; mit einer Zwölfzahl begann der Herr wieder in St. Petersberg. Und sie halfen alle mit, die Ruine in eine klösterliche Brüderburg umzubauen. Es war kein leichtes Werk. Aber seit 1975 steht ein neues St. Petersberg über dem Inntal in Tirol voll jungen Lebens, das sich Gott geweiht hat."

Bekanntlich gab es schon damals die Praxis, die Kandidaten des OA mit Hilfe eines wohlgesonnenen südamerikanischen Bischofs auf dessen Diözese weihen zu lassen: „Die Ausbildung der Theologen (des OA) erfolgte im Auftrag und Einvernehmen des für die Neugeweihten ausschließlich zuständigen Ordinarius, nämlich Seiner Eminenz Kardinal Motta an der Universita Pontificia di St. Thomaso de'Aquino in Rom. Es darf damit doch wohl angenommen werden, daß sich sowohl der zuständige Ordinarius der Neupriester als auch der die heilige Weihe erteilende Bischof eingehend über das OA und die Kandidaten informiert haben. Und das ist denn auch geschehen. Der Herr Kardinal hat schon lange vor der erbetenen Inkardination die Zentrale des OA auf dem St. Petersberg in Tirol, als auch die leitenden Priester im OA durch seinen Generalvikar, Erzbischof Macedo, besuchen lassen und auch mit dem Bischof von Innsbruck Kontakt aufgenommen. Ebenso kennt der Bischof van Lierde, der die heiligen Weihen in der paulinischen Kapelle des Vatikans erteilte, seit geraumer Zeit das OA."[29]

In seinem Brief vom 27. April 1976 an Bischof Rusch verweist Georg Blaskó darauf, daß den OA-Leuten bereits am 12. April 1972 in der Diözese Innsbruck und am 15. April 1972 in der Erzdiözese Aparecida die Erlaubnis erteilt wur-

Noviziatsgruppe 1977 in Braga/Portugal

[29] Walter Waitz, Brief an Weihbischof Heinrich von Soden-Fraunhofen, 5.10.1977

de, „ein einheitliches, vom Kleid der Weltpriester unterschiedenes Kleid zu tragen".

Im Jahr 1975 beantragten dann die Bischöfe von Leiria und Braga in Portugal die Wiederbelebung der Regularkanoniker vom Heiligen Kreuz von Coimbra, und der Kern des Engelwerkes stand schon bereit. Die römische Religiosenkongregation machte keine Schwierigkeiten, und am 14. August 1977 eröffnete der mit der provisorischen Leitung des restaurierten Ordens beauftragte Abt Karl Egger aus dem Augustinerorden mit einer Ansprache im Heiligtum von Sameiro/Braga das Noviziat für die Kandidaten.

Schon bevor es zur denkwürdigen Restauration kam, war klar, daß dieser Orden total vom Engelwerk dominiert sein würde, wie schon ein Zitat aus „Christ to the World" besagt: „Der Orden der Brüder vom Heiligen Kreuz wurde schon innerhalb des Werkes der heiligen Engel für Priester und Brüder mit Ordensgelübden und Habit gegründet. Es ist ein Anbetungs- und Sühneorden, der sich zugleich der weltweiten Missionsarbeit widmet."[30] Der dem OA gewidmete Artikel in „Christ to the World", der offiziösen Zeitschrift der Kongregation für die Glaubensverbreitung, hat übrigens dermaßen den Charakter einer Selbstdarstellung, daß man wohl nicht fehlgeht, wenn man den Verfasser unter den führenden OA-Mitgliedern vermutet.

Seitens des Engelwerkes, das den Weg zur Ordensrestauration im 3. OA-Informationsbrief kurz skizziert[31], wird dem Zitat hinzugefügt, mit diesem Orden - der Brüder vom Heiligen Kreuz - sei „eine Gemeinschaft im OA gemeint, die die Restauration des Ordens der Regularkanoniker vom Heiligen Kreuz vorbereitet" habe. Wie so oft in der Geschichte des Engelwerkes lief auch hier, obwohl dieser Orden von Mitteleuropäern getragen wurde und wird, die Entwicklung über Südamerika: „Diese Gemeinschaft wurde als Sodalitium in der Erzdiözese Curitiba/Brasilien am 12. April 1974 kanonisch errichtet."

„Aufgrund des schönen Wachstums und der guten Früchte dieses Sodalitiums" sei dann seitens der Kongregation für Ordensleute und Säkularinstitute in Rom - kurz Religiosenkongregation - der Hinweis auf die mögliche Restaurierung erfolgt, betont das Engelwerk. Wahrscheinlicher ist aber, daß die Initiative vom Engelwerk selbst ausging, das sich mit dem Rückhalt eines Ordens mehr Unabhängigkeit von den Ortsbischöfen versprechen konnte.

Der kommissarische Leiter des Ordens während des Noviziates 1977/78, Abt Karl Egger, erwähnt in einem Brief vom 11. Juni 1978, daß es „in der Gemeinschaft von Santa Cruz, Braga, gewisse Spannungen gegeben" habe, meint aber, solche seien in einem Noviziat, zumal in einer Neugründung „nicht verwunderlich". Beachtenswert ist, was er in diesem Schreiben zur Verbindung mit dem Engelwerk meint:

„Sie sind vom Engelwerk und somit durch das diesem eigene Charisma, das

[30] 3. OA-Informationsbrief, S. 14
[31] 3. OA-Informationsbrief, S. 15

ich nicht näher zu umschreiben brauche, geprägt. Dieses ist etwas Neues, wovon kostbare Impulse ausgehen. Es bedarf allerdings noch einer tieferen Verankerung in der Kirche. In Bezug auf die Charismen oder Gnadengaben sagt das II. Vatikanische Konzil: ‚Das Urteil über ihre Echtheit und ihren geordneten Gebrauch steht bei jenen, die in der Kirche die Leitung haben' (‚Lumen Gentium', 12). Wie ich schon in meiner Ansprache anläßlich des Noviziatsbeginns andeutete, können das Kanonikale und die Animation durch das Opus Angelorum unter der Leitung der zuständigen Ordensobern harmonisch verbunden werden. Den werkeigenen Versprechen und Weihen ist somit im Bereich des Ordens der nötige Raum gegeben.

Ich muß aber unmißverständlich betonen, daß es für Sie nur eine Leitung und eine Obrigkeit gibt, nämlich die des Ordens (und natürlich die dieser überstellten hohen, hierarchischen Obern). Befehle, Anordnungen und Weisungen, die Sie betreffen, sowohl im inneren oder ‚unsichtbaren', wie im äußeren oder ‚sichtbaren' Bereich, sind ausschließlich Sache der Ordensobern, also der Obern der Congregatio Sanctae Crucis (von den Beichtvätern, die doch nie gegen die rechtmäßige Autorität Weisungen geben können, wird hier bewußt abgesehen). Dies ist auch die eindeutige Stellungnahme der Heiligen Kongregation für Orden und Säkularinstitute."

Die Religiosenkongregation hat jedenfalls „in der Anlage an das Dekret der Restauration Prot.n. C. 197-1/76 vom 29. Mai 1979 bestätigt, daß es ihr bekannt ist, daß die Förderer der Restauration dem OA angehören"[32]. Im Dekret „Perantiquus Ordo" vom 29. Mai 1979 werden auch die Namen der ersten Mitglieder des wiederbelebten Ordens genannt: „...DD. Georgium Blasko, Michaelem Prader, Joannem Marcum Bonvin, Carolum Theodorum Coester, Haraldum Eder, Edgardum Frank, Arvedum Hummer, Wolfgangum Knupfer; pp. Hermannum Precht CSSR, Josephum Feiter SMM, Franciscum Färber OSB, Rupertum Precht CSSR, Hubertum van Dijk".[33]

Nicht erwähnt ist in dieser Liste der führenden Engelwerk-Männer noch Hansjörg Bitterlich. Es mag sein, daß Bischof Rusch ihn nicht in den Orden eintreten ließ, bevor nicht die Pfarre Galtür nachbesetzt war. Ab 1. Juli 1979 amtierte dann das OA-Mitglied Alois (oder Louis) Attems, zugleich mit Bitterlich 1952 zum Priester geweiht, als Pfarrprovisor in Galtür. OA-intern wurde den Novizen gesagt, Bitterlich habe privat bei Kardinal Augustin Mayer die ewigen Gelübde abgelegt.

Im 3. OA-Informationsbrief geht es auch um die Klärung der Beziehung zwischen dem OA und dem restaurierten Orden[34]. Dazu stellte die Kongregation in einem Schreiben vom 22. Juni 1978 fest: „Es obliegt mir nun, diesbezüglich daraufhinzuweisen, daß Beziehungen zwischen den beiden autono-

[32] 3. OA-Informationsbrief, S. 32
[33] Wortlaut im 3. OA-Informationsbrief, S. 34f.
[34] 3.OA-Informationsbrief, S. 32f.

men Gemeinschaften ausschließlich auf spiritueller Grundlage denkbar und zulässig sind, insofern auch die Mitglieder der neubelebten Kongregation im Rahmen der frei übernommenen augustinischen Spiritualität der Regularkanoniker die besondere Verehrung der Engel zu pflegen und zu fördern beabsichtigen, die sie aus der Spiritualität des Opus Angelorum mitbrachten. Interferenzen auf rechtlich-disziplinärer Ebene zwischen beiden Gemeinschaften hingegen sind auszuschließen und müssen unterbleiben. Dies ist die Folgerung aus der vollen Autonomie, die beiden Gemeinschaften zukommt."

Das Engelwerk interpretiert dieses Schreiben so, „daß Gemeinsamkeiten personeller und spiritueller Art wie auch die Zusammenarbeiten bei den Gemeinschaften zulässig und von der Heiligen Kongregation bejaht sind, daß jedoch rechtlich-disziplinäre Interferenzen zu unterlassen sind". Und im OA ist man sich aufgrund dieses Schreibens auch im klaren darüber, „daß die Restauration des Ordens der Regularkanoniker vom Heiligen Kreuz keine Gutheißung des Opus Angelorum bedeutet und daß deshalb alle gegenwärtigen und zukünftigen Mitglieder des Ordens der Regularkanoniker vom Heiligen Kreuz sich im Bezug auf die in den Schriften des OA enthaltenen Privatoffenbarungen sich dem Urteil der Heiligen Kirche zu unterwerfen haben".

Ein von Kardinal Augustin Mayer unterzeichnetes Zusatzblatt vom 29. Mai 1979 an Erzbischof Eurico Dias Nogueira von Braga wird vom OA im 3. Informationsbrief nur in lateinischer Sprache angeführt. Gerade dieser Text regelt aber das Verhältnis von OA und Orden sehr klar und lautet ins Deutsche übersetzt:

1 - Alle gegenwärtigen und künftigen Sodalen des restaurierten Ordens der Regularkanoniker vom Heiligen Kreuz sollen genau wissen, daß die Zustimmung des Heiligen Stuhls schon für die Inangriffnahme der Restauration unter der ausdrücklichen Bedingung gegeben wurde, daß sie das Leben und die Spiritualität dieses Ordens zu ihrem eigenen machen und pflegen; diese Bedingung wird auch in Zukunft zur Gänze in Kraft bleiben (vgl. den Brief an den Ordinarius von Leiria vom 8. Juli 1977). Gleichwohl steht dem nicht entgegen, daß sie dieser Spiritualität auch eine besondere Verehrung der heiligen Engel gemäß der bewährten Tradition der Kirche hinzufügen.

2 - Durch die Zustimmung zur endgültigen Restauration des Ordens der Regularkanoniker vom Heiligen Kreuz - siehe das Dekret vom 29. Mai dieses Jahres - wurde von derselben Heiligen Kongregation in keiner Weise, auch nicht indirekt, der als ‚Engelwerk' bezeichneten frommen Vereinigung eine Approbation oder Empfehlung erteilt.

3 - Desgleichen müssen alle gegenwärtigen und künftigen Sodalen des restaurierten Ordens dazu bereit sein, sich vollständig dem Urteil der Kirche zu unterwerfen, falls etwas über die Privatoffenbarungen und die in den Schriften der genannten frommen Vereinigung dargelegte Lehre entschieden wird. Diese Privatoffenbarungen dürfen keineswegs als Fundament des religiösen Lebens der Sodalen des restaurierten Ordens der Regularkanoniker vom Heiligen Kreuz betrachtet werden.[35]

In der Praxis gilt eindeutig der bekannte Satz, daß alle Neger Menschen, aber nicht alle Menschen Neger sind: Alle Regularkanoniker vom Heiligen Kreuz gehören dem Engelwerk an, aber selbstverständlich sind nicht alle Mitglieder des Engelwerkes im Orden, der eben die Elite des OA darstellt, wie auch Hansjörg Bitterlich zugab, als er auf Madeira aus der Schule plauderte: „Gott will, daß viele den Geist des Engelwerkes erfahren. Daneben gibt es natürlich einen Kern, eine Elitebewegung des Werkes, wie es in etwa auch der Orden ist."[36]

Darin liegt aber ein bedeutendes Problem, das Johannes Rothkranz so formuliert: „Falls der Orden vom Hl. Kreuz seinen Angehörigen den Glauben an die Privatoffenbarungen des Engelwerkes in irgendeiner Form zur Pflicht macht, verstößt er damit gegen den katholischen Glauben. In diesem Fall darf kein gläubiger Katholik in diesen Orden eintreten."[37]

In den noch nicht von Rom genehmigten Konstitutionen des Ordens finden sich tatsächlich Hinweise, daß die nur auf den umstrittenen Privatoffenbarungen fußende Praxis der Engelweihen zum Ordensleben gehört: „So weihen sich die Brüder den heiligen Engeln, ihren Mitknechten und Mitkämpfern, um das Zusammenleben und Zusammenwirken zu vertiefen."[38] Oder: „Die Willenszucht ist eine hervorragende Tugend des Bruders vom Kreuz. Sie muß mit der Hilfe der heiligen Engel erarbeitet werden."[39] Ein weiteres Beispiel: „Durch die Weihe an die heiligen Engel stehen auch sie in Beziehung zur Gemeinschaft der Brüder."[40]

Fazit nach Rothkranz: „Der Orden vom Heiligen Kreuz ist nur dann eine legitime katholische Ordensgemeinschaft, wenn er keine Privatoffenbarungen zur Grundlage auch nur eines Teiles seiner offiziellen Spiritualität macht. Das heißt umgekehrt: Der Orden muß ebenso wie alle anderen Orden jene Kandidaten aufnehmen, die die Berufung zur legitimen Spiritualität dieses Ordens und alle anderen üblichen Erfordernisse mitbringen, unabhängig davon, ob diese Kandidaten an die Privatoffenbarungen des Engelwerkes glauben und sich dafür einsetzen wollen oder nicht. Eine Bejahung der Privatoffenbarungen des Engelwerkes darf von keinem Kandidaten gefordert werden."[41]

Der niederländische Theologe Johannes van der Ploeg hält fest: „Die Spiri-

[35] Zitiert nach Johannes Rothkranz, Kritische Anmerkungen, S. 12f., lateinisch im 3. OA-Informationsbrief, S. 36

[36] Johannes Rothkranz, Madeira, S. 100

[37] Johannes Rothkranz, Theologische Anmerkungen zu Lehren und Praktiken des Opus Sanctorum Angelorum, Manuskript, Filsen/Rhein, Juli 1986, S. 33

[38] Konstitutionen, Nr. 35,4

[39] Konstitutionen, Nr. 39

[40] Konstitutionen, Nr. 46,1

[41] Rothkranz, Anmerkungen, S. 34

tualität des Ordens ist die des Engelwerkes, und dieses hat sogar einen großen Teil seines Besitzes dem Kreuzorden übertragen (nach Mitteilung von Dr. G. Blaskó, dem führenden Priester des Engelwerkes)."[42]

Werden OA-Mitgliedern in Aussendungen die Referenten von Einkehrtagen oder Exerzitien angekündigt, so steht bisweilen nur dabei „aus dem Orden des Werkes", als ob sich eben das Werk seinen eigenen Orden halte.

Daß Engelwerk und Kreuzorden schon mehr als ein Nahverhältnis verbindet, steht außer Zweifel: „Wer die Dokumente von Opus Angelorum und Kreuzorden studiert, wird leicht feststellen, daß beide miteinander identisch sind. Dieselben Personen besetzen in beiden Organisationen die Schlüsselpositionen; dieselben Häuser werden von Mitgliedern des Opus Angelorum und des Kreuzordens bewohnt, auf den allgemein gehaltenen Werbematerialien über die Verehrung der Engel werden für etwaige Spenden Bankkonten für beide Organisationen auf ein und demselben Prospekt angegeben."[43]

Die Priester des Ordens bevorzugen die Anrede „Bruder". So ist ein kurzer „Bericht über den Stand des Ordens der Regularkanoniker vom Heiligen Kreuz" vom 13. November 1980 von „Bruder Herm. Precht" unterzeichnet. Er lautet:

Vor dem 29. Mai 1979, dem Tag der endgültigen Unterzeichnung des Wiedererrichtungsdekretes des Ordens, wurden kanonisch errichtet die Niederlassung in Braga-Sameiro am 21. Juli 1977, die Niederlassung in Aparecida-Belém am 16. Februar 1979, das Generalat in Rom am 23. März 1979.

Seit dem 29. Mai 1979 wurden kanonisch errichtet das Kloster St. Petersberg am 30. November 1979, die Niederlassung Madeira am 7. Dezember 1979, das Kloster Schondorf am 21. März 1980.

Die staatliche Anerkennung als Körperschaft des öffentlichen Rechts besitzen das Generalat in Rom, das Kloster St. Petersberg in Tirol, die Niederlassungen in Braga und Madeira. In Brasilien ist für den staatlichen Bereich unsere Gemeinschaft von Aparecida-Belém als weltlicher „Verein der Brüder von Belém" rechtsfähig, in Deutschland die Priestergemeinschaft Maria Vesperbild e.V. und das Sanitaswerk e.V.

Rechtsquellen kirchlichen Rechtes sind die Augustinerregel, die Windesheimer Konstitutionen und das ordenseigene Consuetudinarium.

In wirtschaftlicher Hinsicht besitzt der Orden als Eigentum: das Generalatshaus Via Nomentana 910 in Rom, das Haus Via 1 Maggio 5 in Tor Lupara, das Kloster St. Petersberg bei Silz in Tirol, zwei Grundstücke bei Braga/Portugal, ein Grundstück auf Madeira.

Die Einkünfte des Ordens werden fast ausschließlich aus Subventionen des

[42] Johannes P.M. van der Ploeg O.P., Eine alte jüdische Sekte und ihr christliches Echo, Una-Voce-Korrespondenz, Mai/Juni 1988, S. 159

[43] Elvira von Treeck, Unbetitelter Text, Manuskript, Bonn (1987), S. 2

Werkes der heiligen Engel bestritten, ausgenommen die bescheidenen, beginnenden Einnahmen aus der eigenen Landwirtschaft.

Personalstand: Feierliche Professen 15, zeitliche Professen 18, Novizen 8, Postulanten 27.

Der restaurierte Orden nahm eine rasante Entwicklung: Standen zu Beginn der achtziger Jahre noch sechs Häuser mit - einschließlich Novizen - 35 Ordensmitgliedern, davon 25 Priesterprofessen, zu Buch[44] so waren es fünf Jahre später bereits elf Häuser, einschließlich Novizen 134 Mitglieder und davon 47 Priesterprofessen[45]. Am Ende der achtziger Jahre besaßen die „Canonici Regolari della Santa Croce" nach wie vor elf Niederlassungen mit 150 Ordensangehörigen, davon 56 Priesterprofessen[46]. Im deutschen Sprachraum verfügte der Orden 1986 über zwei Klöster: das Kloster St. Petersberg bei Silz in Tirol und das Kloster St. Matthias in Schondorf am Ammersee.

Die Verflechtung von Werk und Orden geht unter anderem deutlich daraus hervor, daß St. Petersberg laut 3. OA-Informationsbrief auch die Adresse der Missionsprokura der Priestergemeinschaft vom Heiligen Kreuz ist. Auch die Rundbriefe tragen den Absender „Die Priestergemeinschaften im Werk der heiligen Engel - Dr. Georg Blaskó, St. Petersberg, A-6424 Silz".

Gewechselt hat in den achtziger Jahren die Adresse der Ordenszentrale in Rom - von der Via Nomentana 910 zur Via Casale Vecchio di Aguzzano 85 (mit Zugang von der Via Cartesio). Und dem delegierten Generalsuperior João Pereira Venâncio, Bischof aus Leiria, ist - während Pater Wolfgang Knupfer Generalprokurator blieb - zunächst der Holländer Hubert van Dijk, später der Schweizer Jean Marc Bonvin als Generalabt gefolgt. Das Generalkapitel des Ordens wird intern „großer Brüderrat" genannt.

Kritiker des Engelwerkes sagen, die Restauration des Ordens sei fraglich gewesen, bis Bischof Venâncio telegraphisch in Rom bat, in den Kreuzorden eintreten zu dürfen. Wie das geschah, hat das Engelwerk in einer Broschüre so dagestellt: „Es war am Gründonnerstag 1979 nach der Abendmahlsfeier in St. Peter, als beim Heiligen Vater, Papst Johannes Paul II., das Ansuchen des schwerkranken Bischofs Johannes eintraf: ‚Vor meinem Heimgang zu Gott bitte ich, die heiligen Gelübde im Orden vom Heiligen Kreuz ablegen zu dürfen.' Noch in der Nacht zum Karfreitag übermittelte der Heilige Vater durch seinen Generalvikar die erbetene Erlaubnis mit seinen Segensgrüßen. In der Todesstunde des Herrn legte Bischof Johannes die feierlichen Kreuzordensgelübde ab, und der Auferstandene schenkte ihm darauf die Gesundheit wieder. Zwei Jahre später wurde Seine Exzellenz, Bischof Dom João Pereira Venâncio, vom Heiligen Vater zum Generaloberen des Ordens vom Heiligen Kreuz ernannt. Er war allen Priestern und Brüdern des Ordens ein großes

[44] Annuario Pontificio, Rom 1981, S. 1207
[45] Annuario Pontificio, Rom 1986, S. 1259
[46] Annuario Pontificio, Rom 1989, S. 1303

leuchtendes Vorbild. Am Herz-Jesu-Freitag, den 2. August 1985, in den frühen Morgenstunden hat Gott der Herr ihn heimgerufen. Es war das Fest ,Maria von den heiligen Engeln'."

Man kann die Sache natürlich auch anders betrachten: Der erst wenige Monate im Amt befindliche Papst wurde während seines gedrängten Programms am Gründonnerstagabend, zu einem Zeitpunkt, als kaum Rückfrage bei einer vatikanischen Behörde möglich war, offenbar mit Hilfe seines dem OA nahestehenden Generalvikars, Bischof Petrus Canisius van Lierde, dazu gedrängt, einem Schwerkranken den letzten Wunsch zu erfüllen. Die Erfüllung des Wunsches bedeutete gleichsam eine Anerkennung des noch gar nicht wiedererrichteten Ordens und beeinflußte höchstwahrscheinlich die wenige Wochen später, am 29. Mai 1979, veröffentlichte Entscheidung der Religiosenkongregation.

Der Orden kann auf eine stattliche Anzahl von Priesterweihen jährlich verweisen, auch der Papst persönlich hat zumindest am 12. Juni 1983 (in einer OA-Broschüre im Bild zu sehen) neben anderen Kandidaten auch solche des Kreuzordens zu Priestern geweiht.

In seinem Bericht über die Kreuzorden-Informationswochen auf Madeira 1986 hat der Jungtheologe Johannes Rothkranz unter Berufung auf ein Gespräch mit dem damaligen Donaten des Kreuzordens Reinhard Knittel eine sehr kritische Darstellung der Verhältnisse im Orden gegeben. Vor allem werden dort Widersprüche zwischen den Lebensgewohnheiten einzelner Ordensmitglieder mit der in den Konstitutionen anbefohlenen Einfachheit und Sparsamkeit erwähnt. Um die Leute bei der Stange zu halten - in Rom seien viele wieder ausgetreten -, schicke der Orden die Novizen jetzt vorwiegend an die streng auf Engelwerk getrimmte Hochschule von Anapolis in Brasilien.

Am 8. September 1982 erteilte die von Kardinal Augustin Mayer geleitete Kongregation für die Ordensleute und Säkularinstitute in einem Brief an P. Hansjörg Bitterlich die Genehmigung, die „vom Kapitel vorgelegten und bereits genehmigten Konstitutionen ,ad experimentum' und immer unter Wahrung der Vorschriften des gegenwärtig geltenden Rechtes benützen zu dürfen...bis zur Bestätigung der neuen Fassung der Konstitutionen."[47] Die Bestätigung der Konstitutionen steht freilich bis heute aus. Diese haben auch mit der alten Regel von Coimbra nicht mehr viel zu tun:

„Die Statuten der 1979 rekonstituierten ,Ordo Canonicorum Regularium Sanctae Crucis' weisen mit der ursprünglichen Regel und Konstitution absolut keine Gemeinsamkeit mehr auf. Nebenbei bemerkt: Der Generalabt dieses Chorherrenordens vom Heiligen Kreuz behauptet zwar, daß mit den Statuten seines Ordens alles bestens in Ordnung sei, jedoch haben die jetzigen Statuten bisher keine kirchliche Anerkennung gefunden. Ein römischer Prälat, der im Juli 1986 in Godesberg weilte und sich durch seine hohe Tätigkeit bei der Re-

[47] Religiosenkongregation, Brief an Hansjörg Bitterlich, 8.9.1982

ligiosenkongregation bestens auskennt, sieht auch für die Zukunft keine Möglichkeit der Approbation, da die eingereichten Dokumente viel zu umfangreich und inhaltlich unausgewogen seien. Auch das momentan bereits praktizierte Donatenstatut...entbehre nach Meinung dieses Prälaten jeder kirchenrechtlichen Grundlage. Es sei irreführende Täuschung, derzeit jemanden auf diesen Donatenstand verpflichten zu wollen."[48]

1986 erklärte der leitende OA-Priester Georg Blaskó: „...der Donate ist Mitglied des Ordens vom Heiligen Kreuz und kann deshalb nicht zugleich auch einem anderen Orden angehören oder in einer Diözese inkardiniert sein."[49] Es gab freilich Fälle (zum Beispiel die Vorarlberger Reinhard Knittel und Norbert Tscholl), in denen junge Männer zu Priestern der dem Engelwerk nahestehenden brasilianischen Diözese Anapolis geweiht und zugleich Donaten des Kreuzordens wurden.

Ein auffallender Punkt in den vorläufigen Konstitutionen, der der These vom Opus Angelorum als Geheimbund Nahrung gibt, ist im ersten Buch, „Die Sendung des Kreuzordens in der heiligen Kirche", Abschnitt A , „Das Wesen des Ordens", der Punkt 12, „Der Alter Angelus":

12,1 Der Alter Angelus ist jener Bruder, der ausgesandt wird, um wie ein Engel in Verborgenheit und Verkanntheit zu dienen, vgl. Mt.4,11; Heb. 1,14, und so besondere Aufgaben der Seelenrettung auszuführen. Er wirkt unbekannt und unerkannt in der Welt.

12,2 Im Sinne des can. 665,1 regelt der höhere Obere die zeitlich begrenzte Abwesenheit vom Ordenshaus.

12,3 Der Alter Angelus bleibt auch in seiner besonderen Sendung Ordensmann und muß sich stets bewußt sein, daß er in einer heiligen Ordnung steht. Er führt seinen Auftrag nach den Bestimmungen des Direktoriums aus.

12,4 Dem Alter Angelus können nicht nur verborgene Aufgaben nach außen, sondern auch solche eines verborgenen Weges nach innen anvertraut werden.

Das Engelwerk ist zweifellos imstande, diesen Punkt auch harmlos zu interpretieren, man kann aber auch ohne weiteres daraus herauslesen, daß es „Geheimagenten" des Kreuzordens gibt, die „verborgene Aufgaben" wahrnehmen, ohne daß ihre Zugehörigkeit zum Kreuzorden bekannt ist. In „Verborgenheit und Verkanntheit" wirken sie „unbekannt und unerkannt in der Welt". Dieser Punkt macht das Mißtrauen gegenüber Leuten, die trotz reger Kontakte mit Engelwerk und Kreuzorden, unter Umständen sogar als Donaten, eine Mitgliedschaft dort bestreiten, verständlich. Könnte nicht der eine oder andere „Alter Angelus" darunter sein? Und heißt es nicht, daß Gabriele Bitterlich eine „U-Boot-Taktik" empfohlen und Lügen als Mittel zum Zweck nicht verurteilt hat?

[48] Elvira von Treeck, S. 1

[49] Georg Blaskó, Richtigstellung zu drei Schriftsätzen, C, S 3, 170

Das Mißtrauen wird jedenfalls nicht geringer, wenn man im Statut für die Donaten (X,10,6) liest: „Der Dienst als Alter Angelus wird mit jedem Donaten einzeln besprochen und vereinbart."

D) Schwestern, Helfer(innen) und Sanitaswerk

Das Sanitas-Werk e. V. ist ein selbständiger autonomer Verein des deutschen weltlichen Rechtes. Auf Bitten der Leitung des OA war dieser Verein bereit, im Rahmen der eigenen Statuten dem OA behilflich zu sein.

ANTWORT DES OA BEI DER VISITATION DURCH DIE DIÖZESE AUGSBURG 1988 [50]

Die Kongregation der Schwestern vom Heiligen Kreuz soll den weiblichen Zweig des Ordens der Regularkanoniker vom Heiligen Kreuz bilden, steckt aber seit Jahren in einem Provisorium. Als Sodalitium wurde diese Kongregation am 20. April 1973 in der Erzdiözese Aparecida/Brasilien errichtet. Die Konstitutionen dieser Gemeinschaft liegen der Heiligen Kongregation für Ordensleute und Säkularinstitute zur Überprüfung und Gutheißung vor.[51]

Mit dem gleichen Datum, 20. April 1973, hat Kardinal Motta, Erzbischof von Aparecida, auch die Gemeinschaft der Werkhelferinnen im Opus Angelorum errichtet. Diese Gemeinschaft nimmt sich auch der „Aktion brüderlicher Hilfe" an, mit der das Engelwerk zur Heranbildung von Laienaposteln in der Seelsorge und Missionsarbeit beitragen will.[52] In dieser sind Menschen beiderlei Geschlechts, unverheiratet und zwischen 20 und 50 Jahren alt, tätig.

Wohl auf diese Aktivitäten ist folgende Passage in einem OA-Werbetext (undatiert, aber vermutlich aus 1987) gemünzt:

„Die Priester werden in ihrer apostolischen Tätigkeit unterstützt von den Schwestern und Missionshelferinnen; ihre anstrengende Arbeit im Weinberg des Herrn wird insbesonders mitgetragen von der Anbetung der Brüder und Schwestern in den Klöstern und so vielen verborgenen Opferseelen in der Heimat.

Die Lehr- und Ausbildungszeit dauert ein bis drei Jahre und kann entsprechend verlängert werden.

Die Missions-Helferinnen legen von Jahr zu Jahr vor Gott ein Versprechen zur Gemeinschaft ab. Sie gehen in der Kleidung, die für das betreffende Land am sinnvollsten ist.

Wer nach einigen Jahren in der Missionshilfe der Heimat oder der Ferne

[50] 4. OA-Informationsbrief, Entwürfe, S. 16
[51] 3. OA-Informationsbrief, S. 15
[52] 3. OA-Informationsbrief, S. 14f.

seine Lebensberufung gefunden hat, kann für immer sich Gott und der Gemeinschaft verpflichten.

Es sind auch Missionshelfer im Kommen."

Ein zum OA gehöriger Verein mit der Bezeichnung „Soziales Helferwerk" mit Sitz in Bregenz, Im Dorf 15, ist übrigens Mehrheitseigentümer der Liegenschaft Kaiser-Franz-Joseph-Straße 5 in Innsbruck, wo seinerzeit die Familie Bitterlich wohnte und jetzt das COA-Sekretariat für Österreich und die Bibliothek des Engelwerkes untergebracht sind.

Die erste Schwesterngemeinschaft im Opus Angelorum hat sich 1966 in Scheffau, einem Ort im der Erzdiözese Salzburg zugehörigen Teil Tirols, niedergelassen. Die Erzdiözese Salzburg hat diese Gemeinschaft am 26. Juni 1967 anerkannt. Laut Schematismus der Erzdiözese Salzburg vom Jahre 1985 wird die Niederlassung „Haus der Anbetung" von Schwester Gabriele Nagiller als Oberin geleitet, ferner werden fünf Schwestern namentlich genannt. Hausgeistlicher ist der Zisterzienser P. Theobald Stibitz, der auch häufig bei OA-Exerzitien aufscheint. Als Generalleiterin dieser „Schwesternschaft vom Heiligen Kreuz im Werk der heiligen Engel" wird Schwester Manuela Winkelmann mit Sitz auf dem St. Petersberg bei Silz angeführt. Das Kloster der Regularkanoniker vom Heiligen Kreuz auf dem St. Petersberg erhielt auch aufgrund eines Schenkungsvertrages mit 28. November 1984 das Eigentumsrecht für das Grundstück Blaiken 50, die Adresse dieser Niederlassung.

Am 22. August 1967 nahmen die zum Engelwerk zählenden Schwestern von der Auferstehung des Herrn in Gundelfingen im Erzbistum Freiburg im Breisgau ihre Tätigkeit auf. Schwestern von Heiligen Kreuz gibt es heute in aller Welt. Zu erfahren ist über sie wenig, sogar, wenn sie die Gemeinschaft verlassen haben. Die Journalistin Margit Pieber konnte eine interviewen:

„Ich habe Angst zu reden", beginnt Maria da Cunha (Name geändert), die im März 1989 vom Orden von Heiligen Kreuz in Anapolis dispensiert wurde, das Gespräch. „Ich weiß nicht, was denen alles einfallen kann." Ihr Werdegang als Ordensschwester scheiterte an ihrer Lust zum Leben. „Sie dulden nicht, daß man krank wird", sagt die 25jährige, die noch immer in psychiatrischer Behandlung ist.

Unter der Obhut der Österreicherin Waltraud Langer sind die 23 jungen Frauen aus der Bundesrepublik Deutschland, aus Österreich, der Schweiz, aus Potugal, Holland, Mexiko, Indien und Brasilien auf einem etwa 80 Hektar großen Gelände etwas außerhalb von Anapolis mit 65 Ordensbrüdern isoliert von der Außenwelt. In absolutem Gehorsam und in Gefügsamkeit werden die jungen Leute unter strengsten Regeln in minutiös eingeteilte Tagesabläufe gepreßt ...

Maria, die ausgebildete Krankenschwester ist, kam als 18jährige zum Kreuzorden. Als Novizin verbrachte sie ihr erstes Jahr im Kloster „Aparecida do Norte"/ São Paulo, der einzigen Dependance von Anapolis in Brasilien, ehemals gegründet von bayerischen Ordensleuten. Danach wurde sie zwei Jahre

Gelübdefeier in Rom im Mai 1979, der dunkelhäutige Bischof (links dahinter mit Brille P. Georg Blaskó) hat für das OA keine Bedeutung

nach Fatima/Portugal geschickt. Die letzten Jahre der achtjährigen Ausbildung verbrachte sie in Anapolis. Die Lebensaufgabe der Schwestern ist innerhalb der Klostermauern definiert. „Wir haben den Priestern zu dienen."[53]

In der Erzdiözese München-Freising, wo das Engelwerk bekanntlich offiziell nie Fuß fassen konnte, haben die Brüder Hermann und Rupert Precht, ursprünglich Angehörige des Redemptoristenordens, ab den späten sechziger Jahren unter dem Namen „Sanitaswerk e.V." von ihrem Heimathof auf dem Winterberg bei Aschau am Inn aus im Sinn des Opus Angelorum gewirkt. Die dortigen Aktivitäten waren auch Anlaß für den heute entschiedensten Engelwerk-Gegner, Weihbischof Heinrich Graf von Soden-Fraunhofen, am 2. Dezember 1976 den Winterberg zu besuchen und von da an das OA schärfstens unter die Lupe zu nehmen.

Die Verbindung von Engelwerk, Kreuzorden und Sanitaswerk wird übrigens keineswegs bestritten, heißt es doch im schon zitierten Schreiben von P. Hermann Precht aus 1980 über die Situation des Kreuzordens: „In Brasilien ist für den staatlichen Bereich unsere Gemeinschaft von Aparecida-Belém als weltlicher ‚Verein der Brüder von Belém' rechtsfähig, in Deutschland die Priestergemeinschaft Maria Vesperbild e.V. und das Sanitaswerk e.V."

Auskünfte des Engelwerkes anläßlich der Visitation des OA durch die Diözese Augsburg im Jahr 1988 bezüglich Sanitaswerk lauteten: „Das Sanitas-Werk e.V. ist ein selbständiger autonomer Verein des deutschen weltlichen Rechtes. Auf Bitten der Leitung des OA war dieser Verein bereit, im Rahmen der eigenen Statuten dem OA behilflich zu sein...Das Finanzamt Mühldorf hat das Sanitas-Werk als gemeinnützige Körperschaft am 3. Juli 1979 eingetragen...Das Sanitas-Werk e.V. stellte gütigerweise einige Arbeitskräfte für die Erledigung der Aufgabe der Priestergemeinschaft zeitweise zur Verfügung.

[53] Margit Pieber, Total weltfremd? Die Furche, 1. 2. 1990

Als Vergütung wurde ein Betrag in der Höhe der Kranken- und Angestelltenversicherung dem Sanitas-Werk gegeben."[54]

Wie andere OA-Niederlassungen verfügt das Winterberger Anwesen über einen Atombunker, und wie auf dem St. Petersberg ist der Zutritt verboten. Der Pfarrer von Aschau, P. Emil Fritz, bekundete im Fernsehen sein Mißfallen darüber, daß die dortige Kapelle nicht frei zugänglich ist: „Das dürfte nicht sein. Ich habe den Winterberger Herren auch gesagt vor der Weihe: Es ist damit durch den Bischof eine öffentliche Kapelle, es muß also öffentlich zugänglich sein."[55]

Laut einer COA-Broschüre von 1988 gibt es auch in Köln, in der Tempelstraße 39, eine zum Engelwerk zählende, vereinsrechtlich organisierte Gemeinschaft mit der Bezeichnung „Helferwerk im Kreuzorden e.V.".

Neuere Werbetexte des OA sollen vor allem Fatima und Medjugorje in den Vordergrund stellen. Es wäre zu prüfen, wie groß der OA-Einfluß in Gruppen ist, die diese Privatoffenbarungen besonders pflegen.

Der Precht-Hof in Winterberg, Sitz des Sanitas-Werkes

[54] 4. OA-Informationsbrief, Entwürfe, S. 16f.
[55] „Stationen", Bayerisches Fernsehen, 7.7.1988

V DIE „ADLER" UND IHRE JÜNGER

Das Engelwerk in aller Welt

A) Die führenden Persönlichkeiten

Sie würden staunen, wenn ich Ihnen sage, in welchen Bewegungen, und wie bis hinein in die höchsten Gremien das Engelwerk heute vertreten ist.

P. HANSJÖRG BITTERLICH [1]

Natürlich sind jene Personen, die das Engelwerk und den Kreuzorden als Leiter beziehungsweise Ordensobere nach außen vertreten, seit Jahren bestens bekannt. Frappierend ist nur die gleichlautende Antwort zweier ehemaliger Mitglieder auf die Frage nach den führenden Leuten im Werk. Beide meinten übereinstimmend, daß die wahren Drahtzieher des Werkes geheim im Hintergrund operierten und die der Öffentlichkeit bekannten Leute nur Mittelsmänner seien.

Dafür, daß es diese mysteriösen Chefs wirklich gibt, liegen allerdings kaum echte Hinweise vor. Woher sollten sie kommen - aus der Kirche, aus der Politik, aus der Wirtschaft? „Aus der Loge", mutmaßt ein Ex-Engelwerker, der sich auch erinnern kann, daß schon geheimnisvolle Unbekannte in Luxus-Limousinen bei OA-Niederlassungen aufgetaucht sind. Möglicherweise werden hier aber schwer- und daher auch einflußreiche Geldgeber aus der Wirt-

„Adler" bei Tisch (von links nach rechts): P. Hermann Precht, Hausvater P. Jansen, P. Bitterlich

[1] Johannes Rothkranz, Manipulationswochen auf Madeira, Manuskript, Filsen/Rh. 1986, S. 100

schaft - auf solche weist allerdings einiges hin - gleich als die geheimnisvollen Superbosse des Werkes angesehen.

Zunächst muß man sich also an die bekannten Leiter des Werkes, mögen sie nun nur Mittelsmänner (gewesen) sein oder nicht, halten, an jene Priester, die Gabriele Bitterlich „Adler" genannt hat, und deren Nachfolger und Jünger, soweit diese im Werk schon etwas zu sagen haben.

Zu jenen Geistlichen, die das Entstehen des Engelwerkes seit den späten vierziger Jahren maßgeblich förderten und prägten, zählten in erster Linie Dr. Walter Waitz, P. Ephräm Lampert, ab 1961 der erste Rektor der Schutzengelbruderschaft, und der 1918 in München geborene Religionsprofessor Dr. Josef Finauer. Was Lampert, Jahrgang 1902, betrifft, dürfte der in hohem Ansehen stehende, aus Göfis in Vorarlberg stammende Kapuziner keineswegs alle Interna gekannt und mehr als frommes Aushängeschild des Werkes gedient haben.

Sicher aber hat Waitz, geboren am 27. August 1902 in Hall in Tirol, ein Neffe des während des Zweiten Weltkrieges verstorbenen Salzburger Fürsterzbischofs Sigismund Waitz, entscheidend zur Ausbreitung des Werkes und wohl auch zur Niederschrift der Privatoffenbarungen von Gabriele Bitterlich beigetragen. Als Studienkollege des damaligen Innsbrucker Bischofs Paul Rusch und Vizeoffizial des Diözesangerichts verfügte er vermutlich über genügend Einfluß, um dem Werk etwaige Schwierigkeiten seitens des Ordinariates aus dem Weg zu räumen. Waitz zeichnete für den Großteil der frühen Publikationen verantwortlich.

Sein Leben endete am 29. August 1979 nach einem tragischen, dem Engelwerk peinlichen Skandal. Nicht nur, daß Waitz im hohen Alter die Witwe seines Bruders standesamtlich heiratete, er ließ sogar die Hochzeitskutsche durch das Zentrum von Innsbruck fahren, und bald darauf sah man ihn überdies einen Kinderwagen über den Domplatz schieben.

Heutiger „Chef" des Engelwerkes ist eindeutig der leitende Priester in Rom und Rektor der Innsbrucker Schutzengelbruderschaft DDr. Georg Blaskó. Blaskó wurde 1928 in Paris geboren, ist aber offenkundig ungarischer Abstammung, da er zunächst der Diözese Pécs (Fünfkirchen) inkardiniert war. Er studierte zwischen 1947 und 1953, davon mehrere Jahre gemeinsam mit Hansjörg Bitterlich, am Innsbrucker Canisianum. 1953 schloß er sein Studium mit der Priesterweihe und der Promotion zum Doktor der Theologie ab. Anschließend studierte er am Studio Rotale in Rom und wurde 1959 zum Doktor des kanonischen Rechtes promoviert. Bis 1970 wirkte er als Mitarbeiter und dann Promotor Justitiae in Freiburg im Breisgau. Er wurde der erste Rektor der im Februar1970 im Erzbistum Freiburg errichteten Priestergemeinschaft im Opus Angelorum und trat im August 1970 ganz in den Dienst des Engelwerkes, dessen Führung er dann von Waitz übernahm.

Blaskó scheint der Strahlenspezialist des Werkes zu sein. Es ist verbürgt, daß er Messen vor dem ausgesetzten Allerheiligsten gelesen und mit der Monstranz im Rücken vom Altar aus gepredigt hat, weil dadurch eine besondere Strahlung entstehen soll. In Holland hat er in den frühen siebziger Jahren als Gast der Baronin Wijnbergen den Hebräisch-Experten Professor Johannes van der Ploeg von der Universität Nijmegen herbeiholen lassen. Er wollte von ihm die genaue Aussprache bestimmter hebräischer Namen lernen, weil nur durch die exakte Aussprache der Namen die richtigen Schwingungen zum Anruf der Engel beziehungsweise zum Vertreiben böser Geister entstünden.

Van der Ploeg hat es verärgert abgelehnt, für Blaskó solche Namen auf Tonband zu sprechen. Er ist heute ein entschiedener Gegner des Opus Angelorum, wie auch sein aufsehenerregender Artikel von 1988 bewies.[2]

Der vor zwei Jahren abgelöste Generalabt des Kreuzordens, Hubert van Dijk, war übrigens früher Assistent von van der Ploeg. Er gilt als einer der besten Engelwerkpriester und soll für manche Auswüchse wenig übrig haben. Angeblich ist er nicht mehr zum Generalabt gewählt worden, weil sich die Vertreter der harten Linie durchgesetzt haben. Der jetzige Generalabt, Jean Marc Bonvin, ist der Sohn eines früheren Schweizer Bundesrates.

Eifrigster Verfechter der Privatoffenbarungen von Gabriele Bitterlich und Hüter der von ihr hinterlassenen Schriften ist naturgemäß ihr Sohn Hansjörg Bitterlich. Er wurde am 4. Mai 1923 in Schluckenau in Böhmen geboren, studierte fast gleichzeitig mit Blaskó in Innsbruck und wurde am 30. März 1952 zum Priester geweiht. Während er als Pfarrer in Galtür amtierte - ab 1. Februar 1961 - war dort auch ein Kartäuser namens P. Suso Maria Knupfer, Jahrgang 1907, aus Kluftern in Deutschland tätig, vermutlich ein Verwandter des heutigen Ökonomen des Kreuzordens, P. Wolfgang Knupfer.

Erst nach der Restauration des Ordens der Regularkanoniker vom Heiligen Kreuz trat Bitterlich dieser Gemeinschaft bei und wurde Superior maior des

(Von links nach rechts): P. Harald Eder, P. Wolfgang Knupfer, P. Carl Theodor Coester, P. Jean Marc Bonvin

[2] Johannes van der Ploeg, Eine jüdische Sekte und ihr christliches Echo, Una-Voce-Korrespondenz, Mai/Juni 1988

Ordens in Österreich und Hausoberer auf dem Petersberg. Er ist wie Blaskó ständig emsig für das Werk unterwegs und gilt als heimlicher Generalabt.

Bitterlich hat offenbar ein Faible für Geheimnisse und hat sich in Vorträgen und Schriften besonders mit den Themen Schweigen und Arkan-Disziplin befaßt. Schon als Kaplan in Imst soll er versucht haben, eine Ministrantengruppe für den Untergrund zu gründen, wußte ein geistlicher Mitbruder Weihbischof Soden zu berichten. Im Garten des elterlichen Hauses in Innsbruck - das später vom Engelwerk gekauft wurde - hat Bitterlich nach Aussage eines ehemaligen Engelwerk-Mitgliedes gegenüber Soden viel vergraben.

Jener Bischof in Rom, der seine schützende Hand ganz offen als Rektor der dortigen Priestergemeinschaft über das Werk der heiligen Engel hält, ist der aus der Slowakei stammende Titularbischof von Rusado, Paul Hnilica, Jahrgang 1921, theologischer Berater und Mitherausgeber der im deutschsprachigen Raum weit verbreiteten Zeitschrift „Neue Bildpost“.

Hnilica geriet übrigens auch im Zusammenhang mit den Vorgängen um die Vatikan-Bank IOR (die sogenannte Marcinkus-Affäre) in die Medien und ins Zwielicht: Es stellte sich heraus, daß er 1985 mit zwei ungedeckten Schecks versucht hatte, in den Besitz des Inhalts der Aktentasche des vermutlich ermordeten Bankiers Roberto Calvi zu kommen. Calvis Leiche war 1982 unter der Londoner Blackfriars-Brücke erhängt aufgefunden worden. Hnilica betonte gegenüber der Zeitschrift „Trenta Giorni“, er habe bei seinen Verhandlungen mit dem später inhaftierten sardischen Geschäftsmann Flavio Carboni auf eigene Faust und ohne Auftrag gehandelt:

„Der slowakische Bischof bestreitet jede Verwicklung des Vatikans in die ganze Angelegenheit. Er habe ‚aus Liebe zum Papst und zur Kirche‘ gehandelt. Wenn der Vatikan tatsächlich hinter der Sache gesteckt hätte, wären seine Schecks anstandslos von der Vatikanbank eingelöst worden, fügt er hinzu. - Als nach dem Zusammenbruch des ‚Banco Ambrosiano‘ die ‚entwürdigende Kampagne gegen den Hl. Stuhl und den Papst ausbrach‘, habe er sich entschlossen, ‚etwas zu tun‘, berichtet Hnilica. 1985 habe er sich auf Hinweis eines polnischen Priesters mit Carboni in Rom getroffen. ‚Er garantierte mir, die Briefe Calvis zu besitzen, die die Unschuld des Hl. Stuhls beweisen könnten.‘ Carboni habe ihm versprochen, fährt Hnilica in ‚Trenta Giorni‘ fort, einige Journalisten zu vatikan-freundlichen Artikeln über die leidige IOR-Angelegenheit zu bewegen und mit entsprechendem Material zu versorgen. ‚Aber für diese Sonderdienste müsse er den Journalisten ‚Trinkgelder‘ zahlen: eine halbe Million Lire, eine Million‘, habe Carboni ihm erklärt. Außerdem, so Hnilica laut ‚Trenta Giorni‘, hätte der Sarde von weiteren Dokumenten gesprochen, die im Besitz seiner Freunde seien und die nicht in die Hände der Justiz gelangen dürften - und die Geld kosteten...“[3]

Kein Wunder, daß nun auch schon Gerüchte aufgetaucht sind, daß Bezie-

[3] Kathpress-Info-Dienst, Nr. 043, Wien, 27.10.1989, S. 3f.

hungen zwischen dem Engelwerk und der ominösen italienischen Loge „P 2" bestehen könnten, obwohl es dafür keinerlei echte Indizien gibt.

Zu den eifrigsten Mitgliedern des Engelwerkes gehören die zwei ehemaligen Redemptoristen Hermann und Rupert Precht. Da das Engelwerk in der Erzdiözese München keine Zulassung erhielt, entfaltete es bekanntlich seine Aktivitäten unter der Bezeichnung „Sanitaswerk e.V." vom Heimathof der Brüder Precht auf dem Winterberg bei Aschau am Inn aus. Den Hof, offiziell ein Erholungsheim, führt der Schwager der beiden. Nach dynamisch-biologischer Methode wird Getreide- und Gemüsebau betrieben, wobei Kontakte zu einem dem Bruderschaftsrat angehörenden Münchener Heilpraktiker bestehen sollen.

Hermann Precht galt immer als ein charismatischer Jugendseelsorger. Er ließ sich 1965 von seinem Orden zum OA beurlauben, übte weiterhin großen Einfluß auf Jugendliche aus und wirkte bei Exerzitien und Einkehrtagen als erfolgreicher Werber für das Engelwerk. Er wurde schließlich im Mai 1979 in den Orden der Regularkanoniker vom Heiligen Kreuz aufgenommen, wo er die Leitung des Noviziates übernahm.

Ein „Aufsteiger" im Werk ist möglicherweise der ehemalige Benediktiner P. Franziskus Peter Färber, der im Jahr 1984 bei Professor Claus Schedl an der Universität Graz eine Dissertation „Wesen, Aufgabe und Hierarchie der Engel in den drei Henoch-Büchern" eingereicht hat, die einige Aufschlüsse über Engelvorstellungen im OA gibt.

Hansjörg Bitterlich hat auf Madeira auf mächtige Gönner des Werkes angespielt: „Es soll durchaus nicht jeder Mensch seinen Stand, seinen Beruf, seine Stellung verlassen. ... Die Wirksamkeit der Engel soll in alle Berufssparten hineingreifen, Wurzel fassen und erneuern helfen. ... Sicher wird einmal nötig sein, ... daß man daneben eine Organisation aufbauen muß, um die Betreuung machen zu können. Diese Organisation besteht aus Sekretariaten. ... Aus dieser lockeren Organisation ist das Eindringen auch in andere religiöse Gemeinschaften in der Kirche möglich ... Sie würden staunen, wenn ich Ihnen sage, in welchen Bewegungen, und wie bis hinein in die höchsten Gremien das Engelwerk heute vertreten ist."[4]

Georg Blaskó gab der römischen Glaubenskongregation am 4. April 1983 bezüglich der mit den Engelnamen vertrauten Personen (Mitglieder hat das OA zweifellos mehr) folgende Zahlen bekannt: „Die Zahl der Personen, die bereits die ‚Namen' der Engel kennen und diese privat gebrauchen, übersteigt zwanzigtausend. Dies sind im allgemeinen gute und eifrige Katholiken und einige hundert eifrige Priester. Es sind an die zwanzig Bischöfe und fünf Kardinäle, die die Namen der hl. Engel kennengelernt, verehrt und angerufen haben. Die Namen kannten die Päpste Pius XII. und Paul VI.; und nach unseren In-

[4] Rothkranz, Madeira, S. 100

formationen befand sich ein Buch mit den Engelnamen in der Privatbibliothek der genannten Päpste."[5]

Die Zahl der „hauptberuflichen" OA-Mitglieder dürfte noch unter 1000 liegen, in einer etwa drei Jahren alten Engelwerk-Aussendung heißt es immerhin schon: „Sie ahnen, was es bedeutet, täglich für 500 Personen den Lebensunterhalt zu besorgen mit allem, was dazu gehört, einschließlich Heizung, Krankenkasse und Studiengelder. Nur im Glauben an die Barmherzigkeit Gottes, im Vertrauen auf den heiligen Joseph und Ihr Wohlwollen gehen wir voll Zuversicht auch in das Neue Jahr hinein."

Der Salzburger Publizist Ferdinand Altnöder schrieb aufgrund eines Interviews mit Bitterlich[6], das Engelwerk habe „nach bestätigten eigenen Angaben weltweit etwa eine Million Mitglieder, darunter sieben Kardinäle und an die fünfzig Bischöfe, davon auch einen aus Österreich". Eine dem Engelwerk wohlgesinnte Publikation berichtet - vermutlich aus erster Quelle - ähnlich: „Dem Engelwerk gehören rund eine Million Priester, Ordensleute und Laien an, auch Kurienkardinäle in Rom und Bischöfe."[7]

P. Hansjörg Bitterlich erklärte auch gegenüber der österreichischen Agentur „Kathpress", daß dem OA weltweit rund eine Million Priester, Ordensleute und Laien angehören. Mit folgendem Zusatz: „Das ‚Engelwerk' spreche jedoch nicht von ‚Mitgliedern', sondern es betrachte sich als eine geistliche Bewegung, die für jedermann offenstehe. Daher könne man auch keine genaueren Angaben über die Beteiligung österreichischer Kleriker und Laien am ‚Opus Angelorum' machen."[8]

Auf Madeira soll das aus dem Mund von Hansjörg Bitterlich etwas anders geklungen haben: „Ich möchte nur erwähnen, es haben inzwischen 58 Bischöfe und zwei Kardinäle die Schutzengelweihe abgelegt und sind damit Mitglieder des Werkes."[9] Und Thomas Macho, der Gestalter einer österreichischen TV-Reportage über das Engelwerk[10], weiß aufgrund eines Telefongespräches mit P. Bitterlich von rund 50.000 österreichischen OA-Mitgliedern zu berichten. In der Tat sprechen die Konstitutionen der Schutzengelbruderschaft von Mitgliedern, und diese müssen zumindest die Schutzengelweihe abgelegt haben. Welche Kardinäle und Bischöfe in diesem Sinn zum Engelwerk zählen - nicht als leitende Persönlichkeiten des Werkes, aber als dessen einflußreiche Förderer -, ist nur zum Teil bekannt. Doch darüber hinaus gibt es einige Indizien, welche hohe Kirchenmänner dem Werk zumindest nahestehen.

Von Interesse ist in diesem Zusammenhang sicher folgende Agenturmel-

[5] Opus Sanctorum Angelorum, 4. Informationsbrief, 6.5.1988, Das Verfahren bei der Kongregation für die Glaubenslehre, S. 72f.
[6] Vorarlberger Kirchenblatt, 18.12.1988, S. 11
[7] Der schwarze Brief, 23. Jg., Nr. 20/1988, Lippstadt, 19.5.1988
[8] Kathpress, Wien, 5.5.1988
[9] Rothkranz, Madeira, S. 98
[10] X-Large, Österreichisches Fernsehen, 12.11.1989

dung: „Die Zentrale des ‚Opus Angelorum' in Silz-Petersberg (‚Engelwerk') erhielt am Montag, 26. Dezember, Besuch aus dem Vatikan. Kardinal Agnelo Rossi - er ist unter anderem Präsident der Päpstlichen Güterverwaltung - traf am Dienstag in privater Form auch mit dem Innsbrucker Diözesanbischof Dr. Reinhold Stecher zusammen. Laut Auskunft des ‚Engelwerks' gilt Kardinal Rossi seit seiner Zeit als Erzbischof von São Paulo als ‚Freund' des in jüngster Zeit in Diskussion geratenen ‚Opus Angelorum'. Der Kardinal habe nun - so ein Sprecher des ‚Opus Angelorum' - den Vertretern des Werkes versichert, sich vom ‚gesunden und lebendigen Geist' des ‚Engelwerks' überzeugt zu haben."[11]

Im OA-Rundbrief „St. Petersberg" (Nr. 6/März 1989) wird über diesen Besuch unter anderem berichtet: „Mit einem Gemeinschaftsabend, der von Brüdern und Schwestern auch aus unserer Niederlassung in Schondorf gestaltet wurde, ist der erste Besuchstag ausgeklungen. Das wichtigste Ereignis des zweiten Besuchstages bildete ein feierliches Pontifikalamt, wo Se. Eminenz assistiert wurde vom Rektor unserer Universität in Anapolis Dr. Ingo Dollinger. Nach dem festlichen Mittagessen bildete eine Segensandacht den Abschluß dieses Besuches, von dem Kardinal Agnelo Rossi erklärte, er sei der schönste gewesen in seiner Kardinalslaufbahn. Wir aber hoffen, daß wir in ihm einen weiteren Freund und Fürsprecher in Rom gefunden haben, der dem Werk der hl. Engel beistehen wird im gegenwärtigen Kampf."

Auch ein anderer Kardinal Rossi, nämlich Opilio Rossi, soll schon vor seiner Ernennung zum Kardinal das Engelwerk sehr geschätzt haben, denn es hieß seitens des Werkes bereits 1974 in einem Interview: „Der Nuntius in Wien, Erzbischof Dr. Rossi hat sich anläßlich seines Besuches in Schloß Petersberg den Bestrebungen der Schutzengelbruderschaft gegenüber sehr aufgeschlossen gezeigt."[12]

Natürlich ist bei solchen Aussagen, die einen bestimmten Zweck verfolgen, auch Vorsicht am Platz: Nicht nur im Engelwerk neigt man dazu, auf möglichst jedes anerkennende Wort hochgestellter Persönlichkeiten hinzuweisen, um die eigene Arbeit aufzuwerten. Auch der Grazer Diözesanbischof Johann Weber, sicher kein Förderer des Engelwerkes, hat am 9. November1989 vor Medienvertretern in Wien auf das „einnehmende Wesen" solcher Gruppierungen hingewiesen, die eben gerne Prominente für sich vereinnahmen[13]. Ein anderer österreichischer Bischof sagte, auf das Engelwerk gemünzt: „Die sammeln ja Bischöfe wie Briefmarken."

Als echter Gönner des Engelwerkes erwies sich der deutsche Kurienkardinal und Benediktiner Augustin Mayer, früher Präfekt der Kongregationen für die Sakramente beziehungsweise den Gottesdienst, jetzt als Chef der Kom-

[11] Kathpress, Wien, 27.12.1988
[12] Blickpunkt, 12.4.1974, S. 16
[13] X-Large, Österreichisches Fernsehen, 12.11.1989

mission „Ecclesia Dei" mit der Rückführung von Lefèbvre-Anhängern beauftragt. Ob er tatsächlich Mitglied - dies besagen Gerüchte - oder nur Sympathisant ist, könnten nur er oder das Engelwerk schlüssig bestätigen.

Sollten wirklich „Kurienkardinäle" (also zumindest zwei) dem Engelwerk angehören, gilt neben Mayer und Agnelo Rossi besonders auch der frühere Chef von Vatikan-Archiv und -Bibliothek, der aus Österreich stammende Kardinal Alfons Stickler SDB (Salesianer Don Boscos), als verdächtig.

Auch der Bischof von Augsburg, Josef Stimpfle, zeigte sich dem OA öfters recht gewogen. Über ihn heißt es in einem Brief des OA vom 2. August 1967 im Anschluß an einen Priesterkurs in der bayerischen Benediktinerabtei St. Ottilien: „Der Hochwürdigste Herr Bischof von Augsburg, Dr. Joseph Stimpfle, hat dem Opus Angelorum in St. Ottilien einen besonderen Erweis seines oberhirtlichen Wohlwollens geschenkt." Hat Stimpfle damals oder zu einem anderen Zeitpunkt die Schutzengelweihe abgelegt? Sein Mitarbeiter Dr. Ingo Dollinger ist zwar nach eigenen und OA-Angaben kein Mitglied des Werkes, hat aber Studenten Kontakte zum Engelwerk vermittelt und ist Rektor der OA-Hochschule im brasilianischen Anapolis. Kaum zu bezweifeln ist, daß der dortige Bischof, Dom Manoel Pestana Filho, und einige andere brasilianische Oberhirten Mitglieder und Förderer des Werkes sind.

Einer der Engelwerk-Kardinäle war mit Sicherheit der verstorbene Oberhirte von Aparecida, Carolus Carmelus de Vasconcellos Motta. Zumindest sehr nahe standen dem OA die Kardinäle Dell'Acqua und John Joseph Wright. Von Angelo dell'Acqua, der als Generalvikar des Papstes 1970 in der Diözese Rom die Priestergemeinschaft im OA erichtete, heißt es in einer OA-Schrift weiters: „Ein Jahr später bat derselbe Kardinal in einem offiziellen Dokument den Heiligen Vater, es möge diese Priestergemeinschaft im Werk der heiligen Engel sich über die ganze Kirche ausbreiten dürfen."[14]

Zu den verstorbenen Engelwerk-Bischöfen zählen gewiß der Brasilianer Antonius Ferreira de Macedo, Erzbischof von Gangra und vorher Koadjutor von Aparecida, und der frühere Bischof von Leiria, João Pereira Venâncio, der erste Generalobere des wiederbelebten Kreuzordens. Unter die lebenden Mitglieder im Bischofsrang kann man auf jeden Fall Paul Hnilica rechnen. Auch Bischof Petrus Canisius van Lierde, der frühere Generalvikar des Papstes, ist wahrscheinlich Angehöriger des OA.

Die Mitgliedschaft von Kardinal Motta und Erzbischof Macedo ist sogar von Georg Blaskó selbst bestätigt worden.[15]

[14] Opus Sanctorum Angelorum, Prägung und Eigenprägung des OA, März 1975
[15] Georg Blaskó, Richtigstellung zu drei Schriftsätzen, Silz 1986, A, S 1, 5

B) Die Zentren: Europa - Lateinamerika - Asien

Katholische Universitäten werden unter die Lupe genommen und Ausbildungszentren wie Anapolis (Brasilien), Bogotá (Kolumbien), Kerala (Indien), Rom, Madeira, Innsbruck und andere werden strategisch angesiedelt. MARGIT PIEBER [16]

Die größte Verbreitung hat das Opus Angelorum sicher in Mitteleuropa und in Lateinamerika, neuerdings wächst es besonders in Asien. Ein lateinisch abgefaßter Überblick ohne genaues Datum nennt folgende Länder: Österreich, Schweiz, Deutschland, Italien, Holland, Portugal, Belgien, Türkei, Jugoslawien, USA, Bolivien, Brasilien, Argentinien, Japan, Korea, Indien, Borneo, Uganda und Rhodesien. Ganz stimmt diese Liste sicher nicht, denn es fehlen zum Beispiel Kolumbien und Mexiko. Auch aus Südafrika und von den Philippinen ist die Errichtung von OA-Priestergemeinschaften in den siebziger Jahren verbürgt.

Es wäre auch die Frage zu klären, ob es um Leute aus oder in diesen Ländern geht, die irgendwann einmal einfache Mitglieder geworden sind, ob Priester- oder Schwesterngemeinschaften oder Niederlassungen des Kreuzordens in diesen Ländern bestehen oder ob einzelne Geistliche dort wirken.

In seinem Herkunftsland Österreich hat das Engelwerk die Tiroler Niederlassungen St. Petersberg und Scheffau am Wilden Kaiser dem Orden der Regularkanoniker vom Heiligen Kreuz übertragen. In Innsbruck befinden sich Sekretariat und Bibliothek der Schutzengelbruderschaft. Priestervereinigungen im OA sind in den Diözesen Wien und Linz errichtet, in Innsbruck bekanntlich nicht mehr.

Auf dem österreichischen Exerzitienplan 1989 standen Einkehrtage beziehungsweise Exerzitien in Andelsbuch (Marienheim), Linz (Kreuzschwestern), Vöcklabruck (St. Claraheim), Eisenstadt (Haus der Begegnung), Graz (Blindeninstitut), Wien (Don-Bosco-Haus, Exerzitienhaus Kaiserstraße), Baumkirchen (Don-Bosco-Schwestern), Lienz (Bildungshaus Osttirol), Tainach (Bildungshaus), Großgmain (Sanatoriumstraße), Innsbruck (Exerzitienhaus Rennweg, Serviten), Fehring (Schloß Johnsdorf), Klagenfurt (Kapuzinerkloster), Mödling (St. Gabriel), Kremsmünster (Subiaco), Kematen/Krems (Gasthof Schickelberg), Attnang-Puchheim (Maria Puchheim), Wiener Neustadt (Bildungshaus St. Bernhard), Salzburg (Pfarrkirche Itzling, Klostersaal Maria Plain) und in St. Petersberg. Auch einige Veranstaltungen in Südtirol (Bozen, Brixen, Meran) wurden auf diesem Plan angeführt.

Das Zentrum des Engelwerkes in der Bundesrepublik Deutschland stellt eindeutig Schondorf am Ammersee dar, wo sich das COA-Sekretariat für

[16] Margit Pieber, Geheimnis hinterm Stacheldraht, Kirche intern, Reisenberg, Nr. 9, September 1989, S. 33-35

Deutschland, ein Kloster der Regularkanoniker vom Heiligen Kreuz und eine Schwesternniederlassung (im Herbst 1989 haben dort wieder sieben Frauen ihr Noviziatsjahr begonnen) befinden. Fest in OA-Händen ist auch der Wallfahrtsort Maria Vesperbild. Außerhalb der Diözese Augsburg hat das OA seit dem Frühjahr 1988 einen schweren Stand, vorher machte es sich besonders auch im Raum Köln, in Altötting und nördlich des Bodensees bemerkbar. Die traditionelle Weihnachtstagung, früher regelmäßig in Altötting, wurde 1989 in Marienfried/Ulm angesetzt, dieser Ort scheint nun die Hauptbastion des Werkes für Exerzitien und Einkehrtage in der Bundesrepublik Deutschland zu sein.

In der Schweiz werden Exerzitien des Engelwerkes vor allem im Erholungsheim Theresianum, Blatten bei Naters, im Aufgebothaus in Flüeli-Ranft und im Erholungshaus St. Karl in Illgau abgehalten. Die Hauptniederlassung befindet sich in Flüeli, das Schweizer COA-Sekretariat in Goldach. Relativ früh ist in der Diözese Sitten eine Priestergemeinschaft im OA entstanden.

Schloß Reymersbeek in der Provinz Limburg, von der großzügigen holländischen Baronin Wijnbergen knapp vor ihrem Tod an das Engelwerk übertragen, ist der OA-Hauptstützpunkt in den Niederlanden. In Frankreich bietet das OA Exerzitien in französischer Sprache an folgenden Orten an: Puimission/Magalas (bei Montpellier), Ars/Jassans und Paray-le-Monial.

Mit besonderem Stolz wurde schon vor längerer Zeit in einer Werksveröffentlichung auf den zahlreichen Nachwuchs in Portugal hingewiesen: „Der Segen vieler Berufungen in Portugal ist nebst großer Freude unsere schwere Aufgabe. Die Zahl der um Aufnahme bittenden Priesterkandidaten wuchs unerwartet auf das Dreifache! Das Haus ist voll bis in die letzte Ecke. Wie schmerzt es uns, wenn junge Leute sich bewerben, wir aber mitteilen müssen: ‚Leider keinen Platz!‘ Als Notlösung bauten wir einen alten Bauernhof um, berechnet für 25 Personen. Und er war schon zu klein, als man einziehen konnte."

Der Orden der Regularkanoniker vom Heiligen Kreuz stammt bekanntlich aus Portugal und ist auch auf Initiative dortiger Bischöfe restauriert worden. Es ist daher kein Wunder, daß dort Ausbildungszentren des Ordens entstanden sind, wie aus dem Mitteilungsblatt „Post Petersberg" vom September 1986 hervorging:

„In Braga ist zur Zeit das Noviziat für Deutschsprechende und das angloamerikanische Postulat und Noviziat. Natürlich lernen sie auch portugiesische und spanische Brüder kennen, die vor ihnen dort ihr Noviziat und zum Teil ihr Theologiestudium auf der Universität in Braga absolvierten. Einige davon sind inzwischen schon zu Priestern geweiht, die anderen vollenden ihr Studium an der ordenseigenen Universität in Brasilien.

Auch in Fatima ist nun ein Brüderhaus entstanden, in dem gegenwärtig hauptsächlich die amerikanischen Interessenten wohnen.

Das Schwesternnoviziat befindet sich ebenfalls in Fatima, und wir haben bereits eine Reihe portugiesischer Schwestern, die nun die Niederlassung in Braga betreuen und auch im Krankendienst in Fatima eingesetzt sind."

Die offiziellen Zentralen des OA und des Kreuzordens befinden sich bekanntlich in Rom. Am dortigen Stadtrand, in Tor Lupara, gibt es auch eine Niederlassung für Priesterstudenten des Ordens, nach neueren Angaben hat sich aber die Priesterausbildung nach Südamerika verlagert, und zwar, wie Kritiker des Werkes meinen, weil dort die Isolation für die Kandidaten größer (und damit die Kontrolle über sie leichter) ist.

„In Brasilien hat man 600 Hektar Land erstanden. Mutter Bitterlich hielt Europa für verloren, deshalb Mission in Lateinamerika." So klingt es aus dem Mund eines schon vor mehreren Jahren aus dem Werk ausgeschiedenen Geistlichen, wenn die Rede auf die Aktivitäten des OA in Übersee kommt. In Brasilien konnte das Engelwerk immer wieder Bischöfe finden, die junge OA-Mitglieder auf ihre Diözese weihen ließen, wenn es in den Heimatdiözesen der Kandidaten Schwierigkeiten gab. Erster Brückenkopf des Engelwerkes war die Erzdiözese Aparecida. In einer OA-Werbeschrift hieß es vor nicht allzulanger Zeit: „P. Martin Schneider aus Österreich setzt seine ganze Kraft in Belém ein, nahe der Gnadenmutter von Aparecida, der Patronin Brasiliens. Er hilft dem dortigen Pfarrer bei der Betreuung seiner Filialkirchen im Bergland von Aparecida. Im Besonderen nimmt er sich der Jugend an."

Längst treten aber auch andere brasilianische Diözesen (Anapolis, Belo Horizonte, Brasilia, Novo Hamburgo, Olinda/Recife, Petropolis, Porto Alegre, São Salvador da Bahia, São Sebastiao do Rio de Janeiro) als Förderer des OA auf. Gerüchten zufolge unterstützen rund zehn Prozent der Mitglieder der Bischofskonferenz das Engelwerk.

Ein Hauptstützpunkt des Kreuzordens und damit des Engelwerkes ist in der Diözese Anapolis entstanden. Ein darüber vorliegender Bericht der Journalistin Margit Pieber[17] ist hochinteressant, wird freilich vom Engelwerk als „Schauermärchen" abgetan[18]. Aufgrund eines Ersuchens des Bischofs von Anapolis, Dom Manoel Pestana Filho, Dozenten in seine Diözese zu entsenden, entstanden dort eine Hochschule und ein Kloster.

Das ging laut Pieber so vor sich: „1979, kurz bevor der Papst zur Lateinamerikanischen Bischofskonferenz nach Puebla, Mexiko, reiste, befand sich Dom Manoel Pestana Filho in Rom. In einem Couloirgespräch hatte er von der Existenz des neuen alten Ordens erfahren. Angetan von der ‚Spiritualität des Ordens' (Pestana), brachte er diesen bei der Audienz zur Sprache. ‚Nimm sie doch mit!', habe der Papst gesagt. Der Bischof tat es. Er versprach auch gleich ein Grundstück in Anapolis, das zwar Kirchenland war, aber vor zwanzig Jahren in den Besitz von 60 Familien übergegangen war. Ein Rechtsstreit brach aus, den die Bauern schließlich für sich entschieden. So wurde eben das gegen-

[17] Margit Pieber, Geheimnis hinterm Stacheldraht, S. 33-35
[18] Telefongespräch mit Bruder Franz Haas, 13.11.1989

überliegende Grundstück erworben, auf dem sich heute das Kloster befindet. Seitdem werden Jahr für Jahr neue Grundstücke dazugekauft."

Georg Blaskó hat die Sache in seinem Brief vom 15. November 1986 an Regionalbischof Soden-Fraunhofen bestätigt: „Es trifft zu, daß das Werk der heiligen Engel im persönlichen mündlichen Auftrag des Heiligen Vaters (Audienz vom 4. Juli 1983) mit ausdrücklicher schriftlicher Gutheißung (Schreiben vom 20. September 1983) einem brasilianischen Bischof durch Stellung von Dozenten zu Hilfe geeilt ist."

Was bewegt die jungen Priester, die dort tätig sind? „,Wir müssen sendungsbewußt sein, wenn der Papst uns ruft. Ich bin verfügbar, wenn man mich für den Einsatz in der Welt braucht.' So Pater Andreas Dankl aus Schondorf am Ammersee in Bayern... ,Wir wollen mit allen menschlichen Kräften den Engeln, Gott und der Kirche dienen', erzählt Dankl... Der Tagesablauf der Ordensleute, denen auch Frauen zugehören, ist streng eingeteilt. Um 3.30 Uhr beginnen die Exerzitien. Gebet bestimmt den Tagesablauf. Um 8 Uhr ist Nachtruhe. Kreuzanbetung als Gegengewicht zur Welt, ,in der so wenig gebetet wird', Verehrung des Leidens Jesu, Sühne, als Gebet für das Heil der Seelen und der Priester ,draußen am Einzelkampfplatz, um ihnen den Rücken zu stärken' (Dankl), und schließlich die Vorbereitung auf die Mission werden als die wichtigsten Aufgaben genannt. Zusammen mit 60 weiteren Ausländern lebt Andreas Dankl auf einem wunderschönen Gelände in der Nähe von Anapolis (im brasilianischen Bundesstaat Goias) hinter einem dichten Stacheldrahtverhau mit Wachturm, bis obenhin zugeknöpft, in schwarze Ordenskleider gehüllt, bleich unter gleißender Sonne."

Piebers Bericht stellt drei Dinge ziemlich klar: daß kaum Kontakt zur einheimischen Bevölkerung besteht (man fühlt sich an Gabriele Bitterlichs Satz von den „Adlern" und den „Gemüsegärten" erinnert), daß dem Orden und seiner Elite-Hochschule ungeheuer viel Geld zur Verfügung steht und daß dieser Orden die Befreiungstheologie bekämpft (folglich also die Großgrundbesitzer unterstützt und vermutlich auch von diesen gefördert wird):

„In Anapolis weiß niemand genau zu sagen, was hinter diesem Stacheldraht vor sich geht. ,Sie leben sehr isoliert', berichtet ein Bauer, dessen Grundstück an das Klosterland grenzt. ,Zwei meiner Söhne haben für kurze Zeit ihre Felder bearbeitet. Aber das Personal wird nach einigen Monaten ausgetauscht.' ,Ich war sonntags machmal in der Messe dort. Sie machen das sehr feierlich. Die Hälfte der Messe wird immer auf Latein gehalten.' Fernando da Souza aus Anapolis weiß zu berichten, daß die Padres Waffen besitzen. ,Erst kürzlich haben sie einen streunenden Hund abgeknallt.'

Ins Gerede kam das Kloster erstmals im Mai letzten Jahres. Ein Überfall brachte den Räubern 150.000 Dollar, 8 Millionen DM, 400 holländische Gulden, 10.000 Cruzados, 1.250 kg Goldbarren und eine 7,65er-Pistole ein. Jairo Mendes, von der lokalen Zeitung ,O Popular', wurde im Zuge seiner Nachforschungen von einem Pater eigenhändig hinausgeworfen und mit dem Tod

Bau des neuen Eingangstores zur Klosteranlage von Anapolis/Brasilien

Anapolis: Ein Kloster hinter Stacheldraht

Anapolis: Welchen Zwecken mag der Turm dienen?

Die innen reich ausgestattete Klosterkirche von Anapolis

Superior Dom Tomás de Aquino

bedroht, sollte er nochmals das Gelände betreten. Der Fall wurde seither nicht weiter untersucht. Es stellt sich jedoch die Frage, was ein Kloster, das sich durch seine Landwirtschaft fast selbst versorgt und die Pflege des Gebetes zum Inhalt hat, mit so viel Geld zu tun beabsichtigt.

‚Wir haben seit letztem Jahr den Status einer Universität', sagt beschwichtigend der Bischof von Anapolis, Dom Manoel Pestana Filho, Rektor der internationalen Ausbildungsstätte. Das kostet viel Geld. ‚Ausgebildet wird eine Elite in Philosophie, Theologie und Kirchenrecht', erklärt er. Nach Prinzipien, die der Superior des Ordens, Tomás de Aquino, gegenüber der Tageszeitung ‚Folha de São Paulo' folgendermaßen formuliert: ‚Seit Johannes XXIII. wird das Einschleichen des Kommunismus und Liberalismus begünstigt. Die Theologie der Befreiung unterstützt den Kommunismus und muß bekämpft werden.' Sein Freund, Antonio de Castro Mayer, Bischof von Campos (Bundesstaat Rio de Janeiro), wegen seiner Affinitäten zu den Standpunkten des französischen Bischofs Lefèbvre, der wiederum Tomás de Aquino zum Priester weihte, exkommuniziert, meinte: ‚Der einzige Weg in den Himmel führt über das Leiden.'

Der Kardinal von Rio de Janeiro, Dom Eugenio Sales, ebenfalls Busenfreund von Aquino, in dessen Erzdiözese die Inquisition fröhliche Urständ feiert, steht dem Kloster nahe. In der Diözese Rio de Janeiro gibt es eigene Stellen, bei denen Priester, die der Befreiungstheologie anhängen, denunziert werden können. Die frischen Meldungen gehen über das ‚rote Telefon' direkt an Kardinal Ratzinger nach Rom. Finanziert wird von Privatleuten. ‚Vor allem aus Österreich und der Bundesrepublik Deutschland', verrät der Bischof von Anapolis, Dom Manoel Pestana Filho."

Wissenschaftlicher Chef der Hochschule von Anapolis ist der deutsche Priester und Moraltheologe Ingo Dollinger, der in der Diözese Augsburg tätig ist. Daß er Mitglied des Engelwerkes ist, wird von ihm und dem Engelwerk bestritten. Tatsache ist, daß bei ihm ein Vorgespräch zu den relativ gut dokumentierten Informationswochen des Kreuzordens im Sommer 1986 auf Madeira stattfand und zumindest einer der Teilnehmer von ihm sein Flugticket nach Madeira in Empfang nahm.

Das Wirken des Engelwerkes in Brasilien sehen dort naturgemäß etliche Geistliche sehr kritisch. Der aus dem oberösterreichischen Benediktinerstift Kremsmünster kommende Bischof von Barreiras, Richard Weberberger, erwähnte das Engelwerk in einem Leserbrief an „Die Furche"[19] im Zusammenhang mit „sektiererischen Tendenzen und reaktionären Gruppierungen" in der Kirche.

Der Salzburger Herz-Jesu-Missionar Hans Schmid, der sich trotz der Drohungen von Killerkommandos in der Missionspfarre Belmonte im brasilianischen Bundesstaat Bahia für die Rechte der besitzlosen Mischlingsbevölke-

[19] Die Furche, Wien, Nr. 7, 17.2.1989, S. 2

rung einsetzt, geriet auf eine Liste von 96 Todeskandidaten. Bei einem Heimataufenthalt in Österreich machte er aus seinen Sorgen gegenüber der Journalistin Barbara Brand kein Hehl:

„Pater Schmid ortet immer zahlreicher werdende Gegner am rechten Flügel der katholischen Kirche. Opus Dei und ‚Engelswerk' gewännen nicht nur hierzulande an Macht, sie seien in Brasilien längst Verbündete der Großgrundbesitzer. Schmid fürchtet, daß der Einfluß ultrakonservativer Kräfte in den Bischofskonferenzen überhand nehmen könnte. Seine Arbeit in Brasilien würde dadurch weiter erschwert."[20]

Margit Pieber[21] weiß zu berichten: „Zaghaft wehren sich jene Bischöfe, die in Brasilien zum fortschrittlichen Flügel der Kirche zählen. Der Bischof von Goiania etwa, Nachbar von Anapolis, in dessen Diözese die Basisgemeinden besonders stark sind, hat den Heiligenkreuzorden in seinem Gebiet verboten. Dennoch: Stellungnahmen für Landlose, Indianer, Arbeitslose, Hungernde, politisch Verfolgte, Ökumene, innerkirchliche Demokratisierung werden heute vom Vatikan als subversiv klassifiziert. Die neue Spiritualität ist angesagt. Nicht die irdische Welt ist von Interesse, sondern das jenseitige Himmelreich."

In diesem Zusammenhang hat natürlich ein „Werk der heiligen Engel" Gewicht und, wenn Piebers Analyse stimmt, in einem vatikanischen Plan namens „Evangelisierung 2000", der sich unter anderem auf ein Projekt „Samal" stützt, geradezu strategische Bedeutung:

„Im ‚Samalprojekt' werden Schulung und Ausbildung der neuen Glaubenskämpfer festgelegt. Der Unterricht an den Universitäten muß nach der neuen Linie ausgerichtet werden. Katholische Universitäten werden unter die Lupe genommen und Ausbildungszentren wie Anapolis (Brasilien), Bogotá (Kolumbien), Kerala (Indien), Rom, Madeira, Innsbruck und andere werden strategisch angesiedelt."

Damit sind genau die Hauptstützpunkte des OA angesprochen, denn das zweite Zentrum des Opus Angelorum in Südamerika befindet sich in Kolumbien. In einem undatierten, aus einem der letzten Jahre stammenden Werbetext des OA heißt es darüber: „P. Arwed Hummer, Prior unseres Hauses in Bogotá, betreut mit seinen Helfern und Helferinnen auf der Hochebene von Kolumbien - 2600 m über dem Meer - viele Einheimische und bringt besondere Hilfe der heiligen Engel dem übrigen Spanisch-Amerika durch Einkehrtage und Exerzitien."

In der gleichen Broschüre wird auch auf Missionsarbeit in Mexiko hingewiesen: „Unser peruanischer Mitbruder, P. Maximo, aus dem Geschlecht der Inkas, missioniert zusammen mit seinem mexikanischen Mitbruder P. Eleazar in Mexiko. In dem ausgedehnten Land warten viele offene Herzen auf das

[20] Salzburger Nachrichten, 18.9.1989

[21] Margit Pieber, S. 35

Werk der heiligen Engel. Es ist eine mühsame Kleinarbeit, aber für die unsterblichen Seelen ist nichts zuviel!"

In Indien hat das Engelwerk seine Niederlassung in Kerala, „wohin der Apostel Thomas nach der Himmelfahrt des Herrn ging", wie es im Rundbrief „St. Petersberg" (Nr. 8/Mai 1989) heißt. Mit Bezug auf das Evangelium vom Weißen Sonntag (Sonntag nach Ostern), in dem vom Unglauben des Thomas die Rede ist, berichtet dieser Rundbrief weiters: „Auch für das Werk der hl. Engel ist der Weiße Sonntag von großer Bedeutung, ist doch an diesem Tag, es war der 25. April 1949, uns diese Himmelsgabe geschenkt worden.

Somit ist es wohl ein Fingerzeig Gottes, daß die Brüder vom Hl. Kreuz schon seit 1980 unter den Thomas-Christen in Indien weilen. Viele Schicksalsschläge hat dieser Beginn in Asien mit sich gebracht, wo wir auf diesem fremden Kontinent uns erst vertraut machen mußten mit der alten Kultur, der fremden Sprache und selbst mit einem Ritus in der Liturgie, der so ganz verschieden ist zum katholischen. Mit Ihrem Gebet und Opfer konnten wir bis jetzt die Kirche, das Haus für die Brüder und seit einigen Jahren auch ein Schwesternhaus errichten.

Die größten Schwierigkeiten liegen bis jetzt bei der Erteilung des Aufenthalts-Visums, das immer nur drei bis sechs Monate gewährt wird. Aus diesem Grund müssen die europäischen Brüder und Schwestern alle sechs Monate ausgetauscht werden. Dies wirkt sich vor allem für die Kontinuität in der Leitung der Gemeinschaften eher nachteilig aus und stellt auch finanziell kein geringes Problem dar. Nach anfänglichen vielen Berufungen mußten wir die Zahl der Anwärter stark vermindern, denn viele hatten kaum eine Ahnung, worum es in unserer Gemeinschaft wesentlich ging, und viele kamen aus falschen Beweggründen. Darum ist es jetzt unser wichtigstes Anliegen in Kerala, das Exerzitienwerk aufzubauen, aus dem dann echte Berufungen in der Spiritualität des Hl. Kreuzes und im Geiste des Werkes der hl. Engel herauswachsen können."

Zum zweiten OA-Schwerpunkt in Asien (es dürften auch in anderen Ländern einzelne Priester zum Engelwerk gehören) scheint Korea zu werden.

Das Mitteilungsblatt „St. Petersberg" (Nr. 6/September 1988) lieferte dazu folgende Information: „Am 18. Oktober 1981 wurde der 150. Jahrestag der Gründung der 1. Diözese Cho-Seon begangen. Als unter Teilnahme von 800.000 Gläubigen in Seoul die Gebeine der Märtyrer in eine neugebaute Gedächtniskirche übertragen wurden, erschien am Himmel ein großes, flammend-leuchtendes Kreuz. Unter dem überwältigenden Eindruck dieses Zeichens setzte eine Welle der Bekehrung und Glaubenserneuerung ein und auch für das Werk der hl. Engel gingen die Tore auf. Mehrere Priester, Ordensleute und auch Laien haben sich bereits dem Werk angeschlossen.

Einer von ihnen ist Raphael Sang Muk, ein junger Mann von 29 Jahren. Er ist der erste Vorläufer aus Südkorea und weilt bereits seit März dieses Jahres als Gast in St. Petersberg. Er kommt aus einer Familie mit vier Kindern, sein Vater ist bereits gestorben. Nach Abschluß seiner Schulzeit arbeitete Raphael unentgeltlich in einem Asyl für Obdachlose und Kranke, das von einem katholischen Priester geführt wird. Später wurde er Hausmeister in einem Schwesternkonvent.

Als unser P. Hubert dort zu Besuch war, wurde ihm Raphael als Chauffeur zugeteilt und damit war die Brücke zum Werk der hl. Engel geschlagen. Raphael will Priester werden, das ist noch ein weiter Weg. Die erste und nicht ganz leichte Hürde, die er auf diesem Weg zu nehmen hat, ist das Erlernen der deutschen Sprache. Anfang nächsten Jahres soll ein weiterer Kandidat nachkommen, dann wird manches leichter zu tragen sein."

Daß der Kreuzorden, und damit wohl auch das OA, nach wie vor expandiert, deutet ein Bettelbrief aus jüngerer Zeit an: „Auf inständiges Drängen der Bischöfe und unserer Priesterbrüder aus den betreffenden Ländern konnten wir nicht umhin, eine neue Niederlassung in Mexiko und eine weitere in Afrika zu gründen. Ein afrikanischer Kardinal sagte: ‚Wenn man euch anderswo vertreibt, kommt zu uns nach Afrika! Ähnlich drückten sich auch brasilianische Bischöfe aus."

C) Gut und Geld des Engelwerkes

Beim Engelwerk handelt es sich aber um eine straffe Organisation mit autoritärer Führung und einer offenbar erstaunlichen Zahl gehorsamer Zuträger aus öffentlichen Einrichtungen, sonst wäre das geschickte Auffinden von möglichen Spendern und Erblassern kaum zu erklären.

WEIHBISCHOF HEINRICH GRAF VON SODEN-FRAUNHOFEN[22]

In den Statuten der Innsbrucker Schutzengelbruderschaft von 1961 lautet der § 21: „Die Bruderschaft erstattet dem Orts-Ordinarius jährlich Rechenschaft über die gesamte Vermögensverwaltung gemäß can. 691 § 1 und § 5." Diesem Satz dürfte das Engelwerk bewußt oder aus Schlamperei nicht entsprochen haben. Denn Bischof Rusch erkundigte sich in den siebziger Jahren einmal nach dem Besitz der Bruderschaft und erhielt zur Auskunft, die Vermögensverwaltung erfolge in der Schweiz.

Darauf lief auch die Antwort bei einem Interview 1974 auf die Frage nach den Geldquellen des Engelwerkes hinaus: „Auf der ganzen Welt gibt es überzeugte Engelverehrer, deren Kreis immer größer wird. Diese Leute aus allen

[22] Heinrich von Soden-Fraunhofen, Zwischen Engeln und Dämonen, Familien-Journal, 12/1988, Aachen, liegt monatlich den Kirchenzeitungen mehrerer Diözesen bei

sozialen Schichten, welche auch den Priestern helfen wollen, gewähren großherzige Spenden und Unterstützung, aus denen die Finanzierung erfolgt. Die Hauptbuchhaltung ist in der Schweiz."[23] Dafür, daß in der Schweiz, nämlich in Flüeli, Stipendiengelder für Indien verwaltet wurden und eines Tages mit einem Kreuzorden-Mitglied verschwunden waren, gibt es eine Zeugin.

Das geistige Zentrum des Engelwerkes, seine „Engelsburg", ist die Burg St. Petersberg bei Silz im oberen Inntal: „Um 1090 erstmals urkundlich erwähnt, diente die Burg in ihrere wechselvollen Geschichte tirolischen Grafen im oberen Inntal, dem Kaiser Friedrich II., bayrischen Herzögen und Tiroler Landesfürsten als Ansitz. 1857 abgebrannt, drohte sie in der Folgezeit zu verfallen. Der letzte Privatbesitzer, Graf Stolberg, verkaufte die reichlich ruinöse Burg 1965 an das 1950 in Innsbruck gegründete ‚Engelwerk', das sie 1980 mit Schenkungsvertrag dem ‚Orden der Regularkanoniker vom Heiligen Kreuz' übertrug. Der vieleckige, heute restaurierte Baukörper mit Wohn- und Wehrbauten, Bergfried und Burgkapelle beherbergt jetzt in mit erlesenem Geschmack eingerichteten Klosterräumen die Ordensmitglieder."[24]

An der Burgmauer ist nicht nur die „Mutter", sondern auch ein Mädchen begraben, um dessen Tod sich verschiedene Gerüchte ranken. Das Engelwerk hat den Sachverhalt 1974 in einem Interview so dargestellt: „Eine junge nervenkranke Südamerikanerin, welche mit unserer Gemeinschaft selbst nichts zu tun hatte, nahm sich in den Waldungen oberhalb Petersberg das Leben. Nach gerichtsmedizinischer Freigabe der Leiche wurde sie über Anregung von dritter Seite mit Genehmigung der Verwaltungsbehörde an der Schloßmauer bestattet. Wir haben ihr jetzt auch eine würdige Gedenktafel gesetzt."[25]

Ein früheres Mitglied des Werkes hat die Sache so in Erinnerung: „Am Ort, der mit ‚Grabmal' bezeichnet wird, liegt ein Mädchen aus Mexiko oder Südamerika, das auf rätselhafte Weise ums Leben gekommen ist. Annemarie liebte einen Werkspriester. Über Umfang und Fakten in diesem Verhältnis kann ich nur so viel sagen, daß Annemarie von diesem Priester enttäuscht war. Sie war menschlich enttäuscht. Offensichtlich hat sie keinen Ausweg mehr gewußt. Deshalb erklärte sie vor Frau Bitterlich, sie würde sich umbringen.

Nach dieser Äußerung verschwand sie vom Petersberg, wobei nichts unternommen wurde, dem Mädchen gut zuzureden und sie von ihrem Vorhaben abzuhalten. Als sie am späten Abend noch nicht da war, begannen einige OA-Brüder, den Wald nach dem Mädchen durchzukämmen. Die Hilfe der Polizei wurde von vornherein nicht in Anspruch genommen.

Am Morgen, nachdem der Wald durchkämmt worden war (oder ist das auch nicht wahr, sondern nur behauptet worden, um Fürsorge vorzutäuschen?), knieten wir in der Kapelle vor dem Sanctissimum. Da kam Georg Blaskó und

[23] Blickpunkt, 12. April 1974, Seite 16
[24] Werner Kunzenmann, Das Geheimnis von Petersberg, Kirche, 21.8.1988, S. 16
[25] Blickpunkt, 12.4.1974, S. 16

erklärte, man habe in einem Sturzbach die Leiche der Annemarie gefunden. Sie sei mit dem Gesicht nach unten im Wasser gelegen, daneben ‚schwamm eine Giftphiole'. Der Ort des Geschehens war nicht weit von der Petersburg entfernt. Ich habe nachher mit meinen Kollegen dorthin gehen wollen, um mich selbst zu überzeugen. Dies wurde aber von den ‚oberen Brüdern' verhindert. Ich habe nicht bemerkt, daß jemand von der Polizei verhört worden wäre.

Als Annemarie tot geborgen worden war, hat man gesagt, sie sei krankhaft melancholisch gewesen. Das glaube ich heute noch nicht. Sie suchte Menschlichkeit und Verständnis und wurde durch den eiskalten Bitterlich-Mystizismus in den Tod getrieben."

Das Kloster St. Petersberg der Regularkanoniker vom Heiligen Kreuz ist seit 1984/85 auch Eigentümer des Schwesternhauses in Scheffau im Tiroler Anteil der Erzdiözese Salzburg.

In der Bundesrepublik Deutschland bilden die erst jüngst großzügig ausgebauten Ordens- und Werkniederlassungen in Schondorf am Ammersee den Hauptbesitz des Werkes. Dort breitet sich das OA immer mehr aus, was laut Pfarrer Johann May für Unruhe sorgt: „Probleme hat's dann auch gegeben, wie das Engelwerk ein Haus ums andere gekauft hat. Insgesamt besitzt das Engelwerk jetzt vier Häuser, und ein Kaufvertrag war schon abgeschlossen, dann hat P. Precht die Kaufsumme überboten, und dann war dieser Kaufvertrag hinfällig. Und das hat also schon Staub aufgewirbelt, und da ist sogar ein Kirchenaustritt damit in Verbindung gekommen."[26]

In Holland hat es das Opus Angelorum immerhin zu einem Schloß gebracht. Die Baronin van Wijnbergen - sie hat bekanntlich Professor van der Ploeg einmal auf Wunsch von Dr. Blaskó in ihr Haus in Wassenaar bei Den Haag kommen lassen - hat dem Werk ihren Besitz Reymersbeek in der Provinz Limburg überschrieben und ist bald darauf gestorben. Außerdem gelang es Hubert van Dijk, von Professor van der Ploeg die Zeitschrift „Katholiek Leven" zu übernehmen.

Weihbischof Heinrich von Soden-Fraunhofen hat zum Wirtschaftsbereich des Engelwerkes gemeint: „Das Geschäftsgebaren ist undurchsichtig. Stifter haben keine Möglichkeit zu erfragen, was mit ihrem Geld geschieht. Testamentarische Zuwendungen werden mit himmlischen Versprechungen und Drohungen zu erreichen versucht... Bewohner von Seniorenheimen, die sich nicht mehr informieren können, werden mit Bettelbriefen belästigt."[27]

Daß Wohltäter und Spender alle paar Monate mit neuen Bettelbriefen behelligt werden, ist natürlich nicht nur beim OA üblich. Beim Auftreiben irdischer Mittel weiß man sich dort aber anscheinend auch guter Verbindungen zu bedienen, die das Wesen des Werkes für Weihbischof Soden keineswegs mehr harmlos erscheinen lassen: „Es gibt inzwischen Leute, die meinen, abergläubi-

[26] „Stationen", Bayerisches Fernsehen, 7.7.1988
[27] Soden-Fraunhofen, Zwischen Engeln und Dämonen

sche Bewegungen habe es schon immer gegeben und die Kirche müsse nicht gleich mit Kanonen auf Spatzen schießen. Beim Engelwerk handelt es sich aber um eine straffe Organisation mit autoritärer Führung und einer offenbar erstaunlichen Zahl gehorsamer Zuträger aus öffentlichen Einrichtungen, sonst wäre das geschickte Auffinden von möglichen Spendern und Erblassern kaum zu erklären."[28]

Eine „Schenkung" an das Engelwerk soll sich laut einem schriftlichen Bericht, dessen Quelle bekannt ist, so abgespielt haben:

„Im Herbst 1974 machte eine begüterte und sehr fromme Dame Exerzitien bei einem Ordensmann, der mit der Priestergemeinschaft im Werk der heiligen Engel verbunden war. Bald darauf starb der Mann dieser Dame. An Weihnachten offenbarte der besagte Pater der Witwe: ‚Der heilige Josef sagt: Allein durch die Verdienste der guten Werke wollen wir diese Seele am Heiligen Abend in den Himmel nehmen.'

Um diese guten Werke ging es nun im folgenden: Da die Witwe Entmündigung durch ihre Verwandten fürchtete, schlug der Pater eine Schenkung des Vermögens (Häuser, Bauplätze, Geldvermögen) an das Werk Sanitas vor, wofür durch ein rechtlich unwirksames Schreiben der Dame Altersversorgung zugesichert wurde. Das Sanitas-Werk e.V. ist ein Erholungsheim auf dem Grund des Heimathofes der Gebrüder P. Hermann und P. Rupert Precht. Der Name wurde offensichtlich gewählt, da die Priestergemeinschaft im OA im Erzbistum München und Freising keine Zulassung erhalten hatte.

Im August 1975 wurde die notarielle Schenkung des beachtlichen Vermögens durchgeführt. Um die Liegenschaften flüssig zu machen und die Beträge in (unauffälligen) Raten an die Empfänger zu bringen, bediente sich der Pater Sparkassen-Angestellter und vor allem eines Mediums, einer älteren Frau aus Vorarlberg, die als ‚begnadete Seele' einen besonderen Draht zum heiligen Josef hat. In dessen Auftrag schreibt die Begnadete in über 70 Briefen der einst vermögenden Witwe, wohin und wieviel Geld jeweils zu überweisen sind. Nach Auskunft der Briefe werden die Spenden dann nach Holland, Rom, Moskau, in die DDR, in die Erdbebengebiete der Türkei und in ‚viele Länder' überbracht - eine Auskunft, die nur in der Phantasie der ‚Begnadeten' ihren Ursprung hat.

Im Juni zieht die Witwe in ein Haus des Engelwerks nach Altötting, wird nach eigener Angabe dort wegen des Essens krank und siedelt auf den Winterberg um. Durch die Gespräche mit einem Priester hellhörig geworden, übergibt sie die Sorge um Rückgabe ihres Vermögens schließlich einem Rechtsanwalt, der gegen die Partner der Schenkung Anzeige erwirkt. Nun ändern sich schlagartig die Aussagen, die der heilige Josef über die begnadete Seele an die Witwe ausrichten läßt: ‚Der Vater schenkt der Seele alle Gnaden, aber diese kreist beständig um ihr eigenes Ich' (Brief 2.8.76). ‚Wenn das Wegschneiden

[28] Soden-Fraunhofen, Zwischen Engeln und Dämonen

und Wegbrennen der Ich-Bezogenheit schmerzt, dann freuen wir uns‘ (Brief 24.8.76).

Es gelingt, den größeren Teil des geschenkten Vermögens wieder zurückzugewinnen.“

Schenkungen dürften weit öfter vorkommen als Erbschaften. Mit den „nur“ zehn Erbschaften, die das OA in der Diözese Augsburg nach eigenen Angaben seit 1969 gemacht hat,[29] davon einmal DM 70.000, aber sonst nur Beträge unter DM 10.000, läßt sich die OA-Expansion in Schondorf am Ammersee nicht erklären.

Der Regensburger Alt-Bischof Dr. Rudolf Graber[30], bis 1972 Mitglied und Förderer des Engelwerkes, hat sich nicht zuletzt aufgrund schlechter Erfahrungen im finanziellen Bereich - die internen Schriften hielt man auch vor ihm großteils geheim - vom OA distanziert. Als er eine Haushälterin suchte und sich auch an Frau Bitterlich um Rat wandte, schickte ihm das Engelwerk eine frühere Nonne aus Südtirol, eine Schwester Raffaela, die eine Meisterin der Stickerei war und dem zweiten Kreis im Werk angehörte. Man konnte sich aber nie auf sie verlassen, immer wieder verschwand sie in der Karmeliterkirche, wo sie auch täglich beichtete. Sie kam von Flüeli und ging dann auf den Petersberg. Daß sie sich über den Lebensstil der OA-Brüder aufregte - zum Beispiel, daß diese sich die teuersten japanischen Fotoapparate zulegten -, machte den Bischof stutzig.

Später bekam der Bischof vom Engelwerk eine andere Haushälterin namens Maria Jenning, die dem dritten Kreis angehörte und verläßlicher war. Sie war eine pensionierte Köchin, und die Frage lag nahe, warum sie überhaupt noch arbeitete. Frau Jenning sagte, sie müsse von etwas leben, denn ihre Rente, rund 2000 DM pro Monat, kassierte das Engelwerk. Vermutlich hat man ihr versprochen, sich im Alter dafür um sie zu kümmern, aber das dürfte man nicht eingehalten haben. Maria Jenning ist angeblich später total verarmt in Altötting gestorben. Auch sie soll sich darüber ereifert haben, wie bei den OA-Brüdern mit Geld herumgeworfen werde.

Von einer Schondorfer Bürgerin liegt ein Bericht (die darin exakt genannten Namen werden hier gekürzt wiedergegeben) über Erfahrungen mit einer vom Engelwerk vermittelten Wirtschafterin vor. Die Glaubwürdigkeit dieses Berichtes (die im folgenden unter Anführungszeichen gebrachten Passagen sind wörtliche Zitate daraus) kann man im Detail sicher in Zweifel ziehen - zumal darin ein Pater (der Vorname wird nicht erwähnt) konsequent falsch mit „B.“ geschrieben wird -, sein Kern stimmt aber zumindest sehr nachdenklich.

Frau E. aus Schondorf, die mit Pater B. wegen der Miete eines Hauses Kontakt hatte, war auf der Suche nach einer Haushaltshilfe. Pater B. stellte bald darauf ein Fräulein A. vor, das diese Aufgabe übernehmen sollte. Der Lohn sollte an

[29] 4. OA-Informationsbrief, Entwürfe, S. 16
[30] Gespräch mit Altbischof Rudolf Graber im Juli 1989

das Engelwerk bezahlt werden, das auch einen Vertrag machen wollte, und dieser Lohn müsse - so Pater B. - die Mietkosten abdecken. Einen Tag vor dem vereinbarten Arbeitsbeginn hieß es, Fräulein A. könne doch nicht kommen: „Die Absage wurde damit begründet, daß die Mutter schwer krank sei und der Mann die Arbeit nicht allein bewältigen könne. Später stellte sich heraus, daß die Absage auf ganz anderen Gründen beruhte."

Die Familien E. und B. (der Name der Eltern von Frau E.) konnten sich eine Weile anders behelfen, ein gutes halbes Jahr später aber kam es doch zu einem Arbeitsverhältnis mit Fräulein A., allerdings vorerst zu keinem Arbeitsvertrag. Es stellte sich heraus, daß A., die eine abgeschlossene Ausbildung als Wirtschafterin besaß, bisher für Pater B.s Schwager, Herrn W., auf dem Winterberg gearbeitet hatte und für einen Bruttolohn von DM 726,- monatlich beim Sanitaswerk angestellt war. Frau E. erfuhr von Fräulein A., daß diese von Herrn W. deswegen nur „zum Mindestsatz versichert sei, da es sowieso bald keine Rente mehr geben würde".

Fräulein A sollte dort weiter für den gleichen Satz versichert bleiben, von den Familien E. und B. verlangte man aber einen Stundenlohn von DM 12,-, was im ersten Monat bereits DM 2400,- Monatslohn entsprach (wovon Fräulein A. selbst nur ein Taschengeld zwischen DM 120,- und DM 200,- erhielt). Frau E. machte Fräulein A. auf die Auswirkungen eines so niedrigen Sozialversicherungsschutzes aufmerksam, worauf ein direkter Arbeitsvertrag abgeschlossen wurde, auf Grund dessen Fräulein A. korrekt angemeldet und versichert war.

Von Fräulein A. erfuhr Frau E. dann seltsame Dinge. So habe Pater B. nach einer Messe in der Schondorfer Niederlassung Seeberg 9 vor allen Anwesenden berichtet, daß sich die Familien E. und B.. um Hilfe an das Werk gewendet hätten, und ergänzt: „Sie werden sicher bald von A. zum rechten Glauben bekehrt werden und dann ganz zu uns gehören. Die alten Leute leben sowieso nicht mehr lange; und wer soll denn dann das alles erben. Wir werden also dann in dem großen Haus eine neue Niederlassung einrichten können."

Und Fräulein A. habe deswegen nicht ein halbes Jahr früher mit der Arbeit begonnen, weil ihr Herr W. damals mit Hinweis auf die Pferde der Familie E. erklärt habe, daß dort, wo Pferde sind, keine guten Menschen seien und es drunter und drüber gehe. „Die Pferde seien (ebenso wie die Katzen) besonders empfänglich für die Eingebungen des Bösen und dies übertrage sich auf die Menschen beziehungsweise gelte für die Menschen, die mit Pferden zu tun haben, ebenso." Solche „Horrorgeschichten" von Herrn W., „der dieser Vereinigung mit seiner ganzen Familie angehört", hätten Fräulein A. „derart in Angst und Schrecken versetzt", daß die junge Frau zunächst nicht nach Schondorf kommen wollte.

Als sie dann doch kam, hatte sie einen Auftrag, wie Frau E. inzwischen weiß: „meine Eltern, meinen Mann, meine Tochter und mich zu bekehren, sodaß wir alle in das ‚Engelwerk' eintreten sollten". Am ersten Arbeitstag bei Familie

E. erschien Fräulein A. in Begleitung von Pater B. und einer Schwester, Herr E. trug einen im Jahr davor in Thailand gekauften Anhänger. Pater B. soll Fräulein A. noch vor der „bösen Ausstrahlung" von Herrn E. gewarnt und gesagt haben: „Haben Sie das gesehen? Er trägt das Zeichen des Bösen."

Als Fräulein A. nach wenigen Wochen meinte, sie sei unterbezahlt und für die viele Arbeit sollte noch jemand aus dem Engelwerk eingestellt werden, während sie knapp davor noch erklärt hatte, sie wolle auf keinen Fall mit einer zweiten Kraft „von da oben" zusammenarbeiten und die Arbeit sei ihr nicht zuviel, fragte Frau E. nach der Ursache dieses Sinneswandels und gewann den Eindruck, daß Pater B. sie „eindringlich bearbeitet" hatte: „Sie sagte mir auch, daß es ursprünglich beabsichtigt war, daß sie nach einiger Zeit wieder versetzt würde und wir dann ohne Hilfe gewesen wären. Dann würde wieder jemand geschickt (Sendungsauftrag von den ‚heiligen Engeln') und so weiter, bis der Besitz überschrieben wäre. Auf diese Art sollten meine Eltern bearbeitet werden. Diese Dinge kamen schon öfters vor. So wurde auch bereits sehr stolz berichtet, daß man wieder eine Seele für den Himmel gerettet habe, da derjenige auf dem Totenbett seinen Besitz dem ‚Engelwerk' geschenkt hat."

Frau E. stellte daraufhin Pater B. sofort telefonisch zur Rede: „Pater B. wies alle Vorwürfe von sich und bezeichnete Fräulein A. als eine Person, die oftmals nicht weiß, was sie sagt und die man nicht ernst nehmen dürfe, auch sei ihr Vorleben nicht einwandfrei gewesen und ich soll mich einmal mit Herrn W. darüber unterhalten. Fräulein A. sei schon einmal ‚gefallen' und sie brauche eine feste und starke Hand, die sie im Griff behält und sie führt. Pater B. hat mit diesen Äußerungen über das Vorleben von Fräulein A. das Beichtgeheimnis gebrochen, wie ich von Fräulein A., die in meinen Augen durchaus glaubwürdig erscheint, weiß."

Auf die Unterversicherung von Fräulein A. angesprochen, soll Pater B. wörtlich erklärt haben: „Sie müssen sich vorstellen, bei 400 Personen, die wir beschäftigen, die können wir doch nicht alle so hoch versichern. Im Moment führen wir Gespräche mit der Bayerischen Versicherungskammer wegen einer Art Lebensversicherung als Alternative. Ich habe jetzt von unserem Anwalt erfahren, daß dies möglich ist, wenn man Leiharbeitskräfte hat." Der Kommentar von Frau E. dazu: Es gehöre nicht viel Phantasie dazu, sich vorzustellen, wer die Versicherungsprämie kassiert.

Wie weit das Vorgehen von Pater B. - insbesondere sein Diffamieren einer Person unter Verletzung des Beichtgeheimnisses - in diesem Bericht korrekt dargestellt ist, wie weit seine Methoden - wenn der Bericht im wesentlichen stimmt - typisch für das gesamte Engelwerk sind, sei dahingestellt. Bemerkenswert ist aber, daß Lehren aus dem OA-Handbuch, wie jene von Katzen als Durchstrahlern des Bösen (vom Pferd ist im Handbuch nur positiv als „Bild der Willenszucht, des kraftvollen Helfertums" der heiligen Engel[31] die Rede,

[31] Opus Sanctorum Angelorum, Handbuch des Engelwerkes, 1961, S. 104

insofern geht anscheinend die Praxis noch über das Handbuch hinaus), offenbar eine größere Rolle spielen, als man anzunehmen geneigt ist.

Vor allem aber dürfte an der Tatsache, daß das Engelwerk sich zumindest noch vor wenigen Jahren mittels zahlreicher unterversicherter Leiharbeitskräfte finanziert hat, kaum zu rütteln sein. Und die Frage, ob das nicht mehr mit modernem Menschenhandel als mit Christentum zu tun hat, ist berechtigt. Frau E. schließt ihren Bericht jedenfalls mit einem eindeutigen Urteil: „Sollte die Kirche derartige Vereinigungen und damit auch deren Methoden gutheißen oder stillschweigend dulden, so verdient sie nicht den Namen christlich!!"

In einem seiner letzten Bettelbriefe, für den Pater Hermann Precht verantwortlich zeichnet, hat sich das Schondorfer Kreuzordenskloster selbst übertroffen. Zunächst wies es auf die Probleme der römischen Niederlassung, also des Ordensgeneralates, hin, dann präsentierte es den Kreuzorden als wichtigen Geldgeber des Vatikan: „Zuguterletzt liegen noch drei unbeantwortete Bettelbriefe des Vatikans mit der Unterschrift Seiner Eminenz, Kardinal Casaroli, Staatssekretär Seiner Heiligkeit, auf unserem Schreibtisch. Doch Ihre Spende werden wir an den Vatikan nur dann weiterleiten, wenn Sie das ausdrücklich vermerken." Man kann nur hoffen, daß keine finanziellen Erwägungen die neuerliche Überprüfung des Engelwerkes durch die Glaubenskongregation beeinflussen...

VI JEDES DING HAT ZWEI SEITEN

Das Opus Angelorum von außen und von innen

A) Wenn das OA Exerzitien hält

> *Was das Engelwerk besonders verderblich macht, ist der Umstand, daß durch fromme Exerzitien gute Leute für das Werk gewonnen werden, die aber nur die erbauliche Schauseite dieser Einrichtung erkennen können und durch solche Täuschung zu seinen Förderern werden.*
>
> *WEIHBISCHOF HEINRICH GRAF VON SODEN-FRAUNHOFEN* [1]

Exerzitien und Einkehrtage des Engelwerkes sind für Bildungs- und Exerzitienhäuser oft eine wichtige und gute Einnahmequelle, auf die sie ungern verzichten. Das ist auch der Grund, warum solche Veranstaltungen auch nach wie vor an Stätten durchgeführt werden können, wo man es nicht vermuten würde. Die Leiter der jeweiligen Häuser distanzieren sich zwar eventuell verbal vom Engelwerk, meinen aber, solange keine eindeutige schriftliche Weisung aus Rom oder von der jeweiligen Diözesanleitung vorliege, sei es vertretbar, die Pforten auch für das Engelwerk offen zu halten und dafür zu kassieren.

Insider berichten, daß es im Grunde zwei Arten von Exerzitien gibt, solche, die jedermann, dem die Verehrung der Engel ein Anliegen ist, mit Gewinn besuchen kann und bei denen peinlich genau auf die Einhaltung der 1983 von der Glaubenskongregation in Rom dem Engelwerk gemachten Auflagen geachtet wird, und solche, die der Heranbildung von Nachwuchs für den Kreuzorden dienen. Zu letzteren werden natürlich nur ausgesuchte junge Leute eingeladen. Eine solche Veranstaltung, die 1986 auf der Insel Madeira stattfand, ist durch einige Teilnehmer sehr gut dokumentiert. Davon soll in einem späteren Kapitel die Rede sein.

Die eher allgemeinen Exerzitien erfüllen für das Engelwerk sicher mehrere Zwecke: Frömmigkeit soll geweckt und vertieft werden - unbestritten, aber es sollen wohl auch Geldgeber für Projekte motiviert und eventuell junge Leute, die für den Exerzitientyp II in Frage kommen, herausgefiltert werden. Die interessanten Dinge bei solchen Veranstaltungen dürften sich nicht im Plenum, sondern in Einzel- und Beichtgesprächen abspielen.

Engelwerk-Gegner Heinrich von Soden-Fraunhofen betont: „Was das

[1] Heinrich von Soden-Fraunhofen, Zwischen Engeln und Dämonen, Familien-Journal, Aachen, 12/1988, liegt monatlich den Kirchenzeitungen mehrerer Diözesen bei

Engelwerk besonders verderblich macht, ist der Umstand, daß durch fromme Exerzitien gute Leute für das Werk gewonnen werden, die aber nur die erbauliche Schauseite dieser Einrichtung erkennen können und durch solche Täuschung zu seinen Förderern werden."

Was bei solchen Exerzitien gesagt wird, darüber liegt beispielsweise ein schriftlicher Bericht aus dem süddeutschen Kloster Brandenburg vor. Dieses anonyme Protokoll der Tage vom 29. Oktober bis zum 2. November 1982 enthält zweifellos Fehler, die vermutlich nicht nur an mißverständlichen Aussagen der Vortragenden, sondern auch am Schreiber liegen, hat aber doch beträchtlichen Informationswert. Als Exerzitienmeister nahmen aus dem Kreuzorden P. Michael Prader, P. Dr. Georg Blaskó (Betreuer der Kinder und Jugendlichen) und P. Rupert Precht teil, dazu kamen der Salvatorianerpater Thaddäus Laux (für die Anfänger) und die Schwestern Theresia und Veritas. Der Chronist berichtet zunächst Allgemeines:

„Tagesordnung: 7.00 hl. Messe - 8.00 Frühstück - 9.00 1. Vortrag - 10.45 2. Vortrag - 12.00 Mittagessen - 14.00 Beichte - 15.00 Kaffee - 17.00 3. Vortrag - 18.15. Abendessen - 19.30 hl. Messe.

In den freien Zeitabschnitten standen die Patres und Schwestern für Aussprachen zur Verfügung. Von den Teilnehmern wurde auch reichlich Gebrauch davon gemacht. Auf Anraten der Patres sollte man die heilige Kommunion ruhig zweimal am Tag (morgens und abends) empfangen; denn dies sei laut Papst Johannes Paul II. bei außergewöhnlichen Situationen möglich; dies sei bei diesen Exerzitien der Fall. Während der heiligen Messe am Samstag zelebrierte gleichzeitig Dr. Blaskó eine heilige Messe am Seitenaltar."

Typisch für das Engelwerk sind die zweimalige Kommunion am Tag, die oftmalige - hier sogar tägliche - Beichte und daß ein OA-Priester lieber allein für sich eine Messe feiert als konzelebriert. Im Bericht folgen Splitter aus den für die Anfänger bestimmten Vorträgen von P. Thaddäus Laux, zunächst aus dem ersten am 30. Oktober 1982: „ Der Herr wird uns einen Engel schicken, der uns Kraft geben wird. Der Herr nimmt unser Kreuz nicht von uns. Unsere Verstorbenen machen mit uns diese Exerzitien. Wir haben auf die inneren Einsprechungen und Mahnungen zu hören. Grundsatz im Verhältnis zu Gott: 1. Bitte aussprechen. 2. Schweigen/Horchen. 3. Gehorchen. Gott schickt uns einen Schutzengel. Wichtig: Innere Auseinandersetzung mit dem Herrn. Die Unterwelt ruht und rastet nicht, die ist pausenlos im Einsatz, ein ganzes schwarzes Rudel. Unsere Zeit dämonisiert sich immer mehr. Es entsteht ein Sodom und Gomorra. Für jede Not hat der Herr eine besondere Hilfe.

Bericht aus der Kirchengeschichte (vor genau 100 Jahren): Papst Leo XIII. als Seher: er hörte ein Zwiegespräch, eine Stimme Satans, die andere Stimme Jesu Christi. Satan: Ich werde deine Kirche vernichten, dazu brauche ich Macht und Zeit. Seher: Ein Engel öffnete die Hölle, die Teufel, die Verdammten, die satanische Armee wurde losgelassen. Leo XIII.: Später wird dem Satan erlaubt, in die Kirche einzudringen, so daß viele auch an der Kirche irre werden.

Als Gegenpol haben wir die himmlische Armee: die Scharen der Engel, an deren Spitze die Immaculata steht. Leo XIII. berief ein Konsistorium ein, lt. Enzyklika vom 1.9.1882 soll im Monat Oktober das Allerheiligste ausgesetzt werden, dann soll der Rosenkranz und danach die Lauretanische Litanei gebetet werden, dann ein Gebet zum heiligen Josef. Nach der heiligen Messe soll gebetet werden: zwei Ave Maria, allgemeines Gebet, Gebet zum heiligen Josef. P. Thaddäus brachte eine Muttergottes-Statue mit, die er im Saal aufgestellt hatte und vor der vor den Vorträgen gebetet wurde. Bei der Statue handelte es sich um die sogenannte Rosa Mystica, bei der drei Rosen auf der Brust angebracht sind - eine weiße, rote, goldene. Diese drei Farben bedeuten auch Vater, Sohn, Heiliger Geist.

Weiter soll gebetet werden das Gebet Leos XIII. vom 15. September 1888 und der Exorzismus. Der Monat März soll dem heiligen Josef geweiht werden. P. Pio sagte: Wenn man alle Dämonen, die in der Welt sind, sehen könnte, dann würde man vor lauter dunklen Gestalten die Sonne nicht sehen. Pius X.: Die Rettung kommt durch die Muttergottes. Die bösen Geister werden vom heiligen Josef wieder in die Hölle zurückgejagt werden. Gerade dies sei für die Teufel eine Demütigung, weil sie den heiligen Josef nicht ernst genommen haben. Über dieser bösen Welt gibt es noch den Himmel. Die Welt geht noch nicht unter. ‚Mein unbeflecktes Herz wird triumphieren.' Es ist nicht nur die Stunde der Dämonen, sondern vor allem die Stunde der Engel."

In diesem Stil geht es weiter: Hinweise auf Privatoffenbarungen, auf den Kampf zwischen Engeln und Dämonen, auf die „satanische Zeit" und schließlich auf das Engelwerk und seine drei Ringe sowie auf die neun Engelchöre und die Weihen im Engelwerk. Einige weitere Kostproben aus den hier überlieferten Aussagen von P. Laux:

Aus dem zweiten Vortrag: „Auch Theologen glauben nicht mehr, was die Kirche lehrt. Prof. Küng wird auch von höchsten Stellen der Kirche noch geschützt. Warum geht man nicht härter gegen diese reißenden Wölfe vor?"

Aus dem dritten Vortrag: „Die ganze Wut der Hölle richtet sich gegen das Bußsakrament. Wenn in wenigen Jahren 2000 Priester abfallen, dann auch deshalb, weil sie zu wenig zur Beichte gingen. Pius XII. stellte sich gegen die Meinung, daß das öftere Beichten der läßlichen Sünden nicht notwendig sei. Es schreit zum Himmel, wenn Priester kaum Beichtgelegenheit anbieten. In einem Priesterseminar seien von 18 Alumnen 13 in psychiatrischer Behandlung... Der Papst hegt große Hoffnungen auf: Engelwerk, Opus Dei, Marianisches Priesterwerk. Es ist eine große Gnade und Auserwählung, dem Engelwerk anzugehören."

Sonntag, 31. Oktober 1982. Aus dem ersten Vortrag von P. Thaddäus: „Gott hat soviele Engel geschaffen, als Menschen hier auf Erden einmal leben werden. Jeder Engel muß einmal einen Menschen führen. Der Engel erhält einen Schock, wenn er mit der Erbsünde seines ihm anvertrauten Menschen konfrontiert wird. Der Schutzengel kann immer mehr helfen, wenn gebetet wird.

Die heiligen Engel sind unsere besten Freunde und Seelenführer. Die Engel, die ihre Schützlinge nicht retten konnten, werden als Engelmärtyrer von Gott dafür belohnt, weil sie mit diesen Menschen ein Martyrium durchgemacht haben. Manche Menschen, die im Engelwerk sind, schwimmen direkt in Gnaden."

Dann schilderte P. Thaddäus folgenden „Werdegang im Engelwerk":

„1. Schutzengelversprechen (an einen Engel, wie Verlobung)

2. Schutzengelweihe (für Zeit und Ewigkeit, Vermählung)

3. Aufnahme in den Helferkreis der Priestergemeinschaft, Schutzengelbruderschaft

4. Engelweihe (an alle Engel, nach drei Jahren)

5. besondere Weihe - Sühneweihe"

Und schließlich stellte der Salvatorianerpater klar: „Wenn Lefèbvre, der mit dem Papst zu 95 Prozent übereinstimmt, sich vom Papst trennen würde, dann stehen wir an der Seite des Papstes."

Notizen aus dem zweiten Vortrag: „Liturgische Verwilderung: Faschingsgottesdienst mit Narrenmasken und Narrenruf anstatt: Der Herr sei mit euch. Tabernakel steht nicht mehr in der Mitte der Kirche, siehe München. Priesterseminare, siehe auch Rottenburg, sind ohne Kniebänke. Diözese Limburg: Liturgisches Festival. Drei Stunden bei Bier und zweifelhafter Kleidung. Bei der Wandlung hatte der Priester (ohne Priestergewand) in der einen Hand die Hostie, in der anderen eine Zigarette."

Den dritten an diesem Tag protokollierten Vortrag hielt P. Michael Prader für Fortgeschrittene: „Engelversprechen wie beim Grundkurs. Einübung - man wird bekannt. 1. Ringmauer (Tor, Mauer), die das Werk umschließt. Teilzunehmen an den Gnaden. Der Weg kann für viele eine Grenze haben auf die Mitte zu. Diese Mitte ist Christus. Der Weg geht bergan. 2. Ringmauer - Schutzengelweihe. Eine Bindung, die auf ewig besteht. Man muß gelernt haben, seine Seele zu ordnen. Bei Exerzitien ist das Bußsakrament gleich zu Beginn, damit man von Schuld befreit ist und so viel freier wird, in die Reihen der Engel aufgenommen wird. Das Engelwerk ist nicht geschaffen für Menschen, die nicht bereit sind, für das Werk Gottes zu schaffen. Schutzengelweihe = Gebundenwerden mit dem Engel an das Kreuz. Das Wichtigste im Werk ist die Sühne."

Aus dem vierten Vortrag von P. Thaddäus Laux: „Durch Klopfen, Wimmern, Schlag können sich die Armen Seelen melden. Die Verdammten haben diese Möglichkeit nicht. Nur die Frommen hören die Armen Seelen. Manche Tote erschienen den Lebenden sogar bei Tag. Die Armen Seelen erscheinen zur Zeit in ganzen Scharen und klagen, daß sie besonders auch von der Kirche zu wenig Hilfe erhalten. Es werden zu wenige heilige Messen gelesen."

Vom 1. November, Allerheiligen, sind wieder drei Vorträge von P. Laux dokumentiert. Aus dem ersten: „Wir haben einen Überhang zum Bösen. Die gefallenen Engel versuchen, sich an uns heranzumachen. Das Gebet ist das

Wichtigste, was wir tun können... Man darf sich nicht zügellos, ungehemmt gehen lassen. Es gibt Dinge, die schafft man allein nicht, auch nicht bei aller Diplomatie. Die Hölle ist losgelassen. Es muß gebetet werden, sogar Sturmgebete. Wir haben sehr viele Besessene. Alkohol, Drogen ist auch eine Art Besessenheit."

Aus dem zweiten Referat: „Der Exorzismus wird kaum noch angewandt. In Italien hat eine Besessene körbeweise verfaultes Heu gespuckt. Jeder Laie kann den Laien-Exorzismus des Papstes Leo XIII. lesen. Wenn es dadurch noch schlimmer wird, dann aufhören und Lobgebete sprechen, besonders: Sanctus, Sanctus. Feuerzäune, Feuerwälle aufrichten, das Magnificat beten - auch ein Exorzismus. Früher wurde viel mehr gebetet, heute haben die Dämonen freie Bahn. Wenn gar nichts mehr hilft, dann zum heiligen Josef beten. Wenn ein Psalter gebetet wird (150 Ave Maria), dann erzittert die Hölle, ferner bei Weihwasser und St. Michaels-Gebet... Die charismatische Bewegung ist sehr fromm, aber sehr gefährlich... Papst Paul VI.: Der Satan ist in den Tempel des Herrn eingedrungen... Fortsetzung und Erfüllung von Fatima ist Monte Chiari. 1947-1966 Rosa Mystica: Sie forderte auf, für die Priester zu beten. Das zuständige Ordinariat: Die sogenannte Seherin sei geisteskrank. Im Auftrag von Bischof Graber (Regensburg) habe er (P. Thaddäus Laux) die Sache überprüft und festgestellt, daß die Sache echt sei, vor allem auch, weil Bekehrungen und Heilungen vorkommen. Die Statue der Rosa Mystica sei im Vatikan im Schreibzimmer des Papstes Paul VI. gewesen, dann wieder herausgenommen worden. Der jetzige Papst Johannes Paul II. glaubt auch daran."

Notizen zum dritten Vortrag: „Don Bosco hat Wunder gewirkt, sogar einen Toten auferweckt. Vision: Salesianische Weltkarte: In China und Rußland viele Klöster der Salesianer. Salesianisches großes Schiff: mit Papst, Bischöfen, Priestern und vielen Gläubigen. Und viele Gegenschiffe: Der Papst wurde verwundet, aber wieder geheilt; beim zweiten Anschlag war er tot. Weiter sah er zwei Lichtsäulen: Hostie und Gottesmutter.

Der Staatssekretär von Pius IX. war Freimaurer. Der Bischof des Don Bosco sagte zu Leo XIII., er habe einen jungen Priester (eben Don Bosco), der müsse verschwinden, denn er sei eine Gefahr für die Kirche[2]. Dieser Bischof sei auch Freimaurer gewesen, er starb mysteriös in der Badewanne. Die heiligen Engel öffnen uns die Augen für diese Dinge - vor allem gestalten wir unser Leben eucharistisch-marianisch.

...Heroldsbach wurde von Rom (Glaubenskongregation) wieder aufgegriffen. Bischof Graber soll die Sache als echt angesehen haben. Drei Irrlehren: Gottloser Humanismus - Gottloser Marxismus - Gottloser Kapitalismus. Weiße Rose - Freimaurer. Rote Rose - marxistische Fahne. Goldene Rose - gottloser Kapitalismus. Die heiligen Engel sehen das apokalyptische Ringen."

[2] Eine unglaubwürdige Geschichte: Als Leo XIII. (1810–1903) im Jahre 1878 Papst wurde, war Don Bosco (1815–1888} kein junger Priester mehr.

Der Regensburger Altbischof, Dr. Rudolf Graber, hat in Kenntnis dieser Notizen dazu am 10. Juli 1986 vor einem öffentlichen Notar in Baden bei Wien folgende schriftliche Erklärung abgegeben: „Die von P. Laux über mich aufgestellten Behauptungen sind völlig unwahr. Er hat von mir keinen Auftrag bekommen. Bereits Ende 1972 habe ich für mich und für mein Bistum jeden Kontakt mit dem Opus Angelorum abgebrochen; dem Abt Thomas Niggel habe ich die doppelte Kommunionspendung am Tag bei Veranstaltungen des Opus Angelorum verboten."

Zum besseren Verständnis: Heroldsbach ist ein kleiner Ort im Erzbistum Bamberg, wo es 1949 Marienerscheinungen gegeben haben soll. Die Kirche hat aber aus guten Gründen keine dieser Erscheinungen anerkannt. Thomas Niggel ist Abt des Benediktinerklosters Weltenburg an der Donau, das als Hochburg des Engelwerkes innerhalb der Diözese Regensburg gilt.

Die bei solchen Exerzitien übliche Mischung aus Glaubensverkündigung mit Hinweisen auf den stattfindenden apokalyptischen Kampf zwischen Engeln und Dämonen und auf mehr oder weniger glaubwürdige Privatoffenbarungen kommt offenbar bei einem bestimmten Personenkreis an. Exerzitien des Engelwerkes sind meist gut besucht. Und manche junge Leute sind danach oft sehr motiviert, sich enger an das Engelwerk zu binden.

Die Mutter einer Exerzitienteilnehmerin wußte im Bayerischen Fernsehen zu berichten: „Unsere Tochter war bei den Engelwerk-Exerzitien in Altötting. P. Hermann Precht hat sie nach den Exerzitien mit dem Auto nach Hause gebracht, obwohl sie eine Rückfahrkarte für die Bahn hatte. Außer P. Precht kamen noch ein Pater und drei Werkhelferinnen und haben meinen Mann und mich zwei Stunden lang bearbeitet, unsere Tochter zum Engelwerk gehen zu lassen. Wir wollten, daß sie zuerst ihre Berufsausbildung macht. P. Precht sagte: ‚Sie können sie doch nicht in eine höhere Schule schicken, da lauert überall der Teufel. In der Schule ist sie überall von Dämonen umgeben.'"[3]

Offenbar die gleiche Frau erzählte ein gutes Jahr später im Österreichischen Fernsehen: „Sie war vorher eine gesunde normale Jugendliche. Seit dem Engelwerk hat sie Angst, daß sie nicht in den Himmel kommt, sie fürchtet sich vor dem Teufel, vor der Hölle, vor der ewigen Verdammnis, unsere Tochter ist jetzt zum Beispiel ein Fall für den Psychiater."

Dazu beigetragen hat nach Ansicht dieser Mutter folgendes: „Sie war bei ihm beim Beichten, und da hat er ihre Schwachstellen gekannt. Und bei diesen Schwachstellen setzen die immer an... Das machen aber alle Sekten so. Die lassen die Leute immer bei sich beichten, und hinterher wissen sie, wo sie ansetzen müssen. Als sie immer gebetet und meditiert hat, hatte ich Angst, daß sie in einen religiösen Wahn verfällt. Da hab ich gesagt: Was soll denn das, das hast du doch früher auch nicht gemacht, vor den Exerzitien? Und da hat sie gesagt, da lauert überall der Teufel, und man kann gar nicht viel genug beten,

[3] „Stationen", Bayerisches Fernsehen, 7.7.1988

und sonst ist man verloren, die Strafe Gottes und die ewige Verdammnis wird einen treffen und so weiter."[4]

Ein besonders schwerwiegender Vorwurf an das Engelwerk betrifft die oftmals, ja in Einzelfällen sogar täglich empfohlene Beichte. Das erzeuge ein gefährliches Abhängigkeitsverhältnis, sagen Kritiker des Werkes, wie Weihbischof Soden-Fraunhofen: „Das erreicht schon die Grenze einer psychischen Beeinflussung, die nicht im Sinne des Sakramentes ist."

Ein führender Mann des OA in Rom, Prof. Josef Finauer, erklärte auf die Frage, ob das Engelwerk bei seinen Exerzitien manipuliere: „Wenn man eine Erneuerung, eine Festigung des Glaubens, eine vielleicht auch wieder neue Sicherheit im Glauben zu bekommen als Manipulation bezeichnen will, dann muß ich sagen: Ja. Denn es ist ja das Bestreben in der katholischen Kirche, durch die Exerzitien den Glauben zu vertiefen. Daß manche vielleicht verstört zurückkommen, das werden sicher Ausnahmefälle sein."[5]

Tiefere Einsichten in das Weltbild des Engelwerkes ermöglichen Anfänger-Exerzitien, zumindest ab 1983, seit dem Spruch der Glaubenskongregation, selten. Vorher allerdings konnten manche Exerzitienvorträge theologisch Gebildeten bereits die Augen öffnen. Der Jungtheologe Johannes Rothkranz, bis zum Frühjahr 1986 aufgrund einiger Kontakte in Flüeli, Augsburg und St. Petersberg dem Engelwerk und Kreuzorden positiv gesinnt, begann seine Meinung unter dem Eindruck von OA-Schriften zu revidieren. Besonders trug zu diesem Gesinnungswandel bei, daß ihm der gedruckte Exerzitienvortrag „Die Gelübdebindung im Werk der heiligen Engel" (St. Ottilien/Heiligenkreuz 1976) von P. Walter Schücker aus Heiligenkreuz in die Hände fiel:

„Bestürzt wurde ich aber erst, als ich einen Exerzitienvortrag las, der bereits in der Mitte der siebziger Jahre in St. Ottilien gehalten worden war. Der Verfasser griff scheinbar ständig auf ganz ungewöhnliche Ereignisse über die Engelwelt zurück, die nur aus den von P. Bitterlich in Petersberg angesprochenen Privatoffenbarungen seiner Mutter stammen konnten - aber so hatte ich mir diese Privatoffenbarungen nicht vorgestellt! Es war ein einziger Wirrwarr von Spekulationen darüber, wie die evangelischen Räte in der Engelhierarchie ‚verankert' seien. Die an praktisch keiner Stelle sinnvollen oder einleuchtenden Gedankengänge erinnerten sehr stark an die gnostischen Engelspekulationen verschiedener Provenienz, die mir schon zu Gesicht gekommen waren. Weitere schwere theologische Bedenken grundsätzlicher Natur kamen mir beim Studium des Engelkalendariums und des Rituale des Engelwerks."[6]

Rothkranz faßte sein Unbehagen so zusammen: „Zumindest in diesem Referat bildet die Engelhierarchie ein ganz eigenes System, das mit den von der Kirche gelehrten Glaubenswahrheiten kaum etwas zu tun hat. Alles, was da

[4] „X Large", Österreichisches Fernsehen, 12.11.1989
[5] „Stationen", Bayerisches Fernsehen, 7.7.1988
[6] Johannes Rothkranz, Manipulationswochen in Madeira, Manuskript, Filsen/Rhein 1986, S. 7

behauptet wird, steht weder in organischem Zusammenhang mit der allgemeinen Offenbarung noch mit den ihr zugrundeliegenden Vernunftwahrheiten. Wer in diese Privatoffenbarungen tiefer eindringen wollte, müßte wohl unzählige einzelne, unzusammenhängende Fakten auswendiglernen, die auch untereinander keine organische Zusammenhänge aufweisen. Genau diese mangelnde Kohärenz, diese Sinnlosigkeit der Konstruktion, ist aber dem katholischen Glauben wesensfremd; hingegen ist sie kennzeichnend für alle gnostischen und kabbalistischen Systeme.“

Zum Verständnis der von mehreren Theologen häufig geäußerten Vorwürfe gegenüber dem Engelwerk - Gnosis und Kabbala (auch Qabbala oder Qabbalah geschrieben) - ist es hilfreich, die Definition dieser Begriffe durch ein Lexikon zu kennen:

Gnosis (griechisch >Erkenntnis<) die, (Gnostizismus), Erlösungsglaube, der das Heil des einzelnen von der Erkenntnis Gottes und der erlebten Einsicht in das göttliche Geheimnis abhängig macht. Eine G. gab es wahrscheinlich schon in der nichtchristlichen Spätantike. Die christliche G. entstand in den ersten nachchristlichen Jahrhunderten im Gegensatz zum kirchlichen Christentum in zahlreichen Sekten, die sich durch die Aufnahme altorientalischer und anderer religiöser Elemente sowie mystischer Spekulationen über den Gegensatz von Gott und Materie weit vom christlichen Glauben entfernten.[7]

Kabbala (hebräisch >Überlieferung<) die, Bezeichnung der vor allem in Spanien und Süd-Frankreich um 1200 entstandenen jüdischen Mystik, deren bedeutendster Lehrer Issak der Blinde war. Wichtigstes Werk der K. ist das Buch >Sohar<, ein Ende des 13. Jahrhunderts entstandener Kommentar zum >Pentateuch<[8]*. Die K. verbreitete sich auch in Deutschland und vom 16. Jahrhundert an in Palästina. Unter Verwendung neuplatonischer und gnostischer (Gnosis) Elemente erstrebte sie die Versenkung in die letzten Geheimnisse.“*[9]

Bei Bischof Soden-Fraunhofen heißt es, gestützt auf das Gutachten zum Engelwerk von Johann Auer: „Es ist schwierig, die Kabbala in nur wenigen Strichen zu schildern. Es handelt sich um eine jüdische Mystik, deren Anfänge auf das 7. Jahrhundert zurückgehen. Die Anfangsliteratur versenkt sich in verzückte Schilderungen des Himmels, seiner Geheimnisse, der Thron-Herrlichkeit und des Hofstaates Gottes, alles im Anschluß an die Theophanie von Ezechiel 1.

Im Laufe des Mittelalters entwickelte sich dann eine kabbalistische Metaphysik. Die Gottheit ist darin die absolute, unbegrenzte und unbedingte Einheit und existiert real. Die Schwierigkeit des Übergang von diesem unendlichen Urprinzip zum endlichen bedingten Sein mit seinen Unvollkommenhei-

[7] Der Große Knaur, Lexikographisches Institut, München 1982, Band 7, S. 2989f.
[8] Sammelbezeichnung für die Fünf Bücher Mose
[9] Der Große Knaur, Lexikographisches Institut, München 1982, Band 10, S. 4060

ten sucht die Kabbala durch die Einführung von Mittel-Wesen zu lösen, den ‚Zephirot'. Es sind geistig-sittliche Mächte, schöpferische Urpotenzen. Sie sind im kabbalistischen Weltbild in drei Triaden gestuft. Hier kommen Weisheit, Verstand, Stärke, Natur und Stoff vor. Die unterste Zephira faßt die vorangehenden Triaden im Prinzip der Materialität zusammen. Sie ist der Übergang in die vier Welten der Ausstrahlung, der Schöpfung, der Formung und der Verfertigung.

Die praktische Kabbalistik befaßte sich mit mystischen Deutungen von Gottes- und Engelnamen und ihren erhofften magischen Auswirkungen auf das natürliche Geschehen.

Im 15. Jahrhundert meinten einige christliche Gelehrte, mit Hilfe der Kabbala das Judentum zum Christentum überführen zu können, bis klar wurde, daß die Weltanschauungen nicht vereinbar sind.

Es sind somit die Mittel-Wesen zu merken, die Zephirot, zu denen sich eine riesige Zahl von Geistwesen, mit ebenso großer Zahl von Namen, gesellen, und die jeweils eine Wirklichkeit göttlichen Wesens in die Schöpfung hinein vermitteln. Wir finden sie in der Theologie des Engelwerks wieder.

Es ist unmöglich, einigermaßen gründlich darzustellen, wie die Vorgaben der Kabbala in die Theologie des Engelwerks eingearbeitet sind."[10]

Mit Zitaten aus dem Band I des Skriptums „Die moderne Weltgnosis", verfaßt von P. Hermann Riedl OCist, dem bis 1989 an der Hochschule Heiligenkreuz lehrenden OA-kritischen Dogmatiker, versucht ein kurzer anonym verfaßter Aufsatz von fünf Seiten, die Nähe der Schückerschen Gedanken zu Gnosis und Kabbala zu verdeutlichen. Auf Seite 116 dieses Skriptums charakterisierte Riedl die Lehre des Gnostikers Basilides (2. Jahrhundert):

„...nach Irenaios lehrte Basilides eine Emanation von Wesen und Engeln aus dem ungezeugten Vater. Zuerst sechs geistige Kräfte, die das eigentliche Pleroma bilden: Nus (Verstand) oder Christus, logos (Wort), phronesis (Klugheit), sophia (Weisheit), und dynamis (Kraft). Aus dem letzten Paar entstanden 365 Engelmächte in absteigender ununterbrochener Folge, die sich ihren eigenen Himmel jeweils nach dem Vorbild des vorausliegenden bildeten. Die 365 Himmel entsprechen dem räumlichen Weltjahr oder Äon, das den Abstand zwischen Gott und Schöpfung symbolisiert...."

Noch näher steht Schücker der Kabbala, wie bei Riedl auf Seite 148 klar wird: „Eines der wichtigsten Themen des Zohar...ist das Verhältnis der Unerkennbarkeit der Gottheit ... zur Entfaltung und Manifestation in den zehn Sephirot in Gott ...: Keter (Krone), Chokma (Weisheit), Bina (Verstand), Chesed (Gnade), Din (Gericht), Rachamim (Erbarmen) oder Tipheret (Herrlichkeit), Nezach (Ewigkeit), Hod (Pracht), Jesod (Fundament), Malkut (Reich). Das En Soph, der deus absconditus, offenbart sich durch die Sephirot. Diese Sephi-

[10] Heinrich von Soden-Fraunhofen, Beobachtungen zum Engelwerk, Manuskript, Freising 1986, S. 3f.

rot sind keine Zwischenstufen zwischen Gott und Schöpfung, sondern sind dynamische Kräfte, die als miteinander in Zusammenhang befindliche die sich manifestierende Gottheit selbst sind. Sie werden ‚Stufen' (‚Abstufungen') in Gott genannt..."

Statt Chesed und Din sind auch die Bezeichnungen Gedulah und Gebhura üblich, wie ein Werk über die „christliche Kabbala" im allgemeinen und den Theologen F.C. Oetinger im besonderen verrät.[11] Unter den in Schückers „Gelübde-Bindung" aufgezählten Engelnamen springen sowohl Chochmah als auch Nezach und Geburah ins Auge.

Dem Engelwerk ist nichts anderes übriggeblieben, als Gemeinsamkeiten der Bitterlichschen Privatoffenbarungen mit der Kabbala zuzugeben, denn die Übereinstimmung beziehungsweise Ähnlichkeit der vom OA gelehrten Engelnamen mit den Sephirot- oder anderen Namen aus der Kabbala ist unübersehbar. Bis heute wurde aber betont, daß keine „literarische Abhängigkeit" vorliege, daß vielmehr die Namen neu geoffenbart wurden und das Engelwerk nur mit den richtigen Anschauungen der Kabbala, aber nicht mit deren Irrtümern übereinstimme. Das Zweite Vatikanische Konzil habe dazu aufgerufen, sich der Gemeinsamkeiten und Übereinstimmungen mit den Überlieferungen des Judentums - und „Kabbala" bedeute nichts anderes als „Überlieferung" - bewußtzuwerden. Insofern betrachtet das OA, dessen Entwicklung freilich lange vor diesem Konzil (das sicher das Alte Testament und nicht die Kabbala hervorheben wollte) begonnen hat, seine Arbeit als Beitrag zur christlich-jüdischen Ökumene.

Den meisten Teilnehmern an Engelwerk-Exerzitien liegen solche Überlegungen, aus Unkenntnis der OA-Schriften, sicher fern. Sie unterstützen das Werk, weil es nicht dem allgemeinen Trend vieler kirchlicher Veranstaltungen - kritische Diskussionen zu allen möglichen Themen - folgt, sondern in traditioneller Form das Gebet und den Gehorsam betont, mit geheimnisvollen Privatoffenbarungen althergebrachte Glaubensvorstellungen stärkt und vor allem mit einer feierlichen Liturgie alten Stils Eindruck macht.

B) Liturgie und Engelkult

> *Es ist nicht so, daß wir in der heiligen Kommunion den Engel empfangen, jedoch der Herr, den wir empfangen, nimmt ihn in sich auf und gibt ihn uns.*
>
> *AUS EINEM OA-LEHRBRIEF*

Zu jenen Dingen, die viele am Opus Angelorum positiv beeindrucken, gehören die feierliche Liturgie und die intensive Verehrung des Allerheiligsten.

[11] Ernst Benz, Die christliche Kabbala, Zürich 1958

Auch der frühere Regensburger Bischof Dr. Rudolf Graber, der selbst Mitglied des Werkes war, gibt zu, davon sehr angetan gewesen zu sein. Später meinte er: „Man muß beim Engelwerk genau hinsehen und zwei Dinge unterscheiden, die äußere Seite und die innere Seite."

So sind dem Engelwerk in konservativen Kirchenkreisen Aussagen wie die folgende - gemacht in einem Interview für den „Blickpunkt"[12] - sehr nützlich: „Wir sind dem Papst treu ergeben und versuchen die Lehre und Vorschriften der katholischen Kirche streng zu befolgen. Diese Feststellung steht in keinem Gegensatz zu der Tatsache, daß wir die Heilige Messe oft lateinisch feiern (da viele unserer Brüder die deutsche Sprache nicht beherrschen), daß wir die Heilige Kommunion in der althergebrachten Weise reichen, was kirchlicherseits absolut nicht verboten ist, und daß wir schließlich das geistliche Gewand dem Profanen vorziehen. Jede Vermutung, wir könnten eine Sekte oder ähnliches sein, weisen wir mit aller Entschiedenheit zurück."

Großen Eindruck macht zum Beispiel die sogenannte Passio. In den Häusern des Engelwerkes wird jede Woche in ausgedehnten Gebetszeiten des Ölberg- und Todesleidens Jesu gedacht. Es heißt, daß damit auch die Sühnebereitschaft, besonders bei unzufriedenen Mitgliedern und Novizen, gefördert werden soll. Außerdem ist die tägliche eucharistische Anbetung üblich. Daß es zumindest früher vorkam, daß Messen vor dem ausgesetzten Allerheiligsten gelesen wurden, kann man einer Richtigstellung von Georg Blaskó entnehmen: „Falsch ist jedoch die Behauptung, daß die heilige Messe vor dem ausgesetzten Allerheiligsten gefeiert wird. Seitdem dies verboten wurde, wird die Aussetzung des Allerheiligsten zur Feier der heiligen Messe unterbrochen."[13]

In der Liturgie geht man im Engelwerk beziehungsweise im Kreuzorden ganz eigene Wege und sucht dafür angeblich auch Anerkennung in Rom. P. Hansjörg Bitterlich hat 1986 Studenten verraten, daß der Kreuzorden bald wieder seinen ‚eigenen Ritus' - den ‚Braga-Ritus' - einführen wolle; er habe schon Kontakt mit der Gottesdienstkongregation aufgenommen. Ziel wäre es, diesen lateinischen Ritus, der dem ‚tridentinischen' sehr stark gleiche, zu gebrauchen, die Wandlungsworte aber sogar auf aramäisch - also in der Sprache Jesu Christi - zu sprechen.

Im Engelwerk hat man übrigens wenig für Konzelebration übrig, weil man die Zahl der einzelnen gelesenen Messen für wichtig hält.

Wie definiert das Engelwerk selbst in seinen offiziellen und offiziösen Verlautbarungen seine Aufgaben und Ziele?

„Das Hauptanliegen des Werkes der heiligen Engel ist die bewußte Zusammenarbeit von Engel und Mensch zur Ehre Gottes und zur Heiligung der ganzen Schöpfung."[14]

[12] Blickpunkt, 12.4.1974, S. 16
[13] Georg Blaskó, Richtigstellung zu drei Schriftsätzen, Silz 1986, B, S 2, 92
[14] Opus Sanctorum Angelorum, 3. Informationsbrief, Rom 1986, S. 9f.

Im Engelwerk geht man davon aus, daß ein endzeitlicher kosmischer Kampf zwischen Engeln und Dämonen (den gefallenen Engeln) stattfindet, in dem die Menschen nur in mystischer Kampfgemeinschaft mit den Engeln ihr Heil finden können. Bestätigt fühlt man sich durch Papst Pius XII.[15]: „Das Opus Sanctorum Angelorum ist die providentielle Verwirklichung eines brennenden Wunsches von Papst Pius XII., den er in seiner letzten Ansprache vor seinem Tod zum Ausdruck brachte: ‚Wir müssen uns mit den heiligen Engeln verbinden; wir müssen mit ihnen eine große, starke Familie bilden im Hinblick auf die Zeiten, die vor uns liegen.'"

Durch besondere Engelverehrung, durch Bindung an die Engel durch Weihen und durch oftmaligen Empfang der Sakramente soll der Mensch seinen Beitrag zu dieser Kampfgemeinschaft leisten. Seinen treuen Mitgliedern verrät das Engelwerk in seinen großteils geheimgehaltenen Schriften (die auf den Eingebungen von Gabriele Bitterlich beruhen) auch Details über diesen Kampf: welcher Engel welche Aufgaben und welchen Platz in der riesigen Engelhierarchie hat und gegen welchen Dämon - denn hinter jedem Übel steckt ein ganz bestimmter Dämon - er angerufen werden kann. Genau hier setzt natürlich massive Kritik von Theologen an, die darin deutliche Merkmale der Kabbala, der Magie beziehungsweise der Gnosis feststellen.

Im OA-Text „Das Werden des Werkes" heißt es: „1949 wurde eine Sicht durchgegeben durch die einzelnen heiligen Engel selbst - die Tagesengel -, die an der Erlösung und unserem Heil tätig sind. So wie oft zwei und mehr Heilige an einem Tag stehen, so ist auch anzunehmen, daß es auch für jeden Tag bestimmte Schutzengel und Fürbittengel gibt. Das ist eine Weisheit, die nicht neu ist. Das Judentum wußte schon davon. Es gibt nicht nur die zuständigen Fürbittengel, sondern auch bei jeder Wegbiegung, bei jeder Entscheidung des Lebens gibt es einen Engel, - der dem Schutzengel beigesellt wird. So hat der Mensch mehrere Engel - einen bestimmten Schutzengel und mehrere Geleitengel. Das ist auch aus dem Leben der Heiligen bekannt. (Weiheengel bei Priesterweihe, Profeßengel u.s.w.)

Nun wurden die heiligen Engel aufgeschrieben, die über den einzelnen Tagen stehen und so entstand 1950/51 ein ganzes Kalendarium. Die ernstlich die Engelverehrung anstreben, können es haben. Dazu kam eine Schau hinein in das Reich der heiligen Engel und eine in das Reich der Dämonen. Letztere ist nur den Priestern reserviert."

Es würde ins Uferlose führen, das gesamte Engelwerk-System darzustellen und zu analysieren. Dieses komplizierte Gebäude von Engeln und Teufeln, die in bestimmten Ordnungen zueinander und gegeneinander stehen, die teils aus alten Überlieferungen stammende, teils bis zu Gabriele Bitterlich völlig unbekannte Namen tragen, entzieht sich jeder knappen Beschreibung. Klar ist allerdings, daß man sich im OA an die auf den sogenannten Pseudo-Dionysius

[15] 3. OA-Informationsbrief, S. 12

zurückgehende Lehre von neun Engelchören anlehnt. Dessen Werk „Über die himmlische Hierarchie“ hat freilich längst an Glanz eingebüßt, seit sich im15. Jahrhundert herausstellte, daß der Autor dieser Schrift nicht, wie jahrhundertelang angenommen, der von Paulus bekehrte Athener Ratsherr Dionysius (Apostelgeschichte 17,34), sondern ein Unbekannter aus der Zeit um 500 nach Christus war.

Ein Beiblatt zur Druckausgabe der Schrift „Tagesengel“ gibt einen gewissen Überblick. Die neun Engelchöre sind in drei Hierarchien (auch Ringe oder Ternare genannt) eingeteilt, die bestimmte Hauptaufgaben haben (außerdem hat natürlich jeder Chor und jeder einzelne Engel noch spezielle Eigentümlichkeiten). Die erste Hierarchie - dazu gehören Seraphim, Cherubim und Throne - „hat Hauptdienst am Thron Gottes: Vorbild für unsere Beziehung zu Gott“. Die zweite Hierarchie - bestehend aus Herrschaften, Gewalten und Fürstentümern - „hat Dienst im Schöpfungsraum: Vorbild für unsere Beziehung zur Umwelt“. Die dritte Hierarchie - Mächte, Erzengel und Engel - „hat Dienst beim Menschengeschlecht auf Erden: Vorbild für unsere Beziehung zum Mitmenschen“.

Im Engelwerk weiß man natürlich auch genau über die Zahlen der Engel in jedem Chor Bescheid und was hinter der jeweiligen Zahlenmystik steckt. Als Beispiel möge nur die Aufgliederung des obersten Ringes, wie sie im „Handbuch des Engelwerkes“ verzeichnet ist, dienen[16]:

„I. Chor der Seraphim: Sieben gegen den Vater gewendet, sieben gegen den Sohn gewendet, sieben gegen den Geist gewendet.

II. Chor der Cherubim: Sieben gegen den Vater, sieben gegen den Sohn, sieben gegen den Geist gewendet.

III. Chor der Throne: Sieben, welche die Kraft des Drei-einigen Gottes gegen die Schöpfung zu ausstrahlen, und drei, welche den Thron Gottes über allen Himmeln bilden, und sieben, welche die Kraft Gottes innerhalb der Schöpfung wieder vor den Thron Gottes hinaufheben; und drei, welche den Thron Gottes inmitten der Geschöpflichkeit bilden, und einer, der Thron Mariens mitten unter ihnen.

Im obersten Ring der Anbetung sind außerdem noch

eine Zweier-Gruppe: Der Engel der Erde, zur Linken Mariens, der Engel der Kirche, zur Rechten Mariens;

eine Dreier-Gruppe: die drei verhüllten obersten Engel: der Engel des Lebens auf dem Haupte Gottes (bildhaft), der Engel des Wortes auf dem Hauch Gottes, der Engel der Liebe auf dem Herzen Gottes;

eine Siebener-Gruppe: Die sieben Engel vom Besonderen Dienst um den Thron Gottes; sie wechseln und werden aus allen Chören genommen.

Die verhüllten Engel stehen im Range der Seraphim, die sieben Engel vom

[16] Opus Sanctorum Angelorum, Handbuch des Engelwerkes, 1961, S. 187

Dienst im Range der Cherubim, die Engel um Maria im Rang der Throne. Sie selbst zählt als wahrer Thron Gottes."

Daß es ähnlich kompliziert weitergeht, sei hier nur angedeutet. So sind beispielsweise die drei nächsten Chöre jeweils dreigeteilt. Es gibt Hohe, Versiegelte und Niedere Herrschaften, Hohe, Versiegelte und Niedere Gewalten sowie Hohe, Versiegelte und Stille Fürsten. Jeweils vier in jeder Gruppe dieser Chöre tragen die Bezeichnung „Ecksäulen". Übrigens haben alle Chöre bis auf den letzten - die einfachen Engel - begrenzte Zahlen, aber auch jeder hohe Engel muß irgendwann einmal in diesem Chor als schlichter Schutzengel Dienst machen. Und die hochrangigen OA-Mitglieder haben natürlich auch einen entsprechend hochrangigen Begleitengel.

Ein Beispiel dafür, wie das „Handbuch" den OA-Insidern einen Engel vorstellt:

„Akaba, I. Chor der Seraphim, Seraph des Geistes, ‚Erschienen ist die Güte und Menschenfreundlichkeit Gottes'! Er bildet mit Elchai (Seraph des Vaters, ‚Gütiger Gott') und Jah (Seraph des Sohnes, ‚Erlöser-Gott') einen Spiegel der Gütigen Herablassung des Schöpfers zum Geschöpf.

Die Seraphim werden erst am jüngsten Tage ihre Gegner zu Gesicht bekommen, wenn sie mit ihrem Herrn und Gott zum Großen Gericht erscheinen. Diesem Seraph wird sich Sada Gibor[17], Makel der Erbsünde, entgegenwälzen, um durch die aufgespeicherte Wucht der Erbschuld die Güte Gottes zu zerdrücken. Aber der Dämon wird durch sich selbst erdrückt werden.

Der Fürbitt-Tag des Seraphs ist am 7. Oktober; er steht außerdem noch am 17. Juni unter den Engeln des Regenbogens, das Lob der Engel darstellend."[18]

Man mag sich fragen, was mit der Spiegelbildung gemeinsam mit zwei anderen Seraphim gemeint ist. Aufklärung verschafft die Beschreibung des Seraphs Aglai[19]: „Er bildet mit den zu ihm gehörenden Seraphim Eheie (Seraph des Vaters, der die Wesenhaftigkeit Gottes spiegelt) und Jod (Seraph des Sohnes, der die Göttliche Idee zur Erlösung trägt) einen Seraph, der den Drei-einigen Gott in Seiner Göttlichkeit und Heiligkeit spiegelt." Mit anderen Worten: Um die Dreifaltigkeit Gottes widerzuspiegeln, sind immer drei Seraphim einer und ein Seraph drei!

Weihbischof Heinrich von Soden-Fraunhofen meinte zur Engellehre des OA: „Jeder Mensch, jeder Beruf, jeder Ort, jede Gemeinschaft, jeder Landstrich haben ihren eigenen Schutzengel. Die Novizen des Engelwerks haben gelernt, daß alle Tage der Woche, alle Tagzeiten des Breviers und Teile der heiligen Messe ihren eigenen Engel haben. Der Mensch steht ‚zwischen den Engeln so fest eingeknotet, wie Kette und Perlen eines Rosenkranzes miteinander ver-

[17] Laut „Corrigenda" des OA-Handbuches korrekt „Sada Gibbor"!
[18] OA-Handbuch, S. 12
[19] OA-Handbuch, S. 11

knüpft sind'. Je ein Mensch und ein Engel werden einst - vergeistigt - die wahre geschöpfliche Widerspiegelung des dreieinigen Gottes sein."[20]

Zur betont eucharistischen Frömmigkeit im Werk gehört die sogenannte heilige Unio, die auch als zentrales Werksgeheimnis bezeichnet wird. Nicht nur Christus, sondern auch die Engel sind laut Opus Angelorum im eucharistischen Geheimnis gegenwärtig, jeder Kommunionempfang bedeutet auch Verbindung mit den Engeln. So war in einem Lehrbrief für Schwestern des Engelwerkes bezüglich der Kommunion zu lesen: „Darum wissen wir auch, daß in der heiligen Kommunion nicht wir den Engel in uns hineinnehmen, sondern der Herr nimmt zu uns den Engel in sich und zu uns hinein."[21]

Das OA hat seit jeher empfohlen, ruhig zweimal (in Einzelfällen angeblich sogar öfter) am Tag die heilige Kommunion zu empfangen. Im Zusammenhang damit spricht das Engelwerk von der „Sühnekommunion"- das heißt, man empfängt die Kommunion für eine Seele, für die gesühnt werden soll. Dieser durch viele Jahre im OA praktizierte zweite Kommunionempfang wurde im September 1983 von der Glaubenskongregation ausdrücklich verboten. OA-Leiter Blaskó verwies für die Vergangenheit auf die Ausnahmebestimmungen der Instruktion der römischen Sakramentenkongregation „Immensae caritatis" vom 29. Jänner 1973 und für die Gegenwart auf die Erlaubnis der mehrmaligen Kommunion (sofern sie jeweils mit der aktiven Teilnahme an einer Messe verbunden ist) durch den Can. 917 des neuen Kirchengesetzbuches, das unmittelbar nach dem Spruch der Glaubenskongregation erschienen ist[22]. Man bemüht sich daher seitens des OA nicht einmal mehr, das Wort „Sühnekommunion" (das auch in den vorläufigen Konstitutionen des Kreuzordens - Nr. 42,5 - vorkommt) zu vermeiden und weist jeden Vorwurf bezüglich des zweimaligen Kommunionempfangs als unbegründet zurück.

Am 10. Februar 1989 formulierte dazu Georg Blaskó in einem „Pro Memoria" in Flüeli: „Wie jedes andere gute Werk kann auch jede heilige Kommunion für die verschiedensten Anliegen aufgeopfert werden. So auch für das Anliegen der Sühne. Nachdem die schweren Sünden der Priester meist die Verunehrung der heiligsten Eucharistie nach sich ziehen, ist die Aufopferung gerade des andächtigen Empfanges der Heiligsten Eucharistie als Sühne für die Sünden der Priester besonders angebracht."

In seinen öffentlich bekannten Schriften setzt das Werk den Glauben an die Existenz der Engel mit „Wirklich-katholisch-Sein" und mehr oder weniger auch mit dem Glauben an das Werk gleich: „Wer nicht glaubt, hat keinen Zugang zum Werk. Wer nicht an die Existenz der heiligen Engel glaubt, glaubt auch an kein Werk der heiligen Engel. Wer sich vom Teufel verabschiedet hat, für den

[20] Heinrich von Soden-Fraunhofen, Das Engelwerk, Manuskript, Freising, September 1988, S. 5
[21] Lehrbrief 67/68, S. 1 (zitiert nach Heinrich von Soden-Fraunhofen, Beobachtungen zum Engelwerk, Freising 1986, S. 9)
[22] Blaskó, Richtigstellung, B, S 2, 101

sind auch die treugebliebenen Engel nur Randfiguren, mythische Zutaten eines rein humanitären Christentums. Im besten Fall künstlerische Ornamente für Kirchen und Kinderzimmer. Wer aber seinen Glauben an die Lehren der heiligen Kirche ernst nimmt, wer wirklich katholisch ist, der muß mit den Urchristen und den Heiligen dieser unserer Kirche auch an das Wirken der heiligen Engel glauben, wie es uns die Heilige Schrift von der Genesis bis zur Apokalypse bezeugt."[23]

Mit der Erkenntnis, daß Engel heutzutage offenbar nur mehr einer Minderheit etwas bedeuten, hat das Engelwerk vermutlich recht. Ein Zitat aus einer Agentur-Meldung deutet darauf hin: „Nur acht von hundert befragten Italienern glauben im übrigen nach einer Umfrage der katholischen italienischen Zeitschrift ‚Prospettive nel Mondo' (Perspektiven in der Welt) an den Schutzengel. 75 Prozent der Befragten hielten Engel für eine ‚theologische Erfindung' und 17 Prozent gar für ‚Gestalten des volkstümlichen Aberglaubens'."[24]

Für die Engelwerker ist ihre Organisation „zweifelsohne ein Geschenk Gottes an die Kirche in unserer Zeit"[25]. Sie argumentieren[26]: „Die Menschen sind heutzutage nicht mehr besonders aufgeschlossen für die Engel. In der Tat werden sie fast völlig ignoriert. Wie nicht anders zu erwarten, wird ihre Existenz von den Materialisten geleugnet. Rationalisten und Modernisten betrachten sie als ‚Personifikationen göttlicher Eigenschaften' oder sehen in ihnen ‚Überreste eines ursprünglichen Polytheismus oder Spuren babylonischer und persischer Mythen'.

Unser theologisches Wissen über die Engel ist jedoch auf dem festen Fundament der göttlichen Offenbarung gegründet. Da die Erschaffung der Engel eine freie Tat Gottes darstellt, kann der natürliche Verstand die Notwendigkeit ihrer Existenz nicht beweisen. Doch die Heilige Schrift nennt sie ausdrücklich 148 Mal im Alten und 74 Mal im Neuen Testament. Die Dämonen und Satan kommen 115 Mal im Alten und 33 Mal im Neuen Testament vor."

Mit Hinweisen auf das IV. Laterankonzil und das I. Vatikanische Konzil, auf kirchliche Lehraussagen zur Existenz von Engeln und Dämonen[27], erweckt das Engelwerk natürlich bei vielen traditionsorientierten Katholiken den Eindruck besonderer Rechtgläubigkeit im Gegensatz zu abweichlerischen Modernisten. Die Existenz von Engeln und Dämonen überhaupt wird aber von den meisten Kritikern des Engelwerkes gar nicht in Frage gestellt oder gar nicht diskutiert. Ihnen geht es vor allem um die Frage, ob genau eine solche Engel- und Dämonenwelt, wie sie die nur im Werk intern kursierenden Schriften widerspiegeln, noch der katholischen Lehre entspricht.

[23] Josef Finauer, Was ist das Opus Sanctorum Angelorum?, Innsbruck 1972
[24] Kathpress, Nur wenige Italiener glauben an Schutzengel, Nr. 052, 15.3.1989, S. 11
[25] Finauer, Was ist das Opus Sanctorum Angelorum?
[26] 3. OA-Informationsbrief, S. 6
[27] 3. OA-Informationsbrief, S. 7

C) Vom Schutzengelversprechen zur Sühneweihe

Die Engelweihe steht zusammen mit der Sühneweihe und der restlosen Bindung an Gott in der Mitte des Werkes der heiligen Engel.
RITUALE DES OPUS ANGELORUM

„Ohne Weihe an den Engel kann man nicht zur Bruderschaft kommen. Ohne Weihen hat die Bruderschaft nicht viel Sinn." Schon diese Äußerung, am 3. Juni 1965 von P. Hermann Precht gegenüber dem Provinzial des Redemptoristenordens gemacht, verrät, welche Bedeutung die Weihen im Opus Angelorum haben.

Kurz gefaßt sehen die Weihestufen im Engelwerk so aus: „Fast unverdächtig beginnt der Kontakt über das erste ‚Schutzengelversprechen', das bereits während der Exerzitien angeboten wird. Die ‚Schutzengelweihe' ist dann schon der Eintritt in das Engelwerk, mit dem die Erziehung des einzelnen Menschen durch ‚seinen' Schutzengel begonnen wird. Danach erst ist die ‚Engelweihe' möglich, die aber bereits eine Erziehung durch den Schutzengel voraussetzt. Hier beginnt dann auch der Kampf für Gott und gegen die Feinde der Hölle. Darüber hinaus gibt es die ‚Sühneweihe', die in drei Stufen unterteilt ist: Bei der ‚allgemeinen' verpflichtet sich der Kandidat dazu, sich sühnend den Seelen zur Verfügung zu stellen. Bei der ‚besonderen' sühnt er für Priester und Gottgeweihte, bei der ‚geheimen' für große und schwere neue Aufgaben des Opus."[28]

Nicht nur diese Weihen (manchen OA-Mitgliedern werden zusätzliche Weihen - die Marienweihe und die Weihe in den Helferkreis - angeboten), sind mit Gelöbnissen verbunden, es gab zumindest auch das 1983 von der Glaubenskongregation untersagte Schweigeversprechen, das Magd-Versprechen und ein „Wahrhaftigkeits-Versprechen", das auch als Sühne für Priester verstanden wird, die nicht vor Gottes Augen bestehen konnten.

Wie wichtig dem Opus Angelorum die im Werk üblichen Weihen sind, geht schon aus den ersten Seiten der Schrift „Rituale" eindeutig hervor. Dort heißt es: „Die Engelweihe steht zusammen mit der Sühneweihe und der restlosen Bindung an Gott in der Mitte des Werkes der heiligen Engel." Und: „Darum stehen die Weihen wie Ecksäulen im Werk, um daran Halt zu finden."

Maßgeblich für die Ordnung der Weihen sind, wie das Engelwerk selbst betont, die folgenden vom Innsbrucker Bischof approbierten Konstitutionen der Schutzengelbruderschaft[29]:

Art. 40
a) Die Allgemeine, am 14.2.1951 approbierte Schutzengelweihe ist für den

[28] Werner Krebber, Das Engelwerk, Stimmen der Zeit, Oktober 1988, S. 711
[29] 3. OA-Informationsbrief, S. 29ff.

Eintritt in die Bruderschaft vorgeschrieben. Diese Weiheformel wird in gekürzter Form als Schutzengelbündnis täglich erneuert.

b) Zur gültigen Entgegennahme dieser sowie der Engel- und Sühneweihe ist erforderlich, daß der betreffende Priester diese Weihe selbst schon besitzt. Von dieser Bestimmung kann jedoch im Ausnahmefall der Rektor dispensieren.

c) Bitten Institutsvorstehungen, Vereine oder Lehrer für ihre Schulklassen um Erteilung der Schutzengelweihe, um die tatkräftige Hilfe der heiligen Engel besonders herabzuflehen, so kann die Schutzengelweihe als sogenannte ‚Streuweihe'[30] *durch einen vom Rektor dazu delegierten Priester erteilt werden. Es muß jedoch der Weiheerteilung ein Unterricht vorangehen, und niemand darf zur Weihe gezwungen werden. Der dafür verantwortliche Priester muß neben dem Datum der vollzogenen Schutzengelweihe auch die Namen all jener bekanntgeben, welche die Weihe erhalten haben, damit diese auch weiterhin in der Verehrung der heiligen Engel gefördert werden und schließlich in den wirklichen Schutzengeldienst hineinwachsen.*

d) Meldet sich ein Kandidat zur Schutzengelbruderschaft, hat aber die allgemeine Sühneweihe noch nicht abgelegt, so soll ihm diese nach einem entsprechenden Unterricht noch vor der Zulassung zur Kandidatur erteilt werden. Zur erlaubten Entgegennahme dieser Weihe ist erforderlich:

1. Der Priester muß sich über die Eignung des Bewerbers vergewissern.

2. Die Weihe muß nach der approbierten Form gehalten werden.

3. Die Weiheformel soll handgeschrieben sein und wird dem Rektor abgegeben, der darauf die Zulassung zur Probezeit notiert.

Art. 41

Auch die am 3.4.1951 approbierte Engel-Weihe kann und soll in der Schutzengelbruderschaft abgelegt werden. Sie bedeutet das Hereinziehen aller heiligen Engel in die Arbeit und in den Kampf unserer Tasge zu unserem Schutz und zu unserer Hilfe. Zur gültigen Engel-Weihe ist erforderlich:

a) die bereits abgelegte Schutzengelweihe;

b) ein zeitlicher Abstand von mindestens einem Jahr zwischen beiden Weihen;

c) die nötige Eignung für den Kampf in den Reihen der heiligen Engel um das Reich Gottes. Davon muß sich der beauftragte Priester überzeugt haben;

d) die Ablegung der Weihe in der kirchlich approbierten Form,

e) die handgeschriebene Weiheformel, welche dem Rektor der Bruderschaft übergeben werden soll;

f) die Erlaubnis des Bruderschaftsrates. In Ausnahmefällen kann die Engel-Weihe auch von einem Nichtmitglied der Schutzengelbruderschaft abgelegt

[30] Für diese Streuweihe wurde am 12. Februar 1965 eine eigene Weiheformel mit dem Titel ‚Schutzengelversprechen' approbiert. Dieses Schutzengelversprechen wird jetzt als Vorbereitung für die Schutzengelweihe abgelegt.)

werden, doch gelten hiefür die gleichen Bestimmungen. Die Erlaubnis zur Ablegung kann in diesem Fall auch der Rektor erteilen.

Art. 42

Die am 3.4.1951 approbierte Sühneweihe ist ein Eckpfeiler in der Schutzengelbruderschaft. Sie erfaßt den innersten Wesenskern des Menschen zu opferfreudiger Sühneleistung, Hilfsbereitschaft und Hingabe, um Gefährdete zu stützen, Abgefallene zu retten und die Hilfe Gottes herabzuziehen.

a) Auch hier muß sich der verantwortliche Priester vergewissern, ob der Bewerber die innere Reife und Kraft zur Übernahme einer Sühneaufgabe besitzt.

b) Der Bewerber selbst muß sich über die Schwere und Verantwortung einer solchen Sühneleistung im klaren sein.

c) Da die Sühneweihe eine sehr ernste und tiefgreifende Sache ist, soll ihr eine gründliche Probezeit von mindestens einem Jahr vorausgehen. Die Probezeit kann bis zur endgültigen Ablegung mehrmals erneuert werden. Auch soll zwischen Engel- und Sühneweihe ein zeitlich ziemlich großer Abstand liegen, der niemals kürzer als ein Jahr sein darf.

d) Die Sühneweihe wird einzeln und unter Ausschluß der Öffentlichkeit abgelegt. Die Ablegung der Sühneweihe verpflichtet Priester und Bewerber zur Verschwiegenheit über Vollzug und Inhalt.

e) Die Sühneweihe wird in der kirchlich gutgeheißenen Form abgelegt.

f) Wenn die Sühneweihe von einem Nichtmitglied der Schutzengelbruderschaft abgelegt werden will, so gelten die gleichen Bestimmungen. Doch möge sich der verantwortliche Priester diesbezüglich mit dem Rektor - ohne Nennung des Namens des Bewerbers - ins Einvernehmen setzen und die Erlaubnis einholen, damit das Gebet und die Gnadenmittel der Schutzengelbruderschaft den Sühnewilligen bei seinem Einsatz unterstützen.

Die Wiener Handelsakademie-Professorin Ingeborg Blümel hat eine Reihe der im Engelwerk üblichen Weihen abgelegt und ist eines der wenigen Mitglieder, die über OA-Erfahrungen offen sprechen. Wegen ihres Engagements in der „Bewegung für Papst und Kirche" und ihrer Mitarbeit bei der Zeitschrift „Der Fels" ist sie völlig unverdächtig, sich aus „modernistischen" Gründen wieder vom Engelwerk getrennt zu haben. Genau genommen wurde sie hinausgedrängt, weil sie zu kritisch war.

Sie berichtet: „Es ist alles bürokratisch durchorganisiert. Bei jeder Weihe wird eine Karte ausgefüllt, jedes Mal in einer anderen Farbe, die beim Werk bleibt. Der Kandidat bekommt ein Engelbild mit dem Text der Weihe, darauf können auch Tag und Ort der Weihe eingetragen werden." Frau Blümel legte nach einem Einkehrtag bei P. Josef Ebers im Wiener Pallotti-Haus am 28. Februar 1978 das Schutzengelversprechen ab und nahm in den folgenden Jahren regelmäßig an OA-Veranstaltungen teil.

Der Leiter der Engelwerk-Niederlassung in Flüeli in der Schweiz, der Weltpriester Kurt Suter (er ist inzwischen Mitglied des Kreuzordens geworden), legte ihr anläßlich von Exerzitien zu Allerheiligen 1978 nahe, die Schutzengelweihe abzulegen. Diese wird, wie Ingeborg Blümel betont, zum Unterschied von der Engelweihe, wo dies nicht öffentlich, sondern geheim und einzeln geschieht, in der Regel am Ende von Exerzitien im Rahmen einer Eucharistiefeier abgelegt. Mit dieser Weihe, mit 5. November 1978, gehörte Frau Blümel offiziell dem Engelwerk an. Eine neue Karte in einer neuen Farbe war ausgefüllt worden.

In der Folge machte sie eine etwas außergewöhnliche Engelwerk-Karriere: „Es gibt zwischen Schutzengelweihe und Engelweihe noch Zwischenstufen, die aber nicht jedem angeboten werden: a) die Weihe in den Helferkreis, und b) die Marienweihe, jeweils mit eigenem Rituale. Ich habe diese Weihen vor der Engelweihe abgelegt." Ihre Aufnahme in den Helferkreis erfolgte am 26. Mai 1979 in Altötting, am gleichen Ort legte sie fast genau ein Jahr später, am 17. Mai 1980, die Marienweihe ab.

Vorher durfte sie aber schon am 7. Februar 1980 in St. Ottilien das Engel-Kalendarium entgegennehmen, nach entsprechender Vorbereitung: „Der Einführungskurs unter dem Namen ‚Exerzitien für Fortgeschrittene', den ich vor dem Empfang des Kalendariums besuchen mußte, bestand aus nichts anderem als ‚Engel-Mathematik'. An einer Tafel wurde rekonstruiert, wo welcher Engel steht, zu welchem Engel-Kollegen er besondere Beziehungen hat und in welchen Machtbereichen sie zusammenarbeiten. Eine besonders wichtige Rolle spielten dabei immer wieder gewisse ‚Ecksäulen'. Anhand geometrischer Zeichnungen sollten wir lernen, das alles zu berechnen. Es war so langweilig, daß ich dabei innerlich ‚abschaltete'. Im letzten Vortrag gab es dann zur Belohnung für unser Ausharren eine Stunde lang Gespenstergeschichten aus St. Petersberg. Dort soll es nämlich spuken!"

Natürlich sollte sie im Zusammenhang mit der Aushändigung der Schrift das im Werk übliche Schweigeversprechen ablegen. Aufgrund ihrer Sprachkenntnisse erhielt Ingeborg Blümel sogar den Auftrag, das Kalendarium ins Englische zu übersetzen. Dann aber wurde sie Zeugin von Vorgängen, die nicht in ihr bisherigeres Bild von dieser Organisation paßten: „In Flüeli lernte ich einen Priester kennen, einen hinreißenden Prediger, der Pfarrer Suter vertrat: P. Christoph Coester, genannt ‚Bruder Christoph'. Er verwaltete dort unzählige Meßstipendien, die für die Mission bestimmt waren. Bruder Christoph bat mich um Übersetzung der Korrespondenz, besonders jener mit Indien, ins Englische. Eines Tages, es war um Ostern 1980, war er verschwunden und hatte alles mitgenommen: die Kartei, die Gelder und die Schriften."

Frau Prof. Blümel fand heraus, daß P. Coester nicht alle Gelder nach Indien weitergeschickt, sondern daß einen großen Teil davon eine Frau erhalten hatte, eine „Seherin" namens Charlotte W., die auch mit den angeblichen Erscheinungen von Heroldsbach im Erzbistum Bamberg zu tun gehabt haben soll: „Coester feierte manchmal mit alten Frauen eine ganze Nacht hindurch eine Messe nach der anderen, immer mit Kelchkommunion, und dann trat die

‚Seherin‘ in Aktion und ‚offenbarte‘ zum Beispiel, daß Bruder Christoph ein Unglück zustoßen werde, wenn er noch lange mit seinem alten VW fahre, und man dies durch Spenden verhüten müsse.“

Besagte Charlotte W. soll schon vorher einen anderen Priester in Verlegenheit gebracht und mit dem Engelwerk-Handbuch, das Frau Blümel damals nur dem Titel nach bekannt war, Schwarze Magie betrieben haben. Ingeborg Blümel fühlte sich verpflichtet, sich um diesen vom rechten Weg abgekommenen P. Coester zu kümmern, und informierte den Leiter des Engelwerks, Georg Blaskó. Dieser bestätigte ihr in einem erhaltenen Brief, daß Coester schon einmal mit einer anderen ‚Seherin‘ namens Anita Frevel Kontakt hatte.

Frau Blümel wurde von Blaskó beauftragt, ihr Möglichstes für die Rückkehr von Coester - samt Geld und Schriften - zu tun, der sich nach Forchheim bei Heroldsbach begeben hatte. Nach eigenen Angaben vertelefonierte sie damals 8000 Schilling in dieser Sache. Schließlich habe der Ökonom des Kreuzordens, P. Wolfgang Knupfer, P. Coester aus Forchheim zurück auf den Petersberg gebracht. Anschließend sei Coester vorübergehend in psychiatrischer Behandlung gewesen, dann habe sie ihn aus den Augen verloren. Aus anderer Quelle, nämlich von Weihbischof Soden-Fraunhofen, war zu erfahren, daß Coester nun in Bettbrunn im Köschinger Forst an der Autobahn München-Nürnberg Anhänger um sich und die „Seherin“ Charlotte W. schart und mit Hilfe des Handbuches Magie betreibt. Ob Coester, der die ewigen Gelübde abgelegt hat, den Orden auch de jure oder nur de facto verlassen hat, ist ungeklärt. Im Falle eines offiziellen Ordensaustrittes müßte eine Diözese oder andere Ordensgemeinschaft ihn aufnehmen.

Ingeborg Blümels Engagement in dieser Sache blieb unbedankt. „Man warf mir vor, ich hätte mich in interne Dinge eingemischt. St. Petersberg verschloß mir die Tür, auf Weisung von dort wurde ich auch in Flüeli nicht mehr aufgenommen.“ Nach wie vor am Engelwerk interessiert, bemühte sich Frau Blümel nun um die Engelweihe und empfing diese feierlich am 3. April 1982 in - Ecône, im Zentrum der Lefèbvre-Bewegung. „P. Dubreque in Econe hatte von P. Jean Marc Bonvin die Vollmacht zur Engelweihe und erteilte diese an Leute, die beim Engelwerk in Mißkredit geraten waren.“ Diese Regelung aus einer Zeit, da Engelwerker und Lefèbvrianer noch ganz gut miteinander waren, dürfte heute überholt sein.

Beim Engelwerk fiel Ingeborg Blümel damit erst recht in Ungnade. „Pfarrer Suter sagte mir, als er davon hörte, ich hätte mir die Weihe ‚erschlichen‘ und das ‚ausgerechnet in Ecône‘. P. van Dijk meinte, ‚ich spalte das Engelwerk‘.“ Sie hatte zwar noch bis Herbst 1986 direkten Kontakt zum OA - zuletzt am 29. November 1986 in Gaming in Niederösterreich - und sie bejaht nach wie vor das tägliche Gebet zum Schutzengel und die Verehrung der heiligen Engel, aber vom Engelwerk hat sie sich gelöst.

Maßgeblich dafür war zum Beispiel, daß sie auf kritische Fragen von OA-Priestern immer nur zur Antwort bekam: „Das ist ein Geheimnis. Da müssen

Sie erst hineinwachsen." P. Thaddäus Laux schickte ihr nach einer kritischen Äußerung eine Ansichtskarte mit den Worten: „Herzlichen Dank für Ihren Brief vom 8.8.87! Das war das Niederträchtigste, Gemeinste + Teuflischste, was über das Opus Angelorum je gesagt wurde! Lassen Sie sich doch nicht täuschen! Da steckt der Grosse Lügner dahinter! Beten Sie oft das St. Michaelsgebet und das Sturmgebet zu den heiligen Engeln! Sonst sind Sie verloren!"

Frau Blümels Reaktion darauf, ein Schreiben, in dem sie fragte, warum sie verloren sein solle, da sie doch getreu der katholischen Kirche lebe und bete, blieb unbeantwortet.

Natürlich erlebte Frau Blümel in ihrer OA-Zeit vieles, was sie beindruckte, zum Beispiel die Ewige Anbetung in den Klöstern, wo es keine Volksaltäre gibt, die Passio am Donnerstag und Freitag (sie ist in Engelwerk-Exerzitien stets einbezogen), der knieende Empfang der vorher in den Kelch getauchten Hostie. Es gab ihr aber auch vieles zu denken, zum Beispiel die Vorgänge bei Einzelgesprächen: „Da wird meist eine Kerze angezündet. Dann spritzt der Priester Weihwasser in alle vier Ecken und murmelt Beschwörungsformeln, damit die Dämonen weichen." Exorzismen und Weihwasser-Verspritzen seien überhaupt sehr beliebt.

Bei P. van Dijk, dem zeitweiligen Generalabt, habe sie dergleichen aber nicht erlebt, ihn hält sie für einen der vernünftigsten Priester im Engelwerk. Dagegen habe sie im OA auch Priester erlebt, die aufgrund ihres Mangels an Bildung gar nicht Priester hätten werden dürfen.

Das Verhältnis zu Lefèbvre dürfte nicht mehr gut sein. Ingeborg Blümel erinnert sich, daß eine Exerzitienteilnehmerin, die am gleichen Tag nicht ein zweites Mal zur Kommunion gehen wollte, vom Exerzitienleiter öffentlich als „Lefèbvrianerin" scharf gerügt wurde. Manches konnte Frau Blümel auch von der heiteren Seite sehen: „Man hat uns erklärt, in nicht aufgeräumten Zimmern halte es der Schutzengel nicht aus. Man müsse immer gut Staub wischen, denn im Staub würden die Dämonen sitzen. Da habe ich mir gedacht: Wie gut, daß ich einen ‚Dämonensauger' zu Hause habe!"

Nach ihrer Trennung vom Engelwerk hat Ingeborg Blümel folgenden Leserbrief[31] an die „Una-Voce-Korrespondenz" geschrieben, den man als ihr Resümee zu diesem Thema betrachten kann:

Wer das Engelwerk nur von seiner positiven Seite her erlebt hat, oder wer es nur oberflächlich kennt, wird sich über den bischöflichen Verwaltungsbefehl der Diözesen München, Freiburg, Passau und Trier zumindest wundern und sich mit Recht fragen, weshalb man denn gegen diese fromme Vereinigung mit derartiger Härte vorgeht, während Modernisten meist ungehindert ihr Zerstörungswerk innerhalb der Kirche fortsetzen dürfen.

Wer jedoch im Laufe von Jahren über tausend Seiten - angeblich aus himm-

[31] Una-Voce-Korrespondenz, 18. Jg., Heft 4, Juli/August 1988, S. 242

lischen Offenbarungen stammender - Engelwerk-Schriften der Prüfung des eigenen gesunden Hausverstandes unterzogen und schließlich mit den wissenschaftlichen Untersuchungen wie der des Qumran-Forschers Professor van der Ploeg verglichen hat, wer auf Fragen an Priester des Engelwerkes entweder gar keine oder die wenig aufschlußreiche Antwort ‚Das ist ein Geheimnis!' - oder gar eine Teufelsdrohung - erhält, steht als Normalkatholik vor einem großen Fragezeichen.

Welcher der Bischöfe, die das Engelwerk protegier(t)en, frage ich mich, hat sich die Zeit genommen, die vielen tausend Seiten von Engelwerk-Schriften und den Ursprung der vielen Engel- und Dämonennamen tatsächlich genauestens zu prüfen? Welches Imprimatur trägt z.B. das bereits 1960 verfaßte Handbuch mit seinen 243 Namen von Dämonen und deren Wirkungsbereichen? Oder die Schrift »Die Ersterschaffenen« mit ihrer Lehre von der »Satanischen Hierarchie«?

Das Engelwerk wäre an sich eine großartige Sache - eine echte Hilfe für die Gläubigen im gegenwärtigen Geisteskampf. Es müßte meines Erachtens nur ‚gereinigt' werden. Der Glaube wird ja nicht nur von jenen bedroht, die von der Lehre der Kirche etwas wegnehmen, sondern auch von jenen, die ein eigenes ‚Stockwerk' von abstrusen Phantastereien, Aberglauben und Okkultismus daraufsetzen. Der Apostel Paulus sprach schon davon, wie es im Laufe der Geschichte immer wieder geschah, daß man ‚die gesunde Lehre nicht ertragen' und ‚sich Fabeleien zuwenden' würde. Dieser Gefahr, aus welcher Richtung sie auch kommen mag, sollten wir wachsam begegnen.

Bis zur Sühneweihe haben es viele nicht gebracht, weder Frau Blümel noch die Erzählerin der folgenden Begebenheit: „Da ich im Zimmer nicht schlafen konnte, weil keine Ruhe war, bin ich aufgestanden, es war halb zwei Uhr, und bin in die Kapelle des Hauses. Und es war eine ganz schummrige Beleuchtung, es waren vier Priester am Altar und eine Frau und einige Laien und auch Klosterschwestern. Und jeder bekam ein Kreuz, und dann mußten sie dem Priester ins Ohr flüstern, und ich hab mich unheimlich gefühlt - ich wußte nicht, was ich machen sollte, ging dann heimlich wieder raus. Und meine Freundin, die ist heute noch dabei, die hab ich dann gefragt, was das war. Die hat gesagt: ‚Die geheime Sühneweihe. Da muß man sich für einen Menschen aufopfern, das darf aber niemand hören, außer der Priester, weil der Priester dann auch bei demjenigen Engel Fürsprache einlegt, daß man es aushalten kann.' Und das war für mich zuviel des Guten, ich hab meine Sachen gepackt und bin nach Hause gefahren."[32]

Wie weit der Sühnegedanke des Werkes führen kann, demonstriert drastisch die Erzählung eines Geistlichen, der unter anderem dieses Vorfalls wegen das Werk verlassen hat: „Eine Schwester lag wegen Netzhautablösung in Innsbruck im Spital. Da kam ein Pater des Engelwerkes und meinte, es sei schade, daß sie

[32] „Stationen", Bayerisches Fernsehen, 7.7.1988

nur ein Auge verloren habe, sonst wäre das Sühneopfer noch größer gewesen. Die Schwester erzählte mir, sie hätte losheulen können vor soviel Gemeinheit."

Das OA beruft sich gerne darauf, daß „nach einer Prüfung der Weihen" des Werkes Papst Paul VI. am 23. Oktober 1968 in einer Audienz zu Priestern des Engelwerkes gesagt habe: „Das Opus Angelorum ist ein großes Werk der Liebe für unsere Brüder im Priesteramt. Es hat einen wichtigen Sendungsauftrag in der heiligen Kirche."[33] Aber Papst Paul kannte sicher nur die Außenseite des Werkes. Im Runderlaß der Glaubenskongregation von 1983 werden die Engelweihen nicht erwähnt, woraus das Engelwerk ableitet, daß sie „von der Heiligen Kongregation für die Glaubenslehre überprüft worden und unbeanstandet geblieben"[34] sind. Tatsächlich dürfte man einen Kompromiß gefunden haben: Das Engelwerk deutete die Weihen nun offiziell harmloser, als es dem Wortlaut der diesbezüglichen OA-internen Texte entspricht, und die Glaubenskongregation drückte eineinhalb Augen zu.

Ein großes Problem bei den Weihen im Engelwerk ist darin zu sehen, daß die Kirche Weihen an Geschöpfe im Prinzip nicht kennt. Dies hat der Regensburger Theologe Johann Auer, der zwei Gutachten über das OA verfaßt hat, immer wieder betont, auch in einem Schreiben vom 9. Mai 1979 an den Innsbrucker Bischof Paul Rusch: „Eine Weihe an Maria war im Anschluß an Jo 19,27 zunächst für Kirchen (seit dem 4. Jahrhundert), dann von Städten (Byzanz, Nizäa) und wohl seit dem Mittelalter (Prämonstratenser, Zisterzienser, Kartäuser und marianische Ritterorden) und besonders seit der Gründung der marianischen Kongregation im 16. Jahrhundert auch für Personen üblich geworden, und die Barocktheologie gab dafür die einzig mögliche Begründung aus der ‚Hypostatischen Union': dem Geschöpf, dem Gott Vater seinen Sohn ganz überantwortet hat, dem darf sich auch der Christ ‚weihen'. Sonst aber keinem Geschöpf, weil Weihe auf das Göttliche zielt."

Auch Johannes Rothkranz, der kritische Chronist der Kreuzorden-Informationswochen 1986 auf Madeira, hat den Finger genau an diese heikle Stelle gelegt: „Von Weihen ‚an die heiligen Engel' ist in der katholischen Kirche bis zum In-Erscheinung-Treten des Engelwerks nie die Rede gewesen, und sie sind auch nicht praktiziert worden. Üblich und verbreitet waren und sind dagegen die Weihe an Gott, an eine der drei göttlichen Personen, insbesondere an das heiligste Herz Jesu, an Maria oder das unbefleckte Herz Mariä und schließlich an den heiligen Josef (Weihegebet Papst Leos XIII.). Weihen an andere Heilige oder an Engel wurden nie offiziell empfohlen oder geduldet oder gar praktiziert.

Da die Weihe in erster Linie die vollkommene Liebeshingabe an Gott beinhaltet und erst in zweiter Linie auch die Bitte um die zur Erhaltung und

[33] 3. OA-Informationsbrief, S. 12
[34] 3. OA-Informationsbrief, S. 31

Vermehrung dieser übernatürlichen Gottesliebe notwendigen Gnadenhilfen oder deren Vermittlung, handelt es sich zumindest bei der Weihe an den hl. Josef nur um eine Weihe im abgeschwächten Sinne, weil man sich selbst einem Heiligen, der ja doch immer ein bloßes Geschöpf bleibt, unmöglich mit derselben vollkommenen Hingabe weihen kann wie dem unerschaffenen höchsten Gut, Gott. Ähnliches gilt in dieser abstrakten Betrachtung sogar für die Weihe an Maria."[35]

Die Weihe an Maria ist also damit zu erklären, daß ihr Gottes Sohn anvertraut war und sich daher auch die Christen ihr anvertrauen dürfen. Die OA-Weihen fallen aber eindeutig aus dem Rahmen der sonst in der Kirche üblichen Weihen und haben im Grunde auch einen anderen Charakter: „Es geht nicht um Ganzhingabe (die ja auch theologisch/dogmatisch nicht zu rechtfertigen wäre), sondern um einen zweckgebundenen Pakt mit einem oder mehreren Engeln."[36]

Nach dem Studium des OA-Rituale kam Rothkranz zu dem Schluß: „Wenn man das alles zusammenfaßt, ergeben sich folgende erhoffte Wirkungen der Schutzengel- und Engelversprechen und -weihen:

- gegenseitige Erziehung von Mensch und Engel
- größerer Einfluß des Engels auf den Menschen
- Kampfgemeinschaft von Mensch und Engel
- Einreihung des Menschen in die Schar der Engel
- Kennenlernen möglichst vieler Engel
- Steigerung der Fürbittkraft des Menschen zu der eines Engels
- Eröffnung der Möglichkeit für die Engel, in den apokalyptischen Endkampf einzutreten[37]

Es liegt auf der Hand, daß das Engelwerk das Wissen über diese angeblichen Wirkungen von Engelweihen nicht aus der anerkannten Tradition der katholischen Kirche schöpft: „Ganz abgesehen von den angedeuteten Schwierigkeiten mit und Widersprüchen zu der katholischen Glaubenslehre kann jedenfalls nicht daran gezweifelt werden, daß die Engelweihen und ihre Interpretation (die ja letztlich entscheidend ist) in der allgemeinen Offenbarung und demzufolge in der Lehre der Kirche nicht enthalten und darum auch nicht daraus ableitbar sind. Sie sind nicht etwa nur, wie die Herz-Jesu-Verehrung oder das Fronleichnamsfest, auf Anregung durch eine Privatoffenbarung hin entstanden, sondern haben eine Privatoffenbarung als einzige Grundlage. Eucharistie- und Herz-Jesu-Verehrung lassen sich biblisch und dogmatisch einwandfrei (ohne jeden Rückgriff auf Privatoffenbarungen) begründen; für die Engelweihen des Opus Angelorum gilt das nicht."[38]

[35] Johannes Rothkranz, Theologische Anmerkungen zu Lehren und Praktiken des Opus Sanctorum Angelorum, Manuskript, Filsen/Rhein, Juli 1986, S. 19
[36] Rothkranz, Theologische Anmerkungen, S. 20
[37] Rothkranz, Theologische Anmerkungen, S. 22
[38] Rothkranz, Theologische Anmerkungen, S. 24

Der niederländische Alttestamentler Johannes P.M. van der Ploeg meint, daß sich bezüglich der Weihen Georg Blaskós Haltung gegenüber der Glaubenskongregation vom OA-internen Verständnis unterscheidet: „Die ‚Engelweihen' des EW wurden, so sagt er, von der römischen Kongregation approbiert als consecrationes votivae, nicht als consecrationes constitutivae. Damit wäre wohl gemeint, daß sie nur ein Versprechen den Engeln gegenüber beinhalten, nicht eine ‚Weihe' oder Konsekration, wodurch man sich sozusagen mit den Engeln fest verbindet. Wir merken hierbei an, daß man sehr wohl verstehen kann, daß die Kritiker des EW (und die Mitglieder selbst!) in den verschiedenen Engelweihen consecrationes constitutivae sehen - wie es aus den Texten der Weihegebete hervorgeht."[39]

Vor allem, daß Schutzengelversprechen und Schutzengelweihe in diesen Texten eine der Verlobung und der Ehe vergleichbare Bedeutung haben (dieser Vergleich wurde auch bei den erwähnten Exerzitien 1982 in Brandenburg gebracht), erscheint Theologen problematisch. Das sogenannte Engel-Versprechen (Imprimatur der Erdiözese Freiburg im Breisgau vom 20. Februar 1967, Nr. 1690) lautet:

Heilig, heilig, heilig bist Du, Herr, Gott der Heerscharen, Himmel und Erde sind erfüllt von Deiner Herrlichkeit.

Wir knien vor Deiner Majestät und danken Dir, o Gott, daß Du jedem von uns einen himmlischen Begleiter zur Seite gestellt hast, der uns nach Deinem Willen führt, zu Deiner Ehre hinleitet und uns Deine Liebe offenbart.

Wir versprechen hier vor Deinen Augen, diesen unseren heiligen Begleiter wie einen Bruder zu lieben und auf ihn zu horchen, wenn er in der Stimme des Gewissens zu uns spricht. Er soll uns sicher in den Himmel führen!

Herr Jesus Christus, unser Erlöser, nimm meine Hand und lege sie in die Hand meines Engels und zeichne das Zeichen der Erlösung darüber als Deinen Segen zu unserem Heil

im Namen des Vaters und des Sohnes und des Heiligen Geistes. Amen.

Bei der Schutzengelweihe hatte Frau Blümel folgendes Weihegebet (Imprimatur der Apostolischen Administratur Innsbruck vom 20. Februar 1963, Nr. 290/2) zu sprechen:

Heiliger Schutzengel! Du bist mir vom Beginn meines Lebens als Schützer und Begleiter gegeben.

Hier vor den Augen meines Herrn und Gottes, meiner himmlischen Mutter Maria und aller Engel und Heiligen, will ich armer Sünder ...(Name) mich heute dir weihen. Ich will deine Hand ergreifen und sie nie mehr auslassen.

Ich verspreche in diese deine Hand, meinem Herrn und Gott und der heiligen Kirche immer treu und gehorsam zu sein.

Ich verspreche in diese deine Hand, mich immer zu Maria, meiner Herrin,

[39] Johannes P.M. van der Ploeg O.P., Eine alte jüdische Sekte und ihr christliches Echo, Una-Voce-Korrespondenz, Mai/Juni 1988, S. 171

Königin und Mutter, zu bekennen und ihr Leben zu meinem Vorbild zu machen.

Ich verspreche in diese deine Hand, mich auch zu dir, meinem heiligen Beschützer, zu bekennen und die Verehrung der heiligen Engel nach Kräften zu fördern als den Schutz und die Hilfe, die uns in besonderer Weise, in diesen Tagen des geistigen Kampfes um das Reich Gottes zuteil werden.

Ich bitte dich, heiliger Engel Gottes, um die ganze Kraft der Liebe, dass ich von ihr entzündet werde, um die ganze Kraft des Glaubens, dass ich nie mehr falle.

Ich bitte dich um deine Hand zur Abwehr des bösen Feindes.

Ich bitte dich um die Gnade der Demut Mariens, dass ich allen Gefahren entrinne und von dir geführt, das Tor des himmlischen Vaterhauses erreiche. Amen.

Für „Andersgläubige" findet sich im OA-Rituale noch ein anderer Text, in dem es auf Seite 24 heißt: „Diese meine Hand ist dir nun in den Augen Gottes gegeben als Unterpfand meines festen Willens und der Bindung an dich. Und auch ich will deine Hand festhalten und nie mehr auslassen. Du, o Gott, lege deine Hand über unsere Hände und binde uns zusammen und segne uns mit deiner ganzen Liebe und Treue."

Den Dogmatiker Johann Auer erinnerte diese Weiheformel nicht nur an das Ehesakrament, sondern auch „an den Höhepunkt kabbalistischer Spiritualität, der darin besteht, daß die Schechinah mit dem höchsten der Zephiroth, dem Malkuth, sich vereint, wodurch die Rettung durch Gott für die ganze Welt wirksam wird".[40]

Wer ist diese Schechinah? Und was entgegnete OA-Chef Georg Blaskó auf den Vorwurf Auers, im Engelwerk werde Christus „durch Maria, die in der Gestalt der kabbalistischen Schechinah erscheint, praktisch verdrängt"? Er erklärte[41] :

„In der Kabbala ist die Schechinah die Wolkensäule, die auf der Bundeslade ruhte, die Kabbala stellt sie als weibliche Gestalt vor. Damit ist aber die Gemeinsamkeit zu Ende. Die Kabbalisten würden wohl mit Entrüstung es ablehnen, die Schechinah mit Maria, der Mutter Jesu, in Verbindung zu bringen. Umgekehrt ist die Idee der Schechinah in den Engelschriften unbekannt, nur wird die Wolkensäule im Sinne der christlichen Tradition als ‚Typos' Mariens gesehen. Im übrigen: was ist in der Schechinah-Lehre verwerflich?

Der Messias oder die Thorah ist in der orthodoxen Kabbala durch die Schechinah nicht verdrängt; noch viel weniger in den Engelschriften ist Christus durch Maria verdrängt. Wohl ist die Causalitas instrumentalis der Gottesmut-

[40] Johann Auer, Beobachtungen und Gedanken zur Theologie des Engelwerkes, Manuskript, Regensburg 1977, S. 16f.

[41] Opus Sanctorum Angelorum, 4. Informationsbrief, Rom 1988, Das Verfahren bei der Kongregation für Glaubenslehre, Stellungnahme von Dr. Georg Blaskó vom 26.4.1979, S. 26

ter und der hl. Engel in den Schriften des O.A. in bezug auf das Heilsgeschehen mehr betont als in den landläufigen Theologien, aber diese Betonung ist durch die entgegengesetzte protestantische und modernistische Position geradezu gefordert."

Van der Ploeg meint zur Problematik der geheimen Sühneweihe: „Man hat dem EW vorgeworfen, so sagt Blaskó, daß die geheime Sühneweihe das Gelöbnis enthalte, aus Liebe zugunsten eines großen oder schweren im Aufbau begriffenen Werkes (besonders des EW!) auf Besitz und persönliche Freiheit ganz zu verzichten. Blaskó verneint dies: die Sühneweihe beinhalte in keiner Weise die Verpflichtung ..., ‚auf Besitz und persönliche Freiheit zu verzichten'. Damit kann er sehr gut eine strenge juridische Verpflichtung meinen. Die Behauptung Blaskós schließt aber keinen moralischen Druck aus und erklärt nicht, wie es zu dieser auch mir bekannten Beschuldigung gekommen ist."[42]

Auch zum Ritus der Sühneweihe hat Professor Auer - weil sie die Gleichstellung des die Weihe Ablegenden mit seinem Schutzengel zu bedeuten scheint - gravierende Einwände gemacht, die später vor der Glaubenskongregation zur Sprache kommen sollten:

„Die Wirkung der Sühneweihe wird mit den Worten charakterisiert: ‚Wer sich der Sühneweihe unterzieht, ist bei den hl. Engeln eingetragen in der Reihe der Schutzengel und genießt das Recht der besonderen Fürbitte bei Gott im Maße der Schutzengel' (Rituale, S. 49). - Ein Mensch auf Erden kann nicht Macht und Aufgabe des Engels vor Gott haben! - Vor den Augen Gottes, der Gottesmutter (Schechinah) und der Engel sagt der sich Weihende: Ich will... die Seele meines Bruders (meiner Schwester) um das Lösegeld meiner eigenen Seele an euren (der Engel) Schutz binden' (Rituale, S. 51 und 52). ‚Ich will für sie einstehen und ihre Schuld auf mich nehmen bewußt und freiwillig' (Rituale, S. 52). - Hier ist im Ernst zu fragen, ob ein Mensch dies darf: er kann sich freiwillig anbieten, und dies in der Kraft der ‚stellvertretenden Sühne Jesu Christi' und vor Gott, aber nicht vor einem Engel."[43]

[42] van der Ploeg, S. 171f.
[43] Auer, Beobachtungen und Gedanken zur Theologie des Engelwerkes, S. 17f.

D) Die Arkandisziplin

Etwas Neues wird für Sie das Gelübde des Schweigens sein. Es wird einmal im Werk der heiligen Engel ein feierliches und undispensables Gelübde im eigentlichen Sinn sein, zu dem verschiedene Stufen von begrenzten Schweigeversprechen hinaufführen.

P. HANSJÖRG BITTERLICH

„Das Schweigen ist das erste Gebot im Werk" - das wird allen neuen Mitgliedern im Werk und im Orden sofort eindringlich eingeschärft. Nur wer sich diesem Gebot unterwirft und nicht widerspricht, darf die höheren Engelweihen ablegen und dann stufenweise auch die Schriften des Werkes kennenlernen, hat also die Chance, eines Tages zu den im wahrsten Sinn des Wortes „Eingeweihten" zu zählen.

Professor van der Ploeg führt dazu aus: „Im Engelwerk (abgekürzt: EW) besteht ein wesentlicher Unterschied zwischen Priester- und Laienmitgliedern. Nur die ersteren können Vollmitglieder sein, haben Zutritt zur vollständigen Geheimlehre und geheimen Literatur und legten (bis September 1983) ein Versprechen ab, die ihnen bekanntgewordenen Geheimnisse und Geheimlehren Außenstehenden nicht zu enthüllen."[44]

Der Geheimnis-Spezialist des Werkes ist offenkundig P. Hansjörg Bitterlich, der 1986 auf Madeira unverhohlen für eine Art „Geheimdienst der Kirche" plädierte: „In den kommunistischen Ländern gibt es eigene Ämter für die Geheimdienste. Im DDR-Ministerium für Staatssicherheit lautet eine der 14 Abteilungen: Untergrundbewegung Kirche. ...Die katholische Kirche ist von einer Naivität in diesen Dingen, daß man sich nur die Haare ausraufen kann. ...Alle Staaten haben erkannt, daß sie Geheimdienste brauchen. Nur die Kirche hält so etwas nicht für nötig, obwohl sie weiß, daß sie von ihren Feinden ausspioniert, unterwandert etc. wird."[45]

In der 1968 in Innsbruck herausgegebenen Schrift „Jahreslesungen" findet sich ein Vortrag von Hansjörg Bitterlich, damals Pfarrer in Galtür, mit dem Titel „Über die Arkandisziplin". Darin heißt es gleich zu Beginn: „Arkandisziplin im weiten Sinne heißt eigentlich gar nichts anderes als eine nach menschlichen Anordnungen und Prinzipien gehaltene Zucht der Geheimhaltung... Es geht also bei der Arkandisziplin darum, eine menschliche Institution vor Schaden zu bewahren, der daraus entstehen würde, wenn gewisse Werte aus ihr unüberlegt oder unverantwortlich an Unbefugte preisgegeben würden..."

Bitterlich hat in diesem Vortrag nicht nur bei Geheimbünden wie den Freimaurern eine Arkandisziplin aufgezeigt, sondern auch im Alten Testament, in der Kabbalah und sogar bei Jesus Christus, der seinen Jüngern erklärt habe:

[44] van der Ploeg, S. 159
[45] Rothkranz, Madeira, S. 56

„Euch sind die Geheimnisse des Reiches Gottes anvertraut... Den anderen wird es nur in Gleichnissen geboten, damit sie hören, und doch nicht hören..." Jesus habe klar zwischen den Eingeweihten, den Jüngern, und den Nicht-Eingeweihten unterschieden. Unbekannt ist, wie Bitterlich diese Ansicht mit folgender Passage im Johannes-Evangelium (18, 19-21) in Einklang bringt:

„Der Hohepriester nun stellte an Jesus Fragen über seine Jünger und über seine Lehre. Jesus antwortete ihm: ‚Ich habe öffentlich zur Welt geredet. Ich habe immer in der Synagoge und im Tempel gelehrt, wo alle Juden zusammenkommen, und im Verborgenen habe ich nichts geredet. Warum fragst du mich? Frage die, die gehört haben, was ich zu ihnen geredet habe. Diese wissen, was ich gesprochen habe."

Überhaupt kein Verständnis für die OA-Geheimhaltung hat Johannes Rothkranz: „Die Kirche kannte eine Arkandisziplin gegenüber den Heiden. Aber ihren eigenen Kindern gegenüber hat sie kein Recht, irgendwelche Glaubenswahrheiten geheimzuhalten."[46]

Bitterlich hat im genannten Vortrag besonders auf antike und mittelalterliche Formen christlicher Arkandisziplin hingewiesen, um dann auf das Engelwerk einzugehen: „Ich brauche wohl nicht zu betonen, daß wir kein Geheimbund sind. Aber es ist ebenso klar, daß wir hier Personen und Sachen zu schützen haben, denen wir Ehrfurcht und Liebe schuldig sind.

Personen: Jede Person ist ein in sich geschlossenes Wesen und hat eine Intimsphäre, einen Bereich, auf den niemand anderer als Gott allein einen Anspruch hat, in den sich niemand eindrängen darf, den niemand ungerufen betreten darf, es sei denn durch das Tor der Liebe. In jeder positiven Persönlichkeit - ich sage dies zum Unterschied von den Dämonen - haben wir einen Gnadenbereich für uns, dem wir uns nur in Ehrfurcht und Liebe nahen sollen. So ist es also ein Gebot der Gerechtigkeit und Liebe, daß eine Institution, die mit der Intimsphäre von Engel und Mensch zu tun hat, zum Schutz dieser Person eine strenge Arkandisziplin einhalten muß. Es ist dies ein Gebot der Nächstenliebe. Dieser Geheimnisbereich gehört zu den ursprünglichsten Menschen-Rechten und ebenso Engelrechten.

Sachen: Unter Sachen sind zu verstehen: die Engelschriften im allgemeinen wie auch das Engelwerk als Zusammenfassung und Institution. Diese Sache verlangt eine strenge Arkandisziplin aus Ehrfurcht vor dem Offenbarungsgut. Auch hat der Herr Selbst hier schon eine Vorschrift gegeben, indem Er das Engelwissen ausdrücklich in erster Linie in die Hand der Priester gelegt hat. Das ist eine Einschränkung, die wir nicht leichtfertig übergehen dürfen. Endlich ist uns die Sache als Waffe und Schutzwehr gegeben, und man wird Waffen und Wehr nicht einfach den Feinden ausliefern noch ausleihen oder herumzeigen. Eine Waffe ist ja kein Spielzeug.

Die ganze Institution des Engelwerkes bedarf des Schutzes durch die Ar-

[46] Rothkranz, Theologische Anmerkungen, S. 32

kandisziplin, weil sie nur zusehr von den höllischen Feinden und deren Anhängern den heftigsten Angriffen ausgesetzt sein wird."[47]

Bitterlich warnt daher im besagten Referat eindringlich davor, sorglos mit den OA-Schriften umzugehen: „Es darf weder Neugier noch Wissensdurst noch selbst das Intersse maßgebend sein, daß ich einem Menschen Einblick gewähre in die Schriften über die heiligen Engel, und mag dieser Mensch noch so ein Tatkatholik sein, ja sogar Priester, oder Rang und Namen besitzen. Das alles ist noch lange keine Begründung dafür, ihn einfach die Engelschriften lesen zu lassen... Es muß Ihnen auch klar sein, daß eine Arkandisziplin gegenüber den Feinden der heiligen Kirche zu üben ist. Seien Sie daher vorsichtig in Ihren persönlichen und schriftlichen Mitteilungen! Machen Sie auf das Blatt mit Ihren Aufzeichnungen das Kreuz, schreiben Sie darüber ‚sub. sig. div.", und der Teufel wird gleichsam davon geblendet sein, und er wird den Inhalt nicht erforschen können. Lassen Sie auch die Schriften nicht für jedermann zugänglich herumliegen! Ich glaube, wer die heiligen Engel wirklich liebt, wird diese Verpflichtung als Selbstverständlichkeit betrachten, wird die heiligen Engel keinen unbefugten Blicken preisgeben und wird dafür kämpfen, wenn es sein muß."

In einem anderen Vortrag ,„Über das Schweigen"[48], hat Bitterlich beklagt, daß ein „Krieg gegen das Geheimnis geführt" werde und zwar mit dem „treffenden Schlagwort: ‚entmystifizieren'. Mit Systematik ist hier der Böse Feind vorgestoßen bis zu den Wurzeln unseres Glaubens vom Geheimnis des Kreuzzeichens an bis zum Kernpunkt der Heiligsten Eucharistie. Wir haben selber vielfach den Sinn für das Geheimnis verloren..."

So einleuchtend das klingt - bewußt oder unbewußt stellt Bitterlich hier das Glaubensmysterium, das ein Geheimnis im Sinne eines für den Menschen unbegreiflichen Rätsels ist, auf eine Ebene mit Heimlichkeiten von Menschen, die - allgemein enthüllt - durchaus begreiflich wären. Will er aber behaupten, daß das OA tatsächlich den zentralen Inhalten des christlichen Glaubens vergleichbare Geheimnisse hütet und diese nur den „eingeweihten" OA-Priestern begreiflich seien, kann man ihm den Vorwurf der Anmaßung nicht ersparen. Bitterlich hat im zuletzt genannten Referat auch einen ganzen Abschnitt dem Thema „Über das Gelübde des Schweigens" gewidmet und dabei folgendes ausgeführt:

„Sie wissen sicher, daß es den Menschen im Werk der Engel nicht bloß darum geht, die heiligen Engel zu verehren. Dies ist nur die unterste Stufe für die breite Masse der Engelverehrer; das sind jene Menschen mit Schutzengelversprechen und Schutzengelweihe. Die nächste Stufe, das sind die Menschen mit Engelweihe. Diese streben schon danach, den Engeln in allem ähnlich zu werden. Sie wollen also beten wie die Engel, sie wollen helfen wie die Engel,

[47] Opus Sanctorum Angelorum, Jahreslesungen II, Innsbruck 1968, S. 53f.
[48] Opus Sanctorum Angelorum, Jahreslesungen II, S. 72ff.

sie wollen schützen und bewahren wie die Engel, sie wollen Gott dienen wie die Engel. Um dies zu können, haben sie sich noch fester an die Engel gebunden, denn sie können dies alles ja nur an der Hand des Engels.

Und dann kommt die dritte Stufe: Das sind jene Menschen, die mit den heiligen Engeln zusammen kämpfen und ringen und sich einsetzen wollen für das Reich Gottes und für die Rettung der Seelen; diese Menschen haben die Sühneweihe. Darüber aber stehen dann die Menschen mit gelübdemäßiger Bindung.

Über die Schutzengel-, Engel- und Sühneweihe haben Sie sicherlich in den früheren Tagungen gehört. Diese Ausführungen sollen Sie mit den Gelübden im Engelwerk vertraut machen. Die Gelübdebindung in Armut, Reinheit und Gehorsam ist bekannt. Aber Sie haben sicher auch gesehen, daß im Engelwerk manches anders aufgefaßt, manches anders geübt wird, weil dieses: ‚wie der heilige Engel' dazukommt. Etwas Neues wird für Sie das Gelübde des Schweigens sein. Es wird einmal im Werk der heiligen Engel ein feierliches und undispensables Gelübde im eigentlichen Sinn sein, zu dem verschiedene Stufen von begrenzten Schweigeversprechen hinaufführen. Und es umfaßt alle Stufen und Grade des Schweigens:

Das Schweigen der Lippen - das ist also das Schweigen der Klugheit. Hierher gehört die eigentliche Arkandisziplin, die für das Werk äußerst notwendig ist. Ich möchte alle, die dem Werke nähertreten wollen, eindringlich darauf hinweisen. Besonders darf ich Sie bitten, mit den Schriften vorsichtig zu sein. Die Schriften sind und bleiben Eigentum des Werkes. (Bitte vermerken Sie das eventuell in Ihrem Testament, damit die Schriften sich dann nicht irgendwo verflattern, sondern daß sie immer wieder zum Werk zurückkehren) Klugheit und Diskretion beim Weitererzählen des Engelwissens möchte ich Ihnen sehr ans Herz legen. Achten Sie darauf: Der Engel hat viele Feinde! Und reden Sie niemals von Privatoffenbarungen! Schöpfen Sie aus, was Sie aus der Heiligen Schrift, aus der Dogmatik, von den Kirchenvätern und Kirchenlehrern wissen. Die Engelschriften sollen Ihnen persönlich Anregung sein, und Sie selber müssen die Schriften verarbeiten. Sie sollen und dürfen nur das weitergeben, was Sie sich selber erarbeitet haben und in Ihrem eigenen Denken verarbeitet, durchdacht, erkannt und fruchtbringend angelegt haben.

Denken Sie daran: Das Samenkorn muß fallen, muß sterben - und dann muß man es wachsen lassen - und dann erst dürfen Sie reden! Wenn Sie nicht imstande sind, aus eigenem heraus einen Menschen für den Engel zu begeistern und für die Engelverehrung, für das Engelwerk zu sprechen, dann seien Sie lieber still. Aber kommen Sie nicht daher mit dem Anbieten von Schriften! Die Menschen müssen durch Sie und von Ihnen und von dem, was Sie verarbeitet haben, begeistert werden. Sie müssen hinter jedem Wort, das Sie sagen, auch selber dahinterstehen können.

Die Engelschriften sollen Ihnen Anregung und immer wieder das Samenkorn sein, das erst in Ihnen wachsen muß. Fliehen Sie also alle Reporterwiedergaben und erzählen Sie nichts unter Berufung auf Privatoffenbarungen oder sogenannte geheime Quellen. Sie schaden dem Werk ungeheuer, wie es leider schon mancherorts geschehen ist.

Diese Arkandisziplin wird dann auch die Mitglieder des Werkes umfassen, besonders jene, die in gefährdetem Einsatz stehen, das verstehen Sie sicher sehr wohl. Die Arkandisziplin bedeutet einen notwendigen Schutz für den Einsatz. (Nehmen wir hier nur als Beispiel den Einsatz im Osten oder in glaubensfeindlichen Lagern). Unsere Feinde, das sind die Feinde Gottes und der Engel, haben unheimlich scharfe Ohren! Es ist interessant zu bemerken: Noch bevor wir richtig gewußt haben, was für das Engelwerk einmal nützlich sein wird, haben die Gegner schon längst erkannt - die Gefährlichkeit dieses Engelwerkes. Schon in den Jahren 1946/47 sind die ersten aufgetaucht, um das kommende Engelwerk schon im Keim unschädlich zu machen. Nehmen Sie sich in acht und üben Sie sich im Schweigen der Lippen!"

Das Engelwerk hat seine strikte Geheimhaltung stets damit begründet, es habe vom Innsbrucker Bischof, der nur die an die Mitglieder verschickten Rundbriefe selbst überprüfte, den Auftrag erhalten, über die Privatoffenbarung Stillschweigen zu bewahren. Die Bitterlich-Vorträge, insbesondere der Hinweis, daß man sich schon 1946/47 vor Gegnern des kommenden Werkes schützen mußte, deuten freilich darauf hin, daß Schweigen und Geheimhaltung im Werk von allem Anfang an größte Bedeutung hatten. Und im April 1976 hat Georg Blaskó bekanntlich an Bischof Paul Rusch geschrieben: „Es sei nun darauf hingewiesen, daß wir eine Überprüfung der Schriften - da der Zeitpunkt hierfür noch nicht gekommen ist - nie beantragt haben."

Im Arkandisziplin-Vortrag hatte Bitterlich betont, das OA sei kein Geheimbund, und definiert: „Bei einem Geheimbund steht nahezu alles, nicht bloß einiges Wertvolle, unter der Arkandisziplin, von der Existenz der Gesellschaft angefangen bis zu den einzelnen Mitgliedern." Sicher, die Existenz des OA ist bekannt, aber rückt es nicht sonst schon sehr in die Nähe eines Geheimbundes, wenn Bitterlich im Schweigen-Vortrag ein feierliches und undispensables Schweigegelübde ankündigt, „zu dem verschiedene Stufen von begrenzten Schweigeversprechen hinaufführen. Und es umfaßt alle Stufen und Grade des Schweigens."

Ein ehemaliges Mitglied hat die Geheimhaltung im Werk kurz, prägnant und drastisch so zusammengefaßt: „Es gibt Schweigeversprechen. Die unteren Kreise wissen nicht, was die oberen beschlossen haben. Es gibt die Aufforderung zur U-Boot-Taktik, zur rechten Zeit zu verschwinden und am rechten Ort wieder aufzutauchen. Es gibt geheime Ein- und Ausgänge in der Petersburg, die bei Gefahr von Priestern benutzt werden sollen. Es gibt im Engelwerk Bücher, die kein Kardinal und kein Bischof sehen darf, weil es sonst mit dem Engelwerk aus wäre."[49]

[49] „Stationen", Bayerisches Fernsehen, 7.7.1988

Im OA-Rituale ist das „einfache Schweige-Versprechen" - ob es darüber hinaus noch ein feierliches Schweigegelübde gab oder gibt, ist unbekannt - abgedruckt, das folgende Sätze enthält: „Ich verspreche zu schweigen aus Gehorsam gegenüber der heiligen Kirche, welche die Weitergabe des Wissens aus dem Schatz des Werkes der heiligen Engel allein den Priestern übertragen hat. Ich will darum die Schätze des Werkes der heiligen Engel hüten wie ein mir anvertrautes Pfund und nichts unbedacht oder aus anderen Gründen erzählen, was dieses Schweigeversprechen verletzt oder gar bricht."[50]

Nach dem Spruch der Glaubenskongregation von 1983 darf zwar das Engelwerk kein Schweigeversprechen mehr verlangen, doch soll es sich nicht daran halten. Es soll ein neues, noch härteres Schweigeversprechen geben. „Die Verpflichtung zum Schweigen" lautet auch ein Paragraph (33) in den provisorischen Konstitutionen des Kreuzordens. Außerdem steht man offensichtlich auf dem Standpunkt, daß bis 1983 abgelegte Schweigeversprechen nicht aufgehoben sind, das heißt, wer bis zu diesem Zeitpunkt Schweigen gelobt habe, sei immer noch dazu verpflichtet.

Daß das Schweigen die erste Engelwerkerspflicht ist, gilt nach Ansicht vieler noch immer: „Geschwiegen wird im Engelwerk nach wie vor, davon kann sich jeder überzeugen, der mit diesem Werk zu tun hat; ob erlaubt oder nicht, darüber gehen die Ansichten auseinander. P. Hansjörg Bitterlich ORC, Sohn der Visionärin und einer der maßgeblichen Priester im Engelwerk, findet für diese ‚Diskretion' gute Gründe. Zugang zu den Schriften des Engelwerkes erhält man nur nach entsprechender Einschulung. Ihr Bereich ist nur wenigen, bewährten Priestern vorbehalten. Das habe, so Bitterlich, in einem Kirchenzeitungsgespräch nichts mit Geheimnistuerei zu tun, sondern mit Verantwortung. Wer sich mit dem Wissen aus dem ‚Schatz der heiligen Engel' ohne Vorbereitung befasse, ‚würde in dämonische Bedrängnis geraten'. Schriften dürfen nur nach einer werkeigenen, strengsten Bibliotheksordnung ausgeliehen werden."[51]

Dem dieses zweistündige Kirchenzeitungsgespräch führenden Journalisten, Ferdinand Altnöder, zufolge hat Bitterlich dabei auch durchblicken lassen, daß das Werk außer den schon bekannten Schriften auch noch andere hütet, auch solche mit Weissagungen. Diese stünden auch Bischöfen nur zur Verfügung, wenn deren positive Einstellung zum Opus Angelorum gewährleistet sei.

Die „U-Boot-Taktik" des Werkes, das Schweigen, das Geheimhalten hat natürlich für das Engelwerk langfristig seinen tieferen Sinn. All das gehört, wie Weihbischof Soden-Fraunhofen von einem Ex-Mitglied erfahren hat, zur „versiegelten Liebe": „In einem Exerzitienkurs von 1973 in Galtür wurde den

[50] Opus Sanctorum Angelorum, Rituale des OA, 1970, S. 70
[51] Ferdinand Altnöder, Ein geheimes Handbuch aus dem „Schatz der heiligen Engel", Kirchenblatt für Vorarlberg, 18.12.1988, S. 11

Priesteramtskadidaten des OA eröffnet, daß Gott dieses Siegel explosionsartig lösen wird. Aus anderem Zusammenhang entnommen, wird das die Stunde sein, in der die Oberen des Engelwerkes den Eindruck haben, die Kirche sei nun genügend mit Leuten des Engelwerks unterwandert, so daß dann offen geredet und gehandelt werden könne."[52] Es heißt Werk-intern auch, das OA werde nach einer Weltkatastrophe (daher Atom-Bunker in allen Niederlassungen) die Leitung der Kirche übernehmen.

Manches deutet darauf hin, daß es sich beim Engelwerk um so etwas wie „christliches Freimaurertum" handelt, was das OA natürlich heftig dementiert. Ein mutmaßlicher Sympathisant des OA, der Dozent für Sozialethik an der Hochschule Heiligenkreuz und Vertreter des Malteser-Ritterordens in Österreich, Dr. Robert Prantner, der im Frühjahr 1989 eine von ihm verfaßte Broschüre über Freimaurertum präsentierte, sah sich veranlaßt, in dieser Schrift zu betonen: „Der Souveräne Malteser-Ritterorden hat ebenso wie die Personalprälatur ‚Opus Dei' und das ‚Opus Angelorum' der Regulierten Chorherren vom Heiligen Kreuz (‚Engelwerk') nichts mit dem Freimaurertum gemein."[53]

Laut Prantner existierte übrigens ein bei einem Logentreffen 1905 in Mailand erstellter „Sechzigjahresplan" zur Unterwanderung der Kirche im Geiste eines modernen Liberalismus, der bis ins Schlußjahr des Zweiten Vatikanischen Konzils gereicht habe. Bei einem Geheimtreffen hochgradiger Freimaurer am 5. Juni 1988 in Telfs in Tirol (gar nicht weit von St. Petersberg) seien neue Strategien beraten worden. Prantner beklagte, daß sogar Priester meinten, die Mitgliedschaft in einer Freimaurerloge mit der Zugehörigkeit zur katholischen Kirche vereinbaren zu können. „Christliche Freimaurerei", wie sie bestehe, liege aber keineswegs außerhalb der freimaurerischen Grundordnung:

„So wichtig die Unterscheidung zwischen kirchenfreundlicher und kirchenfeindlicher Freimaurerei auch sein mag, ist sie in Wirklichkeit irreführend. Denn sie legt nahe, daß für die Katholiken eine Mitgliedschaft lediglich bei kirchenfeindlichen Logen nicht in Frage käme. Nun hat sich die Untersuchung gerade auf jene Freimaurerei erstreckt, welche der katholischen Kirche gegenüber wohlgesonnen ist; aber selbst hier mußten die unüberwindlichen Schwierigkeiten festgestellt werden."[54]

Daß das Engelwerk die ihm von der Glaubenskongregation zugebilligte Diskretion mit strenger Arkandisziplin verwechselt, ist eine freundliche Lesart seiner Geheimniskrämerei. Daß es von seiner Schweigsamkeit freiwillig ablassen wird, ist vermutlich Illusion, wenn der Satz stimmt, den ein ehemaliges Mitglied im Rahmen seiner OA-Ausbildung notiert hat: „Die Unsichtbarkeit ist für das Werk wie das Wasser für den Fisch."

[52] Heinrich von Soden-Fraunhofen, Referat über das Engelwerk vor der Sitzung der Glaubenskommission der Deutschen Bischofskonferenz am 29. 1. 1988 in Wiesbaden-Naurod, S. 10
[53] Kathpress, Robert Prantner über die Freimaurer, 9.3.1989
[54] Kathpress-Info-Dienst, Nr. 010, 10.3.1989, S. 11

E) Dämonen, Magie und Strahlungen

Breit lagert sich z.B. über Paris der Dämon Cadamoth, über Zürich der Dämon Aratron und über London die Dämonen Phul und Phaleg. Weiter weg - über Amerika - lagern die Dämonen Och und Bolial, Bethor und Schammasch.

HANDBUCH DES ENGELWERKES

„Ich war Ordensfrau im Noviziat und wollte abends in den Schlafraum gehen, und rumpelte rein, und da waren alle am Boden gekniet mit einem Riesen-Kreuz und beteten den großen Exorzismus, und jede hatte eine Kerze vor sich. Ich wollte wieder den Raum verlassen, und die Novizenmeisterin hielt mich fest und sagte: ‚Jetzt bleib da und bete mit!‘ Wohl damit ich den Mund halte, es war alles geheim. Man traf sich jeden Abend woanders in den geheimen Gängen, in den Räumen, weil das niemand wissen sollte.“[55] Soweit der Bericht einer früheren Novizin, in deren Kongregation heimlich eine Engelwerk-Schwesterngemeinschaft entstanden war.

Im großen Weltsystem des Engelwerkes spielen auch die gefallenen Engel, die Dämonen, eine große Rolle. Sie sind ja die Widersacher, die es zu bekämpfen gilt, und darum hat das OA so viel für Teufelsaustreibungen, für Exorzismen, übrig. Der im Engelwerk übliche „Kleine Exorzismus“ lautet: „Im Namen des Dreieinigen Gottes, des Vaters, des Sohnes, des Heiligen Geistes, weichet ihr bösen Geister, höret nichts, sehet nichts, tragt nichts hinaus! (oder je nach Situation: bedränget nicht, zerstöret nicht, vereitelt nicht unsere Aufgaben und Pläne!)

Unser Gott, der euer Herr ist, befiehlt euch: Weichet! Und kehret nie wieder!

Im Namen des Vaters und des Sohnes und des Heiligen Geistes. Amen.“

Das zweifellos beunruhigende Aufleben von Satanismus und Magie in unserer Zeit dient sogar teilweise zur Rechtfertigung des Engelwerkes. So heißt es in einem Text[56], den Hansjörg Bitterlich nach dem Auftauchen des Handbuches 1988 österreichischen Generalvikaren übergab: „Wenn das Handbuch die Gefährlichkeit der Dämonen aufzeigt und warnend von ihrer Einflußmöglichkeit gesprochen wird, dann ist das nicht finsteres Mittelalter, sondern hat größte Aktualität. Wer nicht begreift, mit welcher Radikalität unsere Jugend sich den Phänomenen des Satanismus und seinen Auswüchsen gegenüberstellt, der ist von gestern und kennt nicht die Zeichen der Zeit.“

Dieser Text betont, es habe sich in den letzten Jahren mit Hilfe der Musik, insbesondere der Rock- und Hard-Rock-Musik, eine Revolution unter der

[55] „Stationen“, Bayerisches Fernsehen, 7.7.1988
[56] (Hansjörg Bitterlich) Das Handbuch des Engelwerkes, 14 seitiger Text aus dem OA (1988), S. 5ff.

Jugend vollzogen, und meint, „wenn 30.000 Jugendliche mit Sängern, die sich als Satanisten erklären, z. B. die Gruppe KISS (=King in Satanic Service) gröhlen ‚Highway to the Hell', kann das nicht ohne Wirkung bleiben". Es wird beispielhaft auf etliche Plattentexte und Interpreten hingewiesen und von der Plattenhülle „Reflection - Black Sabbath" zitiert: „Gleich auf der ersten LP beschworen sie Satan, der dann allerdings tatsächlich kam. Er versprach ihnen Erfolge in aller Welt. Wenn sie nur in jedem Jahr beim großen Sabbath aufspielen würden. Beide Teile haben ihr Wort gehalten. Sechs erfolgreiche Longplayer, gewaltige Konzerte vor den Fans aller Welten. Dort spielten sie ihren höllisch heißen Hardrock, geradezu ideal temperierte Musik für Höllenfeste. Für die schwarzen Sabbathe, die blutigen. Und du, armer Narr, der du diese LP in Händen hältst, wisse denn, daß du mit ihr deine Seele verkauft hast, denn sie wird schnell in diesem höllischen Rhythmus, in der teuflischen Kraft dieser Musik, gefangen sein. Und dieser musikalische Tarantelbiß wird dich tanzen lassen, ohne Ende, ohne Pause."

Man darf annehmen, daß der Großteil jener, die sich von solcher Musik gefangennehmen lassen, und auch jener, die damit ihr Geld verdienen, weder an Gott noch Teufel interessiert sind, sondern schlicht gedankenlos - was natürlich höchst problematisch ist - ihrem Vergnügen oder ihrem Geschäft nachgehen. Höchst problematisch erscheint auch, daß das ORF-Jugendmagazin „X Large" kurze Zeit vor seiner Engelwerk-Reportage einen ziemlich unkritischen Beitrag über das Thema Satanismus gebracht hat.

Denn Satanismus ist nichts Harmloses und Ungefährliches, wie der OA-Text aufzeigt: „Über das Anhören der satanischen Musik hinaus gibt es immer mehr Satansgruppen, Jugendliche, die sich bewußt dem Teufel ausliefern, ihm Glieder ihres Leibes abschneiden und opfern und manche, die auf seinen Befehl hin sich selbst das Leben nehmen.

Diese Satansgruppen, die mitgliederstärkste heißt ‚Luziferianer', breiten sich immer mehr in ganz Deutschland aus, vor allem an den Gymnasien. Zu ihren Mitgliedern zählen bereits zehnjährige Kinder. Die Öffentlichkeit wurde vor allem durch den jüngsten Prozeß am Oberlandesgericht Münster aufgeschreckt, bei welchem es um den Selbstmord einer 15jährigen und den Selbstmordversuch einer 17- und 15jährigen Schülerin ging, den sie aufgrund eines Befehles Luzifers ausgeübt zu haben angaben. Eine andere Gruppe von vier Jugendlichen übte auch einen besonders grausamen kollektiven Selbstmord auf Befehl Satans aus. Viele Autoritäten in Deutschland haben mit den Luziferianern und ähnlichen Gruppen zu tun. Aufsehenerregende Fälle sind auch aus Westberlin, Bensheim, Düsseldorf u.a. bekannt geworden.

Es wird geschätzt, daß bereits zehn Prozent der Schüler hier eingefangen sind. Tatsächlich breitet sich der Satanismus unter den Jugendlichen stetig aus."

Auch hinter der New-Age-Bewegung steht für das Engelwerk eine Form von Satanismus, die nicht einmal allen New-Age-Anhängern bekannt sei: „Zum ‚Eintritt in das Neue Zeitalter' wird eine ‚luziferische' Initiation verlangt (eine

Massenweihe an den Teufel}. David Spangler, einer der Hauptführer der New-Age-Bewegung, seit 1979 zweiter Direktor des ersten New-Age-Zentrums der Findhorn-Foundation in Schottland, schrieb 1978 in einem seiner zahlreichen Bücher: ‚Luzifer wirkt in jedem von uns, um uns in einen Zustand der Vollkommenheit hineinzuführen. Wenn wir in ein neues Zeitalter eingehen, das Zeitalter der Vollkommenheit des Menschen, wird jeder von uns auf irgendeine Weise an den Punkt gelangen, den ich als luziferische Initiation bezeichne (Weihe an Luzifer). Dies ist das besondere Eingangstor, das das Individuum durchschreiten muß, um völlig in die Gegenwart seines Lichtes und seiner Vollkommenheit zu gelangen‘ (D. Spangler, Reflexions of the Christ)“.

Die Frage ist nur, ob die katholische Kirche solchen Tendenzen nicht besser durch die Betonung der Liebesbotschaft des Evangeliums in Theorie und vor allem Praxis, durch das Herausstreichen der Erlöserrolle Jesu Christi begegnen und so wirksamer als „Salz der Erde“ und „Stadt auf dem Berg“ wirken könnte als durch den kämpferisch formulierten Hinweis auf eine Engelwelt, deren Geheimnisse auch nur nach und nach den „Eingeweihten“ enthüllt werden.

Hier sieht auch Johannes Rothkranz Probleme: „Man verweist auf die von der Kirche anerkannte Möglichkeit und Tatsächlichkeit sowie das daraus folgende strengste Verbot eines Paktes mit dem Teufel. Wenn es aber nach Lehre der Kirche einen Pakt mit dem Teufel gibt, so erklärt man, dann doch selbstverständlich auch einen Pakt mit den guten Engeln. Aber daran ist bei näherem Zusehen gar nichts selbstverständlich.“[57]

Mit der Gegenüberstellung von Engeln und Dämonen, wie sie im „Handbuch des Engelwerkes“ vorkommt, ist auch Professor van der Ploeg nicht einverstanden: „Die Lehre, daß man die Dämonen bekämpfen muß ‚mit Hilfe der sie bekämpfenden oder abwehrenden Engel‘ und damit ‚wirksame Abhilfe aufbauen‘ (S. 297), geht hinaus über die Lehre, daß Christus die Dämonen besiegt hat; er brauchte dazu keine Engel.“[58]

Unter Magie versteht man die Beschwörung übernatürlicher Kräfte, die durch bestimmte Handlungen nutzbar gemacht werden sollen, laut Lexikon wendet man sich im Fall der „Weißen Magie“ an gute Geister, im Fall der „Schwarzen Magie“ an böse Geister. Das Engelwerk bedient sich einer Definition der weißen Magie „als die Kunst, Wunderbares zu bewirken mit Hilfe der Geschicklichkeit (z.B. Karten aus der Manschette hervorzuzaubern und dergleichen)“.[59] Angeblich rühmt man sich im OA, die weiße Magie zu beherrschen. Mit Religion hat das insofern nichts zu tun, weil sich der religiöse Mensch dem höheren Willen fügt und ihn nicht erzwingen will. Im Volksaberglauben spielt Magie zweifellos noch eine Rolle.

[57] Rothkranz, Anmerkungen, S. 24
[58] van der Ploeg, S. 167
[59] (Hansjörg Bitterlich), Das Handbuch des Engelwerkes, 14seitiger Text aus dem OA, Manuskript, 1988, S. 12

Daß sich das Engelwerk mit Magie zumindest theoretisch beschäftigt, geht aus dem „Handbuch des Engelwerkes“ eindeutig hervor. Ob es auch magische Handlungen praktiziert, läßt sich nicht beweisen. Ein ehemaliges Mitglied berichtet, daß es zumindest theoretisch über den sogenannten Analogiezauber ausführlich informiert wurde. Analogiezauber bedeutet den Versuch, einem Menschen Schaden zuzufügen, indem man einer Puppe (sie sollte zum Teil aus Dingen bestehen, mit denen derjenige in Berührung stand) oder seinem Bild zufügt, was der betroffene Mensch tatsächlich zu spüren bekommen soll.

Sehr beredt ist auch das Zeugnis des niederländischen Alttestamentlers und Dominikaners Johannes van der Ploeg:

„Vor ungefähr 17-19 Jahren ist der Verfasser dieser Zeilen zum ersten Mal mit dem EW in Kontakt gekommen. Eine adelige Dame, die das EW in Holland propagierte, bat mich dringend, in ihrem Hause mit einem führenden Priester des EW Bekanntschaft zu machen. Dieser Herr zeigte mir ein Bündel Fotokopien über die jüdische Sekte von Qumran am Toten Meer, unter denen manche von mir selbst verfaßt waren. Qumran ist eines meiner Spezialgebiete, und deshalb wollte Dr. N.N. mich kennenlernen. Im Gespräch behauptete er zuerst, daß es im Kosmos ‚Schwingungen‘ gebe, die Naturwissenschaftler nicht erklären können. Dann zeigte er mir eine hebräische Namensliste von Dämonen, die ihm zufolge aus Qumran stammte, und wollte wissen, wie sie ausgesprochen werden. (Im Althebräischen werden prinzipiell nur die Konsonanten geschrieben, nicht die Vokale.) Auf meine Frage, warum er dies wissen wollte, antwortete er: ‚Der Name ist ja eine Schwingung.‘ Jetzt war mir klar, was er dachte: die kosmischen ‚Schwingungen‘ würden von Geistern bzw. Dämonen bewirkt, und diese wollte er mit anderen ‚Schwingungen‘ bekämpfen, in denen die Namen der Dämonen eine wesentliche Rolle spielen. Als ich dem Herrn erklärte, die Dämonen seien, wie die Engel, reine Geister, und hätten darum untereinander und vor Gott keine Namen, stellte er dies in Abrede. Nein, sagte er, alle Dämonen hätten Namen, nur kenne der Mensch sie nicht. In alten jüdischen ‚authentischen‘ Traditionen sei dennoch eine Reihe dieser Namen überliefert worden. Damit war mir klar, daß N.N. diese Namen sammelte und daß er den Dämonen (und Engeln?) ‚Schwingungen‘ im Kosmos zuschrieb, denen es entgegenzuarbeiten gelte, indem man die Namen der Dämonen in Beschwörungsformeln aussprechen müsse. Beschwörungsformeln werden im EW vielfach gepflegt.“[60]

Recherchen haben ergeben, daß besagter N.N. niemand anderer war als der heutige leitende Priester des Engelwerkes, Dr. Georg Blaskó. Van der Ploeg deutet das auch an anderer Stelle an: „Dr. Blasko war, als ich ihm einmal begegnete, ein Sammler von ‚echten‘ Dämonennamen, der überzeugt war, daß er diese in alten jüdischen Traditionen finden konnte. Die Übereinstimmung der Engellehre des EW mit der Qumrans war ihm nicht entgangen. Von ihm (und

[60] van der Ploeg, S. 160

von anderen Sammlern?) dürften Namen von Engeln und Dämonen stammen, die im EW verehrt bzw. bekämpft werden. Ich möchte annehmen, daß auch Frau Bitterlich ihren Beitrag geliefert hat, was die phantasiereichen pseudohebräischen Engelnamen erklären dürfte."[61]

Als Zerrbild zu den Engelhierarchien besteht auch für die Dämonen eine Rangordnung, je nachdem, welchem Engelchor sie zur Zeit der nicht bestandenen Prüfung angehörten, denn sie wurden damals (Handbuch, S. 105) „in einer gewaltigen Schlacht von ihren eigenen Mitbrüdern, die Gott treu blieben, in den Abgrund geschleudert. Sie fielen bei diesem Sturz in den Abgrund zum Großteil auf die Erde und die sie umgebenden Gestirne, wo sie sich festkrallten und als Werkzeuge dienen müssen, nämlich an der Prüfung der Menschen durch ihre Versuchungen und Bedrängnisse mitzuwirken. Darum beließ ihnen Gott auch noch den dazu notwendigen Teil ihrer Macht und ihrer Fähigkeiten nach dem Maß ihrer anerschaffenen Eigenart. So sind auch jetzt noch bei den Dämonen Rangstufen nach Art der Engelchöre zu erkennen, wie auch Gruppenballungen (meist um einen Führer)."[62]

Es ist völlig unmöglich, in Kürze darzustellen, wie diese „Satanische Hierarchie" mit Luzifer an der Spitze gegliedert ist. Da gibt es „sieben Machtbereiche Luzifers", da ist vom „13armigen Leuchter Luzifers" , vom „magischen Drei-Eck (Vier-Eck, Zehn-Eck) ebenso die Rede wie von „Pentagrammen" (Fünfecken) Luzifers und anderer führender Dämonen, und überall sitzen Dämonen mit bestimmten Eigenschaften und Absichten.

Zum Thema Dämonen und Strahlungen einige Kostproben aus dem „Handbuch des Engelwerkes", die für sich sprechen:

„Die Symbolik der Dämonen - untereinander - besteht in Zahlen und Zeichen, die sich bis in die Handhabung der Schwarzen Magie erstrecken. Jeder Dämon funkt auf der Wellenlänge seiner Zahl und hat ein Zeichen; es ist eine ganze Wissenschaft für sich. Die Zahlen sind oft in Zeichen, z.B. ‚magische Quadrate' zerlegt eingefügt und ergeben bei richtiger Summierung den Ruf für bestimmte Dämonen... Die Dämonen geben den Menschen auch Zeichen als Symbole oder Rufnummern. Legt z.B. ein den Dämonen verfallener Mensch das Zeichen eines Dämons in den Stall eines Nachbarn, um ihm zu schaden, so wird der Stall bald wimmeln von den Dienern dieses Dämons, für welche das Zeichen wie die Aufgabe eines Zieles, eines Betätigungsfeldes ist. Solche ‚Rufnummern' sind nicht bloß Zeichen oder Zahlen, sondern es können auch ‚aufgeladene' (besprochene) Dinge sein: frisch gerissene Federn einer Henne, Haare, Klauen, irgendein Dreck, usw., den man in ein Papier mit diesem Zeichen oder der Zahl wickelt und am Ort des Rachezieles versteckt, um damit eine noch genauere Zielrichtung zu geben." (S. 185)

[61] van der Ploeg, S. 173
[62] Opus Sanctorum Angelorum, Das Handbuch des Engelwerkes, 1960

„In manchen Gegenden wohnen sogenannte Durch-strahler. Das sind Menschen, die sich mit Schwarzer Magie abgeben und darin eine solche Fertigkeit erlangt haben, daß die Dämonen ihre Strahlen gleichsam glatt durch diese Menschen durchsenden können und nicht erst ihr Opfer zu einer Sünde verführen brauchen. Diese Durchstrahler sind den Dämonen so hörig, daß diese ihnen wieder sehr willfährig sind, wenn es gilt, Schaden zu stiften, jemanden zu behexen, Mißernten, Viehfall oder sonstige Katastrophen herbeizuführen.

Merkt also der Seelsorger, daß Pfarr- oder Beichtkinder dauernd von Unglück verfolgt werden, so muß er der Sache nachgehen. Die Landleute wissen meist selbst, woher der Haß oder die Falschheit oder die Rachsucht kommt. Kennzeichen solcher Dämonen, die meist durch Hebammen, Bauersfrauen, Zigeuner, Botenfrauen, alte rachsüchtige Bauern durchstrahlen, sind:

Überschwemmen eines Ackers mit Ungeziefer, giftigen Schwämmen oder Pflanzen, wovon das Weidevieh eingeht; (Dämon des 4. Geheimsiegels Luzifers: ‚Ich knechte dich').

Verwerfen der Kälber im gleichen Stall trotz sorgfältiger Pflege; (meist ausgehend von Nahesch - Macht, Vernichter - am siebenarmigen Leuchter Luzifers).

Welken der Obstbäume über Nacht und Abwerfen der Frucht (meist Boboon, 8. Geh. Siegel Luzifers: ‚Ich reiße dir alles nieder').

Nicht-Austragenkönnen der Kinder trotz Fähigkeit dazu: (Däm. Bistuah, 2. Geh. Siegel: ‚Ich trenne dich').

Selbstmordsucht (plötzliche) ohne Ursache (meist zwei Dämonen, welche die ‚Zange' gebrauchen: Kolcha und Anareta, 10. Geh. S.: ‚Ich töte dich').

Mißgeburten trotz größter Behütung (Kispoth Kejim, der ‚Strahler'. - Diesen Dämon kennt man, wenn nicht nur das Kind, sondern auch Bäume des Hofes Mißwüchse zeigen)..." (S. 292)

Es ist geradezu beruhigend, wenn es im Handbuch heißt: „Man darf nicht alles auf das Conto ‚Dämonische Belastung' legen. Vieles wird dem Seelsorger klar, wenn er versucht, die Familie seines Zöglings, seines Beichtkindes näher kennenzulernen." (S. 293) Auch Erbanlagen, Erziehung und Milieu spielen also eine Rolle, und auch darüber werden im Handbuch Lehren erteilt: „Kommt ein Kind und sitzt ganz ruhig und erzählt fortwährend und fährt dabei mit den Händen strichweise hin und her, dann lastet auf der Seele etwas, was es verdekken möchte. - Geht es herum und nimmt dies oder jenes in die Hand und erzählt dabei, so kann eine Erbschwäche zu Diebstahl vorliegen. - Viel gefährlicher ist es aber, wenn es ruhig sitzt und nur seine Augen fortwährend wandern läßt und den Seelsorger nicht anschauen kann. Da sitzt schon der Erbfeind im Kind und benützt es zu einem Angriff." (S. 294)

Über die Dämonen verrät das Handbuch unter vielem anderen noch, daß es Gruppen für bestimmte Zeiten gibt, zum Beispiel „die vier großen Tiere der Endzeit" (S. 243ff.) und Dämonenballungen an einzelnen Wochentagen (S.

245f.). Bemerkenswert ist auch noch die Zuordnung bestimmter Dämonen zu bestimmten Gebieten und Orten:

„An den Kennzeichen der Sünden mancher Städte und Länder kann man unschwer auf die Ballungen jener Dämonen schließen, welche sich darüber gelagert haben.

Daß über dem Osten der Vierfürst Samael reitet, ist deutlich genug, und dort werden auch die Horden Beelzebubs, Lamechs und Bistuahs ihre Ernte einbringen.

Daß über dem Westen der goldenen Pfau, das goldene Kalb von Geld und Macht steht, wissen wir ebenfalls.

Breit lagert sich z.B. über Paris der Dämon Cadamoth, über Zürich der Dämon Aratron und über London die Dämonen Phul und Phaleg. Weiter weg - über Amerika - lagern die Dämonen Och und Bolial, Bethor und Schammasch. Von Süden herauf sieht man die hellen Streifen Azaels und Ismaels, die Ballungen Hagiths und über Rom das angreifende Licht Astaroths. Vom Norden her lagern die dunklen Wolken Belials, Bistuahs, Schartatans und Asmodais. Schwer hängt Sada Schartatan über Prag, breit lächelnd liegt Debtah Aglai über Wien.

Auch manche Universitäten tragen die Prägung ihrer Angreifer (die Salzburger Universität zeigt leicht kenntlich die Einbrüche Ismaels, die Innsbrucker Universität die Einbrüche Taphthartaroths, die Wiener Universität die Einbrüche Schebartatans).

Genau so erkennt man in manchen Klöstern und Abteien die nur über den Engel erkennbaren bedrängenden Kraftfelder verschiedener Dämonen, die immer wieder einzubrechen versuchen. Da dies aber variabel ist, so muß jeder Seelsorger wie ein geistlicher Arzt betend zu der richtigen Diagnose kommen und dann dementsprechend seine Hilfeleistung aufbauen." (S. 249)

Das Handbuch führt auch noch Dämonengruppen über bestimmten Ständen beziehungsweise Berufsgruppen an. (S. 230f.) Wer hätte gedacht, daß es einen „Dämon über allen jüdischen Handel und Gewerbe" (Ahasver) gibt, oder einen der „Propagandisten, Journalisten, Schriftsteller, Redakteure, aber auch der Irrlehrer" (Azer), oder einen „der ‚roten' Arbeiter und ihrer Gewerkschaften, der Streikbüros, der Roten Falken, etc." (Nepher), oder einen „der Zigeuner, des fahrenden Volkes" (Merinin), oder schließlich „Chanastai, ‚das Küpferlein', der Dämon in allen jüdischen Vierteln, der kleinen Händler, Teppichverkäufer, usw."?

Im alphabetischen Register kann man dann nähere Details über den betreffenden bösen Geist nachlesen. Hier sei nur ein besonders gefährlicher Dämon, der im OA-Handbuch den Namen Ismael trägt, als Beispiel erwähnt: „Der ‚Fürst der Endzeit' mit siebenfacher Macht, wütendster Gegner Mariens, besonderer Feind der Kirche, Dämon der Verschleierung, Tarnung, Verwischung, Blendung, Spaltung, Entzweiung, kämpft wissenschaftlich, tritt für den Fortschritt oder die Reinerhaltung der Kirche ein und drängt unliebsame Gottgebundene hinaus, sitzt an allen Knotenpunkten der Kirche, Kanzleien, Redaktionen, Verlagen, Lehrstühlen, im Parlament und Ministerium, in Administraturen und Legationen und ist bei jeder Tagung zu finden". (S. 303)

Zum Glück gibt das Handbuch, das ja als Nachschlagwerk für OA-Seelsorger gedacht ist, auch erschöpfend Auskunft darüber, welcher Engel gegen welchen Dämon steht und mit welchen Engeln daher welcher Dämon bekämpft werden kann. Seit das Handbuch bekannt geworden ist, quält die Engelwerk-Leiter aber offenbar die Sorge, daß auch umgekehrt vorgegangen werden könnte. So heißt es in einem „Pro Memoria" des leitenden Priesters Georg Blaskó, datiert am 10. Februar 1989 in Flüeli:

„Gerüchteweise haben wir bereits vernehmen müssen, daß das Handbuch des OA durch die Vermittlung von Prof. Hermann Riedl oder Exzellenz Graf von Soden-Fraunhofen in die Hände von satanshörigen Menschen geraten ist, die die dort erwähnten Dämonen anrufen und die Engel zu bedrängen trachten. Dies ist die Folge, wenn das Handbuch ohne Diskretion weitergegeben, ja veröffentlicht wird."

Der Sprachenkenner van der Ploeg hat sich auch mit den Dämonennamen befaßt: „Die Dämonen haben zum Teil bekannte Namen, die verschiedener Herkunft sind. Einige sind aus der Bibel und dem späteren jüdischen Schrifttum bekannt, wie Abaddon, Ahasver, Asmodai, Asteroth usw. Ariman ist persischen Ursprungs (=Ahriman, Fürst des Bösen); Dragon und Hyleg sind griechisch (hylé = Materie); Metatron (sehr bekannt, der Name ist griechisch); Lucifer und Aratron sind lateinisch (Aratron mit griechischer Endung); Sam(m)ael ist hebräisch. Schaitan Elek ist halb-arabisch (die erste Hälfte des Namens); Sorath stammt aus dem Sanskrit (er ist der Dämon der Sonne; sanskrit suryah = Sonne); Thamuz ist babylonisch; Thot ist ägyptisch. Daneben gibt es noch Namen, die von Personen im Alten Testament getragen wurden, andere sind bekannte hebräische Termini, wieder andere pseudo-hebräische Wörter, die der Phantasie zu entstammen scheinen. Eigentümlich ist, daß es drei Dämonen gibt, die Nephesch (im Handbuch , die Gestürzte Macht der Erde', geht auf den Leib der Menschen los), Neschamah (‚lenkt die satanische Strahlung zur Besiegung der Seele') und Ruach (‚Magier über die Seele', um sie zu bedrängen und abzuwürgen) heißen (Handbuch S. 146; 141), obwohl dies gar nicht den Bedeutungen der Namen in der hebräischen Sprache (nämlich Seele, Atem, Geist) entspricht. Man findet diese Namen auch in der Kabbala, nur nicht als Dämonennamen. Der Deuter dieser ‚Dämonennamen' hat wohl kein Hebräisch gekannt!"[63]

Warum Dämonen bestimmte Machtbereiche haben, wurde schon vor dem Auftauchen des Handbuches einigen am Kreuzorden interessierten Studenten 1986 auf der Insel Madeira von Hansjörg Bitterlich erklärt, wie ein Teilnehmer dieses Kurses protokollierte:

[63] van der Ploeg, S. 167f.

„Jeder Engel habe mit seiner Erschaffung eine spezielle Aufgabe von Gott bekommen. Die Engel, welche sich in der Prüfung gegen Gott entschieden hätten und gestürzt worden seien, hätten - wie die guten Engel - ihren Aufgabenbereich weiter behalten, so auch jene Engel, denen die Verwaltung der Schöpfung aufgegeben worden sei. Daher gebe es heute in der Schöpfung einen Bruch und keine vollständige Harmonie mehr; verschiedene Bereiche der Schöpfung würden von Dämonen beherrscht, die anderen Bereiche von guten Engeln. Deshalb habe die Kirche seit alters her über bestimmte Geschöpfe den Exorzismus gebetet...

Beelzebub, der ‚Fliegenteufel' - so P. Bitterlich in einer kleinen Gesprächsrunde - sei der Engel, dem vor dem Engelsturz die Herrschaft über die Insekten aufgegeben worden sei. Von daher werde es veständlich, daß die Fliegen und viele andere Insekten auf den Menschen so abstoßend wirkten und oft Schaden zufügten (Übertragung von Krankheiten etc.). Die Befreiung der Schöpfung von der Macht des Bösen durch Weihen und Segnungen sei für die Kirche ein wichtiger Akt der ‚Heimholung'."[64]

In seiner Verteidigungsschrift zum Handbuch (S. 11f.) betonte Hansjörg Bitterlich 1988 genau das gleiche „theologische Prinzip, nach welchem die gefallenen Engel ihre Macht, speziell in der stofflichen Schöpfung großteils behalten haben... Hatte also ein Engel vor der Prüfung Gewalt über Frösche, Schlangen oder über das Metall ‚Gold' und ist bei der Prüfung gestürzt, so hat er damit diese Gewalt nicht automatisch und vollständig verloren. Nach der Lehre des II. Vatikanischen Konzils ist es Aufgabe der heiligen Kirche, durch die Gewalt ‚des Erlösertodes Christi', angewendet in der Verwaltung der Sakramente, der Sakramentalien und besonders des Exorzismus, auch diese Geschöpfe der Gewalt der bösen Geister zu entziehen und unter den Schutz der heiligen Engel zu stellen."

Nimmt man diese Lehren des Engelwerkes für bare Münze, muß man natürlich auf jene Dinge in der Schöpfung achten, die laut OA-Handbuch (S. 182f.) „durch die Einstrahlung von Dämonen verändert werden können:

„Wasser: An der Erdoberfläche fließendes klares Wasser nimmt keine däm. Strahlungen auf; unter der Erde sickerndes Wasser nimmt unterirdische Strahlungen auf; stehendes Wasser nimmt Strahlungen auf, ebenso verfärbtes Wasser.

Erde: Eisen-, kiesel-, kalkhaltige Erde nimmt keine dämon. Strahlungen auf; Schwefel-, Moor-, Sumpferde nimmt däm. Strahlungen auf.

Pflanzen: Empfänglich für dämonische Strahlungen sind: Beinkraut, Brennessel, manche Beeren (Einbeere, Tollkirsche), Erle, Esche, Fingerhut, Nachtschatten, Königskerze, Mispel, alle Sumpfpflanzen, Schierling, Wolfsmilch, einige Schwammarten.

[64] Klaus Strickmann, Einführungskurs in Canical/Madeira, Manuskript 1986, S. 4

Nicht empfänglich sind: Arnika, Baldrian, Birke, Buchweizen, Flachs, Kamille, Klee, Glockenblume, Linde, Ölbaum, Nußbaum, Fichte, Tanne, Obstbäume, Weizen, Wermut und verschiedene Heilkräuter, wie Augentrost, Schafgarbe, Frauenmantel.

Tiere: Empfänglich für dämon. Strahlungen sind: Am meisten die grauen, gefleckten u. schwarzen Katzen, die gefleckten und schwarzen Hennen, die Schweine und die glatthaarigen Hunde, die Schmeißfliegen, Ratten und Schlangen.

Empfänglich (beeinflußbar) sind: Alle Raubtiere, Nachttiere, Sumpftiere; Schakal, Hyäne und alle Aastiere, Ziege, Affe u. Pfau, Ameisen, Termiten, Asseln, Elster, Kuckuck und Krähe, Engerlinge, Wühlmäuse, Wespen, Spinnen und Skorpione, alle Stechfliegen.

Nicht empfänglich für dämonische Strahlungen sind: Von den Haustieren: das Schaf, das Jungvieh, d. Esel, von den Waldtieren: Hirsch, Reh, Gemse, Hase, Lerche, Wachtel u. Wildvögel (Wildenten), von den Vögeln: Sperling, Taube, Schwalbe, Möve und alle Singvögel; alle Fische und Wale außer den Raubfischen und dem Aal, Biene und Marienkäfer.

Stark und schädlich strahlend wirken durch die Schwarze Magie: Frisch gerissene Federn von lebenden schwarzen Hennen, Tierhaare, besonders von Kühen, Katzen, Schweinen, Federn von Hahn, Pfau, Krähe, Tierzähne und -klauen, frisches Eingeweide.

Den satanshörigen Menschen ist außerdem die Zeit besonders starker dämon. Einstrahlungen (z.B. Neumond, Vollmond, bestimmte Tage oder Nächte oder sonstige Zeiten) über die dämonische Belehrung gut bekannt und wird zu Schadenszwecken ausgenützt."

Natürlich wirken auch die Engel - hier ist im Handbuch auch von Wesens-Strömung, Strahlkraft und Kraftfeld die Rede - auf die Natur und den Menschen „als direktes Kampf- und Beuteziel" (S. 180) ein, was aber auf Hindernisse stoßen kann: „Wenn ein Mensch durch eine Sünde gegen die Einwirkung des Engels immun wird, sieht er aus, wie von einer Schicht überzogen, durch welche keine Gnade hindurch kann und an der die Strahlen des Engels abprallen." (S. 182)

In einem Text aus St. Petersberg, datiert vom 29. November 1973, wird die Strahlkraft der Engel sogar mit dem Zeugen von Kindern und insbesondere mit der Jungfrauengeburt in Verbindung gebracht. Der Autor schreibt mit Bezug auf das erste Buch Mose („als die Gottessöhne mit den Menschentöchtern verkehrten und diese ihnen Kinder gebaren", Genesis 6,4) und eine Stelle im Henoch-Buch[65] (einer sogenannten apokryphen nicht zur Bibel zählenden Schrift), dort werde „offensichtlich vorausgesetzt, daß der Engel, obwohl rei-

[65] Vgl. Franziskus Peter Färber OSC, Wesen, Aufgabe und Hierarchie der Engel in den drei Henoch-Büchern, theologische Dissertation, Graz 1984 (Färber ist langjähriges Mitglied im OA und im Kreuzorden).

ner Geist, doch eine Wirkung auf den fraulichen Leib ausüben kann, der den Beginn eines neuen menschlichen Lebens bestimmt".

Weiter heißt es in diesem „Die Verbindung der Söhne Gottes mit den Töchtern der Menschen" betitelten Text: „Die Partänogenese[66]" ist eine viel geläufigere Möglichkeit, als man dachte, so daß eigentlich diese Quellen, wo die Rede ist von der Zeugung von Menschenkindern durch Engel, das nahelegen, daß der Engel als reiner Geist eine Wirkung ausüben kann, die eine weibliche Zelle zur Teilung und zur Werdung eines Menschenkindes anregt, und zwar ist es offensichtlich, daß dazu kein schöpferischer Akt erforderlich ist, weil eben die Erschaffung einer männlichen Samenzelle aus dem Nichts notwendig ist, noch so irgend eine Sache, was rein Göttlich wäre, sondern eine geistige energetische Einwirkung, die auch von einem Geist ausgehen kann. Es scheint, daß vielleicht diese Weise des Zeugens oder des Beginnens von menschlichem Leben, daß diese Weise nicht ganz verschollen ist, und daß die menschlichen Männer in der Lage wären, das zu machen: ich habe so einzelne Stellen, eine im Thessalonicher-Brief und einige in den Apokryphen, die darauf hindeuten, daß das irgendwie möglich wäre. Es bedeutet also praktisch unter Wahrung der Jungfräulichkeit, daß doch Kindern das Leben geschenkt werden könnte."

Zum krönenden Abschluß interpretiert der OA-Autor eine Paulus-Stelle („Deshalb soll die Frau ein Machtzeichen auf dem Haupte haben um der Engel willen." 1 Korinther 11,10) in diese Richtung: „Es scheint mir, daß die Engel irgendwie ihre Strahlkraft zurücknehmen müssen, wenn Frauen unbedeckten Hauptes da sind, und deshalb ist es seitdem grundsätzlich immer so, wenn eine Frau sich Gott weiht, daß sie da unverzüglich einen Schleier zum Dauertragen bekommt, was den Engeln sicher als Erleichterung oder Möglichkeit der Entfaltung ihrer Strahlkraft dient."

Auch dieser Text scheint wie das Handbuch durchaus ernst gemeint zu sein, dürfte aber bei den meisten Lesern nur Kopfschütteln auslösen.

[66] Korrekt müßte es „Parthenogenese"(= Jungfrauengeburt) heißen.

VII STRENGSTE DISKRETION ERBETEN

Die geheimen und anderen Schriften des Werkes

A) Grüße von St. Petersberg

> *Alle Schriften sind Lehrschriften... Wir sollen daraus lernen, wie der Engel zu denken und zu tun, wie der Engel vor Gott zu stehen und für Gott zu kämpfen.*
>
> *WALTER WAITZ*

Das Engelwerk hat in den letzten Jahrzehnten eine wahre Flut von Schriften produziert, deren Verbreitung sehr unterschiedlich ist. Neben großteils gedruckten Lehr- und Rundbriefen, die zur Information und Belehrung der Mitglieder eingeführt wurden und eine relativ große Auflage hatten und haben, gibt es auch Texte, die nur in geringer Zahl vervielfältigt wurden und nur „Eingeweihten", insbesondere Priestern, zur Verfügung stehen.

Nach jahrelangem Rätselraten, wieviele verschiedene OA-Schriften, insbesondere solche, die auf die Eingebungen der Mutter Bitterlich zurückgehen, im Umlauf sind, empfiehlt es sich nun, von einer vom Engelwerk vorgelegten - vollständigen? - Liste der „Schriften der Frau Gabriele Bitterlich" auszugehen, die folgendes Aussehen hat:

I. Schriften, welche Privatoffenbarungen der Frau Gabriele Bitterlich enthalten:

A. Im Druck hergestellt

Titel: Tagesengel und Engel der beweg l. Feste, I. Halbjahr - Verlag: Priestergemeinschaft Maria Vesperbild - Priestergemeinschaft Aparecida/Brasilien - Erscheinungsort: Innsbruck - Erscheinungsjahr: 1969 - Seitenanzahl: 451 - Auflage: 1 - Höhe: 9.000

Titel: Tagesengel und Engel der bewegl. Feste, II. Halbjahr - Verlag: Priestergemeinschaft Maria Vesperbild - Priestergemeinschaft Aparecida/Brasilien - Erscheinungsort: Innsbruck - Erscheinungsjahr: 1969 - Seitenzahl: 400 - Auflage: 1 - Höhe: 9.000

Titel: Dein Engel - Verlag: PG Aparecida/Brasilien - Erscheinungsort: Abensberg - Erscheinungsjahr: 1963 - Seitenzahl: 36 - Auflage: 1 - Höhe: 10.000

Titel: Vom Wesen und Sinn des Engelwerkes - Verlag: PG Aparecida/Brasilien - Erscheinungsort: Innsbruck - Erscheinungsjahr: 1970 - Seitenzahl: 11 - Auflage: 1 - Höhe: 7000

Titel: Leitsprüche für den Alltag (mit Engelnovene u. Kreuzweg) - Verlag: PG Aparecida/Brasilien - Erscheinungsort: Goldach/Schweiz - Erscheinungsjahr: 1981 - Seitenzahl: 160 - Auflage: - Höhe: 1000

Titel: Rundbriefe - Verlag: PG Aparecida/Brasilien - Erscheinungsort: Innsbruck - Erscheinungsjahr: 1970-heute - Seitenzahl: 4 - Auflage: 1 - Höhe: 20.000

B. Hektographiert

Titel: Jahreslesungen I - Verlag: PG Aparecida/Brasilien - Erscheinungsort: Innsbruck - Erscheinungsjahr: 1968-81 - Seitenzahl: 125 - Auflage: 1 - Höhe: 125

Titel: Rundbriefe - Verlag: PG Aparecida/Brasilien - Erscheinungsort: Innsbruck - Erscheinungsjahr: 1955-69 - Seitenzahl: 4 - Auflage: 1 - Höhe: 100

Titel: Engel der beweglichen Feste - Verlag: PG Maria Vesperbild, PG Aparecida/Brasilien - Erscheinungsort: Innsbruck - Erscheinungsjahr: 1960 - Seitenzahl: 105 - Auflage: 1 - Höhe: 500

Titel: Das Reich der Engel, A-Teil - Verlag: PG Aparecida/Brasilien - Erscheinungsort: Innsbruck - Erscheinungsjahr: 1956 - Seitenzahl: 76 - Auflage: 1 - Höhe: 2300

Titel: Die Ersterschaffenen - Verlag: PG Aparecida/Brasilien - Erscheinungsort: Innsbruck - Erscheinungsjahr: 1953 - Seitenzahl: 52 - Auflage: 1./2./3. - Höhe: 1.: 1917

Titel: Noviziatsbriefe (der Schutzengelbruderschaft) - Verlag: PG Aparecida/Brasilien - Erscheinungsort: Innsbruck - Erscheinungsjahr: 1963 - Seitenzahl: 4 - Auflage: 1 - Höhe: 1000

Titel: Der kleine Weg der Sühne - Verlag: PG Aparecida/Brasilien - Erscheinungsort: Innsbruck - Erscheinungsjahr: 1954 - Seitenzahl. 1954 - Seitenzahl: 54 - Auflage: 1 - Höhe: 3082

Titel: Adsum - Verlag: PG Aparecida/Brasilien - Erscheinungsort: Innsbruck - Erscheinungsjahr: 1962 - Seitenzahl: 123 - Auflage: 1 - Höhe: 2090

Titel: Die Zusammenhänge in der Heiligen Schrift - Verlag: PG Aparecida/Brasilien - Erscheinungsort: Innsbruck - Erscheinungsjahr: 1972 - Seitenzahl: 82 - Auflage: 1./2. - Höhe: 1.: 2123

Titel: Die drei großen kirchlichen Gelübde - Verlag: PG Aparecida/Brasilien - Erscheinungsort: Innsbruck - Erscheinungsjahr: 1975 - Seitenzahl: 65 - Auflage: 1 - Höhe: 1000

C. Hektographiert, jedoch in wenigen Exemplaren verbreitet

Titel: Das Dunkle Buch (Anhang) - Verlag: PG Aparecida/Brasilien

Titel: „Mitteilungsblätter“ der Schutzengelbruderschaft Innsbruck - Verlag: PG Aparecida/Brasilien - Erscheinungsort: Innsbruck - Erscheinungsjahr: 1961-65 - Seitenzahl: 4 - Auflage: 1 - Höhe: 21

Titel: Die Gemeinschaft der Heiligen - Verlag: PG Aparecida/Brasilien - Erscheinungsort: Innsbruck - Erscheinungsjahr: 1962 - Seitenzahl: 66

D. Hektographiert, jedoch durch die Schreiberin die Verbreitung verboten und Jahrzehnte später durch illegale Aktion verbreitet.

Titel: Das Handbuch - Verlag: PG Aparecida/Brasilien - Erscheinungsort: Innsbruck - Erscheinungsjahr: 1961 - Seitenzahl: 320 - Auflage :

II. Schriften, welche das Gedankengut aus der Privatoffenbarung von Frau Gabriele Bitterlich verwerten.
Bzw. Schriften von Mitgliedern des OA oder das OA betreffend:

Titel: Rituale des OA - Verlag: PG Aparecida/Brasilien - Erscheinungsort: Innsbruck - Erscheinungsjahr: 1970 - Seitenzahl: 136 - Auflage: 1 - Höhe: 3000
Titel: Statuten der Schutzengelbruderschaft - Verlag: Eigenverlag - Erscheinungsort: Innsbruck - Erscheinungsjahr: 1963 - Seitenzahl: 6 - Auflage: 1 - Höhe: 3000
Titel: Lehrbriefe (1-32) - Verlag: PG Aparecida/Brasilien - Erscheinungsort: Innsbruck - Erscheinungsjahr: 1970-78 - Seitenzahl: 4 - Auflage: nach Bedarf - Höhe: 1000
Verfasser: DDr. Georg Blaskó u.a. (Zusammenfassg. versch. Vorträge) - Titel: Jahreslesungen II - Verlag: PG Aparecida/Brasilien - Erscheinungsort: Innsbruck - Erscheinungsjahr: 1973 - Seitenzahl: 152 - Auflage: 1 - Höhe: 1049
Verfasser: DDr. Georg Blaskó - Titel: Prägung und Eigenprägung des Opus Angelorum - Verlag: Die Priestergemeinschaften im Werk der heiligen Engel - Erscheinungsort: Freiburg i. Brsg., - Erscheinungsjahr: - Seitenzahl: 13 - Auflage: 1./2. - Höhe: "[1]

Seltsamerweise ist diese Liste im 4. Informationsbrief des OA (Stand: 6. Mai 1988) zwischen Unterlagen aus den Jahren 1980 und 1982 zu finden, in denen es um die Prüfung des OA durch die Glaubenskongregation geht. Das hier aufscheinende „Handbuch" wurde aber erst 1987 „durch illegale Aktion verbreitet", wie es das OA nennt. Die Liste wurde demnach erst 1987 oder 1988 erstellt oder zumindest vervollständigt. Höchstwahrscheinlich ist es jene Aufstellung, die im Zuge der kanonischen Visitation des OA in der Diözese Augsburg im Frühjahr 1988 vorzulegen war und im diesbezüglichen Quästionarium als Beilage II. 7) erwähnt wird.[2] Der erweckte Eindruck, daß genau diese Liste der Glaubenskongregation vor 1983 vorgelegen sei, ist falsch.

„Alle Schriften sind Lehrschriften", betonte Msgr. Dr. Walter Waitz in sei-

[1] Opus Sanctorum Angelorum, 4. Informationsbrief, Rom 1988, 1. Abschnitt, S. 44ff.
[2] 4. OA-Informationsbrief, Entwürfe, S. 15

nem „Merkblatt“ aus der Zeit um 1970: „Wir sollen daraus lernen, wie der Engel zu denken und zu tun, wie der Engel vor Gott zu stehen und für Gott zu kämpfen.“ Besonders gilt das für die 32 zwischen 1970 und 1978 von Waitz und DDr. Georg Blaskó verantworteten „Lehrbriefe des COA“. Auf jeweils vier Seiten, meist eingeleitet und beendet mit einem Gebet, versuchte man, dem Leserkreis die Engelverehrung im Sinn des Opus Angelorum nahezubringen. Da werden Schutzengelversprechen und Engelweihen erklärt, aber auch Engel beim Namen genannt, die der gewöhnliche Katholik bisher nicht kannte.

So werden die „sieben Erzengel und einige ihrer Verwaltungsaufgaben“ genannt: zum Beispiel „St. Sadiel“, der „Goldschimmernde“, als Behüter des Altarssakramentes und des Donnerstags, oder „St. Ariel“ (auch „St. Uriel“ genannt), der ”Regenbogenfarbene“, als Behüter des Ehesakramentes und des Freitags. Jeder Erzengel ist nämlich laut Engelwerk für ein bestimmtes Sakrament und einen bestimmten Wochentag zuständig. Es ist erstaunlich, wie gut informiert sich das Engelwerk über die Zustände im Himmel erweist und wie viel es mit der Zahl Sieben anzufangen weiß: sieben Erzengel, sieben Sakramente, sieben Wochentage, sieben Machtbereiche Mariens, sieben Schmerzen Mariens, sieben wesentliche Forderungen als Charakterschulung im Werk der heiligen Engel, sieben Lehrstufen nach der Schutzengelweihe...

Kennzeichnend für viele OA-Schriften, auch für die erbaulichen Rundbriefe im Advent, zu Ostern und zu Pfingsten ist die Schreibung des Wortes Gott und seiner Synonyme, vielfach auch des Wortes Maria, in Großbuchstaben. Oft läßt man eine Schrift auch mit einem Gebet beginnen und/oder enden. Es gibt aber natürlich nicht nur reine Lehrschriften, die weiter verbreiteten Periodika des Werkes haben eher den Charakter von Informations- und Bettelbriefen.

In Österreich verschickt das Engelwerk vierteljährlich das Mitteilungsblatt „St. Petersberg/Nachrichten aus dem Leben und Wirken unserer Gemeinschaft“ an die in der OA-Kartei als Mitglieder oder Teilnehmer an OA-Veranstaltungen (Exerzitien, Einkehrtage) registrierten Personen. Diese Aussendung erfolgt regelmäßig, um postalisch als Zeitung anerkannt zu werden und damit Portogebühren zu sparen. Der jahreszeitlich geprägten Einleitung mit Grüßen und Segenswünschen der Petersberger Brüder und Schwestern vom Kreuz folgen Informationen über das Wirken des Kreuzordens, Hinweise auf OA-Termine und Aktivitäten in den einzelnen Bundesländern und Bitten um weitere Geldspenden, denn irgendwo ist immer eine neue Niederlassung oder die Reparatur einer alten zu finanzieren.

Die parallel erscheinende Publikation „Angelus“ setzt sich in der Regel in einer einzigen längeren Betrachtung mit theologischen Fragen zur Engelwelt auseinander. Hier finden sich Titel wie „Gelebtes Gloria“ (Advent 1986), „Engel und Heilige“ (Pfingsten 1987), „Engel und Menschwerdung“ (Advent 1988), „Die Aufgaben der heiligen Engel“ (Fastenzeit 1989), „Die vielen Engel“

(Pfingsten 1989). Nachdruck und Vervielfältigung der „Angelus"-Briefe ist nicht gestattet, die Texte sollen nur unter Mitgliedern, natürlich ohne die sowieso nicht mehr nötige kirchliche Druckerlaubnis, verbreitet werden.

Im „Angelus" werden die biblischen Hinweise auf Engel ständig betont, ebenso auch das vertraute Verhältnis vieler Heiliger zu Engeln (letzteres mit der Empfehlung des Buches „Vereint mit den Engeln und Heiligen" des OA-Sympathisanten Ferdinand Holböck verbunden). In einem „Angelus" (4/ Pfingsten 1987) behauptet man von den Heiligen: „Meistens sahen sie die Engel leibhaftig." Und etwas später wird nach merkwürdigen Betrachtungen darüber, ob bestimmte Heilige oder Engel als Schutzpatrone kompetenter sind, der Sinn von Heiligsprechungen und Heiligenanrufungen mit folgender Passage letztlich in Frage gestellt: „Die Aufgabe der Heiligen ist mit ihrem Tode im Wesentlichen abgeschlossen. Die Aufgaben der heiligen Engel enden frühestens am Jüngsten Tag."

Mit Hilfe interessanter auf Engel bezogener Texte aus Bibel und Kirchengeschichte gelingt es diesen „Angelus"-Publikationen sicher eher, das allgemeine Anliegen der Engelverehrung verständlich zu machen, als das zwischen den Zeilen immer wieder angedeutete Weltbild des Engelwerkes zu stützen.

Ein schönes frommes Bild mit einem passenden Spruch ziert jeweils die Titelseite jener Briefe des Engelwerkes, die sich speziell um Spenden bemühen und an „Mitglieder, Freunde und Wohltäter" des Werkes wenden. Darin wird meist dankbar auf mit erbetteltem Geld erfolgreich beendete Vorhaben hingewiesen, und zugleich werden neue Projekte vorgestellt. Solche Werbetexte zeigen natürlich nur die eine Seite des Engelwerkes.

Das gilt auch für einen Text wie „Prägung und Eigenprägung des Opus Angelorum"[3], der nicht mehr ganz aktuell ist, aber das - zu diesem Zeitpunkt der Ordensbelebung wohl auch naheliegende - Priesterbild im OA deutlich macht: „Der Priester hat die ganze Fülle des heiligen Priestertums zu tragen und seiner Zeit vorzuleben; aber der Diözesanpriester braucht wegen der Last seiner Arbeit mitten im Volk als Ergänzung den Ordensmann, den Mönch. Der Mönch ist durch Chorgebet und Betrachtungsstunden, durch Schweigen und Studium, in eine Zeitlosigkeit versetzt, wo er wirklich Träger und Durchdenker der großen Geheimnisse Gottes sein kann. Dadurch wird er auch Kraftspender hinein in die Kirche. Denken wir an Thomas von Aquin, Bonaventura, Albertus Magnus, Johannes vom Kreuz und viele andere. Welch große Quellen haben diese Männer für uns erschlossen! Sie hätten das als Diözesanpriester nicht gekonnt, sie hätten nicht die Zeit dazu gehabt. Heute ist der Diözesanpriester noch viel mehr belastet als in früheren Zeiten. Daraus ergibt sich, daß er immer mehr vom Orden her gestützt und genährt sein muß!" (S. 3f.)

„Im 21. Jahr nach Beginn des Werkes war die erste Sendung in die Mission"

[3] Opus Sanctorum Angelorum, Prägung und Eigenprägung des Opus Angelorum, St. Petersberg/Silz 1975 (es soll noch eine andere undatierte Fassung geben).

(S. 10), verrät diese Schrift, die zum Missionsauftrag des Werkes betont: „Der Engel ist der dem Missionar ununterbrochen das Licht der Erkenntnis Vorantragende, der den Missionar in der Erleuchtung Belehrende und der ihm die Wege Bahnende. Der Engel ist der unentbehrliche Helfer, ohne selber auch nur das geringste für sich zu wollen. Er ist unser Führer zu Gott." Und um die Unentbehrlichkeit des Engels zu unterstreichen, fällt ein vom Engelwerk häufig gebrachtes Bibelzitat (Exodus 23,20-21):

„Siehe, Ich sende Meinen Engel, daß er vor dir hergehe, dich auf dem Wege behüte und dich an den Ort führe, den Ich bereitet habe. Achte auf ihn und höre auf seine Stimme! Glaube nicht, ihn mißachten zu dürfen! Wenn du sündigst, wird er dir nicht verzeihen, denn Mein Name ist in ihm!"

Ein vollständiges Bild vom Engelwerk erhält man freilich erst, wenn man auch einige kritische Blicke in jene Schriften geworfen hat, die weniger verbreitet sind und nur den treuen OA-Mitgliedern zur Verfügung stehen.

B) Nur für Insider

> *Die Schriften gehören nur in die Hände der Mitglieder des Werkes, weil diesen durch die Weihe auch die Kraft wird, ein Geheimnis zu wahren und einen Kampf zu bestehen. Wer also Schriften ohne Erlaubnis verleiht, auch gutgläubig, um andre teilnehmen zu lassen, der handelt ungehorsam.*
>
> *AUS EINEM OA-MERKBLATT*

Grundsätzlich ist es unerwünscht, daß aus Engelwerk-Schriften zitiert wird, noch weniger natürlich, daß man sie kopiert oder gar vervielfältigt. Der Verleih ist durch eine strenge Bibliotheksordnung geregelt:

„Das ausgeliehene Schriftstück bleibt Eigentum der Bibliothek der Schutzengelbruderschaft und kann gemäß der Bibliotheksordnung jederzeit zurückgefordert werden, vor allem wenn die Gefahr des Mißbrauchs gegen die Weisungen der Heiligen Kirche besteht. Die Leihfrist läuft spätestens mit dem Tod des Entleihers ab. Die Schriften müssen spätestens zu diesem Zeitpunkt der Bibliothek der Schutzengelbruderschaft in A-6020 Innsbruck, Kaiser-Franz-Josef-Strasse 5, zurückgegeben werden. Im Sinne der Bibliotheksordnung ist es auch verboten, von diesen Schriften ohne Zustimmung der Verwaltung der Autorenrechte Übersetzungen oder Kopien zu fertigen oder auch das spezifische Gedankengut auf eine Weise zu verbreiten, die im Sinne der Weisungen der Heiligen Kirche und der Bibliotheksordnung nicht zulässig ist."[4]

In einem undatierten, wohl aus der Zeit um 1970 stammenden „Merkblatt für Leser von Engelschriften aus dem Werk", für das Msgr. Dr. Walter Waitz

[4] Opus Sanctorum Angelorum, 3. Informationsbrief, Rom 1986, S. 27

verantwortlich zeichnete, heißt es mit Hinweis auf den Gehorsam, den neben dem Schweigen besonders wichtigen Punkt im OA: „Die Schriften gehören nur in die Hände der Mitglieder des Werkes, weil diesen durch die Weihe auch die Kraft wird, ein Geheimnis zu wahren und einen Kampf zu bestehen. Wer also Schriften ohne Erlaubnis verleiht, auch gutgläubig, um andre teilnehmen zu lassen, der handelt ungehorsam. Es muss beim Leiter oder Schriftenverteiler angefragt und der Name dessen angegeben werden, dem man Schriften borgen will. Alle Schriften sind Eigentum des Werkes und können nicht erworben werden. Desgleichen dürfen Schriften nicht ohne Erlaubnis abgeschrieben werden, nur die Gebete."

Es handelt sich demnach um reine Insider-Schriften, die gegenüber Außenstehenden als „top secret" behandelt werden sollen. Dennoch haben etliche dieser Schriften über das Engelwerk hinaus Verbreitung gefunden. Es sei hier versucht, mit Beachtung der Reihenfolge der Entstehung einen Überblick über die wesentlichsten OA-Schriften zu geben (wobei an erster Stelle das vermutlich nur als streng gehütetes Unikat vorliegende geistliche „Tagebuch" von Gabriele Bitterlich stehen müßte). Der Überblick bezieht sich auf jene zehn Schriften, die Prof. Johann Auer für sein zweites Gutachten über das Opus Angelorum im Jahr 1987 vorlagen.

1. „Das Reich der Engel": In der Zeit vom 25. April bis zum 3. Juni 1949 ist eine Schrift entstanden, auf deren Titelblatt „I. Teil - A- Das Reich der Engel" steht. Hingewiesen wird darin auch auf einen Teil B - „Das Reich der Dämonen" - und einen Teil C - „Die Wirksamkeit der beiden Reiche". Schriften mit diesen Titeln sind aber zumindest außerhalb des Werkes völlig unbekannt, vielleicht existieren sie gar nicht. Inhaltlich spielen aber in anderen OA-Schriften, vor allem im „Dunklen Buch" und im „Handbuch", die unter B und C genannten Themen durchaus eine Rolle. „Das Reich der Engel" wurde am 11. Oktober 1949 in Innsbruck mit einer Einführung von Walter Waitz abgeschlossen.

Dieses „Engelbuch" ist Papst Pius XII. am 20. Dezember 1949 überreicht worden. Im Mai 1956 erfolgte eine Neuabschrift mit Präzisierungen bei den Anmerkungen, doch ohne Veränderung des Haupttextes. Das Buch umfaßt 76 Seiten. Sicher wesentlich später - darauf deutet als Herausgeberangabe „Die Priestergemeinschaften im Werk der Heiligen Engel" (solche gab es erst ab 1969) hin - entstand ein „Nachtrag zum A-Teil" im Umfang von 169 Seiten, ergänzt um 28 Seiten „Übersichts-Tabellen über die Chöre der heiligen Engel".

2.„Tagesengel und Engel der beweglichen Feste": Dieses „Engel-Kalendarium" in zwei Bänden von jeweils rund 400 Seiten dürfte schon 1950 entstanden sein. Das Engelwerk stellt darin, analog zu den Tagesheiligen, für jeden Tag des Engels bestimmte Engel mit Namen und Aufgaben vor. Durch das Imprimatur für dieses Werk wurden die auf den Bitterlich-Privatoffenbarungen fußenden Engelwerkschriften „salonfähig". Wieder leistete Lateinamerika die Pionierarbeit[5]: „Am 20. April 1973 gewährte im Namen seiner Eminenz, Kardinal Carolus Carmelus de Vasconcellos Motta, sein Generalvikar, Erzbischof Antonius Ferreira de Macedo, für das Buch der Tagesengel und der Engel der beweglichen Feste die kirchliche Druckerlaubnis[6] ... Mit dem gleichen Datum wurde das Imprimatur durch ein weiteres Dekret seiner Eminenz auch für eine Anzahl weiterer Schriften des OA gewährt."

Mit einem bemerkenswerten, distanziert wirkenden Text, später angeblich von der römischen Glaubenskongregation als „die richtige Linie" gelobt[7], gab Josef Stimpfle, Bischof von Augsburg, am 19. April 1976 seine Druckerlaubnis[8]:

Für das vorliegende Werk „Tagesengel", zwei Bände, herausgegeben von der in dieser Diözese als Rechtsperson errichteten Priestergemeinschaft in Maria Vesperbild, wird hiemit gemäß Canon 1385 § 1 Nr. 2 die kirchliche Druckerlaubnis erteilt.

Die Gewährung der kirchlichen Druckerlaubnis besagt in diesem Falle lediglich, daß das Werk keinen Widersprich gegen die kirchliche Lehre enthält (Canon 1393 § 2) und daß es nach unserem Urteil zu einem intensiveren geistlichen Leben ansporng (Dekret des II. Vatikanischen Konzils „Presbyterorum Ordinis" Nr. 9).

Hinsichtlich des Wahrheitsgehaltes kann den Aussagen des Buches gemäß der Dekrete Papst Urbans VIII. nur menschliche Glaubwürdigkeit zugemessen werden, bis höhere kirchliche Autorität anders entscheidet. Eine öffentliche Verehrung der heiligen Engel unter den in diesem Werk genannten Namen ist deshalb vorerst nicht zulässig.

Der Wille des Inhabers der Autorenrechte, dieses Werk nicht zu veröffentlichen, sondern nur dem von der kirchlichen Autorität genehmigten Personenkreis zugänglich zu machen, wird gutgeheißen.

Dieses Imprimatur des Augsburger Bischofs Josef Stimpfle galt bis zu einem Dekret desselben Bischofs vom 29. März 1988, welches lautet: „Auf Empfehlung der Vollversammlung der Deutschen Bischofskonferenz vom 22. - 25.02.1988 hebe ich die am 19. April 1976 für das Werk ‚Tagesengel' und ‚Engel der beweglichen Feste' erteilte kirchliche Druckerlaubnis auf. Das Werk der ‚Tagesengel' und ‚Engel der beweglichen Feste' darf in der Diözese Augsburg nicht mehr verbreitet werden."[9]

Gegen den Altöttinger Heinrich Kreuzer, der das Werk „Tagesengel" in einem Eigenverlag namens St. Gratiel gedruckt herausgab, ging das Engelwerk gerichtlich vor. Von diesem im Jahr 1984 vor dem Landgericht München ausgefochtenen Rechtsstreit zwischen der Schutzengelbruderschaft Innsbruck, ver-

[5] 3. OA-Informationsbrief, S. 17
[6] Das Dekret ist wiedergegeben im 3. OA-Informationsbrief, S. 21
[7] 3. OA-Informationsbrief, S. 27
[8] 3. OA-Informationsbrief, S. 28
[9] 4. OA-Informationsbrief, Die neuesten bischöflichen Entscheidungen, S. 8

treten durch ihren Rektor, P. Franziskus Peter Färber, und Heinrich Kreuzer berichtete Georg Blaskó am 30. April 1988 in einem Brief an Weihbischof Heinrich von Soden-Fraunhofen:

„In dieser Angelegenheit ist ein schwerer, ja schwerster Mißbrauch geschehen, und zwar durch Herrn Heinrich Kreuzer, der ohne jegliche Erlaubnis und gegen das Verbot von unserer Seite das Buch gedruckt und verkauft hat.

Aber sobald wir von diesem Mißbrauch erfahren haben, sind wir auch gerichtlich gegen ihn vorgegangen, zuerst durch eine Einstweilige Verfügung, dann durch ein definitives Urteil. Herr Kreuzer wurde zu einer Geldstrafe von DM 80.000,- (an die Staatskasse zu entrichten) verurteilt, zusammen mit einem Verbot, das Buch zu verkaufen, und unter Androhung weiterer Sanktionen. Falls er in Zukunft auch nur ein einziges Exemplar verkauft (und wir es ihm nachweisen können), wird er eine halbe Million DM Strafe zahlen oder die entsprechende Anzahl Monate im Gefängnis verbringen müssen."

Gunther Burkhardt kommentierte 1987 die Druckerlaubnis für die „Tagesengel" im „Code" so: „Das sogenannte Engelkalendarium unter dem Titel ‚Tagesengel und Engel der beweglichen Feste' hat vom Bischof von Aparecida in Brasilien bereits 1973 das Imprimatur erhalten. Wenn das Imprimatur für dieses zweibändige Werk erhalten bleibt, dessen erklärtes Ziel es ist, die Verehrung der Engel unter ihren angeblichen Namen zu ermöglichen und zu fördern, bleiben alle Verbote, diese Namen auch nur privat zu verwenden, Makulatur."[10]

3. „Das Dunkle Buch" dürfte nach dem Kalendarium entstanden sein. Es ist nach OA-Angaben nur in wenigen Exemplaren hektographiert verbreitet. Sein Inhalt ist außerhalb des OA nahezu unbekannt, nicht einmal Weihbischof Soden gelang es, in den Besitz einer Kopie zu kommen. Prof. Auer erhielt das umfangreiche Werk (189 Seiten) in einer aus dem Jahr 1953 stammenden Fassung 1987 von der römischen Glaubenskongregation für sein zweites Gutachten zugeschickt. Vermutlich hat das OA vorsichtshalber ein Exemplar bei der Glaubenskongregation abgegeben. Das Werk besteht offenbar aus zwei Teilen, denn die OA-Schrift „Die Zusammenhänge in der Heiligen Schrift" versteht sich als Anhang zum „Dunklen Buch II".

4. „Die Ersterschaffenen Gottes", eine 52-Seiten-Schrift aus 1953, neu aufgelegt 1965 und 1972, ist eines der meistverbreiteten OA-Bücher und eine Art Volksausgabe der Schrift „Das Reich der Engel" mit einem Blick auf die „Satanische Hierarchie".

5. „Adsum - das Buch von der Bereitschaft", zwischen 3. Mai und 2. August 1951 geschrieben, in überarbeiteter Form am 31. Mai 1962 auf dem Nonnberg abgeschlossen, eröffnet auf 123 Seiten in 24 Abschnitten eine neue Gruppe

[10] Gunther Burkhardt, Auferstehung der jüdischen Sekte „Engelwerk", Code, Juni 1987

von Schriften, die nicht mehr die Engelwelt vorstellen, sondern den Menschen aufrufen, an der Hand seines Engels dem Ruf Gottes zu folgen.

6. „Der kleine Weg der Sühne", in einer Ausgabe von 1968 weiter verbreitet, nach OA-Angaben 1954 erschienen, aber vermutlich schon 1951, und zwar ab 22./23. August entstanden, setzt sich auf 54 Seiten mit sieben Bibelworten auseinander.

7. „Die Gemeinschaft der Heiligen" ist ein 1951/52 entstandener Text, der im Dezember 1962 in Galtür überarbeitet und ergänzt wurde. In der Einführung zu dieser 66-Seiten-Schrift heißt es, sie werde in der Mitte einer Schriftenreihe von dreimal sieben Schriften genannt, „und zwar bildet sie mit den beiden vorhergegangenen, dem ‚Adsum' und dem ‚Kleinen Weg der Sühne' eine Gruppe. Die ersten Schriften des Werkes („Ersterschaffene, Das Engelbuch, das Kalendarium, das Dunkle Buch I etc.") bezogen sich laut dieser Einführung auf „die herrliche Welt der heiligen Engel" und waren „Grundstein" für das Werk der Engel.

Hingegen nehmen „in den nächsten sieben Schriften die heiligen Engel die Menschen schon sehr fest an ihre Hand, um den zweiten Grundstein des Werkes ganz tief im Herzen der Menschen zu verankern und dieser zweite Grundstein heißt: Sühne und Liebe. Zwischen diesen Grundsteinen steht das Kreuz." Demnach müßte es sieben OA-Schriften über das Kreuz geben, sie sind aber nicht bekannt und stehen auch nicht im schon zitierten OA-Werkverzeichnis. Dort steht aber auch nicht das von „B. Gabriel" verfaßte und Gabriele Bitterlich zugeschriebene Büchlein „Folge mir" (Fatima-Verlag, Graz 1962), dessen Betrachtungen zu den Kreuzweg-Stationen in diese Thematik fallen.

8. „Die Zusammenhänge in der Heiligen Schrift": Die Niederschrift des Originals erfolgte zwischen dem 18. Oktober 1956 und dem 17. Februar 1957, im Frühjahr 1961 wurde es nach Überarbeitung wieder vervielfältigt, 1972 erschien eine unveränderte Neuauflage. Auf 82 Seiten, in sieben Kapiteln wird das siebenfältige Weltbild des OA, die Zusammenhänge um das Kreuz, um Maria, um das Erlösergeschehen, um das Wort Gottes, um das Reich Gottes, um die Wirksamkeit des Heiligen Geistes und von Mensch und Engel, Maria und Kirche, Bündnis und Geistgabe, entfaltet. Die Schrift trägt den Vermerk „Anhang I" und stellt laut Vorwort die Ergänzung zum „Dunklen Buch II - über die Strömungen und Strahlungen" dar.

Bei der Visitation des OA in der Diözese Augsburg im Frühjahr 1988 wurde auch ausdrücklich um die Einsendung von Originalen oder Kopien der Schriften „a) Strömungen und Strahlungen im Schöpfungs- und Erlösungsgeheimnis, b) das dunkle Buch I und II" ersucht.

Die Antwort des Engelwerks lautete:

„zu a) Es handelt sich um eine Schrift, die nur in sehr wenigen Exemplaren existiert. Wir bemühen uns, eines dieser Studienexemplare, die bei einzelnen Mitgliedern des OA vorhanden sind ohne daß eine Erfassung stattfand, zu erhalten.

zu b) Vom dunklen Buch II existieren ganz wenige Exemplare, wir werden uns bemühen, eine Kopie zu machen."[11]

9. „Das Handbuch des Engelwerkes", zwischen dem 3. Mai und dem 7. Juli 1960 niedergeschrieben und im April 1961 erstmalig vervielfältigt, umfaßt 320 Seiten. Auf der letzten Seite steht ein „Dank-Gebet am Schluß des I. Teils des Handbuches", was zur Annahme berechtigt, daß noch zumindest ein II. Teil (vielleicht sogar ein III.?) existiert. Sollte das zutreffen, wäre das OA der krassen Unaufrichtigkeit überführt, da es darauf keine Hinweise im vom OA vorgelegten Schriftenverzeichnis gibt. Da es sich beim Handbuch um eine ausgesprochene Insider-Schrift handelt (das OA hat mehrfach beklagt, daß es außerhalb des Werkes bekannt wurde), ermöglicht es in besonderer Weise, dem Vorwurf nachzugehen, daß sich beim Engelwerk Außen- und Innenseite unterscheiden.

Schon darüber, wie das Handbuch, das laut OA am 5. Juni 1981 durch die Diözese Aparecida die kirchliche Druckerlaubnis erhalten hat, in die Hände des OA-Gegners Weihbischof Heinrich von Soden-Fraunhofen gelangen konnte, liegen verschiedene Versionen vor. Vom Engelwerk selbst stammt folgende:

„Im Sommer 1986 weilte Univ.Prof. Hermann Riedl O.Cist wie schon öfters in Hintertux bei Pfarrer Frajo Waitz. Dort bekam er das Handbuch des Engelwerkes und begann damit seinen Feldzug gegen das Opus Angelorum.

Schon zu Beginn des Wintersemesters 1986/87 brachte Prof. Riedl das Buch in seine Dogmatik Vorlesung und verteilte unter die Hörer fotokopierte Seiten dieses Buches. Die Inbesitznahme und die Vervielfältigung geschah ohne Erlaubnis und trotz des Protestes der Schutzengelbruderschaft.

Vermutlich schon im Dezember 1986 verständigte Prof. Riedl den Weihbischof Soden von München. Dieser besprach sich mit dem Rechtsberater der Diözese Dr. Maritz. Daraufhin fuhr Exz. Soden zusammen mit Dr. Maritz noch in der Nacht nach Wien/Heiligenkreuz und erhielt von Prof. Riedl das Handbuch, bzw. fotokopierte es an Ort und Stelle. Auf diese Nacht und Nebel Aktion beruft sich später Exz. Soden mehrmals, indem er in Begleitschreiben berichtet, daß er das Handbuch auf abenteuerliche Weise erhalten habe."[12]

Vielleicht stimmt diese Version, vielleicht glaubt auch das OA selber daran, daß es sich so abgespielt hat, vielleicht will es aber auch nur diese Version glauben machen. Sie paßt nämlich zu folgender OA-Darstellung: „Durch Bischof Soden wurde der Eindruck erweckt, als besässe jedes Mitglied des Engelwerkes das Handbuch. Demgegenüber muß festgestellt werden, daß das Handbuch nur wenigen Priestern des Engelwerk bekannt ist. Denn wegen

[11] 4. OA-Informationsbrief, Entwürfe, S. 14

[12] (Hansjörg Bitterlich), Das Handbuch des Engelwerkes, 14 seitiger OA-Text von 1988, Manuskript, S. 2

seines dämonologischen Inhaltes wurde es nur jenen Priestern ausgehändigt, welche exorzistische Aufgaben haben. In den 20 Jahren der Existenz dieses Handbuches wurden nicht einmal 200 Stück verbreitet. Unter den Laienmitgliedern ist daher das Handbuch nahezu unbekannt."[13]

Es gibt hingegen einen glaubwürdigen Hinweis, daß das von Soden kopierte Exemplar gar nicht von Frajo Waitz, sondern aus Belgien stammt, und zwar nicht einmal aus dem Nachlaß eines Priesters, sondern eines Laien. Außerdem besagt dieser Hinweis, das Exemplar besitze eine Nummer über 400, während laut Engelwerk überhaupt nur 300 Exemplare hergestellt wurden.

Dazu muß man wissen, daß die reguläre Auflage der Engelwerk-Schriften genau limitiert ist und jedes Exemplar einer Schrift eine bestimmte Nummer trägt. Taucht so ein Exemplar dann außerhalb des Werkes auf, ist mit Hilfe der Nummer leicht die „undichte Stelle" zu eruieren, es sei denn, es handelt sich um ein kopiertes Exemplar, wobei die Nummer der Vorlage beim Kopieren abgedeckt wurde, wie es bei der - aus Sicht des OA illegalen - Verbreitung des Handbuches der Fall war.

Der Hinweis auf Belgien ist deshalb glaubwürdig, weil bildhafte Darstellungen der OA-Engelwelt vorliegen, die angeblich aus der gleichen Quelle zugleich mit dem Handbuch aufgetaucht sind. Die Aufmachung dieser Bildbogen, die anscheinend wie Tücher zusammengelegt und nach Bedarf entfaltet werden können, verrät - ihre Echtheit vorausgesetzt - erneut die geistige Verwandtschaft des Engelwerkes mit aus alter Zeit stammenden und teils mit Geheimbünden verbundenen Traditionen. Leider sind diese Abbildungen aufgrund ihrer schlechten Qualität kaum reproduzierbar.

Das berüchtigte Handbuch lag jedenfalls der römischen Glaubenskongregation bei der ersten Prüfung des Engelwerkes zwischen 1977 und 1983 nicht vor. Georg Blaskó hat selbst in seinem Brief vom 18. September 1987 an die deutschen Bischöfe erklärt, daß Hansjörg Bitterlich es im Dezember 1986 in Rom anbot, „für eine neue Untersuchung", wie er hinzufügt, als ob es eine „alte Untersuchung" des Handbuches gegeben hätte. Damit kann wohl nur eine „neue Untersuchung" des gesamten OA gemeint sein, aber wohl kaum eine des Handbuches, das sämtlichen Informationen zufolge vorher der Glaubenskongregation nicht vorlag. Das Angebot an Rom erfolgte vermutlich notgedrungen, als die ersten Auszüge aus dem Handbuch in Heiligenkreuz aufgetaucht waren und das OA befürchten mußte, daß aus anderer Quelle ein Exemplar nach Rom gelangen werde.

Dazu eine Agenturmeldung: „Auf die Frage, ob auch das ‚Handbuch des Engelwerkes' von der Glaubenskongregation geprüft worden sei, erklärte P. Bitterlich, dies sei erst nach ‚Wirren' um das Handbuch geschehen, die Glaubenskongregation habe darüber kein Urteil abgegeben. Man könne daher davon

[13] Ebendort, S. 4

ÜBERSICHT ÜBER DIE NEUN CHÖRE DER HL. ENGEL

Die Zuordnung der hl. Engelschöre zum Wirken Gottes nach außen in die Schöpfung

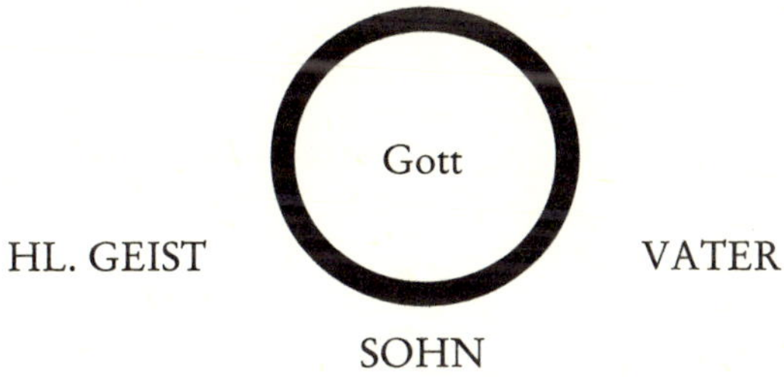

STROM DER HEILUNGSKRAFT DER LIEBE aus dem Heiligmacher-Gott	STROM DER SCHEIDUNGSKRAFT DER WORTES aus dem Erlöser-Gott	STROM DER LEBENSKRAFT DES LEBENS aus dem Schöpfer-Gott

DIE ERSTE HIERARCHIE SCHÖPFT AUS GOTT

1. Chor: Seraphim Er trägt die Erkenntnis der Liebe des Hl. Geistes vor Gottes Thron	2. Chor: Cherubim Er trägt die Erkenntnis der Weisheit des Sohnes vor Gottes Thron	3. Chor: Die Throne Er trägt die Erkenntnis der Majestät des Vaters vor Gottes Thron

DIE ZWEITE HIERARCHIE TRÄGT DIE SCHÖPFUNG

4. Chor: Herrschaften Er trägt den Willen des Hl. Geistes als Gott-bindende Gnadenkraft zur Verklärung mit Gott	5. Chor: Gewalten Er trägt den Willen des Sohnes als Gestaltungskraft zur Erlösung vom Chaos	6. Chor: Fürstentümer Er trägt den Willen des Vaters als Lebensgesetz in die Schöpfung, darum Verwalter der Schöpfung

DIE DRITTE HIERARCHIE FÜHRT HEIM ZU GOTT

7. Chor: Mächte Er trägt die Liebe des Hl. Geistes, im Zuwenden der Gnadengaben an Kirche und Völker als „Schatzmeister" der Geisteskraft („Geist")	8. Chor:Erzengel Er trägt die Liebe des Sohnes, im Führen zum Licht, zur Abwehr der Dämonen im Einsatz der Erlöserkraft („Blut")	9. Chor: Engel Er trägt die Liebe die Güte des Vaters, im Behüten der einzelnen Geschöpfe im Schutzengeltum als Lebenskraft („Wasser")

Quelle: „Tagesengel"

ausgehen, daß die Glaubenskongregation keine Einwände gegen das Handbuch erhebe."[14]

Ob das zutrifft, wird aber erst nach einer öffentlichen Äußerung der Kongregation für die Glaubenslehre feststehen, deren Mühlen bekanntlich langsam mahlen. Sicher ist, daß deren Chef, Kardinal Joseph Ratzinger, Ende Juli 1987 bei Professor Johann Auer in Regensburg ein neues Gutachten über das Opus Angelorum bestellt hat. Wenige Tage vorher hatte Weihbischof Heinrich Graf von Soden-Fraunhofen begonnen, Kopien des Handbuches an kirchliche Stellen zu verschicken.

Am 29. Jänner 1988 berichtete er bei der Sitzung der Glaubenskommission der Deutschen Bischofskonferenz in Wiesbaden-Naurod: „Im Juli 1987 habe ich ein Exemplar des Handbuchs des Engelwerkes, das auf abenteuerlichen Wegen in meine Hand gekommen ist, an alle deutschsprachigen Ordinarien versandt. Abenteuerlich waren die Wege deshalb, weil die Priester des Engelwerks zweimal versucht haben, das Exemplar wieder in ihre Hand zurückzubringen. Wenn Sie einen Blick in dieses Werk getan haben, dann verstehen Sie, warum das OA hinter diesem Schriftsatz so wild her gewesen ist... Ich habe inzwischen 120 Kopien des Handbuchs in der deutschsprachigen Kirche und bis nach Brasilien verschickt."[15]

Hauptsächlich aufgrund der Lektüre des Handbuchs meinte Karl Heinz Ritschel, Chefredakteur der „Salzburger Nachrichten": „Diese Privatoffenbarungen der Frau Bitterlich sind in meinen Augen die Zeugnisse eines verwirrten Geistes. Wenn man sich dieses Handbuch anschaut, wenn man das durchliest, bekommt man eine Gänsehaut."

Die Apologie zum Handbuch, die Hansjörg Bitterlich 1988 österreichischen Bischöfen zukommen ließ, schwächt solche Eindrücke ab: „Das Handbuch enthält lediglich ein Informationsangebot für einen ganz bestimmten Leserkreis, welcher sich besonders mit der Abwehr der bösen Geister befaßt. Es will kein Lehrbuch sein und auch keine verbindlichen Glaubenswahrheiten vermitteln... Natürlich muß ein solches Buch auch Informationen über die Welt der Dämonen sowie über Irrtümer und schwarzmagische Praktiken enthalten. Es ist jedoch ein entsetzlicher Irrtum, wenn man hier einen Beweis erblicken will, daß die Mitglieder des Engelwerkes Magie betreiben oder mit anderen Worten, daß die Inhaber des Handbuches Dämonen in ihren Dienst nehmen."[16]

Hier wird anscheinend verkannt, daß den OA-Leuten gar nicht so sehr Praxis der Magie vorgeworfen wird, sondern vielmehr, daß sie Magie und Aberglauben in ihr Weltbild überhaupt so prominent eingebaut haben und diversen

[14] Kathpress, Scharfe Reaktion des „Engelwerkes" auf Maßnahmen des deutschen Episkopats, 5.5.1988, S. 1

[15] Heinrich von Soden-Fraunhofen, Referat über das Engelwerk vor der Sitzung der Glaubenskommission der Deutschen Bischofskonferenz, Manuskript, Wiesbaden-Naurod, 29.1.1988

[16] (Hansjörg Bitterlich), Das Handbuch des Engelwerkes, 14seitiger Text von 1988, S. 4

Praktiken solche Macht und Bedeutung zumessen, daß sich die Seelsorger, denen das Handbuch Ratgeber sein soll, damit nur mit Hilfe bestimmter Engel auseinandersetzen können.

Ein Sympathisant des Engelwerkes, Prof. Ferdinand Holböck, antwortete auf die Frage, ob er als Dogmatiker den Inhalt des Handbuches bejahen könne, das sei „bei manchen Sätzen eine Interpretationsfrage"[17].

Umso härter wird das Handbuch von anderen Theologen kritisiert. Der holländische Alttestamentler Johannes P.M. van der Ploeg meint dazu: „Das Buch enthält ein Gemisch von Okkultismus, Esoterik, Magie, Erinnerungen an apokryphe Literatur und Kabbala, Pseudo-Hebräisch usw. Der Einfluß kabbalistischer Traditionen ist unverkennbar und kann mehrfach bewiesen werden. In ihrer Strahlungslehre sind ‚Strahlungen' von Geistern nicht oder kaum unterschieden von irdischen und körperlichen Strahlungen. Es gibt natürlich Mitglieder des EW, die eine genaue Erklärung des Entstehens dieser seltsamen Engel- und Dämonenlehre geben könnten, aber die verstecken sich hinter ihrem ‚Schweige-Versprechen'."[18]

Der niederländische Experte resümiert zum Handbuch: „Es bleibt nichts anderes übrig, als anzunehmen, daß es immer noch eine Grundlage bleibt für die Aktivitäten der ‚Seelsorger' des EW. Wie gesagt gehört das HB auch inhaltlich zur Literatur des EW. So hat z.B. die Bildung der Dämonennamen dieselbe Charakteristik wie die der Engelnamen in TE."[19]

Für van der Ploeg jedenfalls ist das Handbuch charakteristisch für das OA: „Das Bekanntwerden des Handbuches in jüngster Zeit hat es ganz deutlich gemacht, in welcher geistigen Welt zumindest der Kern des EW lebt. Vor einigen Jahren hat mir der heutige Generalprior des Kreuzordens, Dr. H. van Dijk, damals mein Assistent an der Theol. Fakultät zu Nijmegen, erklärt, die gesamte Engellehre des EW, die auf den Offenbarungen Frau Bitterlichs beruhe, sei wesentlich für das EW. Aus den Ausführungen Blaskós geht hervor, daß es bis heute so geblieben ist."[20]

In einem Nachwort zu seinem Una-Voce-Beitrag bezieht sich van der Ploeg noch einmal auf das Handbuch und den Rundbrief Georg Blaskós vom September 1987: „Blaskó leugnet nicht, daß das Handbuch zu den Schriften des EW gehört. Er verteidigt sogar den Inhalt des Handbuches; die Vorstellung von Engeln und Dämonen, die es enthält, sowie ihre ‚individuellen Aufgabenbereiche und Gegnerschaften' widersprächen der kirchlichen Lehre ‚in keiner Weise' (S. 5.). Blaskó stellt sich ganz hinter das Buch, und ich kann mich dem Gedanken nicht entziehen, daß er mit der Urheberschaft etwas zu tun hat. Hat er es geschrieben, wenigstens zum Teil? Wir möchten doch wissen, wer es

[17] Telefongespräch, Jänner 1989
[18] van der Ploeg, S. 168
[19] van der Ploeg, S. 168f.
[20] van der Ploeg, S. 172f.

innerhalb von zwei Monaten ‚niedergeschrieben‘ hat (Handbuch, Einl.). War Blaskó nur ‚dabei‘, um es einmal so auszudrücken?“[21]

10. „Rituale des OA“: In dieser 1970 in Innsbruck gedruckten 136-Seiten-Schrift sind vor allem die Riten des Werkes, die Versprechen, Gelöbnisse, Weihegebete, Aufnahmemodalitäten zu finden. Wenn es wahr ist, was ein Ex-Mitglied behauptet, gibt es auch noch ein bisher unbekanntes Regelbuch mit den Ordensregeln des „Engelordens“, von dem es in einer Vereinbarung mit einem Vertreter des Heiligen Stuhles geheißen haben soll: „Die unterzeichneten Priester des Engelwerkes sehen im Kreuzorden den von unserem Herrn gewünschten Engelorden, der von Ihm selbst gegründet und zu dieser Entwicklungsstufe geführt wurde.“[22]

Erzbischof Mayer soll diese Abmachung später als „Betrug“ bezeichnet haben, der Teil der Vereinbarung, welcher die Forderungen des Engelwerkes nach Beibehaltung der OA-Spiritualität im Orden enthielt, sei nicht der Religiosenkongregation vorgelegt worden.

Fest steht durch eine Zeugin, daß Mitte der siebziger Jahre, als Hansjörg Bitterlich Pfarrer in Galtür war, dort noch fleißig an der Auswertung der Offenbarungsschriften und an der Erstellung von Registern gearbeitet wurde.

Laut Engelwerk wurden von den Bitterlich-Schriften angeblich „alle, die eine gewisse Verbreitung gefunden haben, zuerst den zuständigen Bischöfen für die Gewährung des Imprimaturs vorgelegt und haben das Imprimatur auch erhalten“[23]. Mit anderen Worten: Es gibt weniger verbreitete OA-Schriften, die keineswegs so bereitwillig vorgelegt wurden oder werden.

Zumindest, was die 1983 der Glaubenskongregation bekannten Schriften betrifft, hält das OA diese für von Rom akzeptiert und verweist auf den nunmehrigen Kardinal Jean-Jérome Hamer: „Wie am 12. September 1983 der damalige Sekretär der Heiligen Kongregation für Glaubenslehre mündlich dem Vertreter des OA mitgeteilt und diese Mitteilung schriftlich bestätigt hat, sind durch den damals in Vorbereitung befindlichen Runderlaß vom 29. September 1983 weder die bereits gewährten kirchlichen Druckerlaubnisse ungültig gemacht worden, noch ist den Diözesanbischöfen in der Zukunft für solche Texte beziehungsweise deren Übersetzungen das Imprimatur zu gewähren, die Vollmacht genommen worden.“[24]

Wie weit die einzelnen Schriften wirklich verbreitet sind, ist die Frage. P. Louis M. Graf Attems hat am 14. Jänner 1979 in einem Brief an Professor Johann Auer die Engellehre des OA als etwas bezeichnet, das „mit höchster Discretion zu behandeln und auch zu verwenden ist“, und ergänzt: „In der

[21] van der Ploeg, S. 175

[22] Jean Marc Bonvin, Erklärung zur Lage des Kreuzordens, Ordensnachrichten, 28/1989 (zitiert nach Heinrich von Soden-Fraunhofen, Das Engelwerk, eine Untergrundbewegung in der Kirche, Manuskript, Freising, Jänner 1990)

[23] 3. OA-Informationsbrief, S. 26

[24] 3. OA-Informationsbrief, S. 18

Praxis kommt für die Seelsorge auch kaum je das oft so mißverstandene ‚Kalendarium' in Frage und weiß ich in Lateinamerika nur knapp ein Dutzend Personen, darunter sechs Bischöfe, die ein solches besitzen."

Ähnlich sparsam ging man laut Engelwerk-Angaben[25] in Europa mit den Schriften um. Vom Buch „Tagesengel" seien zum Beispiel in der Diözese Augsburg in den letzten Jahren leihweise ausgegeben worden: „1984: 10 Exemplare - 1985: 18 Exemplare - 1986: 17 Exemplare - 1987: 17 Exemplare. Und das Handbuch, über dessen Herausgabe nur der Rektor der Schutzengelbruderschaft in Innsbruck, Dr. Georg Blaskó, zu befinden habe, sei nur sechs in der Diözese Augsburg wohnenden Personen ausgehändigt worden, nämlich den Kreuzordensmitgliedern Hermann und Rupert Precht, Wolfgang Knupfer, Georg Blaskó und Willibald Zenkert in Schondorf sowie dem Wallfahrtsdirektor von Maria Vesperbild, Jakob Ruf.

Dies scheint dem glaubwürdigen Hinweis auf eine Verbreitung des Handbuches in mehr als den vom Engelwerk angegebenen maximal 300 Exemplaren deutlich zu widersprechen, es besteht aber natürlich auch die Möglichkeit, daß früher großzügiger verliehen wurde, während man in Zeiten wie diesen - wo dem Engelwerk der Wind stärker ins Gesicht bläst - nur mehr wenige an die echten Insider-Schriften (von denen es vielleicht doch noch einige wirklich geheime gibt) heranläßt.

[25] 4. OA-Informationsbrief, Entwürfe, S. 14

VIII ZWISCHEN KABBALA UND GNOSIS?

Was Theologen dem Engelwerk vorwerfen

A) Der Weg zum ersten Spruch aus Rom

Wenn aber diese „Privatoffenbarungen“ unecht sind, was steckt dann dahinter für ein erschütternder Hochmut, der selbst über die geistige Schöpfung Gottes etwas wissen möchte, was Gott nicht geoffenbart hat!

JOHANN AUER [1]

Eine öffentliche theologische Debatte über das Engelwerk und seine Lehren fand lange Zeit nicht statt. Es waren offenbar auch nur einzelne Theologen mit Engelwerk-Schriften oder Teilen von Engelwerk-Schriften befaßt. Man weiß, daß der Grazer Religionswissenschaftler Claus Schedl vom Relator der Ritenkongregation in Rom, P. Joseph Löw, um ein Gutachten zu einer Liste von Engelnamen gebeten wurde. Man weiß, daß einmal Papst Pius XII. ein „Engelbuch“ überreicht wurde, das vermutlich mit der Schrift „Das Reich der Engel“ identisch war. Man weiß, daß Karl Rahner - aufgrund des „Engelbuchs“, das der Innsbrucker Generalvikar Mitte der siebziger Jahre unter Schwierigkeiten auf dem Petersberg erhalten hatte - meinte, die Bitterlichschen Privatoffenbarungen seien „mit äußerster Wahrscheinlichkeit unecht“[2], aber sonst weiß man fast nichts. Vielleicht auch deswegen, weil lange Zeit - außer den zur Verschwiegenheit verpflichteten Mitgliedern - niemand etwas wissen sollte.

Zwei frühe Gutachten über das Opus Angelorum wurden im Frühjahr 1965 für den Münchner Generalvikar Matthias Defregger erstellt. Dr. Walter Waitz hatte ersucht, im Erzbistum München und Freising eine Schutzengelbruderschaft zu errichten. Zur theologischen Prüfung waren ein paar Beispiele aus dem „Calendarium“ vorgelegt worden.

Der spätere Weihbischof und Romano-Guardini-Preisträger 1989 Ernst Tewes übermittelte am 12. April 1965 dem Generalvikar mit Hinweis auf den ersten Timotheus-Brief folgende Notiz: „Ein abstruses Zeug! Um die Predigt Jesu und das Evangelium scheint es gar nicht mehr zu gehen. ‚Die verwerflichen Altweiberfabeln aber weise ab!‘ (1 Tim 4,7) ‚...wer anders lehrt und sich nicht an den gesunden Sprüchen unseres Herrn Jesus Christus hält..., der bläht sich nur auf‘ (1 Tim 6,3) Solchem Zeug sollte man nicht die Tore öffnen.“

Und in einer damals, am 14. April 1965 in Freising, verfaßten Note des Regens Dr. Josef Finkenzeller an den Generalvikar stand: „Wahre Theologie ist die Interpretation der in Christus zum Abschluß gekommenen Offenbarung, aber

[1] Johann Auer, Brief an P. Louis M. Attems, 18.2.1979
[2] P. Schmidpeter u.a. (Comboni-Missionare), Bericht über das Engelwerk, Manuskr., 1976, S. 3

nicht menschliche Phantasterei. Sowohl die Heiligen- wie die Engelverehrung hat in der katholischen Frömmigkeit ihren Platz, aber nur solange sie in das Christus-Mysterium eingeordnet ist und von ihm lebt. Hier ist die Lehre von den Engeln isoliert und damit falsch."

Die erste profunde theologische Auseinandersetzung mit dem Opus Angelorum erfolgte erst im Jahr 1977 im Auftrag des damaligen Regensburger Bischofs Dr. Rudolf Graber durch den Regensburger Dogmatik-Professor Johann Auer, einen anerkannten Fachmann der Engellehre (Angelologie). Auer schloß sein Gutachten - 20 Maschinschreibseiten unter dem Titel „Beobachtungen und Gedanken zur Theologie des Engelwerkes" - am 6. November 1977 ab. Ihm lagen dafür lediglich fünf der grundlegenden Engelwerk-Schriften vor: „Die Zusammenhänge in der Hl. Schrift", „Das Reich der Engel: A): Der 1. Teil", „Die Ersterschaffenen Gottes", „Tagesengel und Engel der beweglichen Feste" (nur zweites Halbjahr), „Rituale des O.S.A.".

Die Zusammenfassung seiner Gedanken hat Auer in sieben Punkte gegliedert, wobei er mit folgender Feststellung beginnt: „1. Alles, was im O.A. beginnt, geht von der Voraussetzung aus, daß wir wirklich die apokalyptische Endzeit erreicht haben." Und er betont im nächsten Punkt: „2. Die Feststellung, daß um dieser apokalyptischen Endzeit willen Gott eine neue Offenbarung über die Engel gegeben habe, ist allzu kühn. Die Pastoralbriefe wie der 1. Johannesbrief wissen nichts von einer neuen Offenbarung für die Endzeit, aber sie wissen viel von neuen Häresien und Verwirrungen in der Endzeit."

Die nächsten beiden Punkte enthalten die theologischen Hauptvorwürfe an das Engelwerk und haben folgenden Wortlaut:

„3. Die hier als neue Offenbarung vorgelegte neue ‚Engellehre' erweist sich in vielfacher Hinsicht als Derivat aus kabbalistischem Denken: a) Die hier vorgeführten neuen über 300 Engelnamen kommen nur in der apokryphen und kabbalistischen Welt vor und viele von ihnen scheinen hier neu erfunden zu sein. - b) Die Engelvorstellung selbst in dem dynamischen Weltbild zwischen Strömungen und Strahlungen und Kraftfeldern sowie besonders die wesenhafte Annäherung oder Gleichsetzung zwischen Engel und Mensch widerspricht der Offenbarungsaussage, die in diesen Schriften selbst nebenbei erwähnt wird. - c) Besonders belastend erscheint das dualistische Weltbild, in dem diese Engellehre aufgebaut ist: der Blick auf den Kampf zwischen Gut und Böse in dieser Welt läßt das Gottesbild allzusehr in seiner Unbegreiflichkeit und Unnahbarkeit versinken.

4. Die falsche Theologie der Engel entstellt auch gut gemeinte Züge der Spiritualität: a) Das Gottesbild wird, wie angedeutet, ganz in das Dunkel des Unnahbaren und Unbegreiflichen gedrängt wie beim En Soph in der Kabbala. Von Gott, unserem Vater und dem Vater unseres Herrn Jesus Christus ist nicht mehr die Rede. - b) Auch Christus wird durch Maria, die in Gestalt der kabbalistischen Schehinah erscheint, praktisch verdrängt. Von Christus, unserem Bruder, (hier ersetzt durch unsere Brüder Engel), vom mystischen Chri-

stus, in dem und durch den wir zum Vater gehen, ist nicht die Rede. - c) Die Engel erscheinen trotz der Grundlegung in der Hierarchie des Pseudodionysius primär in ihrem Verhältnis zu uns, nicht so sehr als Diener Gottes. Darum werden auch die höchsten Engel in den menschlichen Dienst mitgestellt. - d) Der Sinn der Schutzengel- und Engelweihe wird darum allzusehr in einer Machtzunahme gesehen. - e) In der Schutzengelweihe in Gestalt der ‚heiligen Hochzeit' im Sinne der Kabbala ist dieser Irrweg besonders deutlich zu erkennen. - Die neue Schutzengeltheologie kann nicht ‚Privatoffenbarung' sein, wenn die biblische Offenbarung über die Engel und die theologische Tradition der kirchlichen Engellehre erhalten werden sollen. Die ‚Offenbarung' kann sich nicht selbst widersprechen."

Auer sieht die Gefahr, daß durch Auswüchse auch noch die spärlichen Reste an Engelverehrung in Mißkredit kommen könnten. So konstatiert er in der OA-Engellehre einen Fehler „per excessum", der „dem Fehler per defectum, wie er durch die Leugnung der Engel und Teufel heute, selbst in katholischen Kreisen, begegnet, nur neuen Auftrieb geben könnte", und plädiert dafür, daß die Kirche ihre wahre Engellehre gegenüber diesen Extremen neu herausstellen soll (Punkt 5).

Schließlich bezieht sich der Regensburger Theologe auf die Fragwürdigkeit des vom Engelwerk aufgestellten Ideals des „Miles christianus" (Christlicher Kämpfer oder Soldat), das in vielem den im 16. und 17. Jahrhundert üblichen Verzeichnungen dieses Ideals der Urkirche entspreche (Punkt 6) und schließt: „7. Die Klärung dieser Fragen wird neben der Härte, die mit der Wahrheitsfrage gegeben ist, viel Geduld und Liebe fordern, da viele echte Frömmigkeit und natürliche Religiosität der ahnungslosen Mitglieder in diesem nun schon 20 Jahre geduldeten Werk investiert erscheint."

Mit diesem - ersten - Auer-Gutachten als Beilage ersuchte der Vorsitzende der Deutschen Bischofskonferenz und Erzbischof von Köln, Kardinal Joseph Höffner, am 1. Dezember 1977 die Heilige Kongregation für die Glaubenslehre in Rom um eine Prüfung des Opus Angelorum. Am 4. Mai 1979 ersuchte übrigens der damalige Münchner Erzbischof, Kardinal Joseph Ratzinger, Höffner brieflich, in Rom in dieser Sache zu urgieren. Höffner bat daraufhin am 23. Mai 1979 die Glaubenskongregation um Beschleunigung des Verfahrens.

Zu Beginn des Jahres 1979 hatte sich ein Briefwechsel zwischen Professor Auer und dem römischen Prokurator des Engelwerkes, P. Louis M. Graf Attems, entwickelt. Die Briefe von Attems sind insofern sehr interessant, weil sie vermuten lassen, daß Attems für eine bestimmte Gruppe im Werk typisch ist, die eine gemäßigtere Linie als die Gruppe um Blaskó und Bitterlich vertritt. Am 14. Jänner 1979 schrieb Attems in einem sehr freundlich gehaltenen Brief an Auer, er habe „vor kurzem" dessen Gutachten erhalten und bedaure, daß man dieses gegenüber dem OA so lange geheimgehalten habe. Er danke aber Auer für die Mühe, bestimmt sei durch die kritische Auseinandersetzung auch dem OA geholfen worden. Attems - übrigens ein Studienkollege von Georg Blaskó und Hansjörg Bitterlich - weist vor allem den Vorwurf der Geheimhaltung zurück:

„Ich kenne das Engelwerk seit seinen Anfängen und bin seit etwa fünf Jahren aktiv im OA tätig, vor allem im lateinamerikanischen Raum. In all der Zeit wurde ich noch nie zu der geringsten Geheimhaltung oder gar Geheimnistuerei angehalten. Wie das ‚Schweigeversprechen' aufzufassen sei, welches uns nahegelegt wird, ist klar aus dem Ihnen zur Verfügung stehenden Text ersichtlich. (Rituale OA Seite 70)

Vor der kirchlichen Hierarchie gab es nie und gibt es nichts ‚Geheimes'. Wenn aber manchmal ein oder der andere Bischof unsere Bereitschaft, sie über alles zu informieren, ablehnen - was soll man dann tun? Jedenfalls erging es mir so mit Bischof Graf Soden-Fraunhofen.

Daß wir die Schriften des OA nicht kolportieren, nicht sie jedem an den Hals hängen, ist wohl selbstverständlich. Zur strikten Discretion sind wir außerdem mehrmals von höchsten kirchlichen Stellen angehalten worden. Es heißt also: discreto - non secreto! So hat unter anderem schon vor vielen Jahren der Innsbrucker Oberhirte verfügt, daß die werkeigenen Schriften nur für Mitglieder des OA bestimmt sind."

Mit dem Hinweis, er sei „kein Theologe, sondern nur ein kleiner Seelsorger", meint Attems, er wolle kein Urteil über Auers „Skitze" (wie er konsequent schreibt) wagen, sondern lediglich aus „pastoreller Sicht" das Engelwerk kurz darstellen:

„Die Erfahrungen, die ich von Mexico bis Brasilien mit dem OA sammeln konnte, zeigten mir, daß man (so glaube ich wenigstens) kaum von einer ‚Theologie' des OA, ja nicht einmal von einer eigenen Spiritualität sprechen kann. Wohl ist deren Angelologie etwas Neues, die auf privaten Offenbarungen gründet, und daher eben mit höchster Discretion zu behandeln und auch zu verwenden ist. Kaum anders als die Schriften zum Beispiel einer Maria Valtorta ‚Libro di Azaria' und ähnliches. In der Praxis kommt für die Seelsorge auch kaum je das oft so mißverstandene ‚Kalendarium' in Frage und weiß ich in Lateinamerika nur knapp ein Dutzend Personen, darunter sechs Bischöfe, die ein solches besitzen.

Was ist dann also in der Pastoral das ‚Spezifische' des OA? Aus der Heiligen Schrift wissen wir, daß die Engel Diener, Künder, Kämpfer und Anbeter sind - das dies ihre göttliche Sendung ist. Unsere Aufgabe auf Erden kann man in denselben Grundlinien zusammenfassen: Wir haben Gott und den Menschen zu dienen, wir haben durch Wort und Beispiel das Evangelium zu künden, wir haben für das Gute und gegen das Böse zu kämpfen, und unsere höchste und nobelste Aufgabe ist, Gott anzubeten.

Wenn wir also dieselbe Sendung haben, welche die Engel höchst vollkommen, wir jedoch höchst unvollkommen erfüllen - warum sich dann nicht mit den himmlischen Heerscharen enger verbinden, eine ‚convivencia' mit ihnen bilden? Dies ist auch der Sinn und Zweck der ‚Weihen', welche letztlich immer nur das ‚Soli Deo' - diesen Kernsatz des Opus Angelorum - bezwecken. In den spanischen Übersetzungen wird, um mögliche Mißverständnisse in der Formulierung von ‚Weihen an die Engeln' zu vermeiden, der - theologisch vermutlich korrektere - Ausdruck verwendet: ‚Consagración en unión con el Angel' et cetera.

Wie sehr diese ‚Convivencia' zwischen Engel und Menschen den diversen Spiritualitäten, zum Beispiel der ignazianischen, franziskanischen, benediktinischen, dienlich sein kann, ohne Gefahr von Abweichungen oder Entgleisungen, das bezeugen mir wiederholt Ordensleute verschiedener religiöser Gemeinschaften. Alle haben durch das bewußte ‚Einschalten' der Engel in ihrem geistlichen Leben und in ihren Aufgaben viel Nutzen und Segen erfahren können.

Die verschiedenen ‚Engelwerk-Schriften' sind niemals für die Allgemeinheit gedacht. Wenn sie auch im ausdrücklichen Auftrag des zuständigen Bischofs geschreiben und vervielfältigt wurden, unterwerfen sie sich nach wie vor dem endgültigen Urteil der Kirche und sind daher mit kluger Diskretion - nicht aber mit Geheimnistuerei - zu verwenden.

Für die seelsorgliche Praxis stehen sie nicht zur Verfügung. Dazu dienen Rundbriefe, die etwa viermal im Jahr an alle Mitglieder und Freunde des OA in diversen Sprachen versendet werden. Wenn jemand schon längere Zeit eine geistliche Führung durch das OA erfahren hat, stehen zudem noch die sogenannten ‚Lehrbriefe' zur Verfügung.

So sehr das Engelwerk auch schon in manchen Teilen der Weltkirche gute pastorelle Hilfe leistet und von Bischöfen, die es wirklich kennen, durchwegs positiv beurteilt und begrüßt wird, braucht das OA noch viel Formung und Erziehung, um etwaige Übertreibungen und Einseitigkeiten zu vermeiden." Am Ende seines Schreibens meint Attems: „Darf ich Sie, Herr Prälat, in diesem Sinne auch bitten, uns zu helfen, uns zu erziehen?"

In dieser Weise zu einem Ratschlag aufgefordert, antwortete Professor Auer am 25. Jänner an Attems und betonte: „Die Frage der ‚Geheimhaltung' der Schriften ihre OA scheint mir gerade nach diesem Ihrem eigenen Schreiben sehr problematisch zu sein. Den Grund dieser Problematik glaube ich (psychologisch) in der Tatsache finden zu dürfen, daß auch nach Ihrem eigenen Empfinden die Engellehre Ihres O.A. tiefgreifend von der klassischen und frommen Engellehre der kirchlichen Tradition bis heute unterschieden ist, - und daß diese ‚neue' Engellehre Ihres O.A. sich einzig auf das stützen kann, was Sie ‚Privatoffenbarung' nennen... Ich glaube angesichts dieser Tatsachen kann ein katholischer Christ und erst Priester dieser neuen Engellehre nicht weiter anhangen, ehe nicht diese ‚Privatoffenbarung' durch die (Glaubenskongregation der römischen) Kirche als ‚echte Offenbarung' herausgestellt und anerkannt ist."

Auer weist in diesem Schreiben kurz auf Übertreibungen der Engellehre schon in paulinischer Zeit hin (Hebräerbrief) und bezeichnet die neue Engellehre als „ganz unbiblisch" und „der Unechtheit dringend verdächtig". Er empfiehlt dem OA, den kompletten Nachlaß von Gabriele Bitterlich und ihrem Gemahl sowie „alle vorhandenen Bücher und Schriften, die in dieser Familie benützt oder verfaßt wurden" der Glaubenskongregation zur Klärung der Echtheit der Privatoffenbarungen zu übergeben. Gleichzeitig informierte Auer seinen Ordinarius, Bischof Rudolf Graber über den Briefwechsel mit Attems, da er nicht auf falsche Weise in das von den deutschen Bischöfen in Rom angestrengte Verfahren eingreifen wollte.

P. Louis Graf Attems antwortete schon am 10. Februar 1979 und wiederholte zunächst Bekanntes. Rom sei durch P. Löw CSsR laufend informiert worden, Papst Pius XII. und Kardinal Šeper hätten schriftlich den Empfang von OA-Büchern bestätigt. Papst Paul VI. habe ihm, Attems, im September 1975 bei einer Privataudienz gesagt, daß er „das Engelwerk wohl kenne und immer wohlwollend prüfen lasse". Es sei bekannt, daß die Glaubenskongregation streng über solche Schriften wache. Würde darin nur das geringste gegen die authentische Glaubenslehre sowie gegen Moral und gute Sitten vorkommen, „hätte die Glaubenskongregation den Bischof von Innsbruck (der übrigens Mitglied dieses Dicasteriums ist) und auch uns umgehend darauf aufmerksam gemacht".

Aus diesem Brief aus Rom, dem Attems auch zwei OA-Informationsbriefe beilegte, verdienen aber die nächsten Absätze besonderes Augenmerk:

„Eines der hauptsächlichsten Mißverständnisse der dem OA nicht Wohlgesinnten (die - wie Ihnen sicher bekannt - leider auch vor argen und bösen Verleumdungen nicht zurückschrecken!) ist die irrige Auffassung: im Engelwerk werden private Offenbarungen in Bausch und Bogen überbetont oder eventuell vorkommende Überbetonungen geduldet. Daß es vereinzelt Priester gibt, die eventuell zu Übertreibungen neigen, will ich keineswegs abstreiten. Spinner gibt es überall! Für mich persönlich, wie für unzählige Priester und Ordensleute so ziemlich überall in der Welt, hat das Opus Angelorum seine eminent aktuelle Sendung und Aufgabe in der Kirche, ob mit oder ohne Schriften und Kalendarium!

Nach wie vor ist die Basis der sogenannten ‚Spiritualität' des Engelwerkes und der ihm integrierten Priestergemeinschaften die gesunde, autentische(!) Lehre der Kirche, insbesonders so, wie sie in den Dekreten des II. Vaticanum dargeboten wird.

Erst vor kurzem hat dies unter anderem Professor Monsignore Waitz erneut auch dem Herrn Kardinal Volk, im Namen aller Mitglieder des OA, bezeugt und bekräftigt!

Das OA beruht auch nicht auf einer ‚neuen' Angelologie per se, und hier muß ich wohl den entsprechenden Satz in meinem ersten Brief an Sie, Herr Professor, vom 14. 1. korrigieren beziehungsweise klarstellen: Die Basis ist die kirchliche Angelologie. Diese Engellehre wird durch private Offenbarungen ergänzt! Wo also die Angelologie, dieser zur Zeit vielfach angegriffene Teil der Katholischen Glaubenslehre, Ergänzungen rein privaten Charakters erfahren hat, so ist das meines Erachtens nicht anders als wie zum Beispiel bei den Visionen einer Anna Katharina Emmerich, welche eine in keiner Weise bindende oder gar verpflichtende Ergänzung für das Verständnis des Lebens und der Lehre Christi sein können!"

Am 18. Februar 1979 schickte Professor Auer noch einen Brief an Attems, mit dem Hinweis auf andere Aufgaben und der Bitte, nun die Korrespondenz zu beenden und die Angelegenheit dem kirchlichen Lehramt zu überlassen. Auer fügte aber noch eine Reihe interessanter Bemerkungen hinzu:

„1) Sit venia verbo - der Informationsbrief erscheint mir von der Kenntnis der in meiner Skizze genannten Schriften her als eine Irreführung. Da wird von dem eigentlichen Anlaß für das OA, den Privatoffenbarungen von Frau Bitterlich von 1947-1950, kein Wort gesagt, sondern nur auf die Anerkennung durch den Bischof von Innsbruck verwiesen und dann werden die zahlreichen bischöflichen Anerkennungsschreiben abgedruckt...Doch ich bin überzeugt, daß keiner dieser hochwürdigsten Väter unserer Kirche sich mit den Schriften von Frau Bitterlich befaßt hat, sonst hätte wohl keiner diese Zustimmung gegeben. Wenn Sie nachher in diesem Informationsbrief schreiben, ‚diese Lehre und Praxis der Kirche bezüglich der Verehrung der heiligen Engel ist auch für das OA Basis und Ausgangspunkt seiner durch und durch christozentrischen, eucharistischen und marianischen Spiritualität' und dafür eingangs ihre Engellehre mit einer Anzahl von Schriftworten und kirchlichen Entscheidungen belegen, muß ich aus Ihrem eigenen neuen Brief noch hinzufügen ‚Diese Engellehre wird durch Privatoffenbarungen ergänzt'.

2) Sie nennen dies ‚Ergänzungen rein privaten Charakters' in Ihrem Brief und vergleichen sie mit den Visionen der Katharina Emmerich. - Auch dazu muß ich sagen: das ist eine Irreführung. - Nur die vom Grund auf ganz andere Engellehre der Werke von Frau Bitterlich können die Grundlage für die vier sehr tief gestuften Formen von ‚Engel-Weihen' sein... Wie Herr Prof.Dr. Waitz zu Card. Volk sagen kann, daß die gewöhnliche Angelologie der Kirche Grundlage Ihres OA ist, kann ich nicht verstehen, wo er doch die ganzen Schriften von Frau Bitterlich herausgegeben hat. Das OA ist doch gerade durch die Stufungen, die durch die gestuften ‚Weihen' entstehen, gekennzeichnet.

3) In meiner Kleinen Katholischen Dogmatik (Band III, S. 409, Regensburg 1975) habe ich auf die Verurteilung einer unchristlichen Engellehre durch die römische Synode von 745 hingewiesen, die gelautet hat: ‚Precor vos et conjuro vos et supplico me ad vos, Angelus Uriel, Angelus Raguel, Angelus Tubuel, Angelus Michael, angelus Adinus, angelus Tubuas, angelus Sabaoc, angelus Simiel...' - Ob Frau Bitterlich diese Texte gekannt hat? Damals hat Papst Zacharias dazu gesagt: ‚Dieser Adalbert (Verfasser obigen Textes) ist wahnsinnig..., damit aber die Einfältigen nicht länger getäuscht werden, müssen wir eine Sentenz fällen' (Hefele, Konziliengeschichte III 2, Freiburg 1877, 538f). -

Die ganze Engellehre in den Schriften von Frau Bitterlich ist meines Erachtens mit der Katholischen Engellehre unvereinbar. Die über dreihundert neuen Engelnamen und die mit diesen Namen verknüpften neuen Vorstellungen von Wesen und Tun der Engel und vom Verhältnis zwischen Engel und Menschen sind entweder menschliche Erfindungen oder, wie ich glaube, im Anschluß an die umfassende Engellehre der Kabbalistik oder anderer spiritistischer Gruppen entwickelt, - oder die Kirche muß sie heute ausdrücklich als eine neue, die Schrift ‚ergänzende' Offenbarung erklären, was sie rebus sic stantibus wohl gar nicht kann. - Wenn aber diese ‚Privatoffenbarungen' unecht sind, was steckt dann dahinter für ein erschütternder Hochmut, der selbst über die geistige Schöpfung Gottes etwas wissen möchte, was Gott nicht geoffenbart hat! (Vgl. Origenes, Ctr. Celsum V 5!)..."

Auer schließt sein Schreiben mit dem Ersuchen:

„a) Sorgen Sie, daß die Frage nach der Echtheit dieser ‚Privatoffenbarungen' baldigst ihre kirchliche Klärung erhält: durch Vorlage aller Schriften von Frau Bitterlich, durch Vorlage aller Literatur, die im Hause Bitterlich (auch vom Gemahl) je benützt wurden und noch vorhanden sind, durch die Bitte an die zuständige kirchliche Stelle um den notwendigen ‚Informationsprozeß' zur Person von Frau Bitterlich (solange noch Zeitgenossen zu befragen sind), da auch Person und Leben der Offenbarungsempfänger für die Beurteilung der Offenbarung von Bedeutung sind.

b) Stellt sich heraus, daß diese ‚Privatoffenbarungen' nicht echt sind, versuchen Sie sobald als möglich ihr OA im Sinne der Kirche ‚umzubauen' (alle unechten Schriften einziehen und alles fallen lassen, was aus Weltbild und Engellehre dieser unechten Schriften zu erklären ist), damit sie dic wertvollen Frömmigkeitskräfte, die Sie bisher durch dieses ‚Falsche Engelbild' gebunden haben, in die große und gesunde, allen zugängliche Frömmigkeit unserer Kirche hinüberführen können (etwa im Sinne der alten, heute wohl zu erneuernden ‚Schutzengelbruderschaften' unserer christlichen Vergangenheit)."

P. Louis M. Graf Attems beendete seinerseits den Briefwechsel am 25. Februar 1979 mit einem kurzen Schreiben, das folgende wesentliche Sätze enthält: „In einem seiner Briefe an mich erwähnte Mons. Waitz ungefähr folgendes: Mit der Meinung, daß das Werk (OA) auch ohne Schriften und Kalendarium weiterbestehen wird, kann man restlos einverstanden sein. Gerade darin wird sich seine ‚Herkunft' zeigen...

Der Kern der meisten Mißverständnisse liegt meiner Meinung nach darin, daß man dem Engelwerk andichtet, Schriften eine Bedeutung beizumessen, die sie nie hatten und nie haben. Die vier Weihen zum Beispiel berufen sich nie auf die Schriften, noch bauen sie auf diesen auf! Die seelsorgliche Tätigkeit der Priestergemeinschaften werden von den Aussagen überhaupt nicht berührt und ich sehe - auch im Sinn der verstorbenen Frau Bitterlich - keine Notwendigkeit, daß diese ihnen bekannt werden."

Zuletzt betont Attems seine Bereitschaft, sich ohne Zögern vom OA zu distanzieren, sollte er entdecken, daß daran etwas „irreführend" oder gar „unchristlich" sein. Er denke an OA-Mitglieder in Lateinamerika, die genauso handeln würden.

Nach Erhalt dieses letzten Attems-Briefes hat Prof. Johann Auer am 3. März 1979 ein Resümee der gesamten Korrespondenz an Bischof Rudolf Graber geschickt, aus dem folgende Passagen hervorzuheben sind:

„1) Den leitenden Herren des O.A. war von Anfang an klar, daß die Schriften und das Kalendarium aus einem spiritistischen (kabbalistischen) Denken stammen. Darum kam gegen diese meine Grundthese von Anfang an keinerlei Widerspruch auf...

2) Nachdem die kabbalistische Herkunft der neuen Engellehre der ‚Privatoffenbarungen' von Frau Bitterlich aufgezeigt wurde, weichen die leitenden Persönlichkeiten des O.A. dahin aus, daß sie feststellen, daß das Werk auch ohne Schriften und Kalendarium weiterbestehen wird... Gerade darin wird sich seine ‚Herkunft' zeigen ...

a) Es ist richtig, daß ‚die vier Weihen sich nie auf die Schriften berufen'; doch der Hinweis in der Einleitung des Rituale, daß ‚der Erlöser selbst es gegründet habe', nicht ein Engel und nicht ein Mensch, ist doch ein deutlicher Hinweis auf die ‚Privatoffenbarungen'.

b) Die in diesen Weihen zum Ausdruck kommende ganz neue Gestalt des Verhältnisses zwischen Mensch und Engel sowie die besondere Stufung der vier verschiedenen Weihestufen sind meines Erachtens ohne den kabbalistischen Grund dieser Engellehre ganz unverständlich. Die christliche Tradition kennt soetwas nicht.

c)Ich möchte nochmals betonen, daß meines Erachtens eine ‚Engelweihe' von Grund aus unchristlich ist. - Die Kirche kennt eine ‚Marienweihe', weil Gott selber seinen Sohn in der Menschwerdung Maria in einmaliger Weise anvertraut hat und Maria dadurch in einmaliger Weise zu einem ‚Geschöpf' geworden ist, dem ‚heilsgeschichtlich' unter allen Geschöpfen eine einmalige Stellung gebührt. ‚Nicht Engeln hat Gott die künftige Welt unterstellt' (Hebr. 2,6)... Eine Weihe des Geschöpfes Mensch an das Geschöpf Engel gibt es nicht... Mir bleibt die Spiritualität in Hinsicht auf die Engel im ganzen Rituale des O.A. unverständlich, wenn sie nicht von den ‚Schriften' her gedeutet wird; und in dieser Deutung bleibt sie den Irrlehren der Kabbala verhaftet.

3) Ich habe Verständnis für diesen ‚Rückzug' der leitenden Männer des O.A. in Hinsicht auf ihr Verhältnis zu den ‚Schriften' angesichts der Tatsache, daß dieses Werk durch die Anerkennung zahlreicher Kardinäle und Bischöfe der Kirche seit teilweise schon zwanzig Jahren zu einer ordensähnlichen Größe in der lebendigen Kirche, besonders in Südamerika geworden ist. Es wäre gewiß ungut und müßte ein Stück menschlicher Frömmigkeit frustrieren, auf das die Kirche nicht verzichten darf, wenn man das O.A. einfach verbieten oder aufheben wollte. Es muß das Bestreben wohl aller mit dieser Sache befaßten Stellen der Kirche sein, die Irrtümer und Fehlhaltungen zu klären und zu heilen

und durch Schaffung eines ‚neuen, christlichen Engelwerkes' zu ersetzen und so dieses Frömmigkeitspotential der Kirche zu erhalten und neu fruchtbar zu machen. Dazu scheint mir freilich notwendig zu sein

a) daß alle grundlegenden Schriften des O.A. von den leitenden Männern zurückgezogen werden. Es wäre jedoch sehr wünschenswert, einige Exemplare in theologischen Bibliotheken, besonders der Universitäten oder Theologischen Fakultäten aufzubewahren...

b) Das ‚neue Engelwerk' kann jedoch gewiß nicht entstehen, wenn nur auf die ‚Schriften und das Kalendarium' verzichtet wird und sonst das bisherige OA weitergeführt wird. Ich könnte mir auch nicht gut vorstellen, daß die Leitung dieses ‚Neuen Engelwerkes' in den Händen der bisherigen Leiter und ‚Gründer des O.A.' bleiben könnte. - In diesen praktischen Ablösungsvorgängen wird mehr Schwierigkeit stecken als in der theologischen Erneuerung. Doch ohne diese verwaltungsmäßige Erneuerung bleibt meines Erachtens die theologische Erneuerung zum Mißlingen verurteilt.

4) Ob bei diesem ‚Revisionswerk' die zuständigen kirchlichen Behörden darauf verzichten wollen und können, die Frage nach der Entstehung der Schriften und damit der geistigen Grundlage des jetzigen O.A. zu klären, werden diese Stellen im Verlauf des Revisionsprozesses selber entscheiden müssen. Nach dem, was in dem letzten Brief über Frau Bitterlich geschrieben steht, ist allen Ernstes zu fragen, a) ob diese Frau selbst dieses bedeutende Weltbild (das ganz dem kabbalistischen Weltbild entspricht) entwickelt hat, oder ob sie diese Kenntnisse von jemand anderem, etwa von ihrem Gatten, übernommen hat oder in früherer Zeit, als dieser noch lebte, mit ihm schon erarbeitet hat; b) ob die Niederschrift ganz von ihr oder mit Hilfe Dritter vorgenommen wurde; c) was oder wer der auslösende Faktor für diese Niederschriften war. Nachdem sich diese Schriften selber und ausdrücklich als ‚Offenbarung' vorstellen, kann meines Erachtens auf diese Klärungen nicht verzichtet werden."

Genau zwei Monate später wurde Prof. Auer wieder mit dem Engelwerk konfrontiert. Am 5. Mai 1979 schrieb der Innsbrucker Bischof Paul Rusch dem Regensburger Dogmatiker, er habe vom Engelwerk eine Erwiderung auf Auers Gutachten vom Jahre 1977 erhalten und übersende ihm dieses Papier mit der Bitte um Stellungnahme.

Diese siebenseitige Erwiderung, am 26. April 1979 in Silz abgeschlossen[3], ist gezeichnet mit „Dr.theol. Dr.jur.can. Georg Blaskó, Synodalrichter der Diözese Innsbruck" umfaßt zwölf Punkte und enthält schon am Beginn einen Frontalangriff auf Auers Gutachten: „Den Gedankengang dieser Schrift kann man - wie folgt - kurz zusammenfassen: Das Engelwerk hat Gemeinsamkeiten mit der jüdischen Kabbala. Die Kabbala ist aber verwerflich. Deshalb ist auch

[3] Georg Blaskó, Stellungnahme, Silz, 26.4.1979 (Opus Sanctorum Angelorum, 4. Informationsbrief, Rom 1988, Das Verfahren bei der Kongregation für Glaubenslehre, S. 25ff.

das Engelwerk verwerflich. Um diese Beweisführung zu stützen, gibt H. H. Prälat Auer eine Darstellung der Lehren der Schriften des O.A., aber auch der Lehren der Kabbala, die nicht unwidersprochen bleiben kann... Zu beweisen ist nicht, daß die Kabbala verwerflich ist, sondern daß die Schriften des O.A. verwerfliche Lehren aus der Kabbala übernommen haben..."

Blaskó weist alle Vorwürfe bezüglich Magie zurück und gibt nur in seinem Punkt 10 eine Gemeinsamkeit mit der Kabbala zu:

„Die einzige Lehre, in der Engelschriften und Kabbala gegenüber der großkirchlichen Überlieferung wirklich übereinstimmen, sind die Engelnamen, ja auch zum Teil manche Engelgruppen. Aber es muß gesagt sein, daß die Engelnamen schon längst vor der Kabbala da waren, sie sind nicht im Mittelalter entstanden, sondern waren bereits zur Zeit Christi da. Sie entbehren auch die biblische Grundlage nicht, denn:

a) Drei Engelnamen und eine Anzahl Dämonennamen sind von der Bibel als solche genannt und keineswegs in einem solchen als wären diese drei die einzigen. Vielmehr werden sie mit der Selbstverständlichkeit geläufiger Größen genannt.

b) Sehr viele in den Schriften des O.A. genannte Engelnamen kommen in der Bibel als Namen von geachteten Personen (Könige, Leviten, Genealogien usw.) oder von Orten vor; ebenso Dämonennamen als Namen von feindlichen Personen oder wüsten Orten.

c) Die größte Anzahl außerbiblischer Engelnamen lag zur Zeit Christi im Henoch-Buch vor. Dieses Buch steht aber beim Verfasser des im Bibelkanon aufgenommenen Judasbriefes... in höchsten Ehren... Vom Judasbrief her muß jede Verurteilung des Henoch-Buches (und seiner Engelnamen) als bibelwidrig angesehen werden.

d) Die Hochachtung vor dem Namen (vgl. die Texte des Namen-Jesu-Festes), die Kenntnis und die kultische Anrufung bestimmter Namen ist biblisch bestens begründet, besonders durch Psalm 90,14 (Vulg.): ‚Ich will ihn beschützen, denn er kennt meinen Namen.'

e) Schließlich sind viele Engelnamen einfache hebräische Ausdrücke für Inhalte, die in einer Engelwelt a priori schon zu erwarten sind: Schönheit = Tiphered; Gerechtigkeit = Geburah; Weisheit = Chochmah (dies trifft gerade bei den zehn Zahlen = Sephiroth der Kabbala zu).

Die Kenntnis der Engelnamen ist aber weder speziell gnostisch noch speziell kabbalistisch: sie gehört zur religiösen Welt des Spätjudentums zur Zeit Christi. Sie wurde als judenchristliches Eigengut behandelt und geriet bei den großen heidenchristlichen Gemeinden in Vergessenheit durch den Untergang des Judenchristentums.

Die Engelnamen bedeuten aber wirklich nichts Häretisches. Ihre ‚Heimholung', d.h. Anerkennung durch die katholische Kirche, wäre eine große ökumenische Tat, nicht nur einzelnen Ostkirchen, sondern auch dem Judentum gegenüber. Den Schriften des Engelwerkes aber gebührt eigentlich Dank und

Anerkennung, da sie mit ihrer originell-christlichen Interpretation der spätjüdischen Engelnamen Judentum und Christentum um einen wesentlichen Schritt einander nähergebracht haben, bzw. näherbringen können."

Auer übermittelte Bischof Rusch postwendend, nämlich schon am 9. Mai 1979, seine Antwort, die folgendermaßen beginnt: „Ihr Schreiben mit der Stellungnahme des Herrn Dr. G. Blaskó zu meinem Gutachten über das OA habe ich erhalten und will gerne dazu sagen, was ich zu sagen habe. Das Gutachten selbst (20 Seiten) hat ihr HH. Herr Generalvikar in einer Xerokopie in Händen. Daraus können Sie selbst entnehmen, daß ich nicht geurteilt habe, das OA ‚sei verwerflich', sondern auftragsgemäß lediglich zur Theologie des Engelwerkes gesagt habe, was ich nach bestem Wissen und Gewissen dazu sagen mußte."

Auer stellt fest, daß Blaskós Schreiben das erste ist, das ihm Vorwürfe macht, während Attems freundliche Briefe geschrieben hat, und macht auf „merkwürdige Widersprüche" in all diesen Texten aufmerksam: „In seinem letzten Brief vom 25.2.79 betont Herr P. Attems, daß nach Ansicht von Herrn Prof.Dr. W. Waitz, dem Herausgeber der Schriften, ‚das Werk OA auch ohne Schriften und Calendarium weiterbestehen werde', was ich nicht bezweifle, was jedoch der gefährlichste ‚Ausweg' wäre, da die Lehre dieser Schriften und des Calendariums so sehr die Aszese und religiöse Praxis des OA, gemäß dem Direktorium, bestimmen, daß sie lebendig bleiben, auch wenn sie äußerlich verborgen oder verheimlicht werden."

Vor allem wiederholt Auer seine Beobachtung, daß die Nähe des Bitterlichschen Engelsystems zur Kabbala zu auffällig ist: „Es ist ganz unwahrscheinlich, daß die Schriften mit ihrem außerordentlich durchdachten sprachlichen und kosmischen System Produkt bloßer ‚charismatischer' Eingebung sind, zumal wenn Herr Dr. Blaskó nun die Übereinstimmung der Namen und der Ordnungen (Gruppen) der Engel im OA und in der Kabbala selber zugibt."

Der Regensburger Theologe kann sich aber mit der Kabbala überhaupt nicht anfreunden: „Dem neuen Gedanken von Herrn Dr. Blaskó, die ‚Heimholung und Anerkennung (dieser kabbalistischen Engelnamen und der ihnen zugrundeliegenden religionsgeschichtlichen Idee) durch die katholische Kirche wäre eine große ökumenische Tat', kann ich nur aufs entschiedenste widersprechen. Hier liegt ein Begriff von ‚Ökumene' vor, der nichts anderes als ‚Synkretismus' im schlechtesten Sinne bedeutet. Nach einer solchen ‚Anerkennung' könnte die Kirche sich nicht mehr gegen den liberalen Vorwurf wehren, das Christentum sei nunmehr nur mehr ein synkretistisches System verschiedener religiöser Ideen aus Antike und Spätjudentum. Es handelt sich ja auch nicht nur um einzelne Engelnamen, sondern um die Organisation eines Engelstaates, von dem wir nicht aus der Apokalypse und nicht einmal aus Pseudodionysius (der nicht zur Offenbarung gehört) etwas wissen. Das Engelsystem des OA kann nur aus der Kabbala kommen.

Was die ‚Engelweihe' betrifft, müßte Herr Dr. Blaskó aufgefordert werden,

Beispiele aus der Tradition der Kirche beizubringen. In den verschiedenen Schutzengelbruderschaften seit dem Mittelalter gab es nirgendwo eine ‚Engelweihe', die mit den den vier Stufen von Engelweihen des OA, zumal der vierten Weihe, die wirklich nur aus der Kabbala erklärbar ist, vergleichbar wäre."

Ferner betont Auer: „Es hat einen tiefen Grund, daß die Mächte, die wir ‚Engel' nennen, bis auf die drei großen Namen Michael, Gabriel, Raphael kein eigenes ‚Gesicht' (=Namen) haben, damit sie nicht unser Gottesbild, das durch die Enge und erbsündliche Belastung unseres menschlichen Denkens stets gefährdet ist, auch noch verstellen."

In einer Schlußbemerkung an Bischof Rusch weist Auer noch Blaskós These, es werde nur an alte judenchristliche Traditionen angeknüpft, zurück: „Ich darf noch auf Hebräer 1,5-2,18 (besonders 2,5,16) verweisen, das nicht ein Zeugnis für bloße Auseinandersetzung zwischen Judenchristen und Heidenchristen ist (dies ist nicht das Thema des Hebräerbriefes), sondern einfach ein Zeugnis für das Festhalten der Kirche an der Offenbarung Gottes gegenüber menschlichem Phantasieren ist. Die nicht geoffenbarten Engelnamen sind menschliches Machwerk, wie die zahlreichen Ableitungen für die kabbalistischen Engelnamen von den verschiedenen Gottesnamen zeigen."

Es sollten einige Jahre vergehen, dann wurde Johann Auer aufgrund neuer Unterlagen - insbesondere der inzwischen aufgetauchten Schrift „Handbuch des Engelwerkes" mit einem zweiten Gutachten über das OA beauftragt.

Inzwischen lief aufgrund der deutschen Anfrage das sich über mehrere Jahre hinziehende Verfahren vor der Heiligen Kongregation für die Glaubenslehre ab. Die lateinische Antwort an Kardinal Höffner aus Rom trägt das Datum 24. September 1983 und ist vom nunmehrigen Präfekten der Glaubenskongregation, Kardinal Joseph Ratzinger, und vom Sekretär dieser Kongregation, Erzbischof Jérome Hamer OP, unterzeichnet. Der Text ist auch gedruckt publiziert worden[4]. Das darin festgehaltene Urteil der Glaubenskongregation wurde mit dem Datum 29. September 1983 auch als Rundschreiben, unterschrieben von Ratzinger und Hamer, verschickt.

Die wesentlichen Forderungen der Glaubenskongregation lauteten bekanntlich:

„1. In der Förderung der Andacht zu den heiligen Engeln muß das Opus Angelorum sich der Lehre der Kirche wie der Heiligen Väter und Kirchenlehrer unterwerfen. Es soll im besonderen unter seinen Mitgliedern und unter den Gläubigen keinen solchen Kult der Engel verbreiten, der ‚Namen' benützt, die aus einer vermutlichen Privatoffenbarung (die Frau Gabriele Bitterlich zugeschrieben wird) bekanntgeworden sind. Es wird auch nicht gestattet,

[4] In: AAS=Acta Apostolicae Sedis LXXVI, 1984, S. 175f.; und in: Congregatio pro doctrina fidei, Documenta inde a Concilio Vaticano Secundo expleto edita (1966-1985), Libreria Editrice Vaticana, 1985, S. 246f.

diese Namen in jenen Gebeten zu benützen, die von der Gemeinschaft verwendet werden.

2. Das Opus Angelorum wird in der Zukunft das sogenannte ‚Schweigeversprechen' von seinen Mitgliedern nicht wünschen und ihnen auch nicht vorschlagen, obschon es legitim ist, über die internen Angelegenheiten des Engelwerkes jene angemessene Diskretion zu wahren, die Mitgliedern der Institute der Kirche geziemt.

3. Das Opus Angelorum und seine Mitglieder werden alle liturgischen Normen streng beobachten, besonders was die Eucharistie betrifft. Dies gilt besonders für die sogenannte ‚Sühnekommunion'."[5]

Was als ernste Ermahnung des Engelwerkes gemeint war, wurde von diesem keineswegs so verstanden. So verkündete ein Informationstext der Priestergemeinschaft vom Heiligen Kreuz in der Erzdiözese Wien: „Am 29. September 1983 hat die Römische Glaubenskongregation durch ein Schreiben von Kardinal Ratzinger die Rechtgläubigkeit und gesunde Spiritualität bestätigt und die Treue gegenüber den Weisungen des kirchlichen Lehramtes gelobt."[6]

Auch Hansjörg Bitterlich interpretierte 1986 vor Heiligenkreuzer Studenten das römische Schreiben als positiv für das Engelwerk: Die Glaubenskongregation sei mit der Entscheidung, daß die Engelnamen aus der Privatoffenbarung nur im Kult nicht gebraucht werden dürften, über die Synode von Laodicäa (auch Laodizäa oder Laodicea), die alle Namen außer den biblischen Engelnamen Gabriel, Michael und Raphael verboten habe, hinausgegangen. In einer alten orientalischen Kirche gehöre das Henochbuch mit vielen Engelnamen zum Kanon der heiligen Schrift. Im Fall einer Union dieser Teilkirche mit Rom, so habe ihm Kardinal Ratzinger persönlich versichert, müßte man ihr das Buch wohl lassen - und damit auch die Engelnamen.

B) Können Engel weinen?

> *Sowohl im rabbinischen Judentum wie im Christentum ist es unerhört, daß Geschöpfe - und das sind die Engel - Namen tragen, die in der hl. Schrift ausschließlich Gott vorbehalten sind.*
>
> *JOHANNES P.M. VAN DER PLOEG*[7]

Theologen, die sich in den letzten Jahren mit den Lehren des Opus Angelorum auseinandergesetzt haben, stützen Prof. Auers Urteil, daß das Engelwerk

[5] Opus Sanctorum Angelorum, 3. Informationsbrief, Rom 1986, S. 18f.
[6] Sancta Crux, 46. Jg., Heiligenkreuz 1985, Nr. 103, S. 119
[7] Johannes P.M. van der Ploeg O.P., Eine jüdische Sekte und ihr christliches Echo, Una-Voce-Korrespondenz, Mai/Juni 1988, S. 164

gnostische Züge aufweist und eine außerchristliche Tradition fortsetzt, die auf altpersischen Dualismus und auf die Kabbala zurückgeht. Engelnamen, wie sie in großer Zahl im apokryphen Henochbuch genannt wurden, spielen eine geheimnisvolle Rolle. Schon beim jüdischen Geschichtsschreiber Flavius Josephus („De bello Iudaico") findet sich der dem Engelwerk bekannte Hinweis, daß Engelnamen nicht preisgegeben werden dürfen.

Daß das frühe Christentum von übertriebener Engelverehrung nichts hielt, bezeugen besonders deutlich der Paulusbrief an die Kolosser und der Hebräerbrief. Die nicht genau datierbare Synode von Laodicäa (um 380) verbot den Gebrauch von Engelnamen, ausgenommen die wenigen aus der Bibel überlieferten.

Große Bedeutung erlangte allerdings im Mittelalter das Werk „Über die himmlische Hierarchie" eines gewissen Dionysius Areopagita (Dionysius vom Areopag), der eine Einteilung der Engel in drei mal drei Chöre vorlegte und auch auf das Wesen und die Eigenschaften der Engel einging. Als Autor dieser Schrift, die in Wirklichkeit frühestens am Ende des 5. Jahrhunderts geschrieben wurde, galt ursprünglich der von Paulus bekehrte Athener Ratsherr Dionysius (Apostelgeschichte 17,34), was dem Werk nach seinem Auftauchen im 6. Jahrhundert für fast ein Jahrtausend den Anschein von besonderer Authentizität und Glaubwürdigkeit verlieh. Erst im 15. Jahrhundert deckte der Humanist Lorenzo Valla die Wahrheit auf, aber auch als „Pseudo-Dionysius" blieb der dem späten Neuplatonismus zugeneigte Autor für manche attraktiv und von Einfluß, so zweifellos auch für das Engelwerk.

Johannes Rothkranz kam in seinem im Juli 1986 für die Kreuzorden-Informationswochen auf Madeira vorbereiteten Diskussionspapier zu folgendem Urteil: „Da Pseudo-Dionysius seine Spekulationen über die Engelwelt nur durch die Autorität des hl. Paulus, nicht aber durch theologische bzw. biblische Argumente (woher sollten die auch kommen?) absichert, diese Autorität aber eine fingierte ist, haben seine Ausführungen leider keinen objektiven Wert. Das gleiche gilt dann konsequent von allen Lehren der Scholastiker, soweit sie sich vorwiegend oder ausschließlich auf die pseudodionysischen Schriften stützen."[8]

Er stellt auch mit Blick auf die theologische Tradition eindeutig fest, daß die vom Engelwerk übernommene Lehre von neun Engelchören in bestimmter Rangordnung keine glaubensmäßige Grundlage hat: „Ebensowenig wie die Neunzahl der Engelchöre ist also deren Rangfolge und sind deren spezifische Eigenschaften Gegenstand der verbindlichen Glaubenslehre; wer nicht daran glaubt, versündigt sich in keiner Weise gegen den katholischen Glauben."[9]

Und Rothkranz stellt auch die Lehre von den drei Engelhierarchien in Fra-

[8] Johannes Rothkranz, Theologische Anmerkungen zu Lehren und Praktiken des Opus Sanctorum Angelorum, Manuskript, Filsen/Rhein, Juli 1986, S. 5

[9] Rothkranz, Theologische Anmerkungen, S. 11

ge: „Diese Lehre geht eindeutig auf Pseudo-Dionysius zurück, der die neun Engelchöre in drei Dreiergruppen (Ternare) entsprechend der Rangfolge der neun Chöre einteilt. Zum ersten Ternar bzw. zur ersten Hierarchie gehören also die Seraphim, Cherubim und Throne, zur zweiten Hierarchie die Herrschaften, Gewalten und Mächte, zur dritten Hierarchie endlich die Fürstentumer, Erzengel und Engel. Die Lehre von den drei Hierarchien findet sich weder in der Hl. Schrift noch bei den Kirchenvätern vor Pseudo-Dionysius, nicht einmal andeutungsweise."[10]

Im Jahr 1987 wurde Rom in Sachen Engelwerk plötzlich wieder aktiv. Am 25. Juli, vier Tage nachdem Weihbischof Soden das „Handbuch des Engelwerkes" an dutzende kirchliche Stellen verschickt hatte, ersuchte der Präfekt der Glaubenskongregation, Kardinal Joseph Ratzinger, den Regensburger Professor Johann Auer um ein neues Gutachten, insbesondere über die vom Orden der Regularkanoniker vom heiligen Kreuz eingereichten Konstitutionen mit Blick auf die „geistlichen Elemente des Opus Angelorum"[11]. Am 28. August bat Auer Kardinal Ratzinger um weitere Unterlagen für eine solche Untersuchung.

Am 14. September schickte Ratzinger weiteres Material zu den Konstitutionen und legte „Das dunkle Buch, eine Schrift über die innere Wesenheit der Engel" bei. Auer sollte auch dieses Werk und das inzwischen von Bischof Soden erhaltene Handbuch in seine Studie einbeziehen. In seinem am 18. Oktober 1987 fertiggestellten und nach Rom übersandten Gutachten erwähnt Auer, daß er „in den letzten Tagen" von Bischof Soden auch noch drei weitere ihm bisher unbekannte Werke erhalten und untersucht habe: „Die Gemeinschaft der Heiligen", „Adsum, das Buch der Bereitschaft" und „Der kleine Weg der Sühne".

Auer analysiert in diesem zweiten Gutachten[12] zunächst den Inhalt der insgesamt zehn ihm bekannten Engelwerk-Schriften und anschließend die vorläufigen Konstitutionen der Regularkanoniker vom Heiligen Kreuz. Schon auf der vierten von 30 Seiten, wo er auf „Das dunkle Buch" eingeht, wirkt er ratlos[13]: „In meinem Gutachten von 1977 versuchte ich, das unlogische Durcheinander in den Gedankengängen dieser Schriften durch Hinweis auf ähnliche Erscheinungen in der Qabbalistik zu deuten. Nach der erneuten Beschäftigung mit den Schriften des Engelwerkes, diesmal mit zehn Schriften, muß ich gestehen, daß ich darüber hinaus dazu neige, dieses ganze Denken, auf eine (sit venia verbo) paranoide Schizophrenie zurückzuführen, die gekennzeichnet ist durch die ‚Unfähigkeit, abstrakte Begriffe zu bilden und die Unfähigkeit, die begrifflichen Grenzen zu wahren' (übergeneralisierendes Denken). Ich möch-

[10] Rothkranz, Theologische Anmerkungen, S. 11
[11] Johann Auer, Brief an Kardinal Joseph Ratzinger, 18.10.1987
[12] Johann Auer, Gutachten II, Manuskript, Sinzing 1987
[13] Auer, Gutachten II, S. 4

te, um es gleich hier zu sagen, den zuständigen römischen Stellen raten, einem guten katholischen Psychiater die Schriften zur Begutachtung in dieser Richtung vorzulegen. Als Theologe bin ich - so scheint mir, überfordert, dazu noch ein vernünftiges Urteil abzugeben, weil die Schriften unvernünftig erscheinen."

„Einige Hinweise und Zitate mögen diesen meinen Standpunkt als begründet erscheinen lassen", ergänzt Auer und behilft sich mit der Wiedergabe langer, den mehr als mysteriösen Charakter dieser Schriften aufzeigender Textpassagen[14]. Ein Beispiel dafür lautet:

„An diesem Morgen, nach der heiligen Kommunion, sagte der Herr: ‚Du sollst von jetzt an den Engel nicht nur sehen, du sollst in ihm sein wie du in mir bist, du sollst mit seinen Augen seine Aufgaben sehen und sollst sie erleiden, du sollst das erleiden, was er, der Engel nicht erleiden kann und so in meiner Liebe jeden Engel mit dem (mit deinem) Menschsein ergänzen (um dies aufzeichnen zu können).' - Und wieder sagte der Herr: ‚Du sollst dies nennen ‚Das dunkle Buch', und nur wer den dunklen Glauben hat und die dunkle Liebe lebt, wird es verstehen... es ist nicht ein Buch der neuen Erkenntnisse, sondern ein Buch des Ersterbens... Du mußt umlernen. Das was dich geborgen hielt in meiner Liebe, das geht von der Kraft der Gott-Menschlichkeit aus, von der Kraft des Brotes, das mein Leib ist. Was dich jetzt fast zerreißt, das ist die Weite, in der die Engel leben und in der sie mich erkennen.'"

Ein anderes Exempel: „Die Vereinigung von Mensch und Engel besteht im Durchziehen des Geistes. Die erste Vereinigung wurde den Engeln von unserem Herrn Jesus Christus gestattet: die Engel durften durch die Schmerzensmutter, nach dem Tod ihres Sohnes, durchziehen in schweigender Ehrfurcht wie durch einen Dom, denn in Maria war die ganze Schöpfung vom Anfang der Zeit bis zum Ende der Zeit in die Passion hereingezogen. Ein Beispiel gab der Herr: In der heiligen Kommunion vom 26.8.50 war der Tagesengel (Rhima) zu erkennen wie ein gläsernes lichtes Haus, ganz weit, aber voll Maß. Der Herr betrat die Seele und damit das Haus und sagte: ‚Bist du hier, Rhima?' Das ganze Haus mit Boden und allen Wänden sagte ganz leise ‚Ja, Herr' und dann, so erschütternd, wie das kein Mensch sagen kann „Domine, non sum dignus'[15]."

Eine dritte Stelle: „In der Nacht vom 27. auf den 28.8. das Dazukommen von menschlichem in das rein geistige Herankommensehen in Form einer anderen Wesenheit als jener der Engel. Erst gegen Morgen war es klar: Maria. Sie ist die andere Wesenheit. Alle Engel sind auf diese Wesenheit seit Maria Himmelfahrt hingeordnet. Sie ist der reinste Menschengeist zum reinen Engelgeist. Sie ist die vollendete geschöpfliche Geistharmonie. ... Sie ist die Erlösung der Menschen durch den Schutzengel, das heißt, der Schutzengel hilft durch Maria,

[14] Auer, Gutachten II, S. 5ff.
[15] Herr, ich bin nicht würdig.

seine Königin, mit an der Erlösung der Menschen in Folge seiner Schützer- und Führeraufgabe, in Folge der Einfühlung und Mütterlichkeit, die ihm durch Maria wird. ...Sie leistet durch den Schutzengel Miterlöserdienst, sie ist durch den Schutzengel immerwährende Magd und Anbeterin der Tiefe."

Genug der Zitate. Schon diese Kostproben machen verständlich, warum „Das dunkle Buch" vom OA wenig verbreitet wird, weil man sicher schon sehr tief in die Enkelwerk-Geheimnisse eingedrungen sein muß, um für solche Texte, an denen ein frommer, konservativer Dogmatiker wie Johann Auer verzweifelte (wie es einem weniger konservativen ergangen wäre, sei dahingestellt), Verständnis aufzubringen.

Insgesamt fällt Auers Gutachten aber vernichtend aus, wobei er unter anderem vor allem wieder das Marienbild des OA, besonders in Bezug auf die Schrift „Die Gemeinschaft der Heiligen", kritisiert[16]: „Was ich schon anläßlich anderer Schriften deutlich gemacht habe, wird die historische Gottesmutter Maria hier im letzten immer mit dem Bild der spätjüdischen schechina schlechthin als geistiger Mittelpunkt der ganzen Schöpfung gesehen. Die historisch-christlichen Aussagen sind nur das Instrumentarium, um dieses Bild für unser christliches Denken sichtbar machen zu können. Maria nimmt darum auch...ihren Anfang als ‚Immaculata' unmittelbar nach dem Sturz der bösen Engel, nicht in ihrer natürlichen Geburt aus Joachim und Anna. Darum gehören zu Maria außer den drei verhüllten Engeln vor dem Throne Gottes, dem Engel des Lebens, des Wortes und der Liebe, die das ganze Leben Mariens begleitenden sieben Schutzengel, die genau mit Namen und Berufsaufgaben vorgestellt werden. Es ist auffällig, daß Maria nicht als ‚Braut des heiligen Geistes', sondern nur Kirche genannt wird (wohl deshalb, weil die Brautschaft des Menschen nur mit dem Engel in der Engelweihe geschieht). Ebenso ist auffällig, daß Maria von den Engeln her, von der ganzen Schöpfung her, vom Bild der Himmelsleiter her, aber nicht ausdrücklich als Mutter Jesu, des Erlösers der Menschheit behandelt wird."

Auer betont schließlich[17], er könne das in seinem Gutachten von 1977 Gesagte „nur noch unterstreichen", und meint: „Für mein oben angeführtes Urteil, daß hinter diesen Lehren auch seelisch krankhafte Erscheinungen auftauchen, könnte ich mich auf zwei bedeutende Alttestamentler berufen, deren Namen ich hier nicht eigens nennen möchte".

Zuletzt liefert Auers Gutachten die erbetene Stellungnahme zu den vorläufigen Konstitutionen des Kreuzordens und empfiehlt folgenden Weg[18]:

„1. Die zuständigen Stellen der heiligen Kirche in Rom werden klar sagen müssen, daß die Engellehre und die damit verbundene Engelfrömmigkeit des O.A., so wie sie in den sieben Engelschriften dieses Werkes erscheint, in ihrer

[16] Auer, Gutachten II, S. 22f.
[17] Auer, Gutachten II, S. 23f.
[18] Auer, Gutachten II, S. 29

Ganzheit als System mit der kirchlichen Engellehre nicht in Einklang zu bringen ist. Hierbei wird die Frage nach den ‚Privatoffenbarungen von Frau Gabriele Bitterlich' ebenso wie das Zusammenwirken von Frau Bitterlich und den ersten Vätern des O.A. (vor allem Herrn Dr. Waitz) sowie das Weltbild dieser neuen Engellehre genau zu untersuchen sein.

2. Dabei muß wohl beachtet werden, daß nicht nur die Engellehre durch deren dualistisches Weltbild (genommen wohl aus der spätjüdischen Engellehre der Qabbala) dem katholischen Denken nicht gerecht wird. Auch andere Grundelemente dieser Lehre, wie die Lehre um Maria, auch die Lehre über das Kreuz oder über die Gnade und Rechtfertigung müssen geklärt werden. Nicht die Vorstellung, wir lebten heute in der letzten apokalyptischen Zeit, darf tragend werden für ein solches Reformwerk. Der Glaube an Christus und seine Erlösung und sein Gnadenwirken allein führen zu Gedanken, die zukuftsträchtig sein können.

3. Hierdurch werden zahlreiche Forderungen und Formulierungen der bisher vorliegenden Vorschläge in der neuen Konstitution tiefgreifende Änderungen erfahren. Nicht die je größere Strenge ist immer Beweis für die je größere Frömmigkeit. Die Notwendigkeit von je zwei hl. Messen pro Tag wird wohl zu überlegen sein.

4. Wenn die katholische Lehre in der Breite, wie sie aus der Schrift zu erheben und in einer großen Tradition schon erhoben worden ist, festgehalten und herausgestellt wird, kann auch die Bedeutung der großen katholischen Engellehre ebenso wie der Sühnegedanken und der anderen großen Forderungen der Seelsorge in unserer Zeit eingebracht werden. Der mir vorgelegene Entwurf der neuen Konstitutionen dürfte, so scheint mir, nicht die letzte Form dieser neuen ‚Reformkonstitutionen' sein."

Auers zweites Gutachten liegt nun schon über zwei Jahre in Rom. Das Ende des neuerlichen Verfahrens bei der Glaubenskongregation hat der emeritierte Regensburger Theologe nicht mehr erlebt. Johann Auer ist am 17. März 1989 gestorben.

Weihbischof Heinrich von Soden-Fraunhofen hat Wesentliches aus den Auer-Gutachten und eigene Eindrücke folgendermaßen zusammengefaßt: „In der Schilderung der Schöpfung und der Engel mit Hunderten von gedeuteten Engelnamen begegnet hier eine geistige Welt, wie sie eindeutig nur in den verschiedenen Richtungen der Kabbalistik zu finden ist, aber in den Schriften des Engelwerks zum Teil dargeboten wird, als ob sie der christlichen Glaubenslehre entspräche.

Alles jedoch, was im Christlichen als freies personales Wort und als Tat erscheint, wird in den Engelwerkschriften als Element einer dynamischen Welt aus Strahlungen, Strömungen und Kraftfeldern vorgestellt. Dahinter steht ein dualistisches Weltbild, wie es aus dem altpersischen Raum über die Qumransekte in das Judentum gelangt ist.

Die Welt erscheint in ihrem apokalyptischen Endkampf als ein Schlachtfeld von großen Mächten und Gewalten, zwischen denen der Mensch in seiner freien Entscheidung steht, aber mittels der Engelweihen selbst wesenhaft Engel wird, um zur Anschauung Gottes zu gelangen.

Hier wird deutlich, daß das Heilswerk Jesu Christi, von dem in den Schriften des Engelwerks zwar geredet wird, aber im Weltbild dort keinen theologischen Platz hat, an den Rand der Glaubenslehre und der Spiritualität gerückt wird."[19]

Wer hat sich nun noch theologisch fundiert mit dem Engelwerk auseinandergesetzt? Wie lauten die häufigsten Einwände gegen die vom OA vertretenen Lehren?

Der niederländische Qumran-Forscher Johannes P.M. van der Ploeg hat die Lehren des Engelwerkes besonders gründlich zerpflückt, indem er auf die Zusammenhänge mit dem persischen Dualismus und mit einer davon beeinflußten jüdischen Sekte hinwies: „Die jüdische Sekte, die zur Zeit Jesu in Qumran am Toten Meer, unweit von Jericho, ihr geistiges Zentrum hatte, ist seit den Funden von Überresten ihrer Handschriften in elf Grotten (ab 1947) in der ganzen Welt bekannt geworden. Sie wird von den meisten Forschern mit der jüdischen Sekte der Essener identifiziert, die in der Zeit Jesu bestand, wovon aber merkwürdigerweise die Evangelien nichts erwähnen. In ihren Grundelementen wird sie wohl im 2. (od. 3.) Jahrhundert vor Christi Geburt entstanden sein. Nach der Zerstörung Jerusalems (70. n. Chr.) war sie jedoch so gut wie spurlos verschwunden."[20]

Van der Ploeg klärt nun darüber auf, wo die Wurzeln dieser Sekte lagen: „Im altpersischen Reich (von Cyrus bis zur Zeit Alexanders des Großen) sind die Juden mit dem persischen Dualismus vertraut geworden, und manche haben sich der Anziehungskraft dieses Systems nicht ganz entziehen können. Ganz allgemein gesagt, enthält dieser Dualismus die Lehre, daß es von Anfang an zwei Armeen von guten und bösen Geistern gegeben habe, die einander unter ihren Führern fortwährend bekämpfen. Am Ende der Zeiten würden die guten Geister unter der Führung Ahura Mazdas den Sieg erringen und die bösen Geister, die unter der Führung Ahrimans, Prinzip des Bösen, kämpften, endgültig überwältigen. Das Licht werde siegen über die Finsternis, das Gute über das Böse, die Wahrheit über die Lüge.

Die jüdische Sekte (oder Gruppe) der Essener, deren geistige Anfänge manche Forscher in Mesopotamien suchen, hat diesen Dualismus in seinen Monotheismus eingebaut. Die guten Geister sind die aus dem Alten Testament wohlbekannten Engel, die bösen die Geister, die die Menschen bedrängen. Und alle sind von Gott geschaffen.

Gott hat nur Gutes geschaffen, und darum waren die bösen Geister einmal

[19] H(einrich von) S(oden-Fraunhofen), Magie und Privatoffenbarungen sind kein gutes Fundament, Münchner Katholische Kirchenzeitung, 1.5.1988, S. 3

[20] van der Ploeg, S. 157

Engel, die durch ihre Sünde zu Dämonen geworden sind. Die Sekte war davon überzeugt, daß sie in der apokalyptischen Endzeit lebte, in der das Los der Menschheit, ja der ganzen Schöpfung, endgültig entschieden wird. In einem gewaltigen Kampf wird Gott die Armee des Lichtes zum Sieg führen, und dann wird alles Böse endgültig seiner Kraft beraubt und unschädlich gemacht. Die Aufgabe der Menschen (lies: der Mitglieder der Sekte) sei es, in der Armee der guten Engel als Hilfstruppen mitzukämpfen und mit ihnen den Endsieg zu erringen. Dann wird das Reich Gottes auf Erden endgültig errichtet.

Die Mitglieder der Sekte nannten sich ‚Söhne des Lichtes', alle anderen, Juden und Heiden, waren für sie ‚Söhne der Finsternis'. Im Kampf stehen die Menschen ganz im Dienste der Geister. Der eigentliche Sinn der Geschichte wird vom Kampf der Geister bestimmt, und an oberster Stelle natürlich von Gott, der den Geistern und Söhnen des Lichtes den Sieg schenkt. Nur Er herrscht uneingeschränkt und souverän."[21]

Die Ähnlichkeit mit der Geisteswelt des Engelwerkes verblüfft. Daß dessen derzeitiger Leiter dem Denken dieser Sekte von Qumran nicht ganz fern steht, zeigt ja sein schon erwähnter Versuch, von Professor van der Ploeg die richtige Aussprache von Dämonennamen nach einer aus Qumran stammenden Liste zu erfahren.

Der profunde Hebräisch-Kenner van der Ploeg zerpflückt aber auch die Engelnamen aus den OA-Schriften[22]: „Was die Namen der Engel betrifft, wird in der Einleitung zu Tagesengel, Teil 1, S. 10-11, gesagt, diese Namen ‚klingen uns fremd'. Das tun sie tatsächlich, man urteile nur: Admisiel, Amraphael, Marchidiel, Aralim Enneth, Pithormim, Onophriel, um nur einige zu nennen. Es wird behauptet, daß diese ‚auf Wunsch der Obrigkeit' (welcher, wird nicht gesagt) in Rom im Jahre 1952 einer Prüfung unterzogen wurden (von welcher Instanz wird wiederum nicht gesagt)[23]. Nach deren Urteil seien die neuen Namen ‚reine hebräische (auch chaldäische) Bildungen'. Jedermann, der Hebräisch kennt, sieht sofort, daß dies eine reine Unwahrheit ist.

‚Tagesengel' gibt zwei Beispiele, die zeigen, daß der Verfasser kein Hebräisch versteht; so soll Sobroniel ‚quellender Brunnen' bedeuten und Essaim, er hält beide Hände (leuchtend) empor'. Das ist reine Phantasie. Aus Sobroniel könnte man höchstens das Element bron (=Brunnen?) herausschälen, aber das ist kein Hebräisch, sondern Deutsch bzw. Niederländisch. Essaim hat mit ‚Hände(n)' nichts zu tun (‚Hände' ist auf Hebräisch yadáim). Ein anderer Name ist Neomeniel, worin man ohne Schwierigkeit das spätlateinische neomenia wiederfindet; in Tagesengel wird es ‚erklärt' als ‚Gewalt des Willens Gottes zum Gesetz', wieder einmal reine Phantasie und kein Hebräisch."

Der schärfste Vorwurf van der Ploegs an das Buch „Tagesengel"(TE) be-

[21] van der Ploeg, S. 157f.
[22] van der Ploeg, S. 162f.
[23] Es kann sich nur um das erste Gutachten von Prof. Claus Schedl CSsR handeln, der damals aber nur die Namen im Monat Jänner des Engel-Kalendariums untersucht hat.

zieht sich darauf, daß dort, wie es die Kabbala bei den Sefirot handhabt, auf Engel Bezeichnungen Gottes angewendet werden: „Man bemerkt, daß manche Engel Namen tragen, die im Alten Testament Gott vorbehalten sind. Es sind Namen von Serafim, also aus dem höchsten Chor der Engel, der Gott am nächsten stehe. Die Serafim seien so sehr ein Bild Gottes, daß nach TE drei Serafim immer ein Serafim und 1 Ser.=3 Ser. ist (!) - ein absurder Gedanke, wohl der schlimmste, der sich in TE (wiederholt) findet. Es gibt Serafim, die Jahwe (sic! der heilige Gottesname des Alten Testamentes, der nur Gott gebührt!), Jah, Elohim, Elyon, Jehowe, Adonai, usw. und sogar Jesu heißen. Sowohl im rabbinischen Judentum wie im Christentum ist es unerhört, daß Geschöpfe - und das sind die Engel - Namen tragen, die in der hl. Schrift ausschließlich Gott vorbehalten sind.“[24]

Bemerkenswert sind die von van der Ploeg aufgezeigten kleinen Unterschiede zur Kabbala. Zum Beispiel war Lechitiel dort ein Dämon, im Engelwerk ist er ein Engel. Umgekehrt verhält es sich mit Malkut, ursprünglich die letzte der zehn Sefirot und auch Name der materiellen Welt. Im Engelwerk-Handbuch ist daraus ein Dämon geworden. Daraus, daß einzelne Namen gegenüber der kabbalistischen Tradition verstümmelt sind, schließt van der Ploeg, daß der oder die Verfasser der einschlägigen OA-Schriften die Namen nicht direkt aus dieser Tradition gekannt hat, sondern nur Quellen beziehungsweise Literatur zweiten oder dritten Ranges zur Verfügung hatte. Van der Ploeg meint aber: „Man muß selbstverständlich bedenken, daß mit Namen von Engeln und Dämonen, die sich in der Kabbala finden, noch kein kabbalistisches System gebildet wird. Das ist in TE (Tagesengel) tatsächlich nicht der Fall. Das System der Kabbala ist gnostisch (oder wenigstens nicht frei von Gnostizismus). Die Engellehre von TE ist eingebaut in den christlichen Schöpfungsglauben und bildet so eine Parallele zur Essenerlehre Qumrans.“[25]

Auch der wissenschaftliche Beirat des Katholischen Bibelwerks Österreichs hat sich mit dem Engelwerk beschäftigt und Ende Oktober 1988 ein warnendes Schreiben an die Österreichische Bischofskonferenz geschickt. Letztere hat dann auch in einem Brief an den Superior von St. Petersberg, Hansjörg Bitterlich, vom Engelwerk die Beachtung von drei Punkten verlangt: erstens möge das Engelwerk die Lehren der Kirche beachten (also ein Parallelwunsch zur Ermahnung der Glaubenskongregation von 1983), zweitens solle es keine Engelweihen vornehmen und drittens sollten aus jenen deutschen Diözesen, die Verbote ausgesprochen hatten, keine Aktivitäten nach Österreich verlegt werden.

Als biblisches Argument gegen übertriebene Engelverehrung wird immer wieder der Kolosserbrief des heiligen Paulus ins Treffen geführt. Der emeritierte Regensburger Bibelwissenschaftler Franz Mußner[26] ging bei seiner auch

[24] van der Ploeg, S. 164

[25] van der Ploeg, S. 164f.

auf der Kenntnis des Handbuches beruhenden Kritik am OA vor allem davon aus: „Man hat bei der kritischen Analyse der Theologie des OA hingewiesen auf das Weltbild des antiken persischen Dualismus, auf die Geisterlehre der Essener, auf die Gnosis, auf die ‚Kabbala' (eine mystische Bewegung des mittelalterlichen Judentums, vgl. zu ihr das gelehrte Werk von G. Scholem, Ursprung und Anfänge der Kabbala. Berlin 1962). Dem Lehrer des Neuen Testaments fällt jedoch als alte Parallele zur Theologie spontan die ‚Kolossische Irrlehre' ein, wie sie im Kolosserbrief zur Sprache gebracht ist. Zunächst der einschlägige Text (Kol 2,6-23):

‚Wie ihr nun Christus Jesus den Herrn angenommen habt, so wandelt in ihm, eingewurzelt und erbaut in ihm und befestigt im Glauben, wie ihr gelehrt seid, überströmend von Dank. Seht zu, daß euch niemand fange durch die Philosophie und leeren Trug nach der Überlieferung der Menschen, nach den Weltelementen und nicht nach Christus. Denn in ihm wohnt die ganze Fülle der Gottheit leibhaftig, und ihr seid in ihm Erfüllte, der das Haupt jeder Macht und Gewalt ist; in ihm wurdet ihr auch beschnitten mit einer Beschneidung, die nicht mit Händen vorgenommen wird, durch das Ausziehen des Fleischesleibes, durch die Beschneidung Christi; mit ihm wurdet ihr auch begraben in der Taufe; in ihm wurdet ihr auch mitauferweckt durch den Glauben an die Kraft Gottes, der ihn von den Toten auferweckt hat. Auch euch, die ihr tot wart in euren Sünden und der Unbeschnittenheit eures Fleisches, euch hat er lebendig gemacht in ihm, der uns alle Übertretungen vergab, der den gegen uns lautenden Schuldschein austilgte, welcher - Kraft der Satzungen - wider uns war; er hat ihn weggenommen, hat ihn ans Kreuz geheftet; der die Mächte und Gewalten entkleidete und sie öffentlich zur Schau stellte, der über sie triumphierte in ihm. So soll nun niemand euch richten betreffs Essen und Trinken oder hinsichtlich eines Festes oder Neumondes oder Sabbaths; das ist nur Schatten des Zukünftigen, der Leib aber ist Christi. Niemand soll euch verdammen, der sich in Dienstbereitschaft und Verehrung der Engel gefällt, wie er sie bei der Weihe geschaut hat, grundlos aufgeblasen, von seinem irdischen Sinn, und der sich nicht an das Haupt hält, von dem her der ganze Leib, durch Sehnen und Bänder versorgt und zusammengehalten, wächst im Wachstum Gottes. Wenn ihr nun mit Christus den Weltelementen abgestorben seid, was wollt ihr euch, als lebtet ihr noch in der Welt, Satzungen auferlegen lassen: Du sollst nicht anfassen, du sollst nicht kosten, du sollst nicht berühren - das ist doch alles zum Verderb und Verbrauch bestimmt! nach Satzungen und Lehren der Menschen? Das hat zwar den Ruf von Weisheit in selbstgewähltem Kult, Dienstbereitschaft gegen den Leib, doch mit Ehre hat das nichts zu tun und dient nur zur Sättigung des Fleisches' (Übersetzung nach E. Lohse, Die Briefe an die Kolosser und an Philemon, Göttingen 1968)."

[26] Franz Mußner, Das Opus Angelorum im Licht des Kolosserbriefs, Anzeiger für die Seelsorge, Heft 1, 1989, S. 14-18

Mußner knüpft nun bei Schlüsselworten dieses Textes an:

„a) ‚Philosophie': damit ist nicht die hohe Philosophie eines Platon oder Aristoteles gemeint, vielmehr ist in Kol 2,8 jenes angeblich auf alter ‚Überlieferung' beruhende Geheimwissen gemeint, das die Irrlehrer anspruchsvoll als ‚Philosophie' deklarieren, das aber für den Apostel ‚leerer Trug' ist und nur auf ‚Überlieferung der Menschen' beruht, nicht auf göttlicher Offenbarung....

b) ‚Weltelemente': in der ‚Philosophie' der Irrlehrer haben die ‚Weltelemente' eine besondere Rolle gespielt. Die Gegenüberstellung mit der göttlichen Person Christus in 2,8 läßt darauf schließen, ‚daß sie als persönliche Mächte vorgestellt werden' (Lehre, recte Lohse), und aus dem weiteren Zusammenhang des Briefes ergibt sich, ‚daß die Weltelemente eben jene dämonischen Gewalten sind, die ihre Zwingherrschaft über den Menschen ausüben wollen (2,10.15)'(ders.)

c) ‚Essen und Trinken': Die Satzungen der Irrlehrer beziehen sich auf bestimmte Speisen und Getränke, deren man sich enthalten muß, vermutlich deshalb, um durch sie nicht unter den Einfluß dämonischer Mächte zu geraten (‚Weltelemente'!). Damit hängen auch die eine magische Weltanschschauung verratenden Tabuvorschriften zusammen: ‚Du sollst nicht anfassen, du sollst nicht kosten, du sollst nicht berühren!'

d) ‚Feste, Neumond, Sabbath': Auch die darauf sich beziehenden ‚Satzungen' der Irrlehrer haben mit den ‚Weltelementen' zu tun, weil diese ‚den Lauf der Sterne lenken und daher auch die Ordnung des Kalenders genau vorschreiben' (Lohse). ‚Weil die Engelmächte über die Ordnung des Kosmos und die Bahnen der Gestirne wachen, müssen die ihnen zugehörigen heiligen Zeiten beachtet und die Satzungen, die in einer Reihe von Tabuvorschriften niedergelegt sind, befolgt werden' (ders.)

e) ‚Dienstbereitschaft und Verehrung der Engel': Mit ‚Dienstbereitschaft' ist nicht die christliche Demut gemeint, von der in 3,12 die Rede ist, ‚vielmehr die Erfüllung bestimmter kultischer Vorschriften', also jene willige ‚Dienstbereitschaft', ‚mit der man die kultischen Forderungen erfüllt' (Lohse), die mit der ‚Verehrung der Engel' zusammenhängen, die mächtigen Einfluß auf den ganzen Kosmos und das Verhalten der Menschen ausüben und die mit einem besonderen Kult verehrt werden müssen, um den entgegengesetzten Einfluß der Dämonen abzuwehren. Der sich an ‚Verehrung der Engel' anschließende Relativsatz ist in der Übersetzung kontrovers: Lohse übersetzt: ‚wie er sie bei der Weihe geschaut hat'; J. Gnilka (Der Kolosserbrief, Freiburg/Basel/Wien 1980, 150): ‚Was er beim Eintreten geschaut hat', wobei er die ‚Schau' mit dem Initiationsritus, der Weiheeinführung, verbinden möchte. ‚Dies könnte man sich nach Art der Mysterien so vorstellen, daß dem Initianden ein Bild gezeigt wurde, das ihm die kosmischen Zusammenhänge erschließen und verdeutlichen sollte.' Wieder andere denken an visionäre Erlebnisse (Privat-offenbarungen)." Ganz konkret spricht Mußner jene Begriffe an, die im OA bei der Bezeichnung von Engelchören verwendet werden:

„Christus hat uns befreit ‚aus der Gewalt der Finsternis und versetzt in den Herrschaftsbereich seines geliebten Sohnes, in dem wir die Erlösung haben, die Vergebung der Sünden... denn in ihm wurde alles geschaffen in den Himmeln und auf Erden, das Sichtbare und das Unsichtbare, Throne, Herrschaften, Mächte, Gewalten, alles ist durch ihn und auf ihn hin geschaffen' (Kol 1, 13.14.16). Es handelt sich bei den ‚Thronen, Herrschaften, Mächten, Gewalten', um kosmische Potenzen, Schicksalsmächte, die ihre Macht über Menschen und Welt aufzurichten trachten' (Gnilka). Christus ist ihr ‚Haupt'; Gott hat sie durch Christus entmächtigt. Deshalb kommt es ‚für den Christen darauf an zu begreifen, daß Christus ihr Herr ist und sie ihm nichts anhaben können' (ders.). Er ist der Kosmokrator, dem seit seinem Tod und seiner Auferstehung alle Engel- und Dämonenmächte unterworfen sind.

Deshalb ist eine ‚Verehrung der Engel', erschaut von den Eingeweihten, wie sie von den kolossischen Irrlehrern unter Hintansetzung Christi gefordert wurde, für die Gewinnung des Heils nicht notwendig, auch wenn das OA in seiner ‚Aufgeblasenheit' sie heute wieder fordert. Man braucht nur das ‚Handbuch' durchzuarbeiten, dann sieht man sofort, daß der Engelkult unter Berufung auf Privatoffenbarungen an Frau Gabriele Bitterlich bei weitem den Vorrang vor dem Christuskult hat, auch wenn die Mitglieder des OA den eucharistischen Kult sehr pflegen, der aber auch mit einem besonderen Engelkult verbunden wird."

Mußners Resümee: „Die ‚kolossische Irrlehre' aktualisiert sich in frappierender Weise in der Engel- und Dämonenlehre des OA... Was manifestiert sich eigentlich in der Theologie des OA? Was steht im Hintergrund? Ich möchte kurz antworten:

- Angst angesichts der gegenwärtigen Weltkrisen.
- Der uralte Drang nach Mehrwissen (als in der Heiligen Schrift geoffenbart ist).
- Streben nach Geheimlehren zur Heilsgewinnung, verbunden mit Einweihungsstufen, wie sie auch das OA kennt.
- Der Versuch, die ‚Welträtsel' mit Hilfe einer dualistischen Weltanschauung zu lösen (Engel vs. Dämonen).
- Magie, mit deren Hilfe man Engel und Dämonen ‚beschwören' kann, weil man ihre Namen und Symbolzahlen kennt.
- Mangelndes Vertrauen zum Pantokrator Christus."

Auch der weltberühmte Moraltheologe aus dem Redemptoristenorden, P. Bernhard Häring, nahm bei einer Diskussion am 12. September 1988 in Gars am Inn deutlich gegen das Opus Angelorum Stellung[27]:

„Häring erinnerte an die Zwietracht, die das Engelwerk in manche Ordensgemeinschaft getragen habe. Er sprach von Manipulation und von der Verbreitung von Angst. Für ihn ist das Engelwerk geradezu identisch mit der Ge-

[27] Münchener Katholische Kirchenzeitung, 25.9.1988, S.24

fährdung der seelischen Gesundheit. Und am schlimmsten an der ganzen Geschichte: daß man damit Menschen in große Ängste versetze.

Schließlich sei das Wort Gottes, so Häring, nicht Engel geworden, sondern Mensch geworden. Auch müsse man nicht zum Engelwerk gehen, um die Engel in rechter Weise zu verehren. Wenn Leute sagten, daß die Engel bei jeder Handkommunion weinten, dann hätten sie schon beim letzten Abendmahl weinen müssen. Nein, sagt Häring, ‚Engel können nicht weinen'."

Häring hat auch als Verfasser eines eigenen Beitrages klar Stellung gegen das Engelwerk genommen und darin die Maßnahmen, die der „sicher zu Milde neigende Kardinal Wetter" getroffen hat, verteidigt: „Schon der Kolosserbrief (2,8-23) hat gegen unnütze Spekulationen und Geheimwissen über Elementarmächte gewarnt. Und die ersten christlichen Jahrhunderte sind gekennzeichnet von heftiger Zurückweisung jener Strömungen, die glaubten, ein Geheimwissen für Eingeweihte zu besitzen.

Es ging immer wieder um unnütze Spekulationen über die Engelchöre und den Kampf von Engelmächten, Spekulationen, die dem gesunden Glauben widersprachen und die einzigartige Rolle Christi und die Macht der Gnade Gottes verdunkelten...

Ich habe mich durch das geheimgehaltene Gebetsgut (alles ohne kirchliche Druckerlaubnis) überzeugen müssen, daß es zu unwürdigen und lächerlichen Gebeten kommt, wie zum Beispiel zum täglich zu verrichtenden Gebet, Gott möge auch den Schutzengel zur Kommunion zulassen. Dies steht auch im Zusammenhang mit der Ermunterung, täglich öfter die Kommunion als ‚Sühnekommunion' zu empfangen. Der Sühnegedanke, ja Sühnezwang verdunkelt das wahre Gottesbild und die überreiche Erlösung in Christus. In der gleichen Richtung liegt die Ablehnung der Konzelebration mit einer rein zahlenmäßigen Wertung der Meßfeiern durch den einzelnen Priester und ihren Sühnewert."[28]

Das von Häring angesprochene Gebet lautet: „Mein Gott und mein Erlöser! Wenn es Deinem Willen entspricht, so laß, ich bitte Dich, auch meinen heiligen Engel teilhaben an dem Hochfest der Liebe, das Du mir bereiten willst! Lasse ihn durch mich eindringen in meine ganze Umgebung und überall Dein Königtum aufrichten, das Königtum der Liebe! Amen.

Herr, laß das Senfkorn aufgehen, das Du durch Deine Engel in unsere Erde gesenkt hast - zu Deiner Ehre, nach Deinem Willen und in Deiner Liebe! Amen."[29]

[28] Bernhard Häring, Reserviert gegen das Engelwerk, Rupertusblatt, Salzburg, 19.11.1989, S. 8 (vorher unter dem Titel „Geheimwissen und Glaube sind unverträglich" in: Münchener Katholische Kirchenzeitung, 15.1.1989)

[29] Zitiert nach: Heinrich von Soden-Fraunhofen, Das Engelwerk, Manuskript, Freising, 24.6.1988

IX DAS ENGELWERK IN DER DEFENSIVE

Schriften und Gutachten im Dienste des OA

A) Die Argumentation vor der Glaubenskongregation

Die von Prof. Auer angekreidete „Geheimnistuerei“ ist in Wirklichkeit die schlichte Forderung, mit Privatoffenbarungen keine unangebrachte Publizität zu machen. Aus dem Engelwerk hätte man ohne diese Diskretion fünf Damiano und zehn Garabandal[1] *machen können.*

GEORG BLASKÓ[2]

Daß die Spiritualität des Engelwerkes von Anfang an nicht nur auf Beifall stieß, ist bekannt und im Grunde bei neuen geistlichen Bewegungen nichts Ungewöhnliches. Ernsthafte Kritik regte sich aber erst spät, nämlich ab den siebziger Jahren. Da wurden größere OA-bedingte Spannungen in Ordensgemeinschaften offenbar, da rückten der Innsbrucker Bischof Paul Rusch und der Regensburger Oberhirte Rudolf Graber deutlich vom OA ab, da begann auch Weihbischof Heinrich von Soden-Fraunhofen mit seinen Engelwerk-Recherchen. Schließlich rief die Deutsche Bischofskonferenz die Glaubenskongregation an und legte das erste Gutachten von Prof. Johann Auer - vom 6. November 1977 - bei.

Das Engelwerk nahm bis dahin alle Vorwürfe anscheinend eher auf die leichte Schulter. Gegenmaßnahmen bestanden nur in mehr oder minder auführlichen Briefen an die Kritiker. Zu Ostern 1977 kam der erste, noch sehr dünne, von bisher vier eher allgemeinen „Informationsbriefen“ heraus, die aber auch nicht als Information für die breite Öffentlichkeit zu verstehen sind, sondern eher die Absicht erkennen lassen, den eigenen Sympathisantenkreis bei der Stange zu halten und den Leuten eventuell gekommene Bedenken zu nehmen.

Vom deutschen Vorstoß in Rom dürfte das Engelwerk erst Ende 1978 erfahren haben. Erst Anfang 1979 setzte sich P. Louis Attems brieflich mit Prof. Auer in Verbindung, und erst am 26. April 1979 nahm Georg Blaskó zu Auers Gutachten Stellung, wobei er in vorwurfsvollem Ton schloß:

„Die von Prof. Auer angekreidete ‚Geheimnistuerei‘ ist in Wirklichkeit die schlichte Forderung, mit Privatoffenbarungen keine unangebrachte Publizität zu machen. Aus dem Engelwerk hätte man ohne diese Diskretion fünf Damiano und zehn Garabandal machen können.

[1] Die hier genannten Orte sind in den letzten Jahrzehnten durch Privatoffenbarungen bekannt geworden.

[2] Georg Blaskó, Stellungnahme, Silz, 26.4.1979 (Opus Sanctorum Angelorum, 4. Informationsbrief, Rom 1988, Das Verfahren bei der Kongregation für Glaubenslehre)

Der zuständigen kirchlichen Autorität gegenüber bemühten sich die Priester des Engelwerkes immer der Offenheit: Rom war durch P. Löw CSsR von Anfang an umfassend informiert. Daß Prof. Auer Unterlagen in die Hände bekam, die keineswegs veröffentlicht sind oder veröffentlicht werden sollten, ist ein Ergebnis unserer Offenheit seinem Auftraggeber gegenüber. Es ist aber schmerzlich, feststellen zu müssen, daß das Gutachten von Prof. Auer geheim gefertigt und dem Engelwerk nicht zur Stellungnahme zugeleitet wurde, wie eine faire Prozeßordnung dies verlangen würde."

Worauf konnte sich nun das Engelwerk, als es ab 1977 in die Defensive gedrängt wurde, stützen?

Fest steht, daß P. Joseph Löw CSsR von der römischen Ritenkongregation frühe Schriften kannte, daß sich das vatikanische Staatssekretariat 1951 namens des Papstes für ein „Engelbuch" bedankte und Mitte der siebziger Jahre der damalige Präfekt der Glaubenskongregation, Kardinal Franjo Šeper, auf Wunsch von Bischof Paul Rusch mit dem zweibändigen Werk „Tagesengel" bedacht wurde, wobei Šeper - wie schon dargestellt - den Eindruck hatte, die Bücher seien nur zu seiner persönlichen Information und nicht für die Kongregation bestimmt. Sicher kannten dieses Werk auch jene südamerikanischen Bischöfe, die dafür eine kirchliche Druckerlaubnis erteilten.

Die vom OA oft erwähnte „Überprüfung" durch den Grazer Theologen Claus Schedl im Jahre 1952 befaßte sich nur mit den im Monat Jänner verzeichneten Namen des Engel-Kalendariums, klassifizierte mit einer Ausnahme (St. Nicael am 7. Jänner) alle Namen als hebräisch und wies auf Mängel bei der Transkription der Zischlaute hin. Sein abschließendes Urteil lautete: „Die Namen des Engelbuches sind demnach klare hebräische Bildungen. Meist fassen sie thema-artig zusammen, was unter dem betreffenden Tag näher ausgeführt wird. - Der hebräische Name wird vielfach wörtlich übersetzt; vielfach aber nur sinngemäß wiedergegeben. Wer solche Namen selbständig bildet, muß über ein hebräisches Sprachgefühl verfügen; zumindest scheint die Deutung der Namen gründliche hebräische Sprachkenntnisse vorauszusetzen."[3]

Schedl, auf den man sich im OA immer wieder beruft, berichtet selbst: „Etwa 20 Jahre später, als mir die Schriften des OA verfügbar waren, wurde mir eine neue Untersuchung der Engelnamen nahegelegt. Inzwischen konnte ich mich intensiv mit der altjüdischen Mystik und Kabbalah beschäftigen. Die Untersuchung der ‚72 Engelnamen' ergab als nüchternes philologisches Resultat, daß sowohl in den Engelnamen wie auch im Aufbau der Engelhierarchie Gemeinsamkeiten, aber auch Unterschiede zwischen der altjüdischen Engels-Mystik und der des Engelwerkes bestehen."[4]

Die Schedl-Studie „72 Engelnamen" von 1973 mit ihren für den Laien schwer

[3] Claus Schedl, Über die Engelnamen, Manuskript, Rom, 29.2.1952 (4. OA-Informationsbrief, Das Verfahren bei der Kongregation für Glaubenslehre)

[4] Claus Schedl, „Résumé" über die Theologie des Engelwerkes, Graz, 20.8.1979, S. 2 (4. OA-Informationsbrief, Das Verfahren bei der Kongregation für Glaubenslehre)

nachvollziehbaren Sprachbetrachtungen und Zahlenspielereien kommt über das Werk „Tagesengel" zu folgenden wohlwollenden Schlüssen:

„a) Wie die Untersuchung der Namen zeigt, kommt man wohl nicht darum herum, hier jüdisch-mystisches Erbe anzunehmen. Nicht bloß der Gesamtaufriß, sondern sogar die Namen der großen Engel sind mit den aus dem jüdischen Schrifttum bekannten Engelnamen identisch.

b) Doch wie bei Dionysius bricht auf jeder Seite die christliche Deutung durch. Gott wird trinitarisch geschaut und sein dreifacher Lichtstrahl in jedem Wesen neu entdeckt. Ferner ist alles ausgerichtet auf das Werk der Erlösung, die in der Menschwerdung des Sohnes Gottes und in seiner Geburt aus Maria der Jungfrau ihr Ziel erreicht. Nicht von ungefähr ist es, daß der Thron Mariens mitten unter den Thronen der Engel aufgerichtet wird. Das Engel-System ist demnach katholisch geordnet! Das Buch ruft zur Bekehrung, zur inneren Umwandlung und zu vertieftem Glauben.

c) Wenn man die Sprache der Tagesmeditationen rein literarisch bewertet, muß man sagen, daß hoch dichterische Sprache vorliegt. Wer um die Bedeutung der hebräischen Namen weiß, wird entdecken, daß die Tagesmeditation eine Ausfaltung eben dieses Namens ist, manchmal ganz klar, manchmal verhüllter. Wer weiters die jüdische Engelsmystik kennt, ist von seinem wissenschaftlichen Gewissen aus geradezu gezwungen, die Frage nach der literarischen Abhängigkeit zu stellen. Denn auch in der jüdischen Mystik sind Menschengedanken mit Gottesgedanken verbunden. Daß die Tagesengel dem alten liturgischen Kalender folgen, entspricht wohl frommer menschlicher Meditation, die bei geändertem Kalender anders ausfallen dürfte."[5]

In den Schluß-Postulaten dieser Studie schlägt Schedl aber auch kritische Töne an: „Bei der Heiligen Schrift weiß man, daß Gott der Sprecher ist; bei Privatoffenbarungen muß man als advocatus diaboli zuerst wohl alle menschlichen Voraussetzungen klar herausstellen, um nicht etwas als göttliche Offenbarung anzusprechen, was aus den Tiefen der menschlichen Psyche erklärt werden kann. Unsere Untersuchungen dürften gezeigt haben, daß das Engelbuch nicht zur Gänze als reine Inspiration aufgefaßt werden kann. Es lassen sich zu viele Querverbindungen mit der vorausgehenden Engelsmystik feststellen. Es müssen daher einige radikale Forderungen aufgestellt werden; denn es muß endgültig und unanfechtbar geklärt werden:

1) Ob nicht literarische Beeinflussung vorliegt?

Unsere Untersuchungen weisen auf die Spur der jüdischen Mystik. Hat NN solche Bücher gelesen? Stand sie in Kontakt mit Menschen, die in diesem Kreis beheimatet waren? Gab es Bücher im Haus über antike Astronomie und Astrologie?

[5] Claus Schedl, Über 72 Engelnamen, Graz, 2.7.1973, S. 43f. (4. OA-Informationsbrief, Weitere Gutachten)

2) Ob die Schilderung der Engelsgestalten nicht eher malerischer Begabung als göttlicher Engebung zuzuschreiben ist?

Daher wären die Bilder, die R.B.[6] gemalt hat, alle zu sammeln und zu untersuchen; denn bei ihr nimmt man doch keine mystische Begabung an.

3) Ob nicht parapsychische Veranlagung vorliegt?

Eine sehr harte Frage!! Ein Diktat ‚Schreibe!' mit Engelserscheinungen kann man in den Krankengeschichten der Psychiatrie nachlesen.

4) Ob für die Engelverehrung nicht die Heilige Schrift genügt!

Da doch das neue Engelgebäude allzustark mit dem System antiker und sogar indischer Gnosis verbunden ist! Der religiöse Impuls der Tagesbetrachtungen geht ja vielmehr von den Tagesheiligen und vom Festmysterium aus; in den Engel-Schilderungen wiederholen sich doch immer wieder die gleichen malerischen und dichterischen Bilder, teilweise in verwirrender Farbenpracht."[7]

Nach einem Ersuchen von Dr. Walter Waitz vom 23. Jänner 1979 setzte sich Schedl kurz mit dem Auer-Gutachten von 1977 auseinander und stellte fest, daß Auer zu ähnlichen Ergebnissen gekommen war: „Wenn nun zwei von einander nichts wissende und daher unabhängig arbeitende Wissenschafter zum gleichen Ergebnis kommen, daß nämlich in den Schriften des Engelwerkes so etwas wie eine cabbalah rediviva vorliegt, ist dies u.E. für das Engelwerk kein Grund zum Erschrecken (den Wissenschaftern geht es nicht um eine ‚Anklageschrift') und für die Hierarchie noch lange kein Anlaß, durch disciplinäre Verordnungen einzuschreiten."[8]

Schedls Fazit lautet: „1) Rat des Gamaliel: „Wenn dieses ... opus (érgon) von Menschen stammt, wird es sich (von selbst) auflösen ... Wenn aber von Gott, könnt ihr es nicht auflösen (Apg 5, 38/39).

2) Sprachregelung: Die Bezeichnung Kabbalah oder kabbalistisch wird in der Diskussion u.E. zu einseitig, und zwar zu negativ verwendet. Gerade die Forschungen von G. Scholem haben erwiesen, daß die Engel- und Gottesthron-Mystik, die man gemeinhin mit Kabbalah bezeichnet, ihre Wurzeln nicht erst im Mittelalter, sondern bereits in der Gründerzeit des Judentums zwischen 70 und 135 n.Chr. hat, und auf die Vision des Propheten Ezechiel zurückgeht. Beim Hören des Wortes ‚Kabbalah' denkt man vielfach an ein bizarres, phantastisches System, das eben wegen seiner Phantasterei abgelehnt werden muß. Doch hinter dem Wort ‚Kabbalah', das auf Deutsch einfachhin ‚Überlieferung, Tradition' bedeutet, verbirgt sich die Überlieferung biblischer und altjüdischer Mystik. Wenn man also etwas als ‚kabbalistisch' bezeichnet, ist dies noch lange kein negatives Urteil, sondern ein Hinweis auf Gemeinsamkeiten mit der traditionellen jüdischen Gottesthron- und Engels-Mystik, die zum Großteil auch vom Islam übernommen wurde.

[6] Roswitha Bitterlich

[7] Schedl, 72 Engelnamen, 1973, S. 45f. (4. OA-Informationsbrief)

[8] Schedl, Résumé, 1979, S. 2 (4. OA-Informationsbrief)

3) Christliche Kabbalah: Die Übernahme der altjüdischen Mystik durch das Christentum ist noch zu wenig untersucht. Die Ausgrabungen in Dominus flevit auf dem Ölberg sowie in Nazareth bezeugen für die Zeit um 100 n.Chr. das Vorhandensein der Engelsverehrung und auch der Zahlensymbolik. - Im Mittelalter soll der hl. Raimundus Lullus, durch den Islam angeregt, die jüdische Kabbalah übernommen haben. Den Durchbruch und die Übersetzung ins Christliche brachten die verschiedenen Werke des Pico von Mirandola, des großen Humanisten von Florenz um 1490. Gerade mit Hilfe des ‚kabbalistischen Systems' sei es ihm gelungen, das Mysterium der Trinität und der Inkarnation im Gegensatz zum scholastischen Rationalismus neu zu beleuchten. Der Kirchenlehrer hl. Alphonsus hatte keine Bedenken, Pico von Mirandola oftmals in seinen Werken zu zitieren. Es gab daher eine sehr stark ausgeprägte christliche ‚Kabbalah', deren Weiterwirken bis auf unsere Zeit noch nicht untersucht wurde, aber der näheren Untersuchung wert wäre. Von den Thesen Pico's wurden zwar einige vom kirchlichen Lehramt verworfen, nicht aber die, welche die Engelsmystik betreffen.

4) Privatoffenbarungen: Zum Wiederaufleben der Gottesthron- und Engelsmystik können Privatoffenbarungen zwar einen Anstoß geben, sie selbst sind an sich nicht notwendig. So spielten etwa bei der Gründung des Redemptoristen-Ordens die Visionen der Schwester Crostarosa eine gewisse Rolle, - sie selbst trat aber bei der Formung des Ordens vollkommen in den Hintergrund. Das gleiche könnte auch für das Opus Angelorum gelten. Die in den Schriften des OA faßbare Gottesthron- und Engels-Mystik ist in ihrem Grundentwurf nicht neu. Man könnte sogar sagen, daß sie in der Tradition der christlichen ‚Kabbalah' steht.

5) Via media: In den Schriften des OA, vor allem bei den Tagesengeln, könnte man vieles als überschwengliche ‚Dichtung' bezeichnen; doch dasselbe Wort ‚Dichtung' könnte man für einseitig rationalistische Bibelkommentare verwenden, denen das Gespür für die größeren Möglichkeiten Gottes und der Engel verloren gegangen ist. Doch eine gesunde, ‚christliche Kabbalah', worunter wir vor allem Gottesthron- und Engels-Mystik verstehen, wäre geradezu eine von der Vorsehung geschickte Korrektur sowohl des einseitigen theologischen Rationalismus als auch andererseits des da und dort aufbrechenden Schwärmertums."[9]

Der schon mehrfach genannte niederländische Alttestamentler Johannes van der Ploeg hält Blaskós Berufung auf Schedl für ein schwaches Argument: „Er zitiert zu seinen Gunsten den vor kurzem verstorbenen Prof. Claus Schedl CSsR, bekannt wegen seiner - fast von keinem Alttestamentler ernst genommenen - Zahlenkünste in der Auslegung bestimmter Bücher des Alten Testaments (er arbeitete besonders mit der Zahl Sieben, wie auch die mir bekannten

[9] Ebendort, S. 2 ff. (4. OA-Informationsbrief)

Schriften des EW). Dieses argumentum ex auctoritate könnte kaum schwächer sein."[10]

Das OA stützte sich aber vor der Glaubenskongregation keineswegs nur auf Claus Schedl. Nicht im 3. Informationsbrief vom 1. Dezember 1986, wohl aber im bemerkenswert umfangreichen 4. Informationsbrief vom 6. Mai 1988 wurden aufschlußreiche Unterlagen über die Prüfung des Engelwerkes durch die römische Glaubenskongregation zwischen 1977 und 1983 publiziert. Fest steht, daß der damalige Sekretär dieser Kongregation, Jean Jérome Hamer, am 14. Jänner 1980 - auf Schreiben des OA vom 18. Juli und 5. September des Vorjahres Bezug nehmend - Dr. Georg Blaskó brieflich zu einer Aussprache eingeladen hat, an der neben Vertretern der Kongregation zwei bis drei OA-Sprecher teilnehmen sollten. Am 31. Jänner - inzwischen war als Termin dieses Gesprächs der 27. Februar 1980, 17 Uhr, anberaumt worden - wurden Blaskó die fünf Gesprächspunkte übermittelt[11]:

1. Der Gebrauch der Engelnamen.
2. Die Engellehre in den Büchern und Schriften des Opus Angelorum.
3. Der Begriff ‚Unio des Menschen mit dem Engel'.
4. Die Weiheformeln.
5. Das Schweigeversprechen.

Wie weit das vom OA erstellte „Pro memoria" vom 10. Mai 1982, das Gespräche mit der Glaubenskongregation (dort SC=Sacra Congregatio abgekürzt) vom 27. Februar 1980 und vom 22. April 1982 rekapituliert, den Tatsachen entspricht, sei dahingestellt, auf jeden Fall ist es interessant, die darin vom OA vertretene Haltung zu den einzelnen Gesprächspunkten festzuhalten.

Zu Punkt 1 habe die Kongregation keinen Verstoß gegen das Depositum Fidei entdeckt, aber Ungehorsam gegen das Konzil von Laodicäa und die Praxis der Glaubenskongregation festgestellt. Die Antwort des OA:

„a) Dieses Verbot ist uns erst Jahre später bekanntgeworden. Nach Überprüfung der vorgelegten Unterlagen kamen wir zu dem Ergebnis, daß es nur die öffentliche kultische Verehrung (wie Engeldarstellungen mit diesen Namen in öffentlichen Kirchen), jedoch nicht die private Anrufung betraf. Ein öffentlicher Kult der heiligen Engel unter diesen Namen fand unter Verantwortung der Leitung des OA nie statt.[12]

b) Wir waren und sind der Meinung, daß das Verbot des Gebrauchs der

[10] Johannes P.M. van der Ploeg O.P., Eine jüdische Sekte und ihr christliches Echo, Una-Voce-Korrespondenz, Mai/Juni 1988, S. 171

[11] 4. OA-Informationsbrief, Das Verfahren bei der Kongregation für Glaubenslehre, S. 39 (italienisch S. 43)

[12] Das klingt fast so, als ob das Engelwerk einen Engelkult mit Namen in seinen nicht öffentlich zugänglichen Gebetsstätten als erlaubt betrachtet(e) und ein solcher Kult unter Verantwortung einzelner OA-Priester (wenn auch nicht der Leiter des Werkes) möglicherweise auch öffentlich stattfand.

Engelnamen - außer den drei biblischen - nicht doktrinärer, sondern nur disziplinärer Natur ist.

c) Die ganzen Umstände sind jetzt ganz anders als damals, da die Verbote ergingen. Damals ging es um Erneuerungen alter, zum Teil irrtümlicher Auffassungen, vielfach im Ungehorsam gegenüber der hl. Kirche. Jetzt aber geht es um ein Charisma, um ein freies Gnadengeschenk Gottes, das sich von Anfang an in vollem Gehorsam der Leitung und Führung durch die hl. Kirche unterwarf.

d) Der Gebrauch der Engelnamen wurde damals verboten, weil darin jeder Bezug auf die Christologie und Mariologie fehlte, ebenso auf die Ekklesiologie und Sakramentologie. Deshalb spricht das Konzil von Laodizäa ‚von einer Art der Engelverehrung, daß dadurch der Herr verlassen wird'. Gerade die christologische Ausrichtung zu den genannten Punkten ist aber in den Schriften des OA auf eine ursprüngliche und der Frömmigkeit förderliche Weise gegeben.

e) Im Bereiche mancher orientalischer Kirchen werden auch die nicht-biblischen Engelnamen heiliggehalten. Die Aufrechterhaltung des Verbotes würde das ökumenische Gespräch mit diesen Kirchen erschweren.

f) Ein Teil der in den Schriften des OA enthaltenen Engelnamen findet sich auch im Buch Henoch. Dieses Buch ist zweifellos apokryph: Es enthält auch Annehmbares, und schließlich wird auch im Judasbrief[13] einiges davon erwähnt.

g) Die Engelpräfation des Neuen Meßbuches sagt, daß es zum Lobe Gottes beiträgt, wenn die Engel verehrt werden. Nun trägt aber die Kenntnis der einzelnen Engel sehr zur Förderung dieser Verehrung bei."[14]

Zu Punkt 2 lautete der Vorwurf, daß die Schriften des OA manches mit den Lehren der Kabbala und Gnosis gemeinsam hätten. Darauf erwiderte man seitens des Engelwerkes: „Gewisse Gemeinsamkeiten mit der jüdischen religiösen Überlieferung bestehen unbestritten. Sie betreffen aber nicht die irrtümlichen Auffassungen, die auch in der Überlieferung der jüdischen Mystik und in der Gnosis zu finden sind."[15]

Die „heilige Unio", die Einswerdung (Punkt 3), wurde besonders eingehend diskutiert. Das Engelwerk mußte erklären, wo es im Geheimnis der Eucharistie einen Zusammenhang mit den heiligen Engeln sieht und inwiefern die Engel an der Passio Jesu teilnehmen:

„a) Eine Beziehung ist erkennbar durch das Geheimnis des Corpus Christi

[13] Judasbrief 14-15: „Es hat aber auch für diese Henoch, der siebte von Adam her, geweissagt, als er sprach: ‚Siehe es kommt der Herr mit seinen heiligen Zehntausenden, um Gericht zu halten über alle und um alle Gottlosen wegen all ihrer Werke der Gottlosigkeit zu strafen, die sie gottlos verübten, und wegen all der Lästerworte, die gottlose Sünder wider ihn geredet haben.'"

[14] 4. OA-Informationsbrief, Das Verfahren bei der Kongregation für Glaubenslehre, S. 47f.

[15] Ebendort, S. 48

Mysticum. Das OA sieht in der hl. Kommunion ein Einswerden mit dem ganzen Christus, d.h. mit dem Herrn nicht nur als Einzelperson, sondern als Haupt Seines Mystischen Leibes[16]. Es ist eine Lehre der Kirche, daß auch die Engel Glieder des Mystischen Leibes Christi sind... Der Mystische Leib Christi hat an der Passion des Herrn Anteil (vgl. Lumen Gentium 7, 5), jedoch jedes der Glieder des Mystischen Leibes auf verschiedene Weise. Die Teilnahme der hl. Engel an der Passion des Herrn ist ,suo modo et servata analogia' zu verstehen. Wir stellen nochmals fest, daß wir nichts behaupten möchten, was im Gegensatz zur rein geistigen Natur oder beseligenden Gottesschau des Engels stünde. Es handelt sich um die Teilnahme an der Passio Domini durch die Einheit des Mystischen Leibes...

b) Ein weiterer Gesichtspunkt ist es, Christus als Haupt der ganzen Schöpfung zu sehen. ,Um sie in der Fülle der Zeiten zu bewirken: den Plan, alles in Christus zu vereinen, was im Himmel und auf der Erde ist' (Epheser 1,10; vgl. Epheser 1,20-23; Kolosser 1,15-18; Lumen Gentium, 7; Gaudium et Spes, 45). Der angesehene ostdeutsche Theologe Johannes Pinsk (Die sakramentale Welt, S. 32-35) beschreibt sie folgend: ,Auch die Engelwelt, die ja zum geschöpflichen Kosmos gehört, ist in Christus erneuert worden. Nicht ohne Grund werden daher im Kolosserbrief mehrere Präpositionen (durch, für, in) verwendet und alle Reiche des Seins umständlich aufgezählt; es soll dadurch die völlige Verbundenheit des gesamten Kosmos mit Christus gezeigt werden. Die stärkste Formulierung ist wohl die, daß der Kosmos ,in Christus seinen Bestand hat'. Das hier entstehende Verhältnis der Schöpfung zu Gott geht über die durch den bloßen Schöpfungsakt begründete Analogia entis weit hinaus.

c) Die Einswerdung kann gesehen werden als das Kommen Jesu in der hl. Kommunion zum Kommunikanten, jedoch ohne daß Er Seine Herrlichkeit ablegen und Seine Gefolgschaft (corteo) zurücklassen würde. Vielmehr kommt Er von Seiner Herrlichkeit bekleidet und umgeben von Seinem Hofstaat.

d) Man kann auch an eine eucharistische Auslegung der Rede des Herrn denken: ,Wenn der Menschensohn in Seiner Herrlichkeit mit Seinen Engeln kommen wird' (Mt 25,31)."[17]

Bezüglich der Weihen im Engelwerk (Punkt 4) betont das OA, es handle „sich nicht um eine ,consecratio constitutiva', sondern um eine ,consecratio votiva' derselben Art wie die Weihe an das Heiligste Herz Jesu oder an das Unbefleckte Herz Mariae". Daran anschließend heißt es im „Pro Memoria": „OA stellt fest, daß hierbei die Mitwirkung der kirchlichen Binde- und Lösegewalt sich auf die Bestätigung der Weiheformel beschränkt.

SC stellt die Frage, ob die Voraussetzung für die Ablegung der Weihe die

[16] Das OA führte später in diesem Zusammenhang wiederholt das Buch „L'Eglise du Verbe Incarné" von Kardinal Journet an und erwähnte, daß es von einem Mitglied der Glaubenskongregation auf dieses Buch hingewiesen worden sei.

[17] 4. OA-Informationsbrief, Das Verfahren bei der Kongregation für Glaubenslehre, S. 48ff.

Kenntnis einer Geheimwissenschaft oder einer Gnosis sei, sodaß die Weihen einen gnostischen Initiationsvorgang darstellen.

Das OA verneint dies entschieden[18]. Vielmehr ist die wesentliche Voraussetzung die sittliche und persönliche Disposition des Weihekandidaten. So ist es möglich, daß ein Kranker, der seine Leiden für die Rettung der Priester aufopfert, mit der Sühneweihe den Zugang zum Werk findet. SC ergänzt: Oder ein Priester, der im Kampf steht und die Engelweihe ablegt.

OA: Im Text der Engelweihe müßte man den Ausdruck ‚an den Engel' richtigstellen, um zu vermeiden, daß es im Sinn einer Weihe an einen bestimmten, nur durch die Schriften bekannten Engel aufgefaßt wird. Die Weihe an einen einzelnen bestimmten Engel würde deshalb das Wissen über die einzelnen Engel voraussetzen. Die Engelweihe ist jedoch eine Weihe an alle heiligen Engel und setzt besondere Kenntnisse aus den Schriften nicht voraus...

Zum Text der Sühneweihe stellt die SC die Frage, ob hier derjenige, der die Weihe vollzieht, seine Seele an die hl. Engel verkauft. Diese Formulierung könnte ängstliche Seelen in Verwirrung bringen.

Das OA antwortet, daß es sich bei dieser Stelle um eine wörtliche Übersetzung der Worte Jesu handelt, als Er sagt, daß Er gekommen ist, ‚Sein Leben als Löspreis für viele hinzugeben'. In der Nachfolge Christi tut der Kandidat für die Sühneweihe dasselbe. Die SC weist hier auf die Möglichkeit hin, Seele = nephesch mit ‚Leben' zu übersetzen.

Das OA antwortet, daß dies dem Sinn der Formulierung durchaus entspricht.“[19]

Zu Punkt 5 - Schweigen - entspann sich laut OA folgender Dialog:

„SC: Was ist der Inhalt und was sind die Grenzen des Schweigeversprechens?

Das OA erinnert daran, daß sich der Text in den eingereichten Unterlagen befindet.

Die SC stellt die Frage, was mit dem Ausdruck ‚Schätze des Werkes der hl. Engel' gemeint ist.

OA: Es handelt sich um die Schriften des OA, insofern sie eine Privatoffenbarung enthalten.

SC: Woher kommt die Formulierung ‚im Gehorsam gegen die Hl. Kirche'?

OA: Dieser Ausdruck geht auf eine Verfügung von Exzellenz Paulus Rusch an Frau Bitterlich zurück. Er verlangte dabei, daß die Schriften nur an Mitglieder des OA ausgegeben werden sollen.

[18] Es scheint eher umgekehrt zu sein. Nicht die Kenntnis der Schriften ist Voraussetzung für die Weihe, sondern die Weihe für die Zulassung zu Schriften, heißt es doch im undatierten „Merkblatt für Leser von Engelschriften aus dem Werk“, für das Msgr. Dr. Walter Waitz verantwortlich zeichnete: „Die Schriften gehören nur in die Hände der Mitglieder des Werkes, weil diesen durch die Weihe auch die Kraft wird, ein Geheimnis zu wahren und einen Kampf zu bestehen.“

[19] 4. OA-Informationsbrief, Das Verfahren bei der Kongregation für Glaubenslehre, S. 51f.

SC: Welche kirchliche Autorität hat die Weitergabe des Wissens aus den Schriften allein den Priestern vorbehalten?

OA: Auch diese Formulierung geht auf eine Weisung von Exzellenz Rusch an Frau Bitterlich zurück, Vorträge über den Inhalt der Schriften den Priestern zu überlassen.

SC: Es handelt sich hier um kluge Vorschriften des Bischofs, aus denen ein ganzer Komplex gemacht wurde.

OA: Frau Bitterlich verstand die Weisungen des Bischofs extensiv und empfahl deren Beobachtung aus religiösen Gründen. Der Text des Schweigeversprechens und auch der Weihen stammen von Frau Bitterlich, die gegebenen Erklärungen kommen aus dem Verständnis der Priester des OA. Von sich aus wären sie niemals auf diese Formulierungen gekommen.

SC fragt, ob die Verpflichtung zum Schweigen im Fall einer umfassenden kirchlichen Anerkennung zurückgenommen würde.

OA: Dies ist durchaus möglich. Abgesehen von der für jede Seelsorge notwendigen Diskretion... deckt sich der Inhalt der Verschwiegenheit mit der Tatsache und dem Inhalt der Privatoffenbarung."[20]

Nun verweist das „Pro Memoria" noch auf einen sechsten Punkt von ganz entscheidender Bedeutung, der sich durch das ganze Gespräch zog: die Privatoffenbarung. Das OA erklärt zwar das Depositum Fidei für ausreichend für das ewige Heil, betont aber gleichzeitig, daß auch Privatoffenbarungen sehr nützlich sein können:

„a) In schwierigen Zeiten hat die Kirche neue Impulse durch solche Offenbarungen erhalten. Man muß nur an die Offenbarungen von Paray le Monial (Herz-Jesu-Verehrung), von Lourdes, Fatima (Weihe an das Unbefleckte Herz Mariens) denken.

b) Die Privatoffenbarungen haben die Gründung verschiedener religiöser Orden begünstigt, die dann zum Wohl der Kirche gewirkt haben.

c) Sie haben zu einem besseren Verständnis der Hl. Schrift und der Tradition beigetragen wie auch zum Fortschritt der Theologie, der Aszetik und der Mystik. Daher hat das II. Vatikanische Konzil den Charismen besondere Aufmerksamkeit geschenkt, und so heißt es in der dogmatischen Konstitution ‚Lumen Gentium' Nr. 12: ‚Das heilige Gottesvolk nimmt auch teil am prophetischen Amt Christi...Derselbe Heilige Geist heiligt nicht nur... das Gottesvolk durch die Sakramente und Dienstämter..., sondern verteilt auch besondere Gaben. Solche Gnadengaben müssen, da sie den Nöten und Bedürfnissen der Kirche besonders angepaßt sind, mit Dank und Trost angenommen werden. Das Urteil über ihre Echtheit und ihren geordneten Gebrauch steht bei jenen, die in der Kirche die Leitung haben und denen es in besonderer Weise zukommt, den Geist nicht zu löschen, sondern alles zu prüfen und das Gute zu behalten (vgl. 1 Thess 5,12 und 19-21)'.

[20] Ebendort, S. 52f.

Das Dekret Presbyterorum ordinis Nr. 9 sagt: ‚Sie (die Priester) sollen die Geister prüfen, ob sie aus Gott sind, und die vielfältigen Charismen der Laien mit Glaubenssinn aufspüren, freudig anerkennen und mit Sorgfalt hegen. Unter den Gaben Gottes, die sich unter den Gläubigen finden, verdienen die eine besondere Pflege, die nicht wenige zu einem intensiveren geistlichen Leben anspornen‘.

Die Priester des OA sind der Meinung, daß es sich im Fall der Privatoffenbarung und der Schriften des OA um ein solches prophetisches Charisma handelt, das den Anstoß gegeben hat, sich wieder an die Hilfe der hl. Engel zu erinnern, die Wahrheiten des katholischen Glaubens tiefer zu erfassen, der Heiligung des Klerus, der Rettung gefährdeter Priester, und so kann es in den äußerst schwierigen Zeiten, die wir erleben, von großem Nutzen sein.“[21]

Die Erstellung des genannten „Pro Memoria“ überschnitt sich mit einem Schreiben der Glaubenskongregation vom 5. Mai 1982, das bereits die später im Dekret der Kongregation aufscheinenden Probleme in drei Fragen anschnitt[22]:

„Sind Sie bereit die Andacht zu den hl. Engeln zu fördern, indem Sie sich in diesem Zusammenhang an die Lehre der Kirche und die Weisung der hl. Väter und Kirchenlehrer halten, indem Sie sich im besonderen verpflichten, einen Kult der Engel, der Namen gebraucht, von denen man annimmt, daß sie aus einer Privatoffenbarung bekannt sind, unter Ihren Mitgliedern und Gläubigen nicht zu ermutigen und nicht zu verbreiten?

Man ist der Auffassung, daß der Begriff der Einswerdung des Menschen mit dem Engel, wie er durch die Verantwortlichen des OA dargelegt wurde, nicht ganz geklärt ist. Man ersucht um weitere Präzisierungen in dieser Hinsicht, aufgrund der Fragen, die im Gespräch gestellt worden sind.

Sind Sie bereit, unter Aufrechterhaltung jener Diskretion über die internen Angelegenheiten des OA, wie sie sich den Mitgliedern der Institute der Kirche ziemt, unter Einschärfung der Liebe und der Übung des Stillschweigens, das Garantie für ein Leben des Gebetes ist, zu verzichten, von Ihren Mitgliedern ein Schweigeversprechen zu verlangen oder ihnen ein solches vorzuschlagen?“

Für das äußerst devote Antwortschreiben des leitenden OA-Priesters Georg Blaskó vom 4. April 1983 ist folgender Satz kennzeichnend: „Wir legen Gewicht auf die feierliche Erklärung, daß wir bereit sind, dem Heiligen Stuhl immer und in allem zu gehorchen, weil wir ergebene Kinder der Kirche sind und sie lieben als unsere Mutter.“ Blaskó betont in jedem Punkt die Gehorsamsbereitschaft des OA, stellt noch etwas ausführlicher als im „Pro Memoria“ die Haltung des OA zu den heiklen Fragen dar und ergänzt das Schreiben mit einer Reihe von Anlagen: vor allem Stellungnahmen der Bischöfe Hnilica,

[21] Ebendort, S. 53f.
[22] Ebendort, S. 57 (italienisch)

Venâncio und Macedo sowie Gutachten der Professoren Schedl, Testa, Lapide und Ben-Chorin.

Die Schreiben der drei Engelwerk-Bischöfe[23] sollen hauptsächlich dazu dienen, die Glaubwürdigkeit von Gabriele Bitterlich zu untermauern. Darüber hinaus unternimmt Blaskó mit den wissenschaftlichen Gutachten den Versuch, eine lange jüdische beziehungsweise judenchristliche Tradition von Engelnamen nachzuweisen. So paradox es klingt: Je überzeugender er diese Tradition nachweist, umso mehr scheint ihm das Gebäude der Bitterlich-Eingebungen - das doch gerade durch jeden stärkeren Nachweis einer solchen Tradition vermehrt in den Verdacht literarischer Abhängigkeit gerät - als echte Privatoffenbarung gesichert.

Schalom Ben-Chorin leitet sein nur vier Seiten umfassendes „Gutachten über die Anrufung der Engel“ vom 11. November 1982[24] mit wichtigen Feststellungen zur Engelverehrung aus jüdischer Sicht ein:

„Da die Kirche den Gott Abrahams, Isaaks und Jakobs anbetet und die Engel als Boten dieses Gottes durch die Heilige Schrift und die Tradition bezeugt sind, kann der Anrufung der Engel durch gläubige Nichtjuden vom Judentum her nicht widersprochen werden.

Es darf sich allerdings immer nur um eine Anrufung der Engel handeln, nicht aber um ihre Anbetung, die allein Gott selbst zusteht.

Bezüglich der Angelologie im Judentum unterscheiden wir drei Stufen: die biblische, die talmudische und die kabbalistische.

1.) Die Engel in der Heiligen Schrift werden als Malachim (Boten) bezeichnet; daneben gibt es die dem himmlischen Dienst allein geweihten Cherubim, Seraphim und Er'elim und die Heiligen Tiere der Thronwagenvision des Hesekiel (1). Im Alten Testament werden nur die Engel Michael und Gabriel mit Namen benannt (Dan 10,13; 12,1 ff. 8,16; 9,21).

2.) Der Talmud spricht in seinen aggadischen Teilen weit häufiger von den Engeln, die hier auch als Eljenim (die Oberen) im Gegensatz zu den Tachtenim (Unteren, Irdischen) bezeichhnet werden.

3.) Die Kabbala (jüdische Mystik) hat eine Vielzahl von Namen der Engel entwickelt, deren Quelle wir im Henoch-Buch und den Jubiläen finden. Wir unterscheiden nach dieser Tradition Engel des Dienstes und Engel des Angesichtes (Gottes). Die vornehmsten Engelnamen der mystischen Tradition sind Metatron und Rasiel. Metatron ist der Oberste der himmlischen Hierarchie, der ständige Ratgeber des Allmächtigen, während Rasiel der Träger der göttlichen Geheimnisse ist und der himmlische Sekretär.“

An dieser Stelle lohnt sich ein Blick ins „Handbuch des Engelwerkes“. Dort findet sich im Engelregister „Rasiel, VII. Chor der Mächte“ (S.84), den zweiten Namen entdeckt man aber überraschenderweise im Dämonverzeichnis (S.

[23] Siehe Kapitel III A

[24] 4. OA-Informationsbrief, Das Verfahren bei der Kongregation für Glaubenslehre, S. 140ff.

144): „Metatron Satanas, aus der Rangstufe der gestürzten Gewalten. Er nennt sich ‚Angesicht Satans', ‚Fürst der Wandlung'. Er ist einer der fünf Polypenarme von Sada Gjemel, der verderblichen Naturgewalt und Dämon der fressenden Zerstörung. Er verbrennt, verdorrt, vertrocknet und entseelt alles, legt es in Asche oder zerstört den Menschen in Leidenschaft, Fanatismus, Sinnesglut, Tyrannei oder Verzweiflung."

Metatron, der „Superengel" der jüdischen Mystik, wird auch bei Franziskus Peter Färber, Mitglied des Ordens der Regularkanoniker vom Heiligen Kreuz, in dessen1984 bei Claus Schedl eingereichter Dissertation zum Dämon erklärt. Färber schreibt[25]: „Wenn auf einem Konzil in Rom 745 Papst Zacharias auf Grund von mehreren Beschwörungsformeln und Bräuchen erklärte, die Kirche kenne nur drei Engel, Michael, Gabriel, Raphael, die anderen Namen bezeichnen nicht Engel, sondern Dämonen, so ist dieser Schluß hier auch angebracht." Er begründet dies mit zwei Punkten: Punkt 1 ist für ihn die exakte, theologische Prüfung, Punkt 2 aber „ein echtes Charisma" (dieser Ausdruck ist im Engelwerk bezüglich der Bitterlich-Eingebungen beliebter als „Privatoffenbarung"), auf das er gleich hinweist:

„Zu Punkt 2 gibt es in der Kirche seit 40 Jahren ein in der Prüfung stehendes Charisma, das durch Jahrzehnte durch Früchte der Heiligkeit glaubwürdig ist, das den Namen ‚Metatron' als Dämonennamen bezeichnet und, ‚daß die Juden es zustandebrachten, einen Dämon an die Stelle Gottes zu setzen', was sich mit Metatron als erwiesen zeigt". Färber beeilt sich aber hinzuzufügen: „Um die hohe Angelologie der Henoch-Literatur oder Kabbala nicht vollkommen abschreiben zu müssen, müßte nach Punkt 1 und 2 eine Scheidung vollzogen werden." Die Geister zu scheiden gilt es für Färber dann auch hinsichtlich der Kabbala-Lehre von den zehn Sefiroth (deren Namen bis auf die zehnte, Malkut, laut OA Engelnamen sind). „Eine Art Anthroposophie", meint er dazu und ergänzt: „Nach besagtem Charisma ist nun Malkut ein Dämon." Für Beschwörungen genüge neben „orthodoxen" Namen einer, der von „unten" ist: „Warum? Weil Gott und Seine Engel nicht auf Knopfdruck zitiert werden, der gefallene Engel aber sehr wohl sich geschmeichelt und gerufen fühlt."

Das alles heißt auf gut deutsch: Wenn sie der kirchlichen Lehre und vor allem den Engelwerk-Schriften nicht widerspricht, ist die jüdische Mystik wertvoll, sonst nicht. Was beweisen aber dann die in Rom vorgelegten Gutachten über Engelnamen in der jüdischen oder judenchristlichen Tradition? Daß Engel namentlich verehrt wurden, mehr nicht. Denn dort, wo die Namen (oder die Deutung des Charakters des Namensträgers) nicht übereinstimmen, dort läßt das Engelwerk ohnedies nur seine Version gelten.

Zurück zu Schalom Ben-Chorin, dessen Gutachten erkennen läßt, daß auch im Judentum namentliche Anrufungen der Engel selten sind. Er erwähnt drei

[25] Franziskus Peter Färber, Wesen, Aufgabe und Hierarchie der Engel in den drei Henoch-Büchern, theologische Dissertation, Graz 1984, C-71f.

Anrufungstexte und schreibt dazu: „Die hier erwähnten Gebetsstücke enthalten, mit Ausnahme des letzten, keine Engel-Namen, sondern begrüssen die Engel in ihrer Eigenschaft als Engel des Dienstes und des Höchsten, während die letztere Beschworung die Namen der vier Erzengel enthält und schliesslich in der Anrufung der Schechina, der Manifestationsherrlichkeit Gottes, gipfelt.

Die Einfügung von Namen der Engel gemäss der kabbalistischen Tradition ist jeweils möglich. Aus der angeführten Literatur wird die Bedeutung der Engelsnamen ersichtlich, obwohl diese etymologisch-hypothetisch bleiben; zumindest in der Mehrzahl der Fälle.

Aus den verschiedenen Riten der Synagoge ist vor allem der Ritus des ARI, Rabbi Isaak Luria (1534-1572), reich an mystischen Beschwörungen der Engel, die aber dem Aussenstehenden schwer verständlich bleiben. Sie sind vorwiegend aramäisch abgefasst und voll Anspielungen, die als esoterisch im Sinne einer Arkandisziplin aufzufassen sind."

Schließlich führt Ben-Chorin eine Reihe von Engelnamen aus der jüdischen Tradition und aus dem Henoch-Buch an - die Mehrzahl davon ist im OA-Handbuch nicht zu finden, weder unter den Engeln noch unter den Dämonen.

Das Gutachten von Prof. Pinchas Lapide vom 3. Februar 1983[26] ist kurz und bündig. Dort heißt es: „In Anknüpfung an die biblische Tradition, in der Engel häufig als Mittler, Boten und Beauftragte Gottes erscheinen, kennt das nachbiblische Judentum eine weitgefächerte Angelologie, die auf uralte Überlieferungen zurückgeht. Schon im apokryphen Schrifttum der zwischentestamentlichen Zeit mehren sich die namentlich erwähnten Engel - meist Theophorer Nomenklatur[27] -, wobei auch ihre Funktionen häufig eingehend beschrieben werden. Des öfteren ist von sieben Engeln die Rede, häufig als ‚Erzengel' tituliert, die ‚Zugang haben zur Präsenz der Herrlichkeit des Herrn'. (Tob. 12,15)"

Lapide erwähnt vor allem, daß die Engel mit heilsgeschichtlichen Aufgaben betraut werden und daß sie den Menschen begleiten, besonders auf Reisen und auf dem Weg zur Synagoge und zurück. Auch Lapide nennt Engel namentlich, zum Beispiel zwei in der synagogalen Liturgie angerufene: den nach OA-Meinung gefallenen Engel Metatron - laut Lapide auch als Jahoel bekannt - und Sandalphon. Er schreibt weiter: „In den von der Mystik und dem Chassidismus geprägten Kreisen des Judentums sind eine lange Reihe von Engelsgestalten der Gegenstand gläubiger Anrufung, bei denen meistens ihre Gottesnähe durch ihre Theophoren Namen zum Ausdruck kommt."

Die wenigen von Lapide noch genannten nichtbiblischen Engelnamen sind freilich kaum eine Stütze für das Engelwerk, denn sie kommen im OA-Handbuch größtenteils nicht vor oder, wie Raguel, in etwas anderer Bedeutung. Interessant ist noch Lapides Hinweis auf die auch im OA eine Rolle spielende

[26] 4.OA-Informationsbrief, Das Verfahren bei der Kongregation für Glaubenslehre, S. 137ff.

[27] Das bedeutet, daß viele Engelnamen den Namen Gottes beinhalten (im Engelwerk tragen manche Engel den Gottesnamen selbst, zum Beispiel „Jahwe")

„Himmelsleiter": „Nicht zuletzt sei die Tatsache erwähnt, dass der Stammvater Jakob die Engel auf der Himmelsleiter zuerst ‚hinauf' und dann erst ‚herniedersteigen' sah, (Gen. 28,12 vgl. Joh. 1,51) worauf die Rabbinische Überzeugung beruht, dass es Engel auf Erden gibt - in Erfüllung Himmlischer Aufträge und in den verschiedentlichsten Manifestationsformen, einschliesslich Menschengestalt."

Das ausführlichste und interessanteste vom OA der Glaubenskongregation präsentierte Gutachten, datiert mit 15. März 1983, stammt von Pater Emmanuel Testa, Professor an der Urbaniana-Universität in Rom[28] . Testa liefert darin eine genaue Schilderung des Judenchristentums, der Kirche „Ex-Circumcisione" und ihrer Traditionen während der ersten Jahrhunderte. Wichtig ist, was er zum Thema „Ende der religiösen Toleranz" schreibt[29]:

„Mit dem Edikt vom Februar des Jahres 380 von Theodosius I. ‚De Fide catholica' wurde dei religiöse Toleranz, die bis dahin existierte, durch einen christlichen Exklusivismus vom metaphysischen Typ ersetzt, für welchen jede symbolische und archaische Kategorie als falsch und verbrecherisch, also als verurteilenswürdig angesehen wurde.

In diesem Geist hielt man vom Jahre 381 an bis zum Ende des Jahrhunderts eine Reihe von Konzilien gegen das Judenchristentum und die häretischen Strömungen, die daraus entsprungen sind.

Im Jahre 381 wurde unter anderem gegen die Judenchristen, die drei Taufen zuließen (Feuer-, Wasser- und Geisttaufe) das Konzil von Konstantinopel abgehalten. Das Konzil glaubte aber nur an die ‚eine Taufe zur Vergebung der Sünden'...

Um die gleiche Zeit herum und in demselben Geist wurde das Konzil von Laodicäa gehalten: die dort herausgegebenen Kanones gehören sicher zu den am meisten antijüdischen der ganzen Konzilsliteratur... Nach den alten Kommentatoren (Balsamon, Zonaras und Aristenus) verurteilten hier die Väter das System des judenchristlichen Symbolismus, den Gebrauch der Engelnamen, den Gebrauch der Symbole, der heiligen Zahlen, wie auch den Gebrauch der Metallstreifchen, die im Judenchristentum so verbreitet waren; in den Kanones 37 und 38 verbietet man, Geschenke von den Juden und anderen Häretikern anläßlich ihrer Festlichkeiten anzunehmen, an solchen teilzunehmen, ihre ungesäuerten Brote zu essen und sich gegenseitig zu besuchen; im Kanon 58 erläßt man das Verbot, die Liturgie in Privathäusern zu feiern, welcher Brauch auch bei den Judenchristen bestand, die ihren Kult in den Hauskirchen feierten...

Aber trotz der Strenge dieses Konzils lassen uns Socrates und Sozomenus wissen, daß die Judenchristen dieses Gebietes ihre Bräuche weiterpflegten, und sie erzählen, daß zu Zeiten des Theodosius sich immer einige ihrer Bischöfe

[28] 4. OA-Informationsbrief, Das Verfahren bei der Kongregation für Glaubenslehre, S. 105ff.
[29] Ebendort S. 113f.

zur Synode bei Pazo versammelten und beschlossen, das Gedächtnis an Ostern weiterhin nach jüdischem Brauch zu begehen.

Wegen der Frage intervenierte auch Papst Damasus. Er machte anläßlich des Konzils zu Rom im Jahre 382, das zur Verteidigung des Apostolischen Stuhles gegen die Ansinnen der Konstantinopolitanischen Kirche abgehalten worden war, eine berühmte Erklärung (‚tomus Damasi') gegen die perfiden Juden...Es handelt sich um eine Gruppe von Juden, die die Engelhaften genannt werden, die nach Augustinus behaupteten, ein engelhaftes Leben zu führen, das auf einem göttlichen Kult der Engel beruhte..."

Aus Testas mit vielen Quellenhinweisen gespicktem Gutachten ließe sich noch viel Bemerkenswertes zitieren, etwa über das Endzeitdenken der frühen Judenchristen[309]: „In den Logien des Herrn (Lukas 20,34-36; Matthäus 22,30; Markus 12,25 und Matthäus 19,12) ist vorausgesagt, daß man in den eschatologischen Zeiten nicht heiratet, sondern es vorzieht, Eunuch zu sein für das Reich Gottes, um auf diese Weise den Engeln ähnlich zu werden. Auf diese Stellen richteten die Judenchristen ihr sittliches Verhalten und ihre Aszese aus, speziell in bezug auf Jungfräulichkeit, Zölibat, eheliche Enthaltsamkeit und Enkratismus. Ihr Christentum war also streng apokalyptisch...

Auch die Mystiker von Qumran haben in ihrem Gemeinschaftsleben den brennenden Wunsch gehabt, am reinen Leben der Engel teilzuhaben, um den Tod kultisch und moralisch zu besiegen. Sie waren deshalb ganz hingegeben an die himmlische Liturgie, an die Erkenntnis des Gesetzes, an das unblutige Opfer der Gebete. Sie waren gewillt und gerüstet, den heiligen Krieg gegen die entfesselten Kräfte des Bösen zu führen..."

Am Ende seines Gutachtens, nachdem Testa auch auf Engelnamen und Engelgruppen (Engel, die das Gesetz verteidigen: Seelenführerengel) eingegangen ist, resümiert er[31]:

„Für die Kirche ex circumcisione war also die Angelologie nicht ein Glaubensartikel unter vielen anderen. Vielmehr war sie sozusagen die allgemeine Grundlage, die alles trug. Angelologisch war das Verständnis der Dreifaltigkeit, der Kosmologie, der Ekklesiologie, der bürgerlichen wie der Heilsgeschichte durch die Bündnisse Gottes mit den Menschen, des sittlichen und des aszetischen Lebens des Menschen, die persönliche und die allgemeine Eschatologie.

Aus diesem Grund war die Verehrung der Engel sehr entwickelt. Doch diese Entwicklung war nicht immer der Orthodoxie entsprechend. So wurden die Judenchristen zuerst vom hl. Paulus (Kolosser 2,18), dann von etlichen Vätern der Großen Kirche und verschiedenen Konzilien verurteilt, weil sie der Einmaligkeit der Vermittlungsfunktion Christi widersprachen. Normalerweise haben sie sich aber im Rahmen der Rechtgläubigkeit gehalten und eröffneten

[30] Ebendort, S. 124
[31] Ebendort, S. 135f.

den Weg für die Mystik und Aszetik der Menschen, die sich der Verbreitung des Reiches Gottes weihten. Diese Mystik und diese Aszetik war auf ein engelhaftes Leben der Keuschheit und des Fastens vor der Welt gegründet. Sie wird dann im 4. Jahrhundert zu den Mönchen in der Wüste und zu den Cönobiten führen.

Es ist zu wünschen, daß unsere Gesellschaft der Zügellosigkeit und des Materialismus über diese alten Dokumente und über diese selige Erfahrung nachdenkt, die die Urkirche zu einer Gemeinschaft der Heiligen gemacht hat, zu einer Gemeinschaft, die mit ganzer Kraft auf die Vergeistigung des Stoffes, auf die Auferstehung und auf das engelgleiche Leben der Reinheit, der Jungfräulichkeit und der ehelichen Enthaltsamkeit hin ausgerichtet ist."

Worauf das OA mit diesen Gutachten letztlich hinaus will, läßt das Begleitschreiben erkennen[32]: „Gegen den Gebrauch der Engelnamen wurde manchmal das Gebot der Synode von Laodicäa angeführt, das dann durch andere Partikularsynoden wiederholt und durch einige Entscheidungen des Sanctum Officium bestätigt wurde. Wir erlauben uns jedoch zu bemerken, daß dieses Verbot nicht dogmatischer, sondern nur disziplinärer Natur war: Es war eine Vorsichtsmaßnahme, um Abweichungen von der katholischen Lehre zuvorzukommen. Diese Maßnahmen waren nachgewiesenermaßen durch einen gewissen Widerwillen gegen die Judenchristen inspiriert, die zu sehr gewissen Praktiken ihrer in der mosaischen Religion gebliebenen Mitbrüder nachhingen. (Fußnote: Hinweis auf die Testa-Studie) Heute sind die Umstände anders. Deshalb dürfte dieses Verbot seine Geltung verloren haben. Seine Aufrechterhaltung würde unvereinbar mit dem erscheinen, was das II. Vatikanische Konzil verfügt hat: ‚Da also das Christen und Juden gemeinsame geistliche Erbe so reich ist, will die Heilige Synode die gegenseitige Kenntnis und Achtung fördern und empfehlen' (‚Nostra Aetate', Nr. 4, Abs. 6). Es ist einsichtig, daß der Gebrauch der Engelnamen (auch der nichtbiblischen, aber in der jüdischen Tradition enthaltenen) Teil dieses gemeinsamen Erbes ist."

Hier schießt sich das OA freilich ein Eigentor. Ließe die Kirche die Verehrung von Engelnamen aus jüdischer Tradition grundsätzlich zu, beinhaltete dies Namen wie Metatron und vielleicht auch anderer, die laut Engelwerk Dämonennamen sind! Es sei denn - und darauf will man vielleicht behutsam hinaus -, sie anerkennt bei der Gelegenheit auch gleich das „Charisma" der Frau Bitterlich und läßt jeden vom Judentum überlieferten Engelnamen duch das OA prüfen, ob er wirklich verehrungswürdig ist!

In einer Fußnote[33] führt das Engelwerk für die Engelverehrung noch eine Tradition ins Treffen: „Es ist übrigens Tatsache, daß nicht wenige Katholiken auch nach der Zeit des Judenchristentums und trotz der Verbote fortgefahren sind, die Engel namentlich anzurufen. Sowohl in Europa als auch in Übersee

[32] 4. OA-Informationsbrief, Das Verfahren bei der Kongregation für Glaubenslehre, S. 67f.
[33] Ebendort, S 69

bestanden und bestehen Kirchen mit nichtbiblischen Engelnamen (geschrieben evtl. nur mit Anfangsbuchstaben) auf Bildern, Statuen usw. Auch in klassischen Werken, wie z.B. im Oratorium ,Die Schöpfung' von Haydn oder im ,Verlorenen Paradies' von Milton trifft man auf einige dieser Namen."

Hier müßte freilich der Vollständigkeit halber erwähnt werden, daß in der Oper „Der Freischütz" von Carl Maria von Weber die Verkörperung des Bösen den Namen Samiel trägt - im OA-Handbuch ein Engelname. Erklärungen dafür liegen nahe: Unkenntnis Webers in Angelologie und Dämonologie, purer Zufall der Namensgebung. Vielleicht ist aber, wie die jüdische Mystik im Fall Metatron, das Engelwerk nicht auf dem neuesten Stand darüber, welche Engel gefallen sind. Darauf deutet zum Beispiel hin, daß es im OA-Handbuch im Dämonenverzeichnis auf Seite 127 heißt: „Raum für Nachtragungen zum Buchstaben B"...

Die Gutachten konnten jedenfalls die Glaubenskongregation nicht dazu bewegen, eine Engelverehrung mit Namen (außer den drei biblischen Michael, Gabriel und Raphael) zuzulassen.

B) Die neuesten Verteidigungsaktionen

> *Die Glaubenskongregation hat wohl auch deshalb keine Verurteilung ausgesprochen, weil es jedem vernünftigen Menschen doch klar sein sollte, daß die Engel- und Dämonenlehre des Engelwerkes in der Lehre der katholischen Kirche ein ganz unglaublicher Fremdkörper ist.*
>
> *JOHANNES VAN DER PLOEG* [34]

Der Spruch der Glaubenskongregation vom September 1983 bewirkte wenig. Dr. Georg Blaskó teilte am 19. Oktober 1983 allen deutschsprachigen Bischöfen den Inhalt des Dekrets aus Sicht des Engelwerkes mit und wies auf einen beigelegten Brief hin:

„Im anliegenden Brief vom 5. Oktober an den Prokurator des OA war die Heilige Kongregation, bereits im Verlaufe der Verhandlungen mit den Vertretern des Opus Angelorum ,angenehm berührt von der wiederholt geäußerten Verfügbarkeit gegenüber jedem eventuellen Hinweis von seiten der kirchlichen Autorität', der Auffassung, ,daß die gefällten Entscheidungen dem Opus Angelorum helfen werden, sich in der richtigen kirchlichen Orientierung zu entfalten' und schloß, mit den besten Wünschen für eine gute Arbeit im Dienst des einzigen Herrn Jesus und in voller Treue den Weisungen des kirchlichen Lehramtes gegenüber'."

Das Opus Angelorum fühlte sich also, auch aufgrund von Äußerungen der

[34] van der Ploeg, S. 170

Kongregationsleitung - Kardinal Joseph Ratzinger und Erzbischof Jean Jérome Hamer -, voll bestätigt und berechtigt, im wesentlichen wie bisher weiterzumachen. Regionalbischof Heinrich von Soden-Fraunhofen hingegen meinte im Jänner 1984 in der Schrift „Die Zukunft des Engelwerkes nach dem Dekret der römischen Glaubenskongregation vom 24.9.1983", der römische Spruch, daß sich das OA streng an die Lehre der Kirche zu halten habe, beinhalte ein Verbot der Privatoffenbarung und damit der Engellehre und der Engelweihen des OA. Das mußte zu Konflikten führen, zumal Soden in der Folge neben der Lehre und den Riten im Werk, gestützt auf ehemalige Mitglieder, vor allem auch die menschliche Praxis im Engelwerk, den Umgang miteinander, die Beschaffung irdischer Güter, immer heftiger kritisierte, Dinge also, für die sich eine Glaubenskongregation vermutlich gar nicht zuständig fühlt.

Angesichts der zunehmenden Vorwürfe meldete sich das OA, insbesondere dessen leitender Priester Dr. Georg Blaskó, in den folgenden Jahren wiederholt mit Texten zu Wort, die den Kritiken den Boden entziehen sollten. Besonders zu erwähnen sind in diesem Zusammenhang der dritte Informationsbrief (1. Dezember 1986) und der vierte Informationsbrief (6. Mai 1988) sowie die „Richtigstellung zu drei Schriftsätzen" (im 4. Informationsbrief enthalten, aber schon am 26. November 1986 in Silz abgeschlossen), wobei letztere sich auf drei Rundschreiben von Weihbischof Heinrich Graf von Soden-Fraunhofen bezieht.

Wie weit diese Entlastungsaktionen des OA gelungen sind, sei dahingestellt. Bemerkenswert ist, daß die Verteidigungsschriften des OA immer umfangreicher werden und im Gegensatz zu früher auch zunehmend Kopien von Texten enthalten, die sich mit dem OA kritisch oder ablehnend auseinandersetzen. Man mag dies, je nach Einschätzung, als Fortschritt in der Informationspolitik des OA oder als „Flucht nach vorn" deuten.

Ohne den Urheber dieser Schriftsätze namentlich zu nennen, versandte Georg Blaskó im November 1986 im deutschen Sprachraum - und zwar an Bischöfe, Generalvikare, einzelne Ordensobere und Leiter von Bildungshäusern - seine bekannte „Richtigstellung zu drei Schriftsätzen"[35] (gemeint sind Texte des Weihbischofs Heinrich von Soden-Fraunhofen vom 17.1. und 17.2.1984 sowie vom 16.9.1986).

Johannes van der Ploeg beurteilte Blaskós „Richtigstellung" 1988 als „ein sehr schwaches Stück": „Er geht auf vieles gar nicht ein oder behauptet einfach - ohne Beweis -, daß die vorgetragenen Argumente ‚nicht wahr' sind. An wichtigen Hauptsachen geht er vorbei, und dazu macht sein Stil nicht selten einen unliebsamen Eindruck. Die Erklärung der Glaubenskongregation wird mehrmals in einem Sinn ausgelegt, den sie nicht hat (ebenso wie im Rundschreiben Nr. 46 des EW und in einem Brief von Dr. H. van Dijk an mich). Dr. Blaskó tut so, als wäre die heutige Glaubenskongregation noch dieselbe wie das frü-

[35] Georg Blaskó, Richtigstellung zu drei Schriftsätzen, Silz 1986

here Hl. Officium. Er behauptet, daß die Kongregation, wenn sie den Inhalt der ‚Privatoffenbarungen' Frau Bitterlichs nicht verurteilt hat, darin nichts Heterodoxes entdeckt habe, denn sonst hätte sie diese verurteilen müssen. Genau dasselbe hat auch z.B. Schillebeeckx für seine Irrlehren behauptet. Blaskó weiß sehr gut, daß die Kongregation seit der Kurienreform von Paul VI. keine Verurteilungen mehr ausspricht, es sei denn, wenn in ganz besonderen Fällen der Papst sie bewilligt. Darum hat sie nicht verurteilt, aber positiv gesagt: ‚Ihr sollt euch an die Lehre der Kirche halten!' Damit ist, was darüber weit hinausgeht, implizite abgewiesen. Es wäre übrigens eine überaus schwere und dazu nutzlose Sache gewesen, den Ursprung von mehr als 365 Namen von Engeln - und 243 von Dämonen - kritisch zu prüfen."[36]

Die Passage mit Schillebeeckx zeigt übrigens deutlich, daß man Professor van der Ploeg bei seiner vernichtenden Kritik am Engelwerk sicher keine „modernistischen" Motive unterstellen darf.

Er fährt fort: „Die Glaubenskongregation hat wohl auch deshalb keine Verurteilung ausgesprochen, weil es jedem vernünftigen Menschen doch klar sein sollte, daß die Engel- und Dämonenlehre des EW in der Lehre der katholischen Kirche ein ganz unglaublicher Fremdkörper ist. Darum hat die Kongregation das Wort ‚Namen' (der Engel) zwischen Anführungszeichen geschrieben: ‚die sogenannten Namen'. Die Träger der Namen spielen aber in der Lehre des EW eine überaus große Rolle, und wie soll man ihr zufolge Engel anrufen, wenn man sie nicht einmal beim Namen nennen darf!"[37]

Blaskós Meinung zum Thema Dualismus begegnet Professor van der Ploeg folgendermaßen: „Blaskó sagt, daß die ‚Lehre' des EW kein Dualismus im Sinne der Kabbala sei. Damit hat er wohl recht, trotzdem bleibt die Tatsache bestehen, daß sie viele Elemente enthält, die daraus entnommen sind. Und eben das haben Prof. Auer und andere einwandfrei nachgewiesen. Was den ‚Dualismus' des EW betrifft: es ist der Dualismus der Qumransekte, die ihn in den jüdischen Monotheismus eingebaut hat. Im Judentum war und ist dieser ein Fremdkörper. Genauso ist es beim EW: sein Dualismus ist kein System wie z.B. das der Gnostiker, der Manichäer und der Kabbala, es bleibt aber ein Fremdkörper in der katholischen Lehre. Denn es ist falsch und unerhört, zu behaupten, daß der Sinn der Geschichte, ja der gesamten Geschichte, besonders die unserer Zeit (die der Sekte von Qumran und dem EW zufolge die letzte Zeit ist), aus dem Kampf von Engeln und Dämonen erklärt wird, wobei die eigentliche Heilslehre der Kirche nicht verneint, aber doch zurückgedrängt wird, wie Bischof von Soden, A[38] und andere zu Recht behaupten."[39]

[36] van der Ploeg, S. 170

[37] Ebendort

[38] Ein von van der Ploeg nicht namentlich genannter Dogmatiker und Kabbala-Kenner, der ein anonymes Gutachten über das Engelwerk verfaßt hat. Sein Name ist dem Verfasser dieses Buches bekannt.

[39] van der Ploeg, S. 172

Zum kritischen Artikel von Prof. van der Ploeg in der Una-Voce-Korrespondenz erschien in der gleichen Publikation ein das Engelwerk verteidigender Leserbrief einer Elisabeth Englhardt aus Pullach, der repräsentativ für die Haltung vieler OA-Anhänger sein dürfte und daher hier im Wortlaut wiedergegeben sei[40]:

Durch das Engelwerk werden keinerlei Glaubenswahrheiten angegriffen oder geleugnet, wie es etwa durch größere und kleinere Schillebekx' geschieht. Im Gegenteil, durch die Tagesengel werden erst die großen Zusammenhänge von Schöpfer und Geschöpf, von Petrusamt und Kirchenlehre, von den Heiligen und den Armen Seelen, von Meßopfer und Christusnachfolge verständlicher.

Das Nichtübereinstimmen verschiedener Engelnamen mit der Hebräischkentnis des Autors der Abhandlung halte ich für kein Kriterium zu einem Werturteil. Ein solches steht sowieso nur Rom mit der Glaubenskongregation zu (Mt 12,36).

In der Heiligen Schrift stehen Engelnamen und werden auch neun Chöre der Engel erwähnt. Können Sie sich etwa vorstellen, daß Gott seine Engel nur als imaginären Haufen geschaffen hat? Nein, Engel und Menschen sind keine Massenware, jeder hat seine persönliche Aufgabe. Hier gilt das Wort Gottes: „Bei deinem Namen habe ich dich gerufen." Durch die Heilige Schrift ist auch zu erkennen, daß es eine Hierarchie in der Hölle geben muß. Als nämlich die Pharisäer Jesus den Vorwurf machten: „Durch Beelzebub, den obersten der Dämonen, treibt er die Teufel aus!", entgegnete Jesus: „Jedes Reich, das in sich gespalten ist, hat keinen Bestand ..."

Der Satz „Christus brauchte keine Engel zur Teufelsaustreibung" in besagter Abhandlung ist m.E. recht unglücklich formuliert, denn Christus als dem Sohn Gottes dienten die Engel, und auf Jesu Wort können sie auch dem Menschen dienen. In der Heiligen Schrift heißt es: „Siehe, ich sende euch meinen Engel ..." Daß der Engelglaube schon bei den alten Juden und Heiden bestand, besagt ja nicht, daß er falsch war. Christus sagte: „Ich bin nicht gekommen, um das Gesetz aufzulösen, sondern es zu erfüllen."

Weiter heißt es in der Abhandlung, das Engelwerk sei zumindest ein Fremdkörper in der Kirche. Fremd ist zunächst alles, was wir noch nicht kennen. Auch in der Wissenschaft kennen wir noch lange nicht alles. Wie könnten wir aber jemals etwas Neues dazu lernen, wenn wir es als fremd abtun? Christus sagte zu seinen Aposteln: „Noch vieles hätte ich euch zu sagen, aber ihr könnt es jetzt noch nicht ertragen." Für viele sind heute noch Lourdes und Fatima Fremdkörper, obwohl die Botschaften der Muttergottes nichts Gegensätzliches zur Lehre der Kirche beinhalten. In Fatima hatte ein Engel eine vorbereitende Aufgabe, besonders im Hinblick auf die heiligste Eucharistie.

[40] Elisabeth Englhardt, Zur Problematik des Engelwerkes, Leserbrief, Una-Voce-Korrespondenz, 18. Jg., Heft 4, Juli/August 1988, S. 241f.

Nicht umsonst wird Papst Pius XII. kurz vor seinem Tod gesagt haben: ‚Es wird eine Zeit kommen, wo wir uns mit den heiligen Engeln verbünden müssen.' Natürlich versucht Satan mit seinen Helfern alles, um das zu verhindern, denn umso schneller wird seine Macht gebrochen.

Der große Theologe Matthias Joseph Scheeben (1835-1888) sagt: „Je größer, je erhabener, je göttlicher das Christentum ist, um so unerschöpflicher, um so geheimnisvoller muß notwendig sein Inhalt sein." Nur so kann man sich erklären, daß ein rationalisiertes, banalisiertes Christentum kein Verständnis für ein Werk wie z.B. das Engelwerk aufbringt.

Ab 1987 konzentrierte sich die Auseinandersetzung im wesentlichen auf das „Handbuch des Engelwerkes", das Bischof Soden allen Bischöfen und Generalvikaren des deutschen Sprachraums zuschickte. Georg Blaskó wollte daraufhin bei der Versammlung der Deutschen Bischofskonferenz in Fulda dazu Stellung nehmen. Als dies mißlang, versandte er ab 18. September 1987 ein Rundschreiben an die deutschen Bischöfe, in dem er Bischof Sodens Vorgehen scharf kritisierte und zum Handbuch Stellung nahm[41]:

„In der Tat präzisiert das Handbuch auch nur, was immer kirchliche Lehre war: über die heiligen und die gefallenen Engel; über ihre Vielzahl; über ihre individuelle Persönlichkeit. Die eingehende Darstellung von individuellen Persönlichkeiten der heiligen und der gefallenen Engel widerspricht der kirchlichen Lehre in keiner Weise, sie ist aber eine sinnvolle Ergänzung. Das gleiche gilt für die individuellen Aufgabenbereiche und Gegnerschaften, weil die Engel nicht unendlich sind und ihre individuelle Wirksamkeit sich auch nicht über die ganze Schöpfung erstreckt. Schon biblisch ist z.B. die spezielle Gegnerschaft zwischen St. Michael und Satan (Apokalypse 12, 7-9), zwischen St. Raphael und Asmodai (Tobias 3, 7ff./6,8/8, 1ff.).

Dies kann die Schule Bultmanns, Haags oder des Holländischen Katechismus irritieren, aber keinen auf der Basis des Lehramtes stehenden Katholiken...

Es trifft nicht zu, daß irgendeiner der Gläubigen den Gesamtkomplex der Privatoffenbarung der Frau Gabriele Bitterlich annehmen müßte, wenn er irgendeine Weihe im Engelwerk ablegt. Wer sich für die Schriften der Frau Gabriele Bitterlich interessiert, dem wird gemäß seinem Interesse und wie es zu seiner geistlichen Auferbauung beiträgt, das eine oder andere Schriftstück ausgeliehen. Die Ablegung der Weihen im OA ist gedanklich wie verpflichtungsmäßig unabhängig davon, ob man den göttlichen Ursprung der Privatoffenbarung bejaht oder nicht. Außerdem ist, wie bei allen Privatoffenbarungen, nie eine globale Annahme oder Ablehnung angebracht. Die Unterscheidung der Geister darf und soll bei jedem Schriftstück und bei jedem Teil der Schriftstücke wach bleiben."

[41] Georg Blaskó, Brief an deutsche Bischöfe, 18.9.1987 (4. OA-Informationsbrief, Korrespondenz mit S.E. Weihbischof Graf von Soden-Fraunhofen)

Blaskó überzeugte die deutschen Bischöfe nicht. Es kam bekanntlich noch im Herbst 1987 zu einer neuerlichen Anfrage in Rom, zu einem neuerlichen Gutachten von Prof. Johann Auer und schließlich am 25. Februar 1988 zur Empfehlung der Vollversammlung der Deutschen Bischofskonferenz, Maßnahmen gegen das Engelwerk zu setzen.

München ist zwar am schärfsten gegen das Engelwerk vorgegangen, aber auch andere deutsche Diözesen haben Exerzitien verboten (Passau, Rottenburg, Freiburg) oder Warnungen ausgesprochen (Köln, Trier, Aachen) oder sind - sofern überhaupt betroffen - im stillen auf Distanz gegangen (wie Regensburg). Der Münchner Verwaltungsbefehl hatte aber eindeutig das größte Echo in der Presse und beim Engelwerk.

Am 6. Mai 1988 verschickte daher der damalige Generalobere der Regularkanoniker vom Heiligen Kreuz, P.Dr. Hubert van Dijk ORC einen „Rundbrief an alle Mitglieder und Freunde des Werkes der heiligen Engel“, in dem er zunächst die Wichtigkeit der Engelverehrung betont und auf den Spruch Roms von 1983 hinweist. Dann stellt er bedauernd fest, daß weder die Leitung des OA noch des Kreuzordens vor der Empfehlung der deutschen Bischöfe zu einer Stellungnahme eingeladen wurden und daß man sie auch nachher nicht offiziell informiert oder mit belegbaren Verstößen gegen die römischen Auflagen von 1983 konfrontiert habe.

Van Dijk bucht - wie praktisch alle führenden OA-Mitglieder - die Verurteilung des Engelwerkes vor allem auf das Konto von Weihbischof Soden-Fraunhofen und meint, dieser wäre ohne das Handbuch „in seinem Kampf um eine Verurteilung des EW wohl nicht weitergekommen“. Interessant ist seine Ergänzung: „Weil das ‚Handbuch‘ im Kreis des Engelwerkes selbst jedoch praktisch unbekannt ist und nur in wenigen Exemplaren vorhanden, ist es bei der damaligen Prüfung in Rom durch die Heilige Kongregation nicht vorgelegen, es wurde aber nachgereicht... Das ‚Handbuch‘ hat, wie uns bekannt geworden ist, bei manchen, auch dem EW gegenüber positiv eingestellten Würdenträgern der Kirche, Befremdung hervorgerufen. Man wird es ohne ein eindringliches Studium der kirchlichen Überlieferung in Sachen Exorzismus und Geisterkampf wohl auch nicht gebührend würdigen können. Die letzte Entscheidung darüber kommt jedoch der Heiligen Glaubenskongregation zu, der sich die Priester des EW wie immer fügen wollen.“

In einem gedruckten „Rundbrief an die Mitglieder und Freunde des Werkes der hl. Engel“ vom Mai 1988, betitelt „Das Werk der heiligen Engel in der Bewährung“, kommt der Rektor der römischen Priestergemeinschaft im OA, Bischof Paul Hnilica SJ, mit Datum 8. Mai 1988 zu Wort: „Weil Gott uns liebt, läßt Er zu unserer Bewährung und Läuterung Prüfungen zu. Viele kirchliche Gemeinschaften mußten eine Wegstrecke in der Dunkelheit gehen, um später erst recht ein Licht zu werden inmitten der Kirche. Wenn wir verbunden mit den heiligen Engeln Gott in unserer Mitte haben, werden alle Mißverständnisse und Mißdeutungen geklärt werden können.“

Einen viel aggressiveren Ton schlägt im gleichen Rundschreiben Dr. Philipp Küble, Redakteur von Vox Fidei, mit einem Text aus „Stimme des Glaubens“[42] an:

Heute sehen wir uns veranlaßt, uns mit einer ungerechten und abwegigen Entscheidung aus München gegen das Engelwerk auseinanderzusetzen.

Mit einem „Verwaltungsbefehl“ (schon lange nicht mehr vorgekommen!) untersagt Kardinal Wetter allen Priestern des Engelwerkes Exerzitien, Einkehrtage und Predigten in der Erzdiözese zu halten, auch nicht in Ordenshäusern. Dem Nicht-Befolgen des Befehls wird das Verbot aller priesterlichen Handlungen angedroht.

Diese Maßnahme kommt überraschend und doch auch wieder nicht. Betrachten wir die Kirchengeschichte, so sehen wir, daß die hervorragendsten Persönlichkeiten und Einrichtungen - später anerkannt und hochgepriesen - auch innerhalb der Kirche zeitweisen und lokalen Verdächtigungen und Verfolgungen ausgesetzt waren.

In unserer „dialogfreudigen“ Zeit ist es da doch kaum besser, man denke nur an den Kampf gegen das „Opus Dei“, gegen die KPE[43]*, die Entlassung von P. Andreas Hönisch aus dem Jesuitenorden.*

Die kirchliche Lehre über die heiligen Engel kann man in der heutigen Verkündigung als kaum oder nicht vorhanden betrachten, und die Verehrung der Engel spielt im kirchlichen Leben kaum noch eine Rolle. So verwundert es nicht, wenn sich gegen eine Glaubensgemeinschaft, die diesem schweren Mangel nicht erliegt, Emotionen und haßerfüllte Abneigungen entwickeln. Die Begründung der oben genannten Maßnahme ist deshalb auf psychologischem Gebiet zu suchen, nicht auf theologischem (sie entspricht nicht dem wirklichen Leben beim Engelwerk, die theologische Begründung selbst ist offensichtlich nur ein Vorwand, in sich selbst ist sie unhaltbar, falsch und teilweise sogar lächerlich).

Da reist seit Monaten Weihbischof Soden aus München durch die Lande, um sein neues Steckenpferd zu reiten, nämlich gegen das Engelwerk zu polemisieren, und den Leuten vorzuführen, wie man aus einer Mücke einen Elefanten macht. Auch die übrigen Bischöfe werden von seinem Glaubenseifer nicht verschont, und so kam es bei der Frühjahrskonferenz der Deutschen Bischöfe zu der bekannten merkwürdigen Empfehlung.

Wenn dieser Eifer so sehr vom Heiligen Geist inspiriert wäre, dann läge es doch näher, diese Kräfte dazu zu verwenden, um das Defizit der Verkündigung und des praktischen christlichen Lebens bezüglich der Engel auszugleichen. Vor allem wäre es angemessen in einer Zeit, in der man so biblisch sein möchte:

Da hat doch der Erzengel Gabriel die heilsentscheidende Botschaft an Maria

[42] Stimme des Glaubens, Nr. 10/88, 15. Mai 1988
[43] Katholische Pfadfinderschaft Europas

zu uns Menschen auf die Erde gebracht, Engel verkündeten die Geburt des Erlösers den Menschen, Engel kamen in die Wüste und dienten Jesus, ein Engel stärkte Ihn, als Er vor Seiner Erlöseraufgabe zusammenzubrechen drohte, und Engel verkündeten und erklärten Seinen großen Sieg über Sünde, Tod und Teufel. Und die Geheime Offenbarung ist von vorne bis hinten voll von der Schilderung des Kampfes der Engel gegen die höllischen Mächte. Davon ist zu reden und nicht an den Haaren herbeigezogene Argumente auszubreiten, um ein gutes Werk madig zu machen und zu verunglimpfen, ja um es zu bestrafen.

Was nun die Sorge um den Glauben angeht, da wäre auch in der Erzdiözese München eine wahre Herkulesarbeit zu verrichten: man braucht nur den Glaubensstand der Jugendverbände betrachten, den Inhalt vieler Katechesen und Predigten und sonstige erzdiözesane Einrichtungen. Ginge man nach dem obigen Verwaltungsbefehl vor, so wären langsam ein Großteil der kirchlichen Einrichtungen daselbst zu schließen.

Verwundert hat auch die Begründung, das Engelwerk habe die Auflagen des Heiligen Stuhles von 1983 nicht erfüllt. Diese Sorge um Durchführung apostolischer Erlässe in Deutschland wirkt nun ziemlich neu, nachdem wir doch jahrelang, mindestens seit Humanae vitae 1968, erlebt haben, daß römische Erlässe zuerst einmal ordentlich ‚eingedeutscht' werden, das heißt, mit geschmeidigen Formulierungen wird die äußere Schale erhalten und der innere Kern wird ausgewechselt (gerade kürzlich wieder mit der Predigterlaubnis von Laien).

Aber selbst, wenn von einzelnen Priestern des Engelwerkes diese oder jene Verordnung nicht genau eingehalten worden wäre, so wäre dies von den einzelnen einzufordern, notfalls dem apostolischen Stuhl zu melden, aber nicht mit der diözesanen Dampfwalze über so ein segensreiches Werk hinwegzufahren, oder wenn unter dem Weizen sich auch etwas Unkraut findet, so wäre es doch eine unangemessene und sinnlose Aktion, gleich den ganzen Acker umzupflügen.

Gebe Gott, daß auch in dieser Frage Wahrheit und Gerechtigkeit einkehren und größerer Schaden vermieden werde.

Dieser Text hat Informationswert: Es geht ihm mehr um „Flagge-Zeigen" in der innerkirchlichen Auseinandersetzung seit 1968 (Humanae vitae) als um theologische Argumentation, und das Handbuch wird - wie im ganzen Rundbrief - gar nicht erwähnt. Ist es möglich, daß P. van Dijk deswegen bald darauf als Ordensoberer gehen mußte, weil er in seinem Rundschreiben zu offen über das Handbuch geschrieben hat?

In Österreich passierte indessen wenig. Es heißt, daß P. Hansjörg Bitterlich ORC mit P. Josef Bamberger ORC einige Generalvikare aufsuchte und ihnen drei das Engelwerk verteidigende Texte - „Das Handbuch des Engelwerks" (nicht das Buch selbst, sondern eine 14seitige Stellungnahme dazu), „Klarheit und Wahrheit" und„Das Engelwerk" (eine reine Attacke auf OA-Kritiker, insbesondere auf Bischof Soden) - übergab. Ende 1988 wurde aus einem Interview mit P. Hansjörg Bitterlich erkennbar, daß dieser keinen Grund sieht, anders als bisher weiterzumachen: „P. Bitterlich weist alle Vorwürfe gegen das Engelwerk zurück. Es halte sich an die Auflagen der Glaubenskongregation, sein Zentrum sei die Lehre der Kirche, und im übrigen seien deutsche Verwaltungsbefehle wie die von Kardinal Wetter nicht gültig, da die betroffenen Priester weder angehört noch gemahnt noch persönlich verständigt worden seien. P. Bitterlich sieht sich verfolgt und ‚nicht einmal halbwegs fair behandelt'."[44]

Nach der Münchener Entscheidung hat Georg Blaskó am 7. Mai 1988 um einen Gesprächstermin bei Kardinal Friedrich Wetter ersucht. Am 13. Mai teilte ihm das erzbischöfliche Sekretariat in München mit, daß der 21. Juli dafür als Termin vorgesehen sei. Blaskó schrieb daraufhin am 24. Mai einen Brief mit folgendem Wortlaut an Erzbischof Wetter:

Für den am 21. Juli 1988 gewährten Gesprächstermin danke ich Eurer Eminenz. Ich werde diesen Termin, wenn nur irgendwie möglich, wahrnehmen.

Da aber der Verwaltungsbefehl Eurer Eminenz wie auch in der Folge die verschiedenen Veröffentlichungen laufend so großen Schaden verursachen, sehe ich mich gezwungen, unser Gespräch mindestens in einigen Stücken vorzubereiten.

Eure Eminenz beginnen den Verwaltungsbefehl mit ihrer bischöflichen Sorge um die Reinerhaltung des Glaubens. Die vorsichtige Fassung dieses Passus läßt durchblicken, daß Eurer Eminenz kein nachweisbarer Fall bekannt ist, in welchem die durch den Verwaltungsbefehl betroffenen Priester im Sinne des can. 751 CIC (vgl. can.1321) irgendeine Wahrheit des katholischen Glaubens nachweislich und hartnäckig geleugnet hätten. Laut can. 751 ist aber dieser Umstand erforderlich, damit das Delikt der Häresie vorliegt.

Selbst wenn die Schriften des OA eine solche Häresie beinhalten würden, ist damit noch nicht nachgewiesen, daß die betroffenen Priester diese Häresie auch teilen. Und selbst wenn einige von uns - sei es aufgrund der Schriften oder ihrer Fehlinterpretation - die eine oder andere Häresie vertreten würden, wäre das Vorgehen gegen diese Priester angebracht, aber nicht gegen alle. Eine kanonische Strafe ist laut Definition der Entzug eines geistlichen Gutes (vgl. H. Schwendenwein; Das neue Kirchenrecht, Styria Graz. 1984, S. 447). Die Predigterlaubnis ist aber ein geistliches Gut, sodaß ihr Entzug als geistliche Strafe zu werten ist. Gemäß can. 221 hat aber jeder Katholik das Recht, nicht bestraft zu werden, außer auf der Basis eines Gesetzes.

Durch Ihren Verwaltungsbefehl ist eine Anzahl von Priesern bestraft worden, ohne daß das Delikt der Häresie vorliegen würde. Doch erwähnen Eure Eminenz einen zweiten Grund für diese Strafverfügungen: die Nichtbeachtung der Auflagen des römischen Runderlasses vom 29. September 1983. Dazu möchte ich festhalten:

Die Leitung des OA hat Eure Eminenz namentlich im Schreiben vom

[44] Ferdinand Altnöder, Ein geheimes Handbuch, Kirchenblatt für Vorarlberg, 18.12.1988, S. 11

18.9.1987 gebeten, ihr jeden Verstoß gegen die Anordnungen der Kongregation für Glaubenslehre mitzuteilen, und versprach, alles in ihrer Gewalt Stehende zu tun, um die eventuellen Mißbräuche zu beseitigen. Bis zur Veröffentlichung des Verwaltungsbefehles vom 25.3.1988, haben wir jedoch keine diesbezügliche Mitteilung von Eurer Eminenz erhalten. Der Verwaltungsbefehl selber nennt auch keinen einzigen konkreten Fall.

Aber auch bei diesem Grund ist nicht erwiesen, daß sich alle durch den Verwaltungsbefehl getroffenen Priester effektive Verstöße zuschulden kommen ließen. Durch die generelle Formulierung des Verwaltungsbefehls sind also Unschuldige bestraft worden.

Indem ich das Eurer Eminenz vorlege, bitte ich Eure Eminenz um Veständnis, daß wir nicht bis Ende Juli warten können. Innerhalb einiger Tage kommt ein Erzbischof nach Rom, der unseren Rekurs bei der Kongregation für die Bischöfe gegen die vertraulichen Empfehlungen der Bischofskonferenz vom 25. Februar 1988, gegen den Verwaltungsbefehl Eurer Eminenz und gegen die im Gefolge der Empfehlungen stattgefundenen Maßnahmen einiger deutscher Ordinariate einlegen wird. Eurer Eminenz dürfte dies bereits aus der Presse bekannt sein. Dieser Erzbischof möchte nämlich als weiterer Bischof die Erziehung und den theologischen Unterricht seiner Priesterkandidaten den Priestern des OA anvertrauen. Wir mußten ihm aber mitteilen, daß wir bedroht und geschädigt durch die deutschen Verfügungen einen solchen Auftrag kaum werden annehmen können.

Ich will Eurer Eminenz gegenüber offen sein, weil ich geheime Beschlüsse aufgrund von geheimen Berichten, Geheimgutachten, Geheimanklagen und Geheimanzeigen, die ohne Anhörung der Beschuldigten gefaßt werden, für höchst unzeitgemäß halte. Ich möchte deshalb Eurer Eminenz mitteilen, daß dieser Rekurs gegen die obengenannte Geheimempfehlung der Deutschen Bischofskonferenz, gegen den Verwaltungsbefehl Eurer Eminenz selber und gegen einzelne Maßnahmen anderer Ordinariate gerichtet ist. Auch strafrechtliche und zivilrechtliche Anträge sind vorgesehen. Gegen Eure Eminenz soll wegen Mißbrauch der kirchlichen Amtsgewalt gemäß can. 1389 § 1 durch den Verwaltungsbefehl vom 25.3.1988 Anzeige erstattet werden, da dieser Verwaltungsbefehl sowohl verfahrensrechtlich als auch inhaltlich einen eindeutigen Mißbrauch der kirchlichen Amtsgewalt darstellt.

Gegen Seine Exzellenz den Hochwürdigsten Herrn Regionalbischof Graf von Soden-Fraunhofen soll die Anzeige wegen Rekurs gegen eine Maßnahme des Hl. Stuhles an das Bischofskollegium gemäß can. 1372 wegen Verleumdung und Verletzung der Autorenrechte Anzeige erstattet werden.

Da wir sowohl der Person Eurer Eminenz als auch der Person des Hochwürdigsten Herrn Regionalbischofs gegenüber unsere tiefe Hochachtung und Ergebenheit entgegenbringen, und da wir Eure Eminenz als einen Mann des Ausgleichs und der Versöhnung kennen, wollen wir die Hoffnung nicht aufgeben, daß diese Angelegenheit gütlich bereinigt werden kann.

Es ist mir nicht bekannt, ob Seine Exzellenz der Hochwürdigste Herr Erzbischof von Freiburg, Dr. Saier, in der Bischofskonferenz erzählt hat, daß er einmal das Opus Angelorum wegen gewisser Vorkommnisse in seiner Diözese verbieten wollte. Ich habe mir daraufhin erlaubt, in einem Schreiben ihm klarzulegen, daß diese Vorkommnisse wesentlich Ergebnis von Fehlentscheidungen seines Ordinariates waren, die das Ordinariat im Widerspruch gegen die Ratschläge der Leitung des OA gefällt hat. Von diesem Schreiben erlaubte ich mir, eine Kopie der Nuntiatur zu senden, da ich wußte, daß die Angelegenheit auch bei der Nuntiatur anhängig war. Mir persönlich gegenüber hat dann Seine Exzellenz sich beklagt, daß er wegen dieser einzigen Kopie dreimal nach Rom fahren mußte - offensichtlich, um sich zu rechtfertigen.

Ich bitte Eure Eminenz um eine rasche Antwort. Am einfachsten wäre, falls ich einen Vorschlag äußern darf, den Verwaltungsbefehl „aufgrund neuer Erkenntnisse für null und nichtig zu erklären."

Ich bitte Eure Eminenz um den bischöflichen Segen....[45]

Der Brief ist aus mehreren Gründen eine Zitierung im Wortlaut wert: Erstens faßt er prägnant die kirchenrechtliche Argumentation gegen die Maßnahmen deutscher Diözesen zusammen, zweitens gibt er den wertvollen Hinweis, daß ein nicht namentlich genannter Erzbischof eng mit dem OA kooperiert (legt für das OA in Rom Rekurs ein, will die Ausbildung seiner Priesterkandidaten in OA-Hände legen) und drittens enthält er unverhüllte Drohungen gegen Kardinal Wetter und Weihbischof Soden. Letztere werden mit Bezug auf den Freiburger Erzbischof, Oskar Saier, der sich wegen des OA Schwierigkeiten mit Rom eingehandelt haben soll, ergänzt, wohl, um den guten Draht des OA zu kirchlichen Zentralstellen anzudeuten. Und all das ist, ganz typisch für Blaskós Stil, in eine Sprache besonderer Ehrfurcht vor den kirchlichen Amtsträgern gekleidet.

Die von Blaskó gewünschte Audienz fand am 21. Juli 1988 in München statt. Kardinal Friedrich Wetter zog dazu auch Weihbischof Soden-Fraunhofen, den Theologen Prof. Leo Scheffczyk und den Gerichtsvikar Dr. Heinz Maritz bei. Der Inhalt der Unterredung liegt in einem Gedächtnisprotokoll Blaskós vor, das dieser am 17. August aus Rom Kardinal Wetter zur Korrektur zusandte, das aber laut Weihbischof Soden schon vorher im OA kursierte und außerdem keineswegs dem Gesprächsverlauf entspreche: „Der leitende Theologe des Engelwerks hat sich nicht gescheut, das verfälschende Protokoll eines Gesprächs mit Kardinal Wetter in Umlauf zu setzen."[46]

Tatsächlich wirkt das Protokoll so, als hätte keiner der Anwesenden Blaskós bestechenden Argumenten, die gegenüber seinen längst bekannten Äußerun-

[45] 4. OA-Informationsbrief, Die neuesten bischöflichen Entscheidungen, S. 29f.

[46] Heinrich von Soden-Fraunhofen, Zwischen Engeln und Dämonen, Familien-Journal 12/1988, Aachen, liegt monatlich den Kirchenzeitungen mehrerer Diözesen bei

gen kaum Neues enthalten, etwas entgegenzusetzen gehabt. Und schon am 22. August beantragte Dr. Georg Blaskó, diesmal auf dem Briefpapier des Rektors der Innsbrucker Schutzengelbruderschaft, die Nichtigkeitserklärung des Münchener Verwaltungsbefehls und legte vorsorglich „für den Fall der Ablehnung" auch gleich einen Einspruch gegen eine solche Entscheidung bei. Außerdem beantragte er Strafmaßnahmen gegen Weihbischof Soden, dem er unter anderem vorwarf, „sich sogar Tonbandaufnahmen von Beichtgesprächen bzw. -zusprüchen angeeignet und weiterverwendet" zu haben, wegen Verleumdung.

Wie hart sich das Engelwerk durch die deutschen Maßnahmen getroffen fühlt, geht aus einem „Pro Memoria" vom Mai 1988 hervor, mit dem sich Blaskó an der römischen Kurie beschwerte. Darin heißt es[47]:

„Auch wenn es der Leitung des OA lieber wäre, die Verleumdungen, die gegen uns verbreitet worden sind, geduldig und demütig zu ertragen, müssen wir bitten:

1. Daß Seine Exzellenz Graf von Soden-Fraunhofen im Sinne des Can. 1390, § 2 (‚Wer einem kirchlichen Oberen eine andere verleumderische Anzeige eines Delikts macht oder sonst den guten Ruf eines andern verletzt, kann mit einer gerechten Strafe belegt werden, eine Beugestrafe nicht ausgenommen') verpflichtet wird, zumindest seine schwersten Verleumdungen zurückzuziehen, wie z. B. jene, daß unser Institut eine Sekte ist; (was die anderen Thesen betrifft, verweisen wir auf die Anlage).

2. Da Seine Exzellenz schon zwölf Jahre fortwährend in emotioneller Weise in den Kampf gegen uns verwickelt ist (weshalb er nicht mehr objektiv urteilen kann), daß ihm ein Schweigen über das Opus Angelorum auferlegt wird, ausgenommen selbstverständlich die Möglichkeit eines Rekurses an den Hl. Stuhl.

3. Daß Seine Exzellenz zur Zahlung eines symbolischen Ersatzes für die verursachten Schäden in der Höhe von DM 100.000,- - verpflichtet wird (in Wirklichkeit ist der Schaden durch den Schrecken der Wohltäter viel größer und bedeutsamer) - gemäß can. 1390, § 3: ‚Der Verleumder kann auch gezwungen werden, eine angemessene Wiedergutmachung zu leisten'.

4. Daß die Ausführung der geheimen Beschlüsse der Deutschen Bischofskonferenz aufgehoben wird, bis die Kongregation für Glaubenslehre sich diesbezüglich geäußert hat.

5. Daß die Ausführung der Verfügungen, die seitens einzelner Diözesen schon herausgegeben worden sind und sich auf die genannten Empfehlungen der Deutschen Bischofskonferenz bzw. die Verleumdungen Seiner Exzellenz Graf von Soden-Fraunhofen stützen, in gleicher Weise aufgehoben werden, bis ein solcher Entscheid der Kongregation für Glaubenslehre ergeht.

6. Daß auch die anderen Bischöfe, die von S. E. Graf von Soden-Fraunhofen und von der Deutschen Bischofskonferenz in Sachen des OA angesprochen

[47] 4. OA-Informationsbrief, Entwürfe, S. 27f.

worden sind, keine Verfügungen herausgeben, bevor die Kongregation für Glaubenslehre nichts entschieden hat.

Wir hoffen, daß sich diese schwere und heikle Angelegenheit auf administrativem Weg bereinigen laßt. Wenn dies jedoch nicht möglich wäre, würden wir uns zu unserem großen Bedauern gezwungen sehen, den vom kanonischen Recht vorgesehenen gerichtlichen Weg zu beschreiten."

Bis heute hat freilich die Glaubenskongregation nicht entschieden, und man hat auch nichts davon gemerkt, daß das Engelwerk eine seiner hier genannten sechs Forderungen durchsetzen konnte.

X FREUNDE UND GEGNER

Kaum jemand steht dem OA neutral gegenüber

A) Alte und neue Konflikte

Es ist ein religiös getarnter AIDS-Virus, der in die Zellen der Kirche eindringt, in die Familien, in die Pfarreien, in die Klöster, und dort die religiösen Zellen umfunktioniert in Engelwerk-hörige Zellen.
EIN EHEMALIGES ENGELWERK-MITGLIED[1]

Es ist nichts Neues, daß durch das Engelwerk Zwietracht in Ordensgemeinschaften entsteht. Seit den sechziger Jahren ist es wiederholt zu schweren Spannungen in Konventen gekommen, „weil Ordensleute, die durch die Engelweihen in Gehorsam und Schweigen standen, eine klösterliche Subkultur bildeten, gegenüber der die rechtmäßigen Oberen weithin hilflos waren“[2].

Weihbischof Heinrich von Soden-Fraunhofen hat auf diese mit den ersten Konflikten verbundenen Anfänge des öffentlichen Wirkens des Engelwerkes hingewiesen:

„Es war im Jahr 1965, als einige südbayerische Diözesen erstmals offiziell mit dieser Bruderschaft befaßt wurden. Schon vorher wurde von Spannungen berichtet, die vor allem in Schwesternkonventen entstanden, und zwar dadurch, daß Schwestern, die sich dem Engelwerk angeschlossen hatten, sich dem Gemeinschaftsleben des Konvents immer wieder entzogen (Protokoll der bayerischen Ordensreferenten-Konferenz, März 1974), ohne über ihr Verhalten Auskunft zu geben. Außerdem machte sich, gefördert durch einige Jugendseelsorger, bei der Jugend eine eigenartige Engelverehrung bemerkbar. Niemand wußte Genaues. Briefe gingen zwischen den Bistümern hin und her. Deutlich wurde immerhin, daß dieses ‚Sodalitium‘ von Innsbruck ausging, wo es vom dortigen Bischof kanonisch errichtet wurde. Inzwischen hatte der Leiter dieser frommen Vereinigung sich selbst bei unserer Diözesanleitung gemeldet und um Zulassung des Engelwerks im Erzbistum gebeten. Im Unterschied zu benachbarten Diözesen wurde ihm aber nach Prüfung der vorgelegten Grundsätze dieser Wunsch versagt. (Brief Generalvikar München an Dr. Waitz vom 18.5.1965)“[3]

[1] „Stationen“, Bayerisches Fernsehen, 7.7.1988
[2] Heinrich von Soden-Fraunhofen, Zwischen Engeln und Dämonen, Familien-Journal, Aachen, 12/1988, liegt monatlich den Kirchenzeitungen mehrerer Diözesen bei
[3] Heinrich von Soden-Fraunhofen, Beobachtungen zum Engelwerk, Manuskript, Freising, September 1986, S. 2

Diesen Aussagen Sodens hat Engelwerk-Leiter Georg Blaskó scharf widersprochen: „Der Text spricht von ‚Spannungen' in Schwesternkonventen und belegt dies mit dem Protokoll der Bayrischen Ordensreferentenkonferenz vom März 1974. In dieser Konferenz gab es auch beachtliche Zeugnisse des positiven Einflusses der Spiritualität des OA auf das Ordensleben.

Es ist begreiflich, wenn Exzellenz Dr. Josef Stimpfle, der Vorsitzende dieser Konferenz, anschließend erklärte, daß die Spannungen bereits vor dem Auftreten des Werkes der hl. Engel bestanden. Ebenso teilte Exzellenz Stimpfle mit, daß die Anklage, die Schwestern hätten sich dem Gemeinschaftsleben des Konvents immer wieder entzogen, darauf beruhte, daß die Schwestern, die vom Werk der hl. Engel seelische Ermunterung holten, es vorzogen, statt Fernsehen sich zur Anbetung, bzw. zu dem in der Ordensregel vorgesehenen Abendgebet, zurückzogen. (sic!)

Seine Exzellenz Dr. Josef Stimpfle ermunterte die Schwestern sogar, in diesem Sinne in ihren Kommunitäten weiterzuwirken, um das Gebetsleben zu fördern.

Auch die Religiosenkongregation, speziell der damalige Sekretär, der jetzige Kardinal Augustin Mayer OSB, hat sich mit diesen Spannungen eingehend befaßt und den Einfluß des Werkes der hl. Engel auf die Gemeinschaften positiv bewertet."[4]

Ein Teilnehmer der Madeira-Informationswochen hörte von einem Franziskaner über einen Abwerbungsversuch in dessen Orden: „So hatte ein Novizenkurs des Jahrganges 1973/74 Kontakte zum Engelwerk. Als der Novizenmeister diese Kontakte verbot, wurden die Novizen aufgefordert, weiterhin zu den Engelwerksversammlungen zu kommen, im Kloster aber zu bestreiten, daß man dorthin ging. Auf Weisung des Versammlungsleiters mußten die Novizen ihrem Magister also ins Gesicht lügen. Es scheint fraglich, ob das wirklich der Wille der Engel sein kann. Schließlich ist der ganze Kurs, nachdem die Lage auf die Spitze zutrieb, in den Kreuzorden übergetreten."[5]

Der Jesuitenpater Rolf Silberer hat sich seinerzeit als geistlicher Beirat der Vereinigung der Ordensoberinnen Deutschlands (VOD) mit Fragen zu diesem Thema an die römische Religiosenkongregation gewandt. Das Resultat dieses Briefwechsels teilte er in einem Rundschreiben „An alle Höheren Oberinnen als Mitglieder der VOD" im März 1975 mit. Es hatte folgenden Wortlaut[6]:

Bei der Jahresversammlung der VOD 1974 in Reute wurden in Anwesenheit des hochwürdigsten Herrn Erzbischofs Augustinus Mayer OSB, Sekretär der

[4] Georg Blaskó, Richtigstellung zu drei Schriftsätzen, Silz 1986, C, S 3, 116

[5] Zitiert nach: Gunther Burkhardt, Auferstehung der jüdischen Sekte „Engelwerk", Code, Juni 1987

[6] Opus Sanctorum Angelorum, 3. Informationsbrief, Rom 1986, S. 41

Religiosenkongregation, von mehreren Oberinnen Fragen bzgl. des „Engelwerkes“ (Opus Angelorum) gestellt. In meinem Rechenschaftsbericht an die Religiosenkongregation vom 18. September 1974 habe ich dann im Sinne der Fragestellungen von Reute folgende Fragen formuliert und um Beantwortung gebeten:

„6. Selbstverständlich hat jede Schwester ein Recht auf die ihr gemäße geistliche Betreuung. Auch die Verehrung der Engel oder die von Rom approbierten Statuten des Opus Angelorum stehen außer Frage. Es geht hier nur um die Grenzen des forum internum im Verhältnis zum forum externum der einzelnen Gemeinschaften.

Folgende Fragen müßten wohl genauer geklärt werden:

a) Dürfen Priester durch ‚Weihen‘, individuelle Sühneverpflichtungen u.a. so sehr in das religiöse Leben der Schwestern hineinwirken, daß daraus Gewissenskonflikte und reale Konflikte mit dem Gemeinschaftsleben oder Arbeitsauftrag erwachsen?

b) Wo ist die Grenze einer ‚Gehorsamspflicht‘ im forum internum (aufgrund von ‚Weihen‘) im Bezug zur Gehorsamspflicht gegenüber den rechtmäßigen Obern aufgrund der Ordensgelübde?

c) Inwiefern überschreitet eine Oberin ihre Rechte, wenn sie einzelne Schwestern oder die ganze Kommunität im Sinne einer solchen Sonder-Spiritualität beeinflußt?“

In seinem Antwortschreiben vom 15. Februar 1975 (Prot.Nr. AG.35-1/74) hat mir nun der hochwürdigste Herr Erzbischof Augustinus Mayer OSB die Stellungnahme der Religiosenkongregation übermittelt. Nach Absprache mit dem Vorstand der VOD und auf dessen Bitten setze ich Sie davon in Kenntnis. Die Antwort der Religiosenkongregation hat folgenden Wortlaut:

‚Mit Bezug auf die unter Nr. 6, a) - c) S.3 im Zusammenhang mit der Pia Unio des Opus Angelorum aufgeworfenen Fragen ersuche ich Sie, der Vereinigung der Ordensoberinnen Deutschlands und durch diese den verantwortlichen höheren Oberinnen der dortigen Ordensfrauen die nachstehende Stellungnahme der Religiosenkongregation bekannt zu geben.

Zu 6, a) ‚Weihen‘, ‚individuelle Sühneverpflichtungen‘ und dgl. religiöser Bewegungen dürfen nie so in das Ordensleben der Schwestern hineinwirken, dass daraus Gewissenskonflikte und reale Konflikte mit dem Gemeinschaftsleben oder dem beruflichen Einsatz erwachsen. Einer derartigen Beeinflussung zu wehren, sind die Ordensoberen gemäss Kan. 693, Par. 4 des kirchlichen Rechtsbuches ohne weiteres befugt.

Die Verehrung der heiligen Engel, auch die des Schutzengels, deren Förderung und Vertiefung sich das Opus Angelorum zum Ziele setzt, wie auch die Seelenführung von seiten der Priester, welche dieser Pia Unio angehören, dürfen Ordensmitgliedern gegenüber kein anderes Ziel verfolgen als das, ihnen behilflich zu sein, das eigene Ordensleben im Rahmen der durch die Ordensprofess übernommenen und in den Konstitutionen der jeweiligen Ordensge-

meinschaft festgelegten Verpflichtungen möglichst vollkommen zu verwirklichen.

Zu 6, b) - Eine ‚Gehorsamspflicht' auf Grund von ‚Weihen' kann nicht die Gehorsamspflicht gegenüber den rechtmässigen Oberen auf Grund der Ordensgelübde einschränken oder gar aufheben. Kan. 1315 des kirchlichen Rechtsbuches verfügt mit aller Klarheit, dass selbst die Verpflichtungen der Privatgelübde, die vor der Ordensprofess abgelegt wurden, durch die Ordensprofess suspendiert werden. Umsoweniger darf und kann man nach der Ordensprofess auf Grund von privaten ‚Weihen' Verpflichtungen übernehmen - sei es auch nur im Gewissensbereich - die mit den Verpflichtungen der Ordensprofess nicht vereinbar wären. Das Urteil, ob sie im konkreten Fall vereinbar sind oder nicht, steht gemäss dem oben zitierten Kan. 693, Par. 4 den rechtmässigen Ordensoberen zu.

Zu 6, c) - Eine Oberin, die einzelne Schwestern oder die ganze Kommunität in der genannten Sonder-Spiritualität derart beeinflussen wollte, dass sie tatsächlich gegen die soeben erwähnten Grundsätze verstösst, würde offensichtlich ihre Rechte überschreiten.

Die Rechte und die Pflichten eines Ordensoberen können in der Tat keinem anderen Ziel dienen als dem, das Ordensleben der Mitglieder nach Massgabe der Konstitutionen und im Rahmen der eigenen Tradition zu fördern.

Um Missverständnissen vorzubeugen, wäre ferner mit Bezug auf die Statuten des Opus Angelorum zu bemerken, dass sie nicht schlechthin ‚von Rom' approbiert worden sind (vgl. Bericht, Nr. 6, 1. Abs.). Sie sind wohl vom römischen Ordinariat (Vicariato Generale) auf Grund der den Ortsordinarien zustehenden Befugnisse bestätigt worden, aber nicht vom Hl. Stuhl."

Welchen Schwestern Ihrer Gemeinschaft Sie diese Stellungnahme der Religiosenkongregation mitteilen, bleibt Ihrem eigenen Urteil überlassen. Das wird ja auch von Gemeinschaft zu Gemeinschaft sehr verschieden sein. Wie Sie leicht ersehen können, hat diese Antwort - über den konkreten Anlaß hinaus - ja auch generellere Bedeutung bzl. Sonder-Spiritualitäten.

Mit frohen Grüßen bleibe ich Ihr P. Rolf Silberer SJ.

Damit hätte die Sache erledigt sein können, aber eine Reihe von Beispielen zeigt, daß dies nicht der Fall war. So weiß auch Bischof Soden zu berichten: „Noch im Jahr 1981 waren drei Schwestern einer Franziskanerinnenkongregation im Erzbistum München und Freising bereit, ihren Orden zu verlassen, weil die Generaloberin ihre Schwestern vor die Entscheidung zwischen Ordens- und Engelwerks-Gehorsam gestellt hatte. Ordensgelübde und Verpflichtungen durch Engelweihen können tatsächlich gegeneinander stehen."[7]

Kardinal Joseph Ratzinger sah sich veranlaßt, am 1. März 1984 in einem Schreiben an die Generaloberin der Kongregation der Franziskanerinnen vom

[7] Heinrich von Soden-Fraunhofen, Die Zukunft des Engelwerks nach dem Dekret der römischen Glaubenskongregation vom 24. September 1983, Freising, 17.2.1984 S. 2f.

heiligen Märtyrer Georg zu erklären: „Die Verantwortlichen des OA haben inzwischen zugesichert, daß sie die Entscheidungen der Kongregation voll akzeptieren und in den mit ihnen verbundenen Gruppierungen zur Anwendung bringen wollen. Es besteht daher für eine Generaloberin kein Anlaß, den Schwestern die Verehrung der heiligen Engel in Verbindung mit den geistlichen Anregungen des Engelwerkes zu verbieten, wenn diese Frömmigkeit sich an die von der Kongregation gezogenen Linien hält und keine Störungen in der gemeinsamen Frömmigkeit und Spiritualität der Ordensgemeinschaft nach sich zieht."

Blaskós Kommentar zu diesen Ereignissen: „Die drei erwähnten Franziskanerinnen haben von sich aus nie an einen Ordensaustritt gedacht. Ihre neue Generaloberin fand ihre Zugehörigkeit zum OA mit dem Orden unvereinbar. Es geht sowohl aus einem Schreiben des Präfekten der Glaubenskongregation vom 1.3.84 als auch des Sekretärs der Religiosenkongregation vom 29.2.84 hervor, daß eine Ordensschwester dem Werk der hl. Engel angehören kann, deshalb keinerlei Diskriminierung erfahren darf und bis in die höchsten Leitungsämer des Ordens unbehindert aufsteigen kann. Daß die genannten Schwestern doch bei ihrem Orden verblieben, ist auf die Ermutigungen von Seiten des OA zurückzuführen."[8]

Für Weihbischof Soden steht völlig außer Zweifel: „Gerade in den Ordenshäusern hat das Engelwerk die meiste Unruhe gestiftet. Durch das Schweigeversprechen, das in Verbindung mit den Engelweihen abgelegt wird, ist eine starke Arkandisziplin gegeben, die bisweilen ganze Konvente gespalten hat. Manche Ordensgemeinschaften tragen heute noch daran, und fast jede Diözese kann darüber Leidvolles berichten."[9] Er berichtet: „Es gab Schwestern, die Heimaturlaub nehmen mußten, um ‚auf Befehl ihres Engels' heimlich die Exerzitien besuchen zu können, die von der eigenen Ordensobrigkeit verboten worden waren."[10]

Georg Blaskó dreht natürlich den Spieß um und findet gute Gründe dafür, daß Schwestern in ihren Konventen in Sachen OA-Zugehörigkeit Geheimhaltung geübt haben: „Hunderte von Schwestern, welche dem OA angehören, lebten in Frieden mit ihren verschiedenen Ordensgemeinschaften. Der Unfriede begann zumeist damit, daß Oberinnen gegen das OA aufgebracht wurden. Anstatt sich in schwesterlicher Liebe miteinander auszusprechen, begann sofort ein zermürbender Kleinkrieg gegen die betreffenden Schwestern. Hieraus erklärt sich auch, daß sich die erwähnten Schwestern zurückgehalten haben... Wenn dies verboten war, hat keine Schwester Exerzitien des Werkes der hl. Engel in den Ferien besucht."[11]

Doch bis in unsere Tage bekommt man zu hören, was am 5. August 1989 so

[8] Georg Blaskó, Richtigstellung zu drei Schriftsätzen, B, S 2, 56
[9] Soden-Fraunhofen, Beobachtungen zum Engelwerk, S. 14
[10] Soden-Fraunhofen, Die Zukunft des Engelwerks, S. 3
[11] Georg Blaskó, Richtigstellung zu drei Schriftsätzen, B, S 2, 58

in der Zeitung stand: „Ein Ordenspater, der Exerzitien in Frauenklöstern hält, berichtete mir, seit Jahren müsse er feststellen, daß es immer wieder in den Konventen wegen des Engelwerkes Schwierigkeiten gebe, weil Nonnen Gehorsam mit dem Hinweis verweigern, ihnen habe ihr Engel anders befohlen.“[12]

Diesen Gehorsamskonflikt und die Argumentation mit dem Befehl des Engels macht Weihbischof Soden so verständlich: „Bei der Einkleidungsfeier einer Anwärterin im Orden vom hl. Kreuz stellt sich der führende Priester auf das Gewand, um seine Macht über den künftigen Träger auszudrücken. Der jungen Profeßschwester einer Franziskanerinnenkongregation wurde erklärt: Pater Hermann (Precht) ist in Verbindung mit Deinem Engel. Er weiß, was Dein Engel will, und was er Dir befiehlt.“[13]

Von dieser Methode, Gehorsam mit dem Satz „Dein Engel befiehlt dir“ zu erreichen, und zwar nicht nur von Mitgliedern des Ordens vom Heiligen Kreuz, sondern auch von OA-Angehörigen in anderen Gemeinschaften, berichten zwar einige ehemalige Werksmitglieder, aber der leitende Priester, Georg Blaskó, bestreitet diese Aussagen. Einen Ritus, wonach sich der führende Priester auf das Gewand der Anwärterin stelle, gebe es nicht[14]. Und zum Satz „Dein Engel befiehlt dir“ sagte Blaskó am 21. Juli 1988 im Gespräch bei Kardinal Wetter laut seinem eigenen Gedächtnisprotokoll[15] launig zu Bischof Soden: „Exzellenz, wenn einer von uns das einmal gesagt hat, dann nehmen Sie ihn beim Ohr. Oder wenn Sie es selber nicht wollen, dann teilen Sie es mir mit und ich nehme ihn beim Ohr.“

Dieses Erzeugen von Spannungen in kirchlichen Instituten ist nach wie vor üblich. Ein ehemaliges OA-Mitglied hat denn auch drastisch formuliert: „Es ist ein religiös getarnter AIDS-Virus, der in die Zellen der Kirche eindringt, in die Familien, in die Pfarreien, in die Klöster, und dort die religiösen Zellen umfunktioniert in Engelwerk-hörige Zellen.“[16]

Im Sommer1989 sah es danach aus, als wolle das Opus Angelorum ein Kloster in der Schweiz unterwandern und in seinen Einflußbereich bringen. Dem Propst der Augustiner-Chorherren-Kongregation vom Großen St. Bernhard soll das Angebot gemacht worden sein, daß gleich mehrere Novizen aus dem Engelwerk eintreten.

Es könnte - die Betonung liegt auf: könnte - natürlich auch umgekehrt sein: daß nämlich ein paar junge Leute vom Engelwerk genug haben und sich, gewissermaßen geheilt, gemeinsam nach einem anderen Orden umschauen. Aber das „Teuflische“ am Engelwerk ist eben, daß Leuten, die einmal damit zu tun hatten, - ob im Einzelfall zu Recht oder zu Unrecht, bleibt offen - notge-

[12] Karl Heinz Ritschel, Kosmos voller Engel und Dämonen, Salzburger Nachrichten
[13] Soden-Fraunhofen, Beobachtungen zum Engelwerk, S. 16
[14] Georg Blaskó, Richtigstellung zu drei Schriftsätzen, B, S 2, 79
[15] Georg Blaskó, Gedächtnisprotokoll von der Audienz bei einem Kardinal Erzbischof, Silz, 13.8.1988, S. 25
[16] „Stationen“, Bayerisches Fernsehen, 7.7.1988

drungen zunächst mit Mißtrauen begegnet wird. Denn die Trennung vom Engelwerk kann ja ein Akt von „U-Boot-Taktik“ oder „Engelspiritualität“ eines „Alter angelus“ sein.

Mit seinen Gegnern, aber auch Leuten, die ihm nur leicht kritisch gegenüberstehen, geht das Engelwerk nicht zimperlich um, wie Professor van der Ploeg bestätigen kann: „Als ich mich einmal ziemlich neutral zum EW geäußert hatte, bekam ich sofort einen Brief von einem leitenden Priester des EW, worin ich zum Feind des EW erklärt und sogar bedroht wurde.“[17]

Denn die Engelwerker glauben fest daran, daß sie sich auf der Seite der Engel im Kampf befinden. Und jeder, der in diesem Kampf nicht eindeutig auf ihrer Seite steht, ist ein Gegner, vielleicht sogar ein Kommunist oder Freimaurer. Wie sagte doch P. Hansjörg Bitterlich vor Studenten auf Madeira: „Die Engel sind auch Mitglieder des Werkes. ...Dadurch wird das Werk nicht so leicht angreifbar. ...Im Engelwerk werden Verteidigungsmethoden ausgearbeitet, werden eigene Kämpfer ausgebildet, entsprechend diesen modernen Kampfmethoden.“[18]

B) Wie das Engelwerk Nachwuchs bekommt

> *Im Laufe der Vorträge - es waren deren vier bis fünf pro Tag - wurde mir allerdings klar, warum für diese Veranstaltung die Insel Madeira und auf dieser wieder einer der entlegensten Punkte gewählt worden war.*
>
> *SIEGFRIED LOCHNER*[19]

Niemand kann leugnen, daß das Engelwerk in den letzten Jahren relativ viel Nachwuchs bekommen hat. Ob Qualität und Quantität im richtigen Verhältnis zueinander stehen, ist eine andere Frage. Keine Frage ist, daß Engelwerk und Kreuzorden bei der Nachwuchssuche gerne auf fremde Vorarbeiten zurückgreifen, also auch Leute anwerben, die schon die geistliche Laufbahn - sei es zum Weltpriester oder in einen Orden - eingeschlagen haben. Am leichtesten gelingt das, wo junge idealistische Menschen noch unschlüssig über ihre genauen Zukunftspläne und -aussichten sind, wo Ordensleute Schwierigkeiten mit ihren Oberen haben oder wo junge Männer unbedingt die Priesterweihe anstreben und in ihren Diözesen auf - berechtigten oder unberechtigten - Widerstand stoßen.

Zu einer aufsehenerregenden Werbeaktion für das Engelwerk kam es im

[17] Johannes van der Ploeg, Eine jüdische Sekte und ihr christliches Echo, Una-Voce-Korrespondenz, Mai/Juni 1988, S. 175

[18] Johannes Rothkranz, Manipulationswochen auf Madeira, Manuskript, Filsen/Rhein 1986, S. 102

[19] Siegfried Lochner, Gedächtnisprotokoll Madeira, Juli/August 1986, S. 2

Jahr 1986. Sie wirbelte deshalb so viel Staub auf, weil einige Beteiligte sie schriftlich dokumentierten und weil hier hinter dem Rücken der Leitung eines kirchlichen Studienhauses, des „Collegium Rudolphinum“ in Heiligenkreuz, ein Dutzend Priesterstudenten zunächst als Donaten für den Orden der Regularkanoniker vom Heiligen Kreuz gewonnen werden sollte. Das Rudolphinum untersteht dem „Opus Summi Sacerdotis“, einem Verein, den der damalige Regensburger Bischof Dr. Rudolf Graber in den siebziger Jahren, gestützt auf einige deutsche Diözesen, ins Leben rief, um den konservativ orientierten Priesternachwuchs, vor allem auf dem zweiten Bildungsweg, zu fördern. Die Priesterkandidaten des Rudolphinums studieren an der Hochschule des Zisterzienserstiftes Heiligenkreuz.

Man weiß, daß einige Heiligenkreuzer Studenten schon dem Engelwerk verbunden waren beziehungsweise durch Aufenthalte in Flüeli und Fatima damit in Kontakt gekommen waren, ehe es im Jahr 1986 zu der viel Staub aufwirbelnden Werbeaktion kam.

Am Aschermittwoch, 12. Februar 1986, fand im „Ulrichshaus“ in Augsburg ein Treffen statt, bei dem die Möglichkeiten der Gründung einer neuen Ordensgemeinschaft besprochen wurden. Anwesend waren Prof. Dr. Ingo Dollinger, ein enger Berater des Augsburger Bischofs Dr. Josef Stimpfle, P. Andreas Hönisch SJ, der Gründer der Katholischen Pfadfinderschaft Europas (KPE), die beiden Missionare vom kostbaren Blut, P. Heinrich Morscher und P. Richard Pühringer (sie schlossen sich dann als Donaten dem Kreuzorden an) und einige junge Interessenten, vornehmlich Priesterstudenten aus dem „Rudolphinum“ in Heiligenkreuz.

P. Hönisch, der Initiator des Treffens, peilte eine neue Gemeinschaft mit striktem Armutsgelübde und besonderer Ausrichtung auf Jugendseelsorge und Pfadfinderarbeit an. Nach kirchenrechtlichen Erläuterungen von Dr. Dollinger schien eine solche Neugründung nur unter erheblichen Schwierigkeiten verwirklichbar zu sein, daher wurde der Vorschlag Dollingers aufgegegriffen, die Möglichkeit zu prüfen, eventuell als ganze Gemeinschaft in den Donatenstand des Kreuzordens einzutreten, dessen Ziele - so Dollinger - weitgehend mit den Idealen der Anwesenden übereinstimmten.

Dollinger sorgte dafür, daß am nächsten Morgen, dem 13. Februar, P. Hansjörg Bitterlich, begleitet von einem weiteren Pater, in Augsburg eintraf und die Gruppe über den Kreuzorden und den Donatenstand informierte. Konkrete Ergebnisse ergab das Treffen nicht, allerdings wurde den Heiligenkreuzern von Dr. Dollinger empfohlen, bei einem allfälligen Bericht an Rudolphinum-Direktor Otto Hermans den Kreuzorden nicht zu erwähnen.

Der nächste Akt fand in den Osterferien 1986 statt. Ohne Wissen ihres Direktors fuhren 13 Rudolphinum-Studenten auf den Petersberg bei Silz und erhielten dort weitere Erläuterungen über den Donatenstand im Kreuzorden. P. Bitterlich betonte den Unterschied zwischen Orden und Engelwerk und lud zu einem mehrwöchigen Intensivkurs (in einem Brief an Direktor Hermans sprach er von einem „Erholungsaufenthalt“ mit der „Möglichkeit, etwas über die Spiritualität des Ordens zu erfahren“) im Sommer ein, wahlweise in Rom, auf dem Petersberg oder auf der Insel Madeira.

Die Studenten sollten ruhig in Heiligenkreuz weiterstudieren, dem Direktor aber manches verschweigen und Einzelgespräche mit ihm vermeiden. Als Direktor Hermans davon erfuhr, fühlte er sich natürlich hintergangen und befürchtete eine Spaltung im Studienhaus. Er erläuterte den zwölf Studenten, die eventuell Donaten des Kreuzordens werden wollten - einer war davon inzwischen schon abgekommen -, daß die Spiritualität von Kreuzorden und Engelwerk identisch sei. Ansuchen um Aufnahme in den Donatenstand dürften nicht ohne sein Wissen abgeschickt werden.

Unter dem Zureden von P. Morscher, der bereits seinen Donatenvertrag unterschrieben hatte, begannen die Studenten die für das Ansuchen nötigen Unterlagen zusammenzustellen. Dem Direktor wollte man nur das eigentliche Ansuchen zeigen, durch ein Versehen erhielt dieser aber auch die Liste der erforderlichen Unterlagen. Das Vertrauen im Haus litt unter all diesen Vorfällen natürlich sehr.

Im Zimmer des Studenten Rudolf Weberndorfer, der die telefonische „Schaltstelle“ zu P. Hansjörg Bitterlich, P. Heinrich Morscher und Prof. Ferdinand Holböck war, kam es immer wieder zu Versammlungen der am Kreuzorden Interessierten, die bereits mit dem Gedanken spielten, Heiligenkreuz ganz zu verlassen und an der Opus-Angelorum-Hochschule von Anapolis in Brasilien das Studium fortzusetzen. Bei einem Geheimtreffen der Studenten mit P. Bitterlich und P. Morscher am 1. Mai auf dem Linzer Pöstlingberg berichtete P. Bitterlich, dies sei nach Rücksprache mit Dr. Dollinger, dem Rektor von Anapolis, grundsätzlich möglich. Er deutete aber auch die Möglichkeit an, eventuell an der Hochschule Heiligenkreuz weiterzustudieren, aber nicht mehr im Collegium Rudolphinum, sondern in einem anderen Gebäude zu wohnen.

Diese Möglichkeit erschien den Studenten wegen der vorhersehbaren Konflikte nicht gut, außerdem seien schon einige Professoren in Heiligenkreuz auf der modernistischen Linie. Genau diese Konflikte sind aber keine zwei Jahre später ausgebrochen. Da begehrten ein paar inzwischen angeblich dem Engelwerk untreu gewordene Studenten zunächst vergebens Wiederaufnahme im Rudolphinum, das ihnen vorher zu „modernistisch“ war, und durften schließlich von einem anderen Haus - in Mayerling - aus ihr Studium in Heiligenkreuz fortsetzen.

Inzwischen war klar geworden, daß der Intensivkurs auf Madeira stattfinden würde, und die Dinge spitzten sich zu. Höhepunkt war eine Instruktio des Direktors für alle Angehörigen des Rudolphinums am 4. Juni. Er rügte den schweren Vertrauensbruch der zwölf Studenten, informierte über Engelwerk und Kreuzorden aus seiner Sicht (mit einem Gutachten von Prof. van der Ploeg) und stellte die zwölf schließlich vor die Wahl: Teilnahme an den Informationswochen auf Madeira oder Verbleib im Rudolphinum, aber nicht beides.

Bemerkenswert ist, wie sich in dieser Zeit die Fronten versteiften und die Engelwerk-Gegner in Heiligenkreuz, der Dogmatik-Professor P.Dr. Hermann Riedl OCist und Direktor Hermans, geradezu zu „Feinden" erklärt wurden.Ein Student gab nach langem inneren Ringen als einziger der zwölf den Plan auf, nach Madeira mitzufahren.

Inzwischen wandten sich P. Heinrich Morscher und Prof. Ferdinand Holböck mit Briefen an die Eltern der Studenten, um diesen die Entscheidung ihrer Söhne begreiflich zu machen. Morscher schrieb am 23. Juni 1986 unter anderem: „Nachdem nun der Neomodernismus auch im Rudolphinum Einzug gehalten hat - leider auch durch Professoren der Fakultät -, ist ein Verbleiben dort unmöglich geworden. Nun brauchen wir aber mehr denn je katholische Priester, die ohne Abstriche den wahren Glauben verkündigen."

In Holböcks Brief vom 22. Juni, der interessanterweise recht offen vom „Kreuzorden im Engelwerk" spricht, heißt es: „Ich kenne das Engelwerk seit vielen Jahren und hatte noch das Glück, Frau Bitterlich, eine heiligmäßige, charismatisch begnadete Priestermutter, die am Anfang des Engelwerkes stand, persönlich kennenzulernen."

Besonderes Augenmerk verdient, wie Holböck hier die Beziehungen des OA zu Rom darstellt: „Das Engelwerk und der Kreuzorden ist in unserer Zeit, die voll von dämonischem Wüten gegen Gott und alles Christliche ist, von vielen Bischöfen in seiner Aktualität erkannt worden und wird geschätzt und empfohlen. Mit den päpstlichen Behörden in Rom steht die Leitung des Kreuzordens in Verbindung, vor allem mit dem deutschen Kurienkardinal Dr. Josef Ratzinger, dem Präfekten der Glaubenskongregation; die Leitung des Kreuzordens hofft, nach den Jahren der stillschweigenden Duldung und nach Prüfung aller eingereichten Unterlagen bald die ausdrückliche lobende Anerkennung und Bestätigung zu erhalten. Kardinal Ratzinger anerkannte voll die Zielsetzungen des Engelwerkes und des Kreuzordens, erklärte aber, die vielen auf Privatoffenbarungen zurückgehenden Engelnamen sollten im Kult (Gebet und Gottesdienst) keine Verwendung finden."

Die Engelnamen, betont Holböck, seien im Engelwerk und Kreuzorden nur etwas Nebensächliches. Und er weist darauf hin, daß die Studenten nicht mehr am Heiligenkreuzer Rudolphinum weiterstudieren können: „So müssen sie anderswo das Studium fortsetzen, vielleicht in Brasilien. Davor aber braucht man nicht zurückschrecken, weil heute solche weite Entfernungen keine entscheidende Rolle mehr bilden, entscheidend ist nur, daß die theologische Ausbildung im rechten, gläubigen Geist erfolgt; dafür aber garantieren in Brasilien der zuständige Bischof von Petropolis[20], der Apostolische Nuntius in Brasilien und der genannte Kardinal J. Ratzinger."

Auf die Frage, woher er die hier so positiv geschilderte Einstellung Kardinal

[20] Gemeint ist hier wohl Anapolis.

Ratzingers zum Engelwerk kenne, hat Holböck später klargestellt, daß sie ihm lediglich durch Äußerungen von P. Bitterlich bekannt sei[21].

Zu den elf schließlich zum Engelwerk aufbrechenden Heiligenkreuzern gesellten sich auf der Reise nach Madeira, wo nun von 17. Juli bis 15. August die Informationswochen stattfinden sollten, noch einzelne andere, zum Beispiel Johannes Rothkranz aus Filsen am Rhein, ein hochintelligenter junger Theologe, der die Diözese Regensburg hatte verlassen müssen, weil er in seiner Diplomarbeit die Zelebration zum Volk als „Irrweg“ bezeichnet hatte. Rothkranz, dessen konservative Einstellung über jeden Zweifel erhaben ist, hatte schon in den Wochen davor einen kritischen 38-Seiten-Text „Theologische Anmerkungen zu Lehren und Praktiken des Opus Sanctorum Angelorum“ geschrieben. Er ging davon aus, daß Gelegenheit sein werde, über ein solches Diskussionspapier zu reden. In Caniçal auf Madeira wurde Rothkranz schließlich zum kritischen Chronisten der Informationswochen, die in seiner Diktion „Manipulationswochen“ waren.

Die meisten Teilnehmer kamen am 17. Juli 1986 auf Madeira an, einige Tage später noch ein namentlich bekannter Priesterkandidat, Siegfried Lochner, „der, wie er erzählte, nach abgeschlossenem Diplom das Münchner Priesterseminar hatte verlassen müssen, weil er sich in der ‚konservativen‘ Pfarrei St. Peter in München zu sehr engagiert hatte“[22]. Lochner selbst hat bestätigt, daß er dann Kontakt zu Dr. Ingo Dollinger aufnahm[23]: „Dieser empfahl mir, mich in der Diözese Anapolis/Brasilien weihen zu lassen. Wollte ich später nach Europa zurückkehren, so sei dies an sich nur über eine Donation an den Kreuzorden möglich. Dieses auf den ersten Blick seriös erscheinende Angebot bewog mich, den solchermaßen aufgezeigten Ausweg näher ins Auge zu fassen. Daher nahm ich auch die Einladung, an den Tagen in Madeira teilzunehmen, dankend an... So besorgte mir Dr. Dollinger noch rasch ein Flugbillet, allerdings ließ es sich aus technischen Gründen nicht vermeiden, daß ich erst einige Tage nach den Heiligenkreuzer Alumen auf der Insel ankam.“

Es wurde zunächst verwundert registriert, daß das Haus, wo der Kurs stattfand, „ganz einsam auf dem unbewohnten äußersten Ostzipfel der Insel“ (Rothkranz), „inmitten einer karstigen, völlig menschenleeren Einöde gelegen war“ (Lochner), später konnten es sich zumindest einige Teilnehmer erklären, darunter auch Siegfried Lochner: „Im Laufe der Vorträge - es waren deren vier bis fünf pro Tag - wurde mir allerdings klar, warum für diese Veranstaltung die Insel Madeira und auf dieser wieder einer der entlegensten Punkte gewählt worden war. Mehr als einmal wurde seitens der Vortragenden darauf hingewiesen, daß auf jegliche Lektüre mitgebrachter Bücher verzichtet werden solle, jegliche Kritik an dem vorgetragenen Stoffe sollte unterlassen werden, denn

[21] Heiner Boberski, Eine Million Mitglieder?, Die Furche, 20.1.1989
[22] Johannes Rothkranz, Madeira, S. 30
[23] Lochner, S. 1f.

all dies sei vom Engel geoffenbart worden, um unsere Zeit zu retten. Kritik daran müsse zwangsweise vom Gegner des Engels, also vom Teufel herrühren. Somit ist auch jeder Kritiker ein Erfüllungsgehilfe Satans. Stattdessen möge jeder Teilnehmer sich Aufzeichnungen über das in den Vorträgen Gesagte machen, um dieses in der Zeit zwischen den Vorträgen immer und immer wieder in sich aufzunehmen."

Während Lochner in seinem Bericht von „Indoktrination" spricht, nennt Rothkranz die ganze Veranstaltung schlicht „Manipulationswochen" und bringt im Vorwort seiner 114-Seiten-Dokumentation einen drastischen Vergleich: „Zur Zeit des 2. Weltkriegs, so las ich einmal, wurden für junge Studenten, die in einer bestimmten Truppeneinheit als Soldaten eingesetzt waren, von Professoren im Stil einer Abendschule Vorlesungen abgehalten, um den Geist der jungen Leute nicht verkümmern zu lassen. Der Philosophiedozent allerdings war ein überzeugter Vertreter der nationalsozialistischen Ideologie und ihrer philosophischen Voraussetzungen. Es sei faszinierend gewesen, so schrieb der Autor, der sich offenbar unter den betreffenden Studenten befunden hatte, zu beobachten, wie dieser Dozent in jeder Vorlesung erneut ein ganz kleines, unmerkliches Stückchen von der Wahrheit abwich, bis er die gutgläubigen Zuhörer zum Schluß gänzlich in den Irrtum geführt hatte.

Obwohl ich diese kleine Episode bereits vor einer ganzen Reihe von Jahren gelesen habe und darum das Buch und den Autor nicht mehr nennen könnte, ist sie mir in lebendiger Erinnerung geblieben. Ich habe mich nämlich immer wieder gefragt, wie das wohl möglich sei, immer nur ein ganz kleines Stückchen von der Wahrheit abzugehen, so wenig nur, daß der unaufmerksame Zuhörer davon nichts bemerkt. Seit wenigen Tagen weiß ich aus eigener Erfahrung, wie so etwas möglich ist. Und in der Tat: es war faszinierend, den Vorgang zu beobachten. Dabei danke ich Gott dem Heiligen Geist dafür, daß er mich in seiner Güte davor bewahrt hat, von einem Beobachter selbst zu einem Opfer der ungeheuerlichen Manipulation zu werden, die sich da ereignete.

Oder ist es etwas anderes als massive Manipulation, was aufgeweckte und glaubenseifrige und -treue, aber leider auch gutgläubige junge Theologiestudenten dazu bringen könnte, Ideen gutzuheißen, anzunehmen und zu verteidigen, für die sie noch unmittelbar zuvor und unter anderen Umständen ganz gewiß nichts als Ablehnung und Verachtung übrig gehabt hätten?

Während ich das niederschreibe, geht der niederträchtige Manipulationsprozeß aller Wahrscheinlichkeit nach unverändert weiter, zu dem unter der verschleiernden Bezeichnung ‚Informations'wochen eingeladen worden war (Brief von P. Hansjörg Bitterlich an Direktor Otto J.J. Hermans vom 23.5.1986: ‚Den Studenten wurde ein Erholungsaufenthalt angeboten, währenddes die Möglichkeit besteht, etwas über die Spiritualität des Ordens zu erfahren.'). Obgleich es mir nicht vergönnt war, länger als genau eine Woche Zeuge dieser traurigen, ja empörenden und erschütternden Vorgänge zu sein, habe ich darum diese Dokumentation desungeachtet mit dem Titel ‚Manipulationswochen‘ überschrieben.

Die folgenden Aufzeichnungen wurden ausnahmslos auf Madeira gemacht und nachträglich weder verändert noch ergänzt. Daß sie streckenweise nur berücksichtigen, was meine Person betrifft, liegt leider in der Natur der Sache. Es fehlt jedoch für den weitaus größten Teil des Berichteten nicht an Zeugen.

Der Mühe der Anfertigung dieser Dokumentation unterziehe ich mich in der Hoffnung, daß dadurch einigen Personen endlich die Augen über das wahre Wesen des sogenannten ‚Werkes der heiligen Engel‘ und des mit dessen ‚hartem Kern‘ identischen ‚Ordens vom Heiligen Kreuz‘ aufgehen und sie umgehend die notwendigen Konsequenzen ziehen werden.

Das gebe Gott der Allmächtige zu Seiner größeren Ehre und zum Heil der heiligen katholischen Kirche.

O.A.M.G.D.!

Filsen, den 30. Juli 1986

Johannes Rothkranz“[8]

Daß Rothkranz am 30. Juli schon wieder daheim in Deutschland war, lag daran, daß P. Hansjörg Bitterlich ihn mit dem Vorwurf, er habe die Gastfreundschaft mißbraucht und ihn hintergangen, nach einer Woche wieder nach Hause geschickt hatte. Bitterlich war aufgebracht, weil er erfahren hatte, daß Rothkranz eine kritische Schrift zum OA mitgebracht und bereits einzelnen Studenten ausgehändigt hatte, ohne sie ihm zu zeigen. Rothkranz hatte sich berechtigt gefühlt, so zu handeln. Er hatte mit einer wirklich offenen Informationsveranstaltung gerechnet, auf der auch alle Einwände gegen das Opus Angelorum diskutiert würden, und daher für alle Teilnehmer Kopien seiner Studie mitgebracht. Als er den wahren Charakter der Madeira-Wochen erkannt hatte, hatte er sich darauf beschränkt, die Schrift einzelnen, die er warnen wollte, zu übergeben.

Sämtliche 114 Seiten der Rothkranz-Dokumentation sind lesenswert. Erstens schildert er sehr unverblümt die Begebenheiten rund um das eigentliche „Informationsangebot“, und zweitens beeindruckt sein offenbar zum Großteil gelungenes Vorhaben, bis zu seinem Rausschmiß alle Aussagen von P. Hansjörg Bitterlich und P. Harald Eder (insgesamt 18 Vorträge von 18. bis 24. Juli 1986) möglichst wortgetreu mitzuschreiben. Die seiner Meinung nach unqualifizierten, aber für das OA typischen Äußerungen hat Rothkranz am Ende seiner Studie zusammengefaßt:

Übersicht über die in den Vortragsmitschriften der ersten von drei „Informationswochen“ enthaltenen Verdrehungen, Irrtümer und Unwahrheiten.

Vorbemerkung: Die Zahlen in Klammern verweisen verweisen auf die jeweilige(n) Seite(n) der vorstehenden Mitschriften als Belege.

A) Verdrehungen und Verfälschungen der kirchlichen Lehre.

[24] Rothkranz, Madeira, S. 1f.

1. Die biblische Offenbarung beziehungsweise Lehre der katholischen Kirche ist ein Fundament, auf dem man weiterbauen kann und soll. (70f,85)

2. Wer an eine Privatoffenbarung nicht glaubt, beleidigt Gott und sündigt somit. (71)

3. Privatoffenbarungen verpflichten alle, an die sie sich inhaltlich richten. (73)

4. Im Herz-Jesu-Fest und im Fronleichnamsfest wurden Privatoffenbarungen zu Festen erhoben. (64)

5. Privatoffenbarungen sind die Grundlagen der Dogmenentwicklung. (64)

6. Der verbindliche katholische Glaube hat (und muß immer noch) durch Privatoffenbarungen viele Zusätze erfahren. (71, 88)

7. Privatoffenbarungen wurden von der Kirche zum Dogma erhoben. (71, 72)

8. Das Engelwerk als öffentliche (das heißt kanonisch errichtete) katholische Vereinigung hat das Recht, bestimmte Privatoffenbarungen als konstitutiv für seine Existenz zu betrachten und als Beitrittsbedingung den Glauben an diese Privatoffenbarungen zu fordern. (75,86,99)

9. Alle alten Ordensregeln sind von Privatoffenbarungen ihres Stifters geprägt. (80)

10. Privatoffenbarungen eines Ordensstifters können und sollen laut II. Vatikanum und laut Kirchenrecht den Mitgliedern eines Ordens verpflichtend auferlegt werden. (80f)

11. Der Kreuzorden hat das Recht und die Pflicht, die Privatoffenbarungen des Engelwerkes seinen Mitgliedern verpflichtend aufzuerlegen. (81f)

12. Die Hl. Schrift ist voll von kabbalistischem Gedankengut. (94)

13. Die kabbalistische Lehre von den zehn Gliedern des Adam Kadmon[25] *entspricht der paulinischen Lehre von den Engelchören als Gliedern des corpus mysticum Christi. (96)*

14. Der (einzige) Irrtum der Gnosis ist der, daß sie glaubt, das Wissen mache den Menschen besser. (96f)

15. Das Geheimnis ist die höchste Vollendung des Verstandes, Gottes Unbegreiflichkeit die höchste Beseligung. (50f)

16. Niemand hat das Recht, die Lehren des Engelwerkes zu erfahren, obwohl es katholisch ist. (52ff,57)

B) Irrtümer des Engelwerks und seiner angeblichen „Offenbarungen".

1. Der Heilige Geist hat eine besondere Beziehung zu den Engeln. (83)

[25] Zitat aus einem OA-Pro-Memoria, Rom, 20.11.1987 (4. OA-Informationsbrief, Entwürfe): „Nach der Lehre der Kabbala gibt es außer dem ‚kleinen Adam' des Paradieses einen ‚großen Adam', den Adam Kadmon. Adam Kadmon ist die Bezeichnung für ‚Großmensch', der den ganzen Kosmos als seinen Leib umfaßt. Die Glieder seines Leibes sind die zehn Sephiroth. Dieser Leib wird in der Kabbala auch als Baum dargestellt, wobei eine der Sephiroth, Malkut, den Stamm und eine andere, Ketter, den Wipfel des Baumes darstellt."

2. Von jeder göttlichen Person geht ein anderer Gnadenstrom aus. (108)

3. Der in der Eucharistie real gegenwärtige verklärte Leib Christi empfindet die Kälte der Patene. (68)

4. Engel, Mensch und stoffliche Welt sind eucharistisch eins in Christus. (88)

5. Die einzelnen Engel sind auf die einzelnen Menschen hin erschaffen, damit jeweils beide sich gegenseitig ergänzen. (105)

6. Die Engel wurden von Gott zum „Werk der heiligen Engel" gerufen (99) und sind dort Mitglieder. (102)

7. Die Engel selber haben die Schriften der Frau Bitterlich geprüft und für einwandfrei befunden. (84)

8. Die Schutzengel sind nur Engel des neunten Chores. (62)

9. Die Schutzengel müssen erst durch die Menschheit Mariens durchziehen, um uns Menschen verstehen zu können. (62)

10. Für die Schutzengel bedeutet es Erniedrigung und Leiden, uns beschützen zu müssen. (62f)

11. Die Schutzengel, deren Schützlinge sündigen oder gar verlorengehen, erleiden dadurch eine geistige Passion. (90)

12. Die Menschen können und sollen schon in diesem Erdenleben auf die Stufe der Engel erhoben werden. (69,82f,89)

13. Die Engel gehören der streitenden Kirche an. (92)

14. Der Kampf der Heilsgeschichte wird primär zwischen den guten beseligten und den bösen verdammten Engeln ausgefochten. (89,101)

15. Das Engelwerk muß die katholische Kirche als Heilsinstitution ablösen. (68,77,83,103,104,107)

C) Unwahre Behauptungen von P. Bitterlich.

1. Angeblich steht die Lehre des Engelwerks nicht in Widerspruch zur Lehre der katholischen Kirche. (85)

2. Das Engelwerk ist kanonisch errichtet, dennoch aber angeblich privaten Rechts - ein kirchenrechtlicher Widerspruch. (91,92)

3. Das Engelwerk hat immer alles nur im Auftrag der Kirche getan. (98)

4. Was in Wahrheit auf Ersuchen des OA hin von Msgr. Waitz, dem Beichtvater von Frau Bitterlich und eifrigen Anhänger des OA, genehmigt wurde, wird als ‚Befehl des Ortsbischofs' ausgegeben. (76)

5. Angeblich ist ‚alles Erdenkliche' (77) zur Prüfung von Schriften und Lehre des OA ‚überreichlich' (103) geschehen.

6. Angeblich tragen alle Schriften des OA das Imprimatur. (78)

7. Das Engelwerk gehört zum Kreuzorden und umgekehrt, und Rom weiß und billigt das. (81)

8. Der Kreuzorden ist (mit Wissen und Billigung Roms) eine Elitebewegung des Engelwerks. (100)

9. Die Konstitutionen des Kreuzordens erwähnen die Verpflichtung seiner Mitglieder zum Glauben an die Privatoffenbarungen des Engelwerks deshalb nicht, weil die übrigen Ordensregeln die auch bei ihnen bestehende Verpflich-

tung zum Glauben an die Privatoffenbarungen ihres jeweiligen Gründers gleichfalls nicht erwähnen. (82)

10. Mindestens zwei Beichtväter der Frau Bitterlich, die eifrige Propagatoren von deren ‚Offenbarungen' waren bzw. noch sind, wurden aus ebendiesem Grund verschwiegen. (76)

11. Über einen von ihnen wurde die Unwahrheit gesagt. (76)[26]

Nur ein Beispiel soll zeigen, daß die Notizen von Rothkranz durchaus ernstzunehmen sind. Er hielt zum Beispiel am 24. Juli 1986 fest[27], wie Pater Bitterlich sein Mißfallen darüber ausdrückte, daß die heutige Zeit „von Toleranz, Ökumenismus, Gleichberechtigung" geprägt sei. Wörtlich soll er gesagt haben: „Sie kennen die teuflischen drei: Freiheit, Gleichheit, Brüderlichkeit."

Daß eine solche Verteufelung der (sicher bisweilen mißbrauchten) Ideale der Französischen Revolution im Engelwerk üblich ist, bewies im Sommer 1989 ein OA-Jungpriester namens P. Stefan aus Basel, als er in einem Ort im oberösterreichischen Innviertel den Pfarrer vertrat und mit einer Predigt die Gemeinde in Aufruhr brachte[28]. Er bezeichnete die drei Parolen der Französischen Revolution als „falsch verstandene Mitmenschlichkeit", die mit „wahrer" Nächstenliebe nichts zu tun habe, und ließ auch die Prinzipien der Menschenrechte nicht gelten: „In der UNO-Menschenrechtserklärung ist immer nur von Rechten und Rechten und Rechten die Rede, niemals aber von den Pflichten."

Außerdem sind zwei andere, kürzere Berichte über Madeira, von dem Theologen Siegfried Lochner und dem Studenten Klaus Strickmann, in etlichen Punkten als volle Bestätigung für die Rothkranz-Dokumentation anzusehen. So heißt es bei Lochner: „Zunächst ließ mich das eigentümliche Verständnis vom Verhältnis Allgemeine Offenbarung - Privatoffenbarung aufhorchen. Während es bisher ungeteilte Auffassung der Kirche war, Privatoffenbarungen ausschließlich im Lichte der Allgemeinen Offenbarung, der Tradition und den Aussagen der Heiligen Schrift also, zu beurteilen und zuzulassen, wurde man hier nicht müde, darauf hinzuweisen, daß es sich bei den Privatoffenbarungen der Mutter Bitterlich um etwas gänzlich Neues handle, was der Kirche zur Bestehung der Endzeit in die Hand gegeben sei. Daher müsse auch alles bisher Geglaubte im Lichte dieser Offenbarungen gesehen und gedeutet werden. Dies sei nun jedem Menschen, der mit seinem Engel verbunden sei, möglich. Das Prinzip dieser Anschauung lautete daher immer: ‚Ihr müßt das von Eurem Engel her sehen', ‚Wie sieht das aber Ihr Engel', und so fort."

Weiters berichtete Lochner: „Wenn vom Werk gesprochen wurde, war es in der Regel auch nicht klar, was damit eigentlich gemeint war. Es gehörte zu meinen größten Ernüchterungen auf Madeira, daß die von Rom verlangte

[26] Rothkranz, Madeira, S. 112ff.
[27] Rothkranz, Madeira, S. 110
[28] Kathpress, Info-Dienst 29/89, 21.7.1989, S. 10

scharfe Trennung zwischen OSC und OSA in keiner Weise befolgt wird. Man gibt dies auch offen zu und läßt zwischen den Zeilen deutlich durchblicken, daß man Rom hier bewußt nicht folgen will... Die Geschichte, Spiritualität und Disziplin des Kreuzordens von Coimbra wird ausschließlich von den Privatoffenbarungen des Engelwerkes her gesehen und gedeutet. Es geht meiner Meinung nach nicht an, laufend seine Kirchlichkeit hervorzukehren, um sich dann aber nicht an das zu halten, was die Kirche im einzelnen verlangt. Ähnliches konnte man auch an der Verwendung des von Rom unterbundenen Kultes der Engelnamen ersehen. Warum verteilt man weiter dieses Kalendarium, wenn doch die Glaubenskongregation ausdrücklich sowohl den privaten als auch den öffentlichen Kult verboten hat?

Empörend empfand ich während meines Aufenthaltes auf der Insel auch die Praxis, die Post zu kontrollieren. Da es in jener Einöde keinen offiziellen Postkasten gab, mußte man diese im Haus abliefern, wo sie dann der Bruder sammelte und nach Funchal verbrachte. Nach meiner Rückkehr erfuhr ich dann, daß man mir einiges, was ich auf meinen Karten andeutungsweise vermerkt hatte, beim ‚Werk' sehr übelgenommen hatte. Aber darf eine solche Vorgehensweise verwundern bei einer Organisation, die von einem geradezu gnostischen Erwählungsbewußtsein geprägt ist? Wenn WIR die vom Engel Berufenen und Erwählten sind, ist es dann nicht erlaubt, den Gegner mit allen Mitteln zu bekämpfen? Zweifelsohne gelang es den Veranstaltern dieser Tage, beim größeren Teil der Teilnehmer dieses ‚Wir-Gefühl' herzustellen, so daß diese in jedem Andersdenkenden in der Kirche gleich einen Freimaurer zu erblicken glaubten. Mir und einigen anderen gleichempfindenden Mitbrüdern war jedoch diese Art der Gleichschaltung nicht mehr geheuer. Doch welcher junge Mensch hört es nicht gern, wenn ihm gesagt wird, er gehöre zur auserwählten Elite?"

Auch Strickmann hob in seinem Bericht das extreme Freund-Feind-Denken im OA hervor: „Ganz gleich welcher Art ein Gegner auch sein mag, in der Konfrontation mit ihm bedient man sich offenbar heimlich der Exorzismen, Besprechungen und einer Vielzahl von Segnungen. Nachdem man z.B. einen Kursteilnehmer wegen ‚Mißbrauchs von Gastfreundschaft' frühzeitig nach Hause geschickt hatte, wurden die Gebäude und Zimmer im Rahmen einer ‚Haussegnung' ausgeweiht... Wie mir andere Kursteilnehmer glaubhaft berichteten, sahen sie P. Harald Eder des öfteren verstohlen einen Segensgestus ausführen, wenn er an Teilnehmern vorüberging, die dem Engelwerk kritischer gegenüber standen; daß dieser Gestus im Zusammenhang mit einem kleinen Exorzismus stand, ist sehr wahrscheinlich."[29]

Ursprünglich planten also zwölf Heiligenkreuzer Studenten des Rudolphinums, im Sommer 1986 an den Exerzitien in Madeira teilzunehmen. Einer von ihnen, Hermann Geißler (Heimatdiözese Innsbruck), gab sein Vorhaben auf.

[29] Klaus Strickmann, Einführungskurs in Caniçal/Madeira, 22.8.1986, S. 4f.

Was ist nun aus den elf Studenten, die an den Informationswochen auf Madeira teilnahmen, geworden? Zwei, Klaus Strickmann (Essen) und Christoph Kühn (Münster) haben sich sofort vom Engelwerk distanziert, Strickmann wurde schließlich als einziger wieder ins Heiligenkreuzer Rudolphinum aufgenommen, Kühn setzte seine theologische Ausbildung später im deutschen Bistum Eichstätt fort.

Ganz beim Engelwerk blieben Franz Krenzel (Köln), der ins portugiesische Noviziat für den Kreuzorden eintrat, sowie Walter Hajek (Salzburg), Christian Markert (Augsburg) und Albert Willy (Freiburg), die sich nun in Anapolis auf die Priesterweihe vorbereiteten. Augenmerk verdient aber auch der Werdegang der fünf weiteren Madeira-Fahrer, die zumindest für einige Monate als Donaten dem Kreuzorden angehörten[30].

Das Engelwerk hat bereits vielen, denen von Priesterseminaren und Diözesen die Eignung für den Priesterberuf abgesprochen wurde, zur Priesterweihe verholfen. Daß Priesterseminare in den jetzigen Zeiten großen Priestermangels niemanden leichtfertig abweisen, wird ignoriert.

Ein Beispiel dafür ist der aus Vorarlberg stammende Reinhard Knittel, dem nachgesagt wird, er habe schon während der Ausbildung am Innsbrucker Priesterseminar und am Germanicum in Rom ungeheuren Ehrgeiz erkennen lassen. Seine Studien absolvierte er mit Auszeichnung, am 31. März 1984 erhielt er die Weihe zum Diakon. Er machte zwar durch sein betont konservatives Auftreten bei maßgeblichen Kirchenleuten Eindruck, aber die Priesterweihe (die er am liebsten von einem angesehenen Kardinal erhalten hätte) wurde ihm in seiner Heimatdiözese Feldkirch nach einem wenig überzeugenden Pastoralpraktikum in der Pfarre Klaus verweigert.

Schließlich schloß sich Knittel als Donate der Ordensgemeinschaft vom St. Petersberg an und wurde am 13. Oktober 1985 in Anapolis vom dortigen Bischof Manoel Pestana Filho zum Priester geweiht, wobei nicht die übliche Rückfrage in der Heimatdiözese erfolgte (die freilich kirchenrechtlich nach dem neuen Codex von 1983 nicht mehr notwendig ist). In Anapolis ist dergleichen mehrmals vorgekommen.

Zur Primiz am 3. November 1985 in Kennelbach bei Bregenz trafen schon am Vorabend Glückwünsche von höchster Stelle ein. Primizprediger Univ.-Prof. Dr. Ferdinand Holböck verlas ein Schreiben des Apostolischen Nuntius in Wien, Erzbischof Michele Cecchini, in dem dieser dem Neupriester die Glückwünsche und den Apostolischen Segen des Papstes übermittelte. Univ.-Prof.Dr. Wolfgang Waldstein von der Universität Salzburg überbrachte Glück- und Segenswünsche von Kurienkardinal Joseph Ratzinger.

Knittel meinte in der Öffentlichkeit, sein streng konservatives Priesterbild (ein solcher Priester trage mit Stolz sein Priesterkleid und wolle auch auf der Straße als Geweihter erkannt werden) sei eben in Feldkirch nicht akzeptiert

[30] Siehe Kapitel X C

worden: „Es gibt verschiedene Strömungen in der katholischen Kirche. Ich stehe in einer konservativen Gruppe, die mit Kardinal Ratzinger zusammenhängt. Rom hat mich geprägt, und die römischen Vorstellungen von einem Priester gehen mit der Auffassung der Diözese Feldkirch nicht konform."[31]

Um den „Fall Knittel" gab es eine heftige Leserbriefdiskussion in Vorarlberger Zeitungen. Der Vorarlberger Kaplan und Jugendseelsorger Wilfried Blum zeichnete in einem Leserbrief unter dem Titel „Der Wahrheit zuliebe" ein sehr kritisches Bild von Knittel[32]:

Vorweg möchte ich feststellen, daß ich voll und ganz hinter der Entscheidung des Bischofs stehe, Reinhard Knittel nicht für unsere Diözese zu weihen. Jede andere Entscheidung wäre ein Tun wider besseres Wissen und Gewissen gewesen. Jeder andere Bischof in Österreich hätte genauso handeln müssen, wenn er die ganze Vorgeschichte zu hören und die Gutachten derer, die über längere Zeit mit R. Knittel zu tun gehabt haben, zu lesen bekommen hätte.

Wer durch Monate hindurch eine solche Selbstherrlichkeit und Arroganz in Wort und Tat lebt, wer eine ganze Diözese samt ihrem Bischof für dumm verkaufen will bzw. Ultimaten stellt (bezüglich Studium), wer sich für die Pastoral zu gut vorkommt, der wird nicht wegen des röm. Kollars (das war nie Diskussionspunkt!) nicht geweiht, sondern wegen seiner Haltung, die in keiner Weise geschwisterlich ist. Sie mag einem formalrechtlichen Denken entspringen, nicht aber dem Geist des Evangeliums und des Zweiten Vatikanischen Konzils (z.B. Laiendekret). Wenn die Qualität eines Priesters an dem gemessen wird, woher Glückwunschtelegramme bestellt werden, dann kann das nur auf entschuldbarem Unwissen über das Zustandekommen solcher gutgemeinter Telegramme sein.

Aus Gründen der Fairness dürfen Tatsachen nicht gesagt werden und müssen kursierende Gerüchte, Halbwahrheiten und Lügen unerwidert bleiben, obwohl es manchen die Augen öffnen würde, die jetzt auf Grund einseitiger und falscher Informationen über den Bischof und die Diözesanleitung herfallen.

Es mögen meine Worte hart scheinen, aber als Mitglied der Personalkommission der Diözese und als einer, der über diese traurige Geschichte ausreichend und glaubwürdig informiert ist, muß ich diese Zeilen schreiben - der Wahrheit zuliebe.

Als Knittel sich bald darauf vom Engelwerk trennte - bei den Informationswochen 1986 auf Madeira war er noch dabei und wird von Johannes Rothkranz mehrfach erwähnt -, blieb ihm der Vorwurf nicht erspart, er habe sich die Priesterweihe erschlichen. Der Wiener Auxiliarbischof Kurt Krenn nahm sich seiner an und machte ihn zu seinem Sekretär im neu gegründeten Rat für Kunst und Kultur der Erzdiözese Wien.

Der Vorarlberger Norbert Tscholl, der aus nicht bekannten, aber angeblich

[31] Das kleine Blatt, 14.11.1985
[32] Neue Vorarlberger Tageszeitung, 8.11.1985

triftigen Gründen aus dem Innsbrucker Priesterseminar entlassen wurde, verdankt seine Priesterweihe ebenfalls dem Engelwerk[33]. Einen Versuch Tscholls, sich in der paraguayanischen Diözese Encarnación vom dortigen Bischof Juan Bockwinkel weihen zu lassen, verhinderte noch eine Intervention der Diözese Feldkirch. Dann aber begegnete Tscholl seinem Landsmann Reinhard Knittel, der ihm den Tip gab, es auf dem Petersberg zu versuchen.

Dort wurde er mit offenen Armen aufgenommen, am 29. Juni 1987 erhielt er vom Engelwerk-Bischof Paul Hnilica in Rom die Priesterweihe auf die Diözese Anapolis, am 2. August 1987 feierte er in seinem Heimatort Thüringen Primiz. Für den praktischen seelsorglichen Dienst erwies sich Tscholl, der kurze Zeit als Kooperator in Längenfeld im Ötztal eingesetzt war, aber leider als wenig brauchbar. Zuletzt versuchte der neue Feldkircher Bischof Klaus Küng, vorher österreichischer Regionalvikar des Opus Dei, Tscholl in seiner Diözese einzusetzen.

C) Der Kreis der Sympathisanten

Finanziert wird vor allem aus Österreich und der Bundesrepublik Deutschland.
DOM MANOEL PESTANA FILHO [34]

Etliche Personen bestreiten vehement, daß sie Mitglieder des Engelwerkes sind, daß sie dessen Zielen aber offensichtlich sehr positiv gegenüberstehen, ist unverkennbar. Dazu gehören zum Beispiel der Rektor der Hochschule von Anapolis, Dr. Ingo Dollinger, Priester der Diözese Augsburg, oder der emeritierte Salzburger Dogmatik-Professor Dr. Ferdinand Holböck, der als Buchautor und Briefschreiber ausdrückliche Empfehlungen für das Engelwerk abgegeben hat.

Keine Berührungsängste gegenüber dem Engelwerk hat anscheinend die Leitung der Erzdiözese Wien. Von Gegnerschaft ist nichts zu bemerken, ja einiges am OA scheint sogar auf Sympathie zu stoßen. Bemerkenswert ist zum Beispiel, daß die Erzdiözese Wien noch vor kurzem einen Priester, Dr. Peter Jelinek, „für ein Probejahr im Kloster, St. Petersberg, Silz, Tirol, beurlaubt" hat[35]. Anschließend wurde Jelinek in Wien in der Krankenhausseelsorge eingesetzt[36].

Das Protokoll eines OA-Priestertreffens vom 20. Mai 1986 im Wiener Pallottihaus, das auch die bei diesem Treffen entschuldigten Mitglieder der Wie-

[33] Anzeiger für die Bezirke Bludenz und Montafon, 30.7.1987
[34] Margit Pieber, Geheimnis hinterm Stacheldraht, Kirche intern, September 1989, S. 34
[35] Wiener Diözesanblatt, August 1988, S. 94
[36] Wiener Diözesanblatt, Juni 1989, S. 65

ner Priestergemeinschaft erwähnt, nennt die Namen von rund 20 Priestern des OA - darunter auch Peter Jelinek, etliche Zisterzienserpatres und den inzwischen verstorbenen Kanonikus Dr. Franz Sotola.

Im Zentrum der Erzdiözese Wien, in der Churhaus-Kapelle am Stephansplatz, ist monatlich ein spezieller Termin für Rosenkranz und Messe für den Helferkreis des Engelwerkes reserviert. Das von Ingeborg Karger, wohnhaft in Perchtoldsdorf, betreute Wiener Sekretariat legte den Wiener OA-Mitgliedern in einer Aussendung vom 11. August 1989 auch die Frage vor: „Sollen wir im Stadtgebiet Wiens einen Stützpunkt ausbauen...?" Gleichzeitig wird um Spenden für eine solche „Werks-Station" gebeten. Nur die Finanzierung bereitet anscheinend Probleme. Daß die Diözesanleitung Schwierigkeiten machen könnte, befürchtete man offenbar nicht...

Schon aus dem Rundbrief des Wiener Sekretariates vom Herz-Jesu-Monat (Juni) 1987 ging hervor, daß das OA mit Erzbischof Hans Hermann Groër und Weihbischof Kurt Krenn im Gespräch steht. Seit davon die Rede ist, daß ein österreichischer Bischof dem OA angehört, richtet sich der Verdacht am stärksten gegen diese beiden Bischöfe. Es heißt, daß zwischen Teilen der „Legio Mariae", deren geistlicher Leiter in Österreich durch viele Jahre der nunmehrige Wiener Erzbischof Groër war (er selbst gilt aber als sehr skeptisch gegenüber Privatoffenbarungen, auch gegenüber Medjugorje), und dem Engelwerk einige Verbindungen bestehen. Ein Mitglied des Engelwerkes innerhalb der „Legio Mariae" ist zum Beispiel der Pfarrer von Maria Langegg, P. Bernhard Hauser OSB. Schon im November 1968 wurden Priester-Exerzitien im Schloß Spindlhof in der Diözese Regensburg gemeinsam von Hansjörg Bitterlich und dem damaligen Leiter der Legio Mariae in Bayern, Pfarrer Otto Stauß, geleitet.

Das Oratorium des heiligen Philipp Neri, eine Priestergemeinschaft päpstlichen Rechts, die im vorigen Jahrhundert durch Kardinal Henry Newman zu einiger Bedeutung kam, steht im Grunde dem Engelwerk sicher nicht nahe. Das dürfte mit Einschränkungen auch für das Wiener Oratorium gelten, obwohl hier eine gewisse geistige Enge unverkennbar ist. So weigerte sich ein Mitglied des Oratoriums, der 1989 von Weihbischof Krenn in die neugeschaffene Glaubenskommission der Erzdiözese Wien berufene Martin Deininger, 1988 bei einem Kurs für Jungpriester mit dem als Referenten geladenen Luzerner Dogmatiker Kurt Koch zu konzelebrieren.[37]

Außerdem scheint das Wiener Oratorium, das erst unter Kardinal Franz König entstand und sich auf Neri und Newman, aber auch auf die Spiritualität des Wiener Theologen Friedrich Wessely - er war Spiritual am Wiener Priesterseminar und auch mit der Legio Mariae verbunden - beruft, auch keine Scheu zu haben, für gewisse Zwecke mit dem Opus Angelorum zu kooperieren.

[37] Kirche intern, Nr. 9/September 1989, S. 11

Das von Präpositus Dr. Heribert Bastel geleitete und in der Wiener Pfarre St. Rochus beheimatete Wiener Oratorium nahm sich jedenfalls rasch jener Priesterstudenten an, die vorher - im Sommer 1986 auf Madeira, aber auch noch darüber hinaus in Brasilien - regen Kontakt mit dem Engelwerk hatten, und errichtete für sie - mit Hilfe der Erzdiözese Wien - im Herbst1988 offiziell ein Studienhaus „Collegium Sanctissimae Trinitatis" in Mayerling[38]. Dabei hatte Bastel diesen Studenten nachweislich im Jahr 1986 davon abgeraten, zum Engelwerk zu gehen.

Es handelt sich um die fünf Studenten (in Klammer die Heimatdiözesen) Georg Gerstmayer (Augsburg), Franz Xaver Schädle (Innsbruck), Peter Schwaiger (Salzburg), Josef Spindelböck (Salzburg), Rudolph Weberndorfer (Linz). Als sie nach einem Jahr plötzlich wieder Aufnahme ins Heiligenkreuzer Rudolphinum begehrten, wurde ihnen diese von Bischof Graber und Direktor Hermans verweigert. Nach Interventionen des Wiener Erzbischofs Hans Hermann Groër und seines Auxiliarbischofs Kurt Krenn - besonders letzterer dürfte dem Engelwerk keineswegs ablehnend gegenüberstehen - durften sie wenigstens, in einem Haus der Hartmannschwestern in Mayerling untergebracht, an der Hochschule Heiligenkreuz ihr Studium fortsetzen, wobei sie sich schriftlich vom Engelwerk distanzieren mußten (der Wert einer solchen Erklärung wird von vielen als gering angesehen).

Es deutet nicht auf Zufall, sondern auf großes Interesse des Engelwerkes an Kontakten zu Heiligenkreuz und zur Erzdiözese Wien hin, daß der damalige Ordensgeneral Hubert van Dijk im Juli 1986, wenige Tage nach der Ernennung von P. Hans Hermann Groër OSB zum Erzbischof von Wien, persönlichen Kontakt mit diesem aufnahm und auch gleich dem Stift Heiligenkreuz einen Besuch abstattete.

Daß ein Jahr später, im Juni 1987, Engelwerk-„Boß" Georg Blaskó, übrigens im Nobelhotel „Krainerhütte" bei Baden logierend, ebenfalls in der Gegend auftauchte, ist bemerkenswert. Der alleinige Zweck seines Kommens dürfte kaum der Streit mit P.Dr. Hermann Riedl über den „Code"-Artikel kontra Engelwerk[39] gewesen sein, er könnte sich zum Beispiel um ein Quartier für die fünf aus Brasilien heimkehrenden Studenten umgeschaut haben...

Diese fünf bildeten die Kerngruppe für das im Dezember 1988 offiziell errichtete Studienhaus "Collegium Sanctissimae Trinitatis" in Mayerling (A-2334 Mayerling 4), unweit von Heiligenkreuz. Die Trägerschaft dieses Hauses übernahm das Wiener Oratorium des heiligen Philipp Neri unter Leitung von Präpositus Heribert Bastel, eine ordensähnliche Weltpriestervereinigung.

Die Hochschule des Zisterzienserstiftes Heiligenkreuz - sie wies im Wintersemester 1988/89 insgesamt 104 Hörer auf, davon damals 20 aus dem „Collegium Sanctissimae Trinitatis" - nimmt nämlich nur Priesterkandidaten als Hörer

[38] Wiener Diözesanblatt, Dezember 1988, S. 124
[39] Siehe Kapitel II B

auf, die einen Bischof oder einen Orden hinter sich haben. So beherbergt das auf Initiative des damaligen Regensburger Bischofs Rudolf Graber gegründete Studienhaus „Collegium Rudolphinum" in Heiligenkreuz ständig zahlreiche aus mehreren deutschsprachigen Diözesen stammende Alumnen, die nach dem Studium vor der Priesterweihe noch einige Zeit im Priesterseminar ihrer Heimatdiözese verbringen und ein pastorales Praktikum absolvieren müssen. Noch unter Kardinal Franz König wurde vereinbart, am Rudolphinum keine Studenten für die Erzdiözese Wien aufzunehmen, um kein Konkurrenzverhältnis zum diözesanen Seminar aufkommen zu lassen.

Als sich die Gerüchte verdichteten, daß der Großteil der Mayerlinger Studenten für die Erzdiözese Wien vorgesehen sei, erklärte Kardinal Groër im Dezember 1988 auf Anfrage im Wiener Priesterrat, daß diese Studenten noch zumindest zwei Jahre im Wiener diözesanen Priesterseminar verbringen müßten[40].

Doch bevor die ersten Mayerlinger Studenten ins Wiener Seminar übersiedelten, wechselte Groër völlig überraschend im Juli 1989 mit Wirkung vom 1. September 1989 die gesamte Leitung des Wiener Priesterseminars aus[41]. Hätte er das nicht getan, hätte der langjährige und angesehene Wiener Regens, Josef Tóth, wahrscheinlich bald Bedenken gegenüber diesen Kandidaten angemeldet. Neueste Meldungen deuten darauf hin, daß schon 1990 einige Mayerlinger - ohne langen Umweg über das Wiener Seminar - zu Priestern der Erzdiözese Wien geweiht werden sollen.

Zwar, so äußern Geistliche im Wiener Raum, würden Priester dringend gebraucht und sollte man jungen Leuten eine Chance geben (auch solchen, die sich vorübergehend mit dem Engelwerk eingelassen hatten), aber man sollte nicht mehrere oder gar alle Kandidaten dieser Prägung gleichzeitig in ein und dasselbe Studienhaus oder Seminar geben, sondern sie auf mehrere Seminare aufteilen und einzeln zu integrieren versuchen. Genau das dürfte aber nicht im Sinne jener sein, denen eine konservative Priesterschaft im Sinne einer geordneten Schlachtreihe („acies ordinata") vorschwebt.

In der Zisterzienserabtei Heiligenkreuz selbst, an welche die genannte Hochschule angegliedert ist, konnte das Engelwerk bekanntlich schon in den siebziger Jahren unter dem damaligen Prior Dr. Walter Schücker Fuß fassen. Zumindest zwei an der Hochschule lehrende Mönche, P. Bernhard Vosicky und P. Meinrad Tomann, der bis Sommer 1989 auch Novizenmeister war, gehören ihm sehr aktiv an. Rudolphinum-Direktor Otto J. Hermans und der inwischen in den Ruhestand getretene Dogmatiker P. Hermann Riedl hatten seit dem Madeira-Abenteuer, wo sie klar gegen das Engelwerk Stellung bezogen hatten, einen schweren Stand, was auf weitere Sympathisanten des OA hindeutet. Einer davon ist möglicherweise der Alttestamentler P. Augustinus

[40] Kathpress, 7.12.1988
[41] Kathpress, 14.7.1989

Fenz, den Abt Gerhard Hradil im Sommer 1989 gegen den erklärten Widerstand des Wiener Weihbischofs Kurt Krenn als Dekan der Hochschule abberief und durch den Pastoraltheologen P. Norbert Stigler ersetzte.

Interventionen der Erzdiözese Wien in Heiligenkreuz waren an der Tagesordnung, bis der Abt, ein Konservativer im besten Sinn des Wortes, im Sommer 1989 ein Machtwort sprach. So wurde über die Kongregation für die Säkularinstitute in Rom versucht, für die Mayerlinger Studenten das Rudolphinum-Gebäude zu bekommen und das „Opus Summi Sacerdotis", den vom Regensburger Altbischof Rudolf Graber gegründeten Trägerverein, der einen langfristigen Vertrag mit der Abtei Heiligenkreuz hat, daraus zu verdrängen. Sowohl Graber als auch der Abt lehnten dies ab. Schon vor Jahren hatte Erzbischof Groër ein Gespräch mit Graber in Schardenberg in Oberösterreich nach wenigen Minuten abrupt abgebrochen, weil dieser Groërs Wunsch nach Ablöse von Rudolphinum-Direktor Otto Hermans nicht nachkommen wollte.

Interessant ist folgende Aussage eines Heiligenkreuzer Studenten: „Das Kloster Weltenburg an der Donau ist eine Hochburg des Engelwerkes in Süddeutschland und ist mit circa zehn Klerikern in Heiligenkreuz vertreten. Drei von ihnen wurden im 8. Semester von Kardinal Groër in Weltenburg zu Diakonen geweiht."

Es gilt als offenes Geheimnis, daß zur Finanzierung des Hauses in Mayerling die Erzdiözese Wien entscheidend beiträgt. Und es gibt einige Indizien, daß - auch wenn es Bastel als Superior des Hauses nicht wahrhaben will oder kann - zumindest einzelne Mayerlinger Studenten nach wie vor Kontakte zum Engelwerk beziehungsweise zu dessen Sympathisanten haben. Prof. Holböck hat zur Einquartierung in Mayerling beigetragen, mehrere der Mayerlinger Studenten, inzwischen gibt es insgesamt über 40, sind vom gleichen Heinrich Morscher nach Mayerling vermittelt wurden, der 1986 das Madeira-Abenteuer mit eingefädelt hatte.

Heinrich Morscher, Jahrgang 1929, 1954 zum Priester geweiht, gehörte der Kongregation vom kostbaren Blut an und hielt in Kleinholz bei Kufstein regelmäßig Exerzitien ab. Als sein Ordensprovinzial, P. Josef Epping CPPS, ihm aufgrund verschiedener Klagen im Jahr 1985 untersagte, weitere Exerzitien dort zu halten, trennte sich Morscher vom Orden und schloß sich, wie sein Mitbruder Richard Pühringer, als Donate dem Orden der Regularkanoniker vom Heiligen Kreuz an. In dieser Zeit führte er mehrere junge Leute dem Engelwerk und später dem Mayerlinger Studienhaus zu. In den letzten Jahren soll er besonders in Überlingen Exerzitien gehalten haben. Heribert Bastel erklärte schon im Dezember 1988, daß Morscher sich wieder vom Engelwerk trenne[42], konkret wurde aber nicht bekannt, welche Diözese oder Ordensgemeinschaft ihn aufzunehmen bereit war oder ist. Falls sich keine solche Lö-

[42] Kathpress, 6.12.1988

sung findet, muß ihn gemäß Kirchenrecht seine ursprüngliche Kongregation wieder aufnehmen, worauf jüngste Meldungen hindeuten.

Fest steht nur, daß sein wesentlich jüngerer Bruder Edelbert, Jahrgang 1949, sich ebenfalls von der Kongregation vom kostbaren Blut getrennt hat und ad experimentum in die Erzdiözese Wien aufgenommen wurde[43], wo er in einer Landpfarre sowie unter dem dafür zuständigen Auxiliarbischof Kurt Krenn in der Universitätsseelsorge wirkt.

Und fest steht auch, daß ein anderes Mitglied der Kongregation vom kostbaren Blut, Pater Werner Schmid, im Mayerlinger Studienhaus die Funktion des Spirituals übernommen hat und dafür von seinem Orden beurlaubt wurde. Schmid feierte übrigens seine Primiz 1977 im Exerzitienhaus Kufstein-Kleinholz in lateinischer Sprache, die Primizpredigt hielt Heinrich Morscher[44]. Schmid steht aber nicht nur Morscher, sondern auch dem emeritierten Salzburger Dogmatiker Ferdinand Holböck sehr nahe, bei dessen Goldenem Priesterjubiläum 1988 er als einziger bei der Messe in der Diakon-Funktion assistieren durfte. Holböck betont, daß es sich um keine Konzelebration gehandelt hat. Inzwischen nennt sich Schmid in Mayerling „Studienpräfekt", womit das Haus de facto Seminar-Charakter hat.

Man darf übrigens von diesen OA-nahen Geistlichen nicht auf die Gesamtlinie der Kongregation vom heiligen Blut schließen, die in der ehemaligen Trapp-Villa in Salzburg-Aigen die Zentrale ihrer österreichisch-süddeutschen Provinz hat. Aus diesem Orden ist beispielsweise auch der am Xingu in Brasilien wirkende Missionsbischof Erwin Kräutler[45] hervorgegangen.

Bemerkenswert ist auch, daß der Priester Reinhard Knittel[46] nach seiner Trennung vom Engelwerk rasch bei Weihbischof Krenn wohlwollende Aufnahme fand und als dessen Sekretär im neu geschaffenen Rat für Kunst und Kultur der Erzdiözese Wien fungiert. Der Gemeinschaft „Pro occidente", einer der im Herbst 1988 schlagartig entstandenen neuen kirchlichen Gruppierungen mit Naheverhältnis zu Krenn („Linzer Priesterkreis", „Treue zur Kirche", „Pro occidente", „Gruppe aktiver Katholiken"/ später „Vereinigung aktiver Katholiken"), gehört Knittel als führendes Mitglied an. Er scheint auch im Redaktionskomitee der vom Verband katholischer Schriftsteller Österreichs „Winfried" herausgegebenen Zeitschrift „brücke" auf.

Knittel, nach wie vor Diözesanpriester von Anapolis, machte am 15. August 1988 auch als Primizprediger in Wien-Hietzing von sich reden, als er mit Gleichgesinnten den Volksaltar entfernen wollte. Als das verhindert wurde, zelebrierte der Primiziant - ein aus Deutschland stammender Novize des Stiftes Klosterneuburg namens Klaus Michael Imlau, der auf die Erzdiözese Wien

[43] Wiener Diözesanblatt, Juni 1989, S. 65 und S. 66
[44] Rupertusblatt, 10.7.1977
[45] Vgl. Dolores Bauer, Strom des Elends - Fluß der Hoffnung, Unterwegs mit Dom Erwin Kräutler, Bischof vom Xingu, Salzburg 1989
[46] Siehe Kapitel X B

geweiht worden war - mit dem Rücken zum Volk die Messe, den seit dem Zweiten Vatikanischen Konzil abgeschafften Manipel verwendend und den Volksaltar, auf dem auch keine Kerzen angezündet wurden, ignorierend.

Imlau erwies sich übrigens bald als Kaplan in Korneuburg als nicht geeignet für den kirchlichen Dienst, der dortige Pfarrer ersuchte nach kurzer Zeit um Imlaus Abberufung. Imlau wurde dann auch in Klosterneuburg nicht zu den ewigen Gelübden zugelassen.

Reinhard Knittel machte indessen als Kaplan in der Muttergottespfarre in der Wiener Jacquingasse seinem Pfarrer, dem durch ein Medjugorje-Buch bekannten Geistlichen Prof. Dr. Kurt Knotzinger, Sorgen, als er den Urlaub des Pfarrers nutzte, Messen ohne Volksaltar zu feiern und dem zurückgekehrten Pfarrer erklärte, er habe die Erlaubnis dazu von Weihbischof Krenn. Knittel erhielt schließlich offiziell den Auftrag, sich um die Sympathisanten des seit 30. Juni 1988 exkommunizierten Traditionalistenführers Marcel Lefèbvre zu bemühen und in der Kirche am Rennweg regelmäßig Messen nach der alten Liturgie zu feiern.

Mit September 1989 wechselte Knittel in die Pfarre Wien-Baumgarten. Daß er noch Kontakte zum Engelwerk hat, sagt man ihm nach, er selbst bestreitet dies ebenso heftig, wie sein Chef Kurt Krenn dementiert, er sei der österreichische Engelwerk-Bischof. Daß Krenn jedenfalls in gutem Einvernehmen mit Hansjörg Bitterlich steht, war bei einer Sommerakademie des konservativen Linzer Priesterkreises im August 1989 im Mühlviertel zu beobachten. Weihbischof Krenn zelebrierte übrigens am 15. August 1989 in Maria Vesperbild, das als Brückenkopf für das Engelwerk und die Regularkanoniker vom Heiligen Kreuz im süddeutschen Raum gilt, einen Festgottesdienst.[47]

Immer wieder wurde auch die renovierungsbedürftige Kartause Gaming, deren Besitzer der Architekt Dipl. Ing. Walter Hildebrand ist, als möglicher Stützpunkt des Engelwerkes in Ostösterreich genannt. Hildebrand war an dem Klosterbau von Marienfeld bei Maria Roggendorf - dort entstand vor einigen Jahren auf Betreiben des damaligen Wallfahrtsdirektors von Maria Roggendorf, Hans Hermann Groër, eine Zisterzienserinnenabtei - beteiligt. Hildebrands Tätigkeit beim Umbau des Pfarrhofes von Pulkau führte zu dem - von der Wiener Schottenabtei, die diese Pfarre betreut, heftig dementierten - Gerücht, es werde hier ein OA-Bildungshaus entstehen.

Hildebrand bestreitet, Mitglied des Engelwerkes zu sein, ist aber auf jeden Fall ein Sympathisant intensiver Engelverehrung und veröffentlichte sogar ein Buch darüber[48], in dessen Literaturverzeichnis der Aufsatz „The Work of the Holy Angels“ aus der Zeitschrift „Christ to the World“ (Rom 1984) aufscheint. Hildebrand ist gut mit P. Hansjörg Bitterlich bekannt, der schon beim ersten Wallfahrts- und Besinnungstag in Gaming dabei war. Die Erhaltung des dor-

[47] Der schwarze Brief, 24. Jg., Nr. 34/89, Lippstadt, 24.8.1989
[48] Walter Hildebrand, Engel gibt es, St. Andrä-Wördern 1987

tigen Marienheiligtums Maria Thron, für die auch in Deutschland Bettelbriefe verschickt wurden, liegt freilich nicht nur Engelwerk-Anhängern am Herzen. Bemerkenswert ist aber folgende Feststellung im Wiener Diözesanblatt: „Bei der Aktion ‚Rettet die Kartause - Initiative zur Wiederherstellung der Kartause Gaming' handelt es sich um keine kirchliche Initiative."[49]

Für 1. April 1987 war in Gaming die Eröffnung einer Filiale der Engelwerk-Hochschule von Anapolis, des „Institutum Sapientiae", geplant. Das geht aus einem Brief eines „Insiders" hervor, in dem auch vier der zum Engelwerk abgewanderten Heiligenkreuzer Studenten, die mit von der Partie sein sollten, erwähnt werden. Es handelte sich um keinen Aprilscherz. Das Projekt scheiterte am Widerstand der Diözese St. Pölten, und erst jetzt begehrten die fünf Südamerika-Heimkehrer, angeblich bekehrt, Wiederaufnahme in Heiligenkreuz - und landeten in Mayerling.

Im Mitteilungsblatt des OA-Sekretariates für die Erzdiözese Wien wurde für 25. Juli 1987 zu einer Wallfahrt nach Gaming aufgerufen. Dem Rundbrief „St. Petersberg" vom Mai 1987 ist zu entnehmen, daß von Mai bis Oktober 1987 an jedem letzten Samstag im Monat eine Wallfahrt zum Gnadenbild Maria Thron in Gaming auf dem Programm stand. Derzeit wird die Kartause Gaming mit vielen Denkmalschutz-Millionen für die niederösterreichische Landesausstellung 1992 auf Hochglanz gebracht, was der Eigentümer dann mit dem restaurierten Gebäude macht, ist offen.

Im Zusammenhang mit Gaming bestand noch ein weiterer Plan - eine Kooperation mit der Liechtensteiner Akademie für Philosophie. Zu den Kräften dieser von Prof. Josef Seifert - er war auch als Gastprofessor an der Engelwerk-Hochschule von Anapolis tätig - geleiteten Akademie zählt nicht nur der umstrittene römische Moraltheologe Carlo Caffara, auch der Heiligenkreuzer Moraltheologe P. Andreas Laun, Oblate des heiligen Franz von Sales sowie Generalsekretär der Wiener Katholischen Akademie - deren Präsident Weihbischof Kurt Krenn ist -, gehört ihr an. Laun gilt als aussichtsreicher Kandidat für einen der nächsten in Österreich zu vergebenden Bischofssitze.

Weiters ist in dieser Akademie der Salzburger Ordinarius für Römisches Recht Wolfgang Waldstein tätig, der sich in Briefen einerseits gegenüber dem Orden vom kostbaren Blut für P. Heinrich Morscher und anderseits gegenüber dem Regensburger Altbischof Graber für die Wiederaufnahme der zum Engelwerk abgewanderten Studenten eingesetzt hat. Er ist bekanntlich auch bei der Primiz von Reinhard Knittel in Erscheinung getreten.

Zum Sympathisantenkreis des Engelwerkes zählt sicher auch P. Andreas Hönisch, der im Februar 1976 in Deutschland die strikt kirchlich orientierte „Katholische Pfadfinderschaft Europas" (KPE) gegründet hat und später in Konflikt mit seinem Orden, der Societas Jesu, geriet. Man warf ihm, zu Recht oder zu Unrecht, unter anderem militanten Präkonziliarismus, moralischen

[49] Wiener Diözesanblatt, 126. Jg., Nr. 10, Oktober 1988. S. 112

Rigorismus, ein einseitiges Kirchenbild und messianischen Fanatismus vor. Er hatte auch Kontakt mit einer angeblichen Seherin, die 1982 behauptete, von der Muttergottes detaillierte Botschaften an den Papst zu erhalten. Nur ein Beispiel aus diesen „Visionen“: „Das Turiner Grabtuch soll ohne Aufhebens nach Rom zum Hl. Vater gebracht werden und als kostbare Reliquie aufbewahrt werden...In den sonntäglichen Papstmessen soll dieses allerhöchste Antlitz in technisch vollendeter Form immer wieder eingeblendet werden...“

Wie immer man über den - nicht unumstrittenen - Radiokarbontest denken mag, mit dessen Hilfe im Jahr 1988 als Entstehungszeit des Turiner Grabtuches das 13. oder 14. Jahrhundert ermittelt wurde, es war sicher besser, daß die Kirche den Eingebungen dieser „Seherin“ bisher nicht gefolgt ist...

Hönisch hat nach eigenen Angaben viele Jugendliche, die Priester werden wollten, zum Engelwerk geschickt. Das kam besonders beim schon erwähnten Gespräch am 13. Februar 1986 in Augsburg heraus: „Bei dieser Gelegenheit lobte P. Hönisch den Kreuzorden über alle Maßen. Das sei der einzige Orden, den er seinen Pfadfindern, die ihn um Rat fragten, empfehlen könne.“[50] Hönisch strebt aber nun mit eigenen Gründungen, der FEM=„Fraternitas Exploratorum Mariae“ (Bruderschaft der Entdecker Mariens) beziehungsweise der SSJM=„Societas Sacerdotalis Jesu et Mariae“ (Priestergemeinschaft Jesu und Mariae), die Anerkennung als Orden an.

Übrigens besteht auch eine Querverbindung von der KPE zum Wiener Oratorium. Die beiden Oratorianer Norbert Grosse und Peter Lang, die aus der Pfadfinderschaft von P. Hönisch kommen, wollen für die Europapfadfinder in der Diözese Regensburg ein Oratorium aufbauen.

Wie „Der schwarze Brief“ in der Bundesrepublik Deutschland läßt auch in Österreich ein Medium Sympathien für das Opus Angelorum erkennen, die in Oberösterreich erscheinende Monatszeitschrift „Der 13.“(herausgegeben von Dr. Friedrich Engelmann), die als Sprachrohr des rechtesten Flügels der katholischen Kirche gilt und im ständigen Clinch mit der Leitung und der offiziellen Kirchenzeitung der Diözese Linz liegt. „Der 13.“ veröffentlichte in der Juli-Ausgabe 1989, als nach einer Pauschalkritik des Wiener Weihbischofs Kurt Krenn an den deutschsprachigen Priesterseminaren eine heftige Diskussion entbrannt war, eine Liste neun empfehlenswerter Adressen in Sachen Priesterausbildung, die in dieses Bild paßt:

„Faktum ist, daß die Liste, die der „13.“ anschließend als „Geheimtips“ zur Priesterausbildung veröffentlicht, im wesentlichen

- das Opus Dei,
- die romtreuen, im Vorjahr von Lefèbvre abgefallenen, Traditionalisten (St. Petrus-Bruderschaft in Wigratzbad und St. Jakob am Thurn)
- und das in etlichen deutschen Diözesen verbotene, auch von der Österreichischen Bischofskonferenz abgelehnte Engelwerk (darunter fallen der Kreuz-

[50] Rothkranz, Madeira, S. 5

orden in Petersberg in Tirol, aber auch das Benediktinerkloster Weltenburg in Bayern) umfaßt.

Dazu kommen eine Postfachadresse im deutschen Königstein (Legionäre Christi), die im Aufbau befindlichen „Servi Jesu et Mariae“ des ehemaligen Jesuitenpaters Andreas Hönisch, ein Laienorden namens „Militia Sanctae Mariae“ in St. Georgen an der Gusen im Mühlviertel und - das Collegium Sanctissimae Trinitatis in Mayerling.“[51]

Bezüglich Petersberg ist „Der 13.“ nicht auf dem letzten Stand der Information und wirbt für den „Ordo Sanctae Cruxis[52] (OSC)“, der seit 1986 als Regularkanonikerorden ORC abgekürzt wird, mit dem es aber - damit trifft man unabsichtlich ins Schwarze - noch immer eine „Crux“ ist. Das Bild des Sympathisantenkreises rundet sich ab, wenn man feststellt, daß ein ständiger Mitarbeiter des „13.“ der OA-erfahrene Josef Spindelböck, der angeblich unmittelbar vor der Priesterweihe auf die Erzdiözese Wien steht, ist.

Die „Europäischen Bürgerinitiativen zum Schutz des menschlichen Lebens“, in Österreich angeführt von dem als „Pornojäger“ bekannten Martin Humer, veranstalteten im Herbst 1989 in Waizenkirchen in Oberösterreich ihren Jahreskongreß. Bei der Messe am 15. Oktober predigte der Superior maior des Kreuzordens in Österreich, P. Hansjörg Bitterlich und erwähnte dabei nicht nur dem Anlaß entsprechend „Millionen Kinder, die ohne Taufe gemordet wurden“, sondern sagte dabei angeblich auch unter anderem: „Ein schrecklicher Kampf ist entbrannt, wie ihn die katholische Kirche noch niemals erlebt hat ... Mein Gott siehst du nicht, wie Deine Kirche von innen her zerstört wird, wie der größte Teil Deiner Priester, Deiner Auserwählten in die Irre geht ... Wer immer heute versucht, im guten Sinne Gewalt anzuwenden, der wird als rechtsextrem exkommuniziert und möglichst auch mit rufmörderischer Propaganda ins Out der Gesellschaft befördert ... Gewaltanwendung ist echt biblisch und gehört zur normalen Verpflichtung jedes Christen.“[53]

Auch zum in Oberösterreich beheimateten „Kreis junger Missionare“ (KIM) dürfte das Engelwerk schon einen guten Draht haben oder zumindest suchen, standen doch vom 10. bis 14. Juli 1987 im KIM-Zentrum in Weibern bei Grieskirchen Jugend-Exerzitien mit P. Hans Odermatt ORC aus der Kreuzorden-Niederlassung Flüeli auf dem Programm.

In Salzburg verdichteten sich 1989 Gerüchte, daß ehemalige Kurbad Fusch an der Glocknerstraße könnte als Kloster des Ordens der Regularkanoniker vom Heiligen Kreuz renoviert werden. Eine Sanierung würde freilich angeblich rund 150 Millionen Schilling kosten. Fest steht, daß der Eigentümer, der Konzern des Industriellen Herbert Turnauer, das Objekt samt 4,5 Hektar Grund abgeben, ja sogar als Stiftung veräußern will und daß dabei an den

[51] Heiner Boberski, Die Geheimtips des „13.“, Die Furche, 31/1989, 4.8.1989
[52] recte „Crucis“
[53] Kathpress-Info-Dienst, „Gewaltanwendung ist echt biblisch“, Nr. 049, 11.12.1989, Seite 7

Kreuzorden gedacht war. Doch der neue Salzburger Erzbischof ist laut „Salzburger Nachrichten“[54] kein Sympathisant des OA: „Ein Brief von Erzbischof Georg Eder und ein Gespräch mit diesem am 18. Oktober dürften aber die Absicht Turnauers, das desolate Objekt dem Engelwerk zu stiften, zumindest gebremst haben. Der Erzbischof hat ‚deutliche' Bedenken deponiert und erklärt, daß er der Errichtung eines Klosters in Bad Fusch nicht die notwendige Zustimmung erteilen würde.“

P. Hansjörg Bitterlich betonte in einer Stellungnahme gegenüber den „Salzburger Nachrichten“, man dränge nicht von sich aus nach Fusch, sondern sei gerufen worden, um aus dem Objekt etwas zu machen: „Der Orden der Regularkanoniker vom hl. Kreuz sei aber im Gegensatz zur derzeitigen Situation in Salzburg in anderen Diözesen durchaus willkommen. Es gebe konkrete Möglichkeiten für Niederlassungen, über die er noch keine Auskunft erteilten könne.

Der Superior ließ aber offen, daß das Engelwerk in Bad Fusch ein soziales oder religiöses Werk einrichten könnte. Ein Exerzitienwerk oder eine Kureinrichtung wären nicht an die bischöfliche Zustimmung gebunden. Falls es zu einer Niederlassung kommen sollte, ‚dann nicht als Kloster, sondern unter anderer Fahne', erklärte Pater Bitterlich.“

Beobachter meinen dazu, „unter anderer Fahne“ aufzutreten, sei eine Spezialität des Engelwerkes, und in Österreich könne man „konkrete Möglichkeiten für Niederlassungen“ wohl nur im Raum Wien und Niederösterreich ansiedeln.

Immer wieder wurde auch gerüchteweise eine Nähe des Engelwerkes zur Aktion „Priester in Not“ angedeutet. Fingerzeig dafür ist ein undatiertes Informationsblatt mit dem Kopf: „Priestergemeinschaft des Opus Angelorum, A 6020 Innsbruck/Pfarrplatz 2/II oder D 8909 Vesperbild/Jakob Ruf/Wallfahrtspriester“. Dort heißt es wörtlich, das Opus Angelorum diene vor allem „1. den Priestern und Ordensleuten in ihrem persönlichen Glaubensleben und will besondere Hilfe sein in der Seelsorge unserer Zeit; 2. der Betreuung und Heimholung der Priester in Not durch mitbrüderliche Hilfe und durch den verborgenen Sühne-Einsatz vor allem von Schwestern. Diese 2. Aktion ist in Deutschland über das ‚Päpstliche Werk für geistliche Berufe' als Aktion ‚Priester in Not' bei allen Ordinariaten, Provinzialaten und Abteien bekannt geworden.“

Sicher hat das Engelwerk auch außerhalb des deutschen Sprachraumes, vor allem in Lateinamerika, in den romanischen Ländern Europas und in der Kirchenzentrale in Rom Sympathisanten. Materiell dürfte seine Basis aber in Mitteleuropa liegen. Denn finanziert wird das Werk von Privatleuten, und woher das Geld kommt, verriet der Bischof von Anapolis, Dom Manoel Pestana Filho: „Vor allem aus Österreich und der Bundesrepublik Deutschland.“[55]

[54] Salzburger Nachrichten, Kein Engelwerk-Kloster in Fusch, 25.11.1989, S. 21
[55] Margit Pieber, Geheimnis hinterm Stacheldraht, Kirche intern, September 1989, S. 34

XI RESÜMEE UND AUSBLICK

Wann und wie wird Rom entscheiden?

Wer so im Gehorsam steht wie das OA, hat von der Kirche nichts zu befürchten.

JOSEPH KARDINAL RATZINGER [1]

Der Endkampf zwischen guten und bösen Geistern ist das beherrschende Thema in den Schriften des Engelwerkes. Ist es da ein Wunder, wenn sich am Engelwerk selbst die Geister scheiden?

Läßt man die Meinungen und Erfahrungen von Freunden und Kritikern des Engelwerkes (in diesen Begriff sei immer auch, wie es der Realität entspricht, der Orden der Regularkanoniker vom Heiligen Kreuz eingeschlossen) Revue passieren, kommt man zu dem unvermeidlichen Schluß, daß hier unaufhebbare Widersprüche vorliegen. Für die einen ist das OA eine besonders fromme, wirklich katholische Organisation, die an den besten Traditionen der Kirche festhält. Aus Sicht der anderen handelt es sich beim Engelwerk um eine gefährliche Sekte, deren Leitung die Anhänger religiös und wirtschaftlich ausbeutet, mit der Angst regiert und die ganze Kirche unterwandern und in ihre Macht bringen will. Diese extremen Standpunkte sind unvereinbar, und die Kontrahenten wirken unversöhnlich. Beide meinen, die Kirche retten zu müssen, die einen durch das Engelwerk, die anderen vor dem Engelwerk.

In dieser Situation ist es notwendig, auf die häufigsten im Zusammenhang mit dem OA gestellten Fragen Antworten zu suchen:

Was ist von den Privatoffenbarungen der Gabriele Bitterlich zu halten?

Das „Charisma" von Gabriele Bitterlich und die darauf beruhenden ersten Schriften sind zweifellos die Grundlage des OA, und zumindest die heutige Leitung kann sich, wie sich mehrfach belegen läßt, ein Engelwerk ohne diese Basis nicht vorstellen. Damit stellt sich die Frage nach der Glaubwürdigkeit von Frau Bitterlich. Den Schriften und OA-Aussagen zufolge wurden Mutter Bitterlich schon in jungen Jahren und während des Zweiten Weltkrieges Offenbarungen zuteil, mit einem geistlichen Tagebuch hat sie 1947, mit der ersten zur Weitergabe innerhalb des Werkes bestimmten Schrift hat sie 1949 begonnen.

Daß Gabriele Bitterlich eine sehr fromme und gütige Frau war, bestätigen nahezu alle, die sie noch gekannt haben. Die einen betonen noch, sie habe

[1] Georg Blaskó, Brief an den Augsburger Bischof Josef Stimpfle, 28.4.1988 (4. OA-Informationsbrief, Die neuesten bischöflichen Entscheidungen, S. 10)

weder zum Fanatismus noch zu Phantastereien geneigt und sich als schlichtes Werkzeug Gottes gefühlt; vieles, was sie aufgrund ihrer Eingebungen zu Papier gebracht habe, sei ihr selbst unverständlich gewesen. Engelwerk-Kritiker, die noch ihre Bekanntschaft gemacht haben, gestehen ihr Mütterlichkeit und gute Absicht zu, hegen aber große Zweifel an der Echtheit der Offenbarungen und vermuten, daß sie die Schriften nicht allein verfaßt haben kann. Tatsächlich verrät schon die erste OA-Schrift, daß drei Priester (vermutlich Walter Waitz, Albert Auer und P. Ephräm Lampert) das zu schreibende Werk behütet haben. Geschrieben habe aber Gabriele Bitterlich allein, betont man heute seitens des OA. Im Detail weiß man wohl aufgrund der OA-„Diskretion" noch viel zu wenig über die Entstehung der Texte und deren Nachbearbeitung.

Zwar dürfte die erste Schrift in der Privatbibliothek von Papst Pius XII. gelandet sein und der noch vor Beginn des II. Vatikanums verstorbene Relator der römischen Ritenkongregation, P. Joseph Löw CSsR, einige frühe Texte erhalten haben, aber an einer systematischen und offiziellen Prüfung der Schriften durch Rom oder die Diözese Innsbruck war das Werk zu Lebzeiten von Gabriele Bitterlich gar nicht interessiert. Das bestätigt ein Brief des heutigen OA-Leiters Georg Blaskó vom 27. April 1976 an den Innsbrucker Bischof Paul Rusch.

Aus diesem Brief geht auch hervor, daß Bücher mit Engelnamen (wenn auch nicht mit allen in den Offenbarungen vorkommenden) im Hause Bitterlich existierten, bestritten wird freilich eine Einsichtnahme durch Gabriele Bitterlich. Fest steht, auch aufgrund der Jugendwerke der Tochter Roswitha Bitterlich, daß in der Familie das Thema Engel immer schon eine Rolle spielte (und zwar nicht nur Schutzengel, sondern auch apokalyptische Engel). Unterschiedliche Zeugnisse liegen zur Frage vor, ob Gabriele Bitterlichs Ehemann Freimaurer beziehungsweise Spiritist war und eine ganze Bibliothek mit einschlägiger Literatur besessen hat.

Fest steht, daß auffallende Parallelen zwischen den Bitterlich-Offenbarungen und der jüdischen Kabbala (zum Teil auch mit der Theosophie) bestehen. OA-Prokurator Georg Blaskó gibt das zwar zu, beharrt aber darauf, daß Frau Bitterlich die Kabbala nicht gekannt habe und die Engellehre des OA auf übernatürlicher Eingebung beruhe. Er räumt ein, daß zur Bestätigung von Privatoffenbarungen üblicherweise Wunder eintreten müssen und solche in diesem Fall noch fehlen. Aber Ähnlichkeiten mit der Kabbala, deren Irrtümer das Engelwerk nicht teile, sind für ihn sogar Zeichen der Echtheit des Charismas.

Dieser Ansicht können sich Kritiker des Werkes freilich nicht anschließen. Der Verdacht, daß die Bitterlichschen Offenbarungen - unbewußt oder bewußt, aufgrund psychischer Phänomene oder vorsätzlicher Täuschung - auf Wissen aus Büchern, angereichert mit eigener Phantasie, beruhen, liegt nahe. Er ist natürlich ebensowenig beweisbar wie das Gegenteil. Aber es findet ja kein Gerichtsverfahren statt, wo dem OA als Angeklagtem irgendeine Schuld oder gar die Unechtheit der Privatoffenbarung nachgewiesen werden muß.

Karl Rahners seinerzeitiges Urteil, die Offenbarung sei „mit äußerster Wahrscheinlichkeit unecht", hat viel für sich. Damit ist keine totale Ablehnung, aber eine von den bekannten Fakten gerechtfertigte hochgradige Skepsis ausgedrückt. Sollen die Privatoffenbarungen als echt anerkannt werden, so liegt die Beweislast beim Engelwerk. Solange dieses keine Beweise erbringt, sondern sich in Diskretion über die Grundlagen seiner Existenz übt und nur auf Erweiterung seiner Anhängerschar erpicht wirkt, darf es sich über Kritik und massive Skepsis nicht wundern.

Steht das Engelwerk mit der Lehre der katholischen Kirche und mit dem Spruch der Glaubenskongregation von 1983 in Einklang?

Die Hauptkritikpunkte am Engelwerk sind im Runderlaß der römischen Glaubenskongregation vom 29. September 1983 enthalten: Engelkult mit Namen, Schweigeversprechen, Liturgie. Hinzu kommen Vorwürfe, die das OA seit 1983 für ausgeräumt ansieht, weil sie von der Glaubenskongregation nicht ausdrücklich erwähnt wurden: Kabbalistik, Gnostizismus, Engelweihen. Das 1986/87 aufgetauchte OA-Handbuch gab diesen Anschuldigungen neue Nahrung und rückte noch andere in den Vordergrund: Magie und Aberglaube.

Das OA hat in seinen jüngsten Verteidigungsschriften immer betont, es habe vor den Maßnahmen deutscher Diözesen 1988 nie von einem Diözesanbischof eine Klage darüber gehört, daß eine der Auflagen von 1983 nicht eingehalten worden sei. Solche Klagen scheinen auch tatsächlich nicht erfolgt zu sein. Auch Weihbischof Soden-Fraunhofen konnte im Jänner 1988 in einer kurzen „Auswahl"[2] von Verstößen nur darauf verweisen, daß das neu entdeckte „Handbuch" nicht der Lehre der Kirche entspreche, das Buch „Die Tagesengel" trotz Verbotes der Engelnamen sogar gedruckt von einem eigenen Verlag herausgegeben werde und P. Bitterlich laut Mitschrift von Johannes Rothkranz 1986 auf Madeira erklärt habe, die Bitterlich-Privatoffenbarung samt Engelnamen sei für OA-Mitglieder und Donaten des Kreuzordens verbindlich.

Blaskó machte es sich mit seiner Antwort[3] leicht. Es sei nur der kultische Gebrauch der Engelnamen verboten worden, nicht aber die Schriften. Der Sekretär der Glaubenskongregation, Kardinal Hamer, habe ihm im September 1983 mitgeteilt, „daß durch den Entscheid weder die durch Ortsbischöfe für diese Schriften erteilten Imprimatur annulliert sind noch den Ortsbischöfen die Vollmacht genommen ist, für etwaige künftige Auflagen oder Übersetzungen das Imprimatur zu erteilen." Der „Tagesengel"-Druck sei illegal erfolgt

[2] Heinrich von Soden-Fraunhofen, Brief an Georg Blaskó, 12.1.1988
[3] Georg Blaskó, Brief an Weihbischof Soden-Fraunhofen, 30.4.1988

und längst durch ein Gerichtsurteil beendet worden. In den Bitterlich-Aussagen - die Richtigkeit der Wiedergabe durch Herrn Rothkranz lasse er dahingestellt - habe er „keinen Verstoß gegen die päpstlichen Bestimmungen gefunden".

Bemerkenswert ist Blaskós Stellungnahme zum Handbuch: „Die im sog. ‚Handbuch' enthaltene Lehre stimmt vollkommen mit der Lehre der Kirche überein. Sie fügt nur einige der Privatoffenbarung eigene Mitteilungen hinzu. So sind z.B. von den ‚tausendmal tausend und zehntausendmal zehntausend' heiligen Engeln, von denen in der Heiligen Schrift die Rede ist (Dan 7,10), ca. 400 im ‚Handbuch' mit ihren Namen und Aufgabenbereichen angegeben. Dasselbe bei einer gewissen Anzahl von gefallenen Engeln. Nichts an diesen Angaben widerspricht der Heiligen Schrift; sie ergänzen sie nur und bleiben dabei im Rahmen der von der Heiligen Schrift angegebenen Zahlen. Sie geht nicht darüber hinaus."

Der Inhalt des Handbuches sei kurz in Erinnerung gerufen. Da finden sich seltsame Schilderungen einzelner Engel, wie Basamed („der Engel mit der letzten Kornähre"), Bea („der Engel mit dem Glöcklein"), Eliguel („mit dem Symbol der Wurfschaufel und des leeren Scheffelmaßes"), Parim („der rächende Engel, der 185.000 Mann in einer Nacht schlug") oder Thola („der Gärtner...mit den Symbolen von Bast und Kerbmesser"), und Dämonen, wie Amer-Schammaroth („der Dämon der sexuellen Jugendsünden"), Debtah Aglai („Dämon des ‚Ewig Weiblichen' im negativen Sinn, geheimnisvoll und dahinter Sumpf"), Schebarschenoth („Er sendet seine Strahlen vom Planeten ‚Neptun' und arbeitet mit Adonai Melchim und Naschim, dem ‚Kugelstoßer', zusammen. Er ist der Dämon der großen Unordnung, der Störung der Gesetze, der Verwirrung von Gestirnbahnen, Verhinderung richtiger Knochenbildung bei Kindern, steht hinter den Kreislaufstörungen, abnormalen Drüsenfunktionen usw.").

Da ist nebst vielem Ähnlichen die Rede vom „magischen Vier-Eck, das sich jeder Dämon über die Schöpfung spannt und mit Zahlen, hinter denen Dämonen stehen, ausfüllt. Mit diesen Dämonen macht er dann seine Schachzüge." Da wird die Möglichkeit betont, daß Dämonen durch Menschen „durchstrahlen" („meist durch Hebammen, Bauersfrauen, Zigeuner, Botenfrauen, alte rachsüchtige Bauern"). Und da werden für dämonische Strahlungen besonders empfängliche Tiere aufgezählt („die grauen, gefleckten u. schwarzen Katzen, die gefleckten und schwarzen Hennen, die Schweine und die glatthaarigen Hunde, die Schmeißfliegen, Ratten und Schlangen").

Ob all das wirklich der katholischen Lehre entspricht, muß die Glaubenskongregation entscheiden. Für den Laien läßt es sich allenfalls damit begründen, daß diese Lehre im wesentlichen unveränderlich bleibt, seit jeher die Möglichkeit der Besessenheit vom Teufel kennt und in früheren Jahrhunderten ausdrücklich die Verfolgung von „Hexen" beinhaltet hat. Hexenverfolgung soll jedenfalls im Engelwerk, so ein ehemaliges Mitglied, kein Tabu-Thema sein. Bestätigt die Glaubenskongregation Blaskós Ansicht von der vollkommenen Übereinstimmung des Handbuches mit der katholischen Lehre, macht sie damit freilich alle kirchlichen Distanzierungen von inquisitorischen Aktionen vergangener Zeiten - sofern solche Distanzierungen überhaupt klar ausgesprochen wurden - zu Lippenbekenntnissen.

Was die Befolgung der römischen Auflagen betrifft, verdient Interesse, was der junge Theologe Siegfried Lochner 1986 aufgrund seiner Erlebnisse bei den Kreuzorden-Informationswochen auf Madeira niederschrieb[4]:

„'Ihr müßt das von Eurem Engel her sehen', Wie sieht das aber Ihr Engel', und so fort. Dieser meines Erachtens nur fromm bemäntelte Subjektivismus ging sogar so weit, daß selbst die Texte der Hl. Schrift, die in der Messe zur Verlesung kamen, mit dem Kalendarium der Tagesengel oft äußerst mühsam verbunden wurden und solchermaßen zurecht gebogen ihre entsprechende Interpretation erfuhren. Auch in der Liturgie müsse man abgehen von festen Rubriken und sich freieren Formen öffnen, schließlich sei ja die Liturgie der Engel im Himmel auch nicht durch rubrizistische Vorschriften geregelt. In praxi konnte diese Haltung tagtäglich beobachtet werden, denn jeder der Priester feierte buchstäblich ‚seine' Messe mit jeweiligen persönlichen Eigenheiten. So betete der eine Priester zum Confiteor kniend (!) ein Durcheinander aus dem alten und dem neuen Text, ein anderer las die hl. Messe vor ausgesetztem Allerheiligsten, andere zogen den Ritus durch unendliche Kunstpausen an den verschiedensten Stellen für die Mitfeiernden in oft unerträgliche Länge, ja ein Priester benutzte überhaupt kein approbiertes Buch für die Zelebration, sondern begnügte sich mit einschlägigen Engelwerksbüchlein.

Ich bin der Meinung, daß die gefeierte Liturgie eine Richtschnur jeglicher Organisation in der Kirche sein und bleiben muß, an der sich ihre Stellung zur kirchlichen Obrigkeit zeigt. Daher war ich von diesen Subjektivismen zutiefst abgestoßen. Wo liegt hier streng genommen der Unterschied zu modernistischen Kreisen, die ebenfalls tun und lassen, was ihnen gerade einfällt? Aber es war schon verführerisch, wie man junge Leute, die sich nach einer konservativ-katholischen Gesellschaft umsahen, um Priester werden zu können, hinters Licht führte. Einerseits traditionelle Elemente - kein Volksaltar, keine Handkommunion, Verwendung der lateinischen Sprache, andrerseits Absonderlichkeiten wie Privatbination, Ermunterung zum zwei- und gegebenenfalls auch mehrmaligen Empfang der Hl. Kommunion, Sühnebeichten und Sühnetaufen und anderes mehr."

Indizien dafür, daß vom Engelwerk, präzise: von zumindest einigen der ihm angehörenden Priester, was die Liturgie betrifft, der Runderlaß von 1983 nicht ganz erfüllt wird, gibt es also. Daß es noch ein strenges Schweigeversprechen gibt, läßt sich nicht nachweisen, aber die Empfehlung zu äußerster Diskretion bekommen Exerzitienteilnehmer auch heute noch zu hören, OA-Mitglieder

[4] Siegfried Lochner, Gedächtnisprotokoll Madeira, 1986, S.3f.

und Ordensangehörige vermutlich in noch höherem Maß. Was die Engelnamen betrifft, erblickt das OA im Spruch von 1983 bekanntlich einen Fortschritt gegenüber dem Konzil von Laodicäa. Nur eine gemeinschaftliche Anrufung der aus den OA-Schriften bekannt gewordenen Engelnamen sei verboten. Zur persönlichen Betrachtung werden diese Schriften aber nach wie vor verwendet und sogar empfohlen: „Warum verteilt man weiter dieses Kalendarium, wenn doch die Glaubenskongregation ausdrücklich sowohl den privaten als auch den öffentlichen Kult verboten hat?"[5] Es gibt Zeugnisse, daß bei abendlichen gemeinschaftlichen Andachten im Werk die aus der Privatoffenbarung stammenden Engelnamen durchaus eine Rolle spielen und angerufen werden. Das auf alles eine Antwort wissende OA deutet solche Vorgänge vermutlich als Betrachtungen und nicht als Kult.

Ob die alten, im Erlaß von 1983 nicht ausdrücklich erwähnten Vorwürfe wirklich ganz ausgeräumt sind, ist die Frage. Die OA-Kritiker berufen sich gerne auf den ersten Satz des Erlasses: „In der Förderung der Andacht zu den heiligen Engeln muß das Opus Angelorum sich der Lehre der Kirche wie der Heiligen Väter und Kirchenlehrer unterwerfen. Es soll im besonderen..." Wenn das OA stets nur das als Verpflichtung hervorhebt, was ihm „im besonderen" eingeschärft wurde, versteht es vermutlich den ersten Satz bewußt falsch. Angenommen, ein Autofahrer würde ermahnt, er habe sich an alle Verkehrsregeln, besonders an Halteverbote, Geschwindigkeitsbegrenzungen und Überholverbote zu halten. Darf er deswegen bei Rot über eine Kreuzung fahren, sich betrunken ans Steuer setzen oder Parkverbote mißachten?

Umstritten bleiben zum Beispiel die Engelweihen. Gesichert ist, daß sich 1950 eine Priestergruppe zum „Werk der heiligen Engel" zusammenfand, das freilich erst 1961 als Schutzengelbruderschaft in Innsbruck einen kirchenrechtlichen Status bekam. Diese Gruppe hat auch sehr rasch die im Opus Angelorum nun üblich werdenden Weihen abgelegt, die binnen kurzer Zeit in Innsbruck auch kirchlich approbiert wurden. Für das OA sind diese gestuften Weihen „Ecksäulen". „Erst im letzten Bauabschnitt tritt der Mensch, mit dem Engel als eine Einheit vor Gott verbunden, wieder an die Öffentlichkeit"[6], heißt es über die Entwicklung im Engelwerk.

Kritiker des Werkes halten die Weihen für problematisch, vor allem, weil a) ihre Entstehung nur aus den angeblichen Privatoffenbarungen erklärbar ist, b) Weihen an Geschöpfe (ausgenommen Maria, der sich aber auch Gott in seiner Menschwerdung anvertraute) der Kirche fremd sind. Richtig ist, daß die Glaubenskongregation die Weihen nicht ausdrücklich abgelehnt hat - wohl auch deshalb, weil das OA diese als reine Versprechen, nicht als einem Sakrament nahekommende Bindungen (so wirken die Weihen aber in den dazugehörigen Texten) interpretierte. Bei einem künftigen Spruch dürfte aber die Glaubens-

[5] Lochner, S. 5
[6] Opus Sanctorum Angelorum, Jahres-Lesungen I, St. Petersberg 1981, S. 87

kongregation kaum darum herumkommen, konkret auf das Problem der Weihen einzugehen.

Mit Sicherheit läßt sich sagen, daß eine scharfe Trennung zwischen OA und Orden, die nicht von der Glaubenskongregation 1983, aber von der Religiosenkongregation 1979 gewünscht wurde, nicht befolgt wird.

Fazit: Ob das Engelwerk mit den Lehren der katholischen Kirche in Einklang steht, entscheidet letztlich kein Laie, kein Theologiestudent und kein einzelner Theologe, sondern die Glaubenskongregation in Rom. Es läßt sich nur vorhersagen, daß alles andere als eine klare Abgrenzung der katholischen Lehre vom OA-Handbuch (zu dem sich das Engelwerk eindeutig bekennt) in breiten Kreisen der katholischen Kirche größte Verwunderung und Verunsicherung auslösen würde.

Ist das OA eine empfehlenswerte, eine harmlose oder eine gefährliche Gruppierung?

Die unwahrscheinlichste Theorie besagt, daß das Engelwerk, mit Gabriele Bitterlich als Mitwisserin oder unwissendem Werkzeug, von A bis Z ein Schwindelunternehmen ist und dahinter eine auf Aushöhlung der Kirche mit ihren eigenen Mitteln angelegte Freimaurerloge steckt. Schon wahrscheinlicher klingt, daß hier eine nach eigenem Verständnis durchaus christlich orientierte Gruppe mit den Zügen eines Geheimbundes unter dem Motto „Der Zweck heiligt die Mittel" alle Hebel in Bewegung setzt, die Kirche auf eine bestimmte Linie zu bringen. Mit hoher Wahrscheinlichkeit dürfte Mutter Bitterlich mit ihren Visionen zwar der Ausgangspunkt, aber für die spätere Entwicklung nicht die treibende Kraft, sondern nur die Kristallisationsfigur des Engelwerkes gewesen sein.

Mit dem Thema Engelverehrung stieß das Opus Angelorum in unserem rationalistischen Jahrhundert in eine geistige „Marktlücke". Die Kirche hat zwar seit jeher die Existenz von Engeln und Teufeln gelehrt, die meisten Priester und Theologen haben sich aber in den letzten Jahrzehnten um konkrete Aussagen zu diesen Dingen gedrückt. In dieser Situation sprach das im Detail zwar ungeheuer komplizierte (aber die Details erfahren ja nur wenige, und das erst nach Jahren), im Prinzip aber einfache Lehrgebäude des Werkes - Engelverehrung, Betonung von Gebet, Opfer und Gehorsam - gerade die einfachen und frommen Leute an. Vermutlich sind die allermeisten Mitglieder und Förderer dem OA mit dem ehrlichen Gefühl beigetreten, damit für eine gute und christliche Sache zu wirken, zumal es schon im Mittelalter Schutzengelbruderschaften gegeben hat.

Diese Mehrzahl der Mitglieder hat und erweckt auch selbst den Eindruck, daß es sich beim OA um eine empfehlenswerte Einrichtung handelt, die höchstens in Einzelfällen über das Ziel schießt. Typisch für dieses OA-Bild ist, was OA-Mitglied Louis M. Attems am 29. August 1977 an Weihbischof Heinrich von Soden-Fraunhofen schrieb: „Ich kann oft nicht genug den Glaubenseifer, die Frömmigkeit und außerordentlichen Leistungen in der Priesterseelsorge vieler meiner Mitbrüder im OA bewundern - ärgere mich ebenso oft über deren Eseleien."

Jene, die intensivere Bekanntschaft mit dem OA gemacht haben, sehen die Sache schon drastischer, etwa jener Südamerikaner, der die OA-Niederlassung von Anapolis verlassen und der Journalistin Margit Pieber[7] erst jüngst erzählt hat: „Sie gehen zu weit. Tagsüber darf nichts geredet werden. Die schwarze Soutane muß ständig am Leib getragen werden. Selbst unter der Dusche. Ich bin eingetreten, weil ich in Theologie ausgebildet werden wollte, aber davon hörten wir nur wenig, dafür umso mehr über Mission. Ich bin Brasilianer, ich kenne unsere Wirklichkeit. Was die da tun, ist ja total weltfremd."

Das klingt schon nicht mehr empfehlenswert oder harmlos und verrät, worin die wahre Gefährlichkeit des OA liegen dürfte - in seiner Weltfremdheit und in seinem Machtstreben. Ein ehemaliges Mitglied in Europa hat nicht das Gefühl, daß die führenden Männer im Werk ein gemeinsames theologisches Weltbild eint - jeder habe seine besondere Sicht vom Glauben an Gott und an die Engel -, sondern der Wunsch, andere zu beherrschen, Macht und Einfluß zu gewinnen. „Je mehr sie einen demütigen können, desto mehr freut sie das", soll ein Mitglied in Brasilien gesagt haben. Mit „In-die-Asche-Gehen" wird nach Auskunft eines früheren deutschen OA-Mitglieds dieses totale Unterwerfen unter die Führung umschrieben.

Immer vorausgesetzt, daß solche Aussagen stimmen, trägt das Engelwerk tatsächlich die Züge einer Sekte. Einem der führenden Patres wird auch nachgesagt, er habe einmal gesagt, das OA habe ebenso seine Lebensberechtigung wie die Zeugen Jehovas. Das Leben im Kreuzorden scheint auf Leute mit einer bestimmten Persönlichkeitsstruktur zugeschnitten zu sein, andere macht es psychisch fertig. Abgeschiedenheit von der Welt, totaler Gehorsam, besondere Opfer- und Sühnebereitschaft, minutiös geregelte Tagesabläufe, ständige Konfrontation mit einem unheimlichen System von Engeln und Dämonen - all das ist sicher nicht jedermanns Sache, schon gar nicht, sollten die Vorgesetzten inhumane Strenge an den Tag legen.

Diese Dinge interessieren aber anscheinend Rom bei seiner Untersuchung nicht. Diese beschränkt sich offenbar auf Schriften und theologische Gutachten, bezieht aber, soweit man weiß, die doch naheliegende Einvernahme ehemaliger Mitglieder nicht ein. Natürlich sind auch manche Aussagen solcher aus Sicht des OA „Abtrünniger" mit Vorsicht zu genießen, dennoch nimmt es wunder, daß Rom anscheinend keinerlei Versuch gemacht hat, mit solchen Leuten in Kontakt zu treten. Dabei wurde doch schon im Spruch von 1983 gesagt, man habe sowohl Theorie als auch Praxis des OA einer Prüfung unterzogen.

[7] Margit Pieber, Total weltfremd, „Die Furche",1. 2. 1990, S. 7

Glauben die führenden OA-Leute selbst an ihre Engellehre?

Die Männer des Kreuzordens werden diese Frage selbstverständlich bejahen, sie ist aber trotzdem zu stellen, weil ehemalige Mitglieder aufgrund des praktischen Verhaltens der OA-Führung diesbezüglich ihre Zweifel haben. Erstens scheine es, daß jeder seine subjektive Einstellung zu den Früchten des Bitterlich-Charismas habe, und außerdem dürfte ja das gesamte Lehrgebäude wirklich nur wenigen bekannt sein.

Den Vorwurf, daß das praktische Leben nicht mit der Lehre übereinstimme, kann man schließlich fast jedem getauften Christen machen, er hat nur vielleicht bei einer sich so als Elite fühlenden Gruppe wie dem Engelwerk etwas mehr Gewicht. Denn vor allem ist das OA eine Gruppierung mit ungeheurem Sendungsbewußtsein, die sich als christlicher Fels gegen Kommunismus, Freimaurerei und andere Widersacher der Kirche empfindet und gibt und schon aus diesem Grund Förderung aus bestimmten Kreisen von Kirche, Wirtschaft und Politik erfährt. In diese Rolle dürfte das OA mit der Zeit immer mehr hineingewachsen sein.

Wann und wie wird die Glaubenskongregation entscheiden?

Das erste Verfahren in Rom dauerte bekanntlich fast sechs Jahre, das zweite hat im zweiten Halbjahr 1987 begonnen. Es ist anzunehmen, daß sich die Glaubenskongregation in dieser heiklen Frage auch diesmal viel Zeit lassen wird. Sicher läßt sich das freilich nicht vorhersagen.

Wie der Spruch diesmal ausfallen wird, dürfte zunächst einmal davon abhängen, wie tief die Glaubenskongregation in die Geheimnisse des Werkes einzudringen gewillt ist - etwa durch die Einvernahme ehemaliger Mitglieder des Werkes beziehungsweise des Kreuzordens oder durch Bestehen auf der Herausgabe wirklich sämtlicher OA-Texte, inklusive der Originalschriften von Gabriele Bitterlich, vor allem ihres „geistlichen Tagebuches". Es könnte aber auch sein, daß den Spruch kirchenpolitische Überlegungen beeinflussen, die der Glaubenskongregation bei der Entscheidung gar nicht völlig freie Hand lassen. Wenn es stimmt, daß dem Engelwerk eine Schlüsselrolle im vatikanischen Neuevangelisierungsprogramm zugedacht ist - wobei es sich vermutlich selbst um eine solche Rolle beworben hat -, tun sich die Männer der Glaubenskongregation natürlich besonders schwer, hier eine Entscheidung zu treffen, die einerseits Fakten wie das Handbuch und die Verbote in Deutschland nicht ignoriert, anderseits aber ermöglicht, weiter auf die Karte Engelwerk zu setzen.

Schließlich scheint das Engelbild des OA im wesentlichen auf jener Linie zu liegen, die Papst Johannes Paul II. in sechs vom „Osservatore Romano" abgedruckten Katechesen im Jahr 1986 vertreten hat[8], zum Beispiel in der dritten Katechese:

[8] Johannes Paul II., Die Engel, Sechs Papst-Katechesen, Stein am Rhein 1988

„Die Heilige Schrift gibt den Engeln auch Benennungen und zwar nicht nur persönliche wie die Eigennamen Gabriel, Rafael und Michael, sondern auch Gattungsnamen wie die Bezeichnungen Serafim, Kerubim, Throne, Mächte, Gewalten, Fürsten; die heilige Schrift unterscheidet auch zwischen Engeln und Erzengeln.

Wenn wir die analogisierende und darstellende Ausdrucksweise des heiligen Textes berücksichtigen, so können wir daraus entnehmen, daß diese personalen Wesen fast wie in Gesellschaften gruppiert sind und sich nach Ordnungen und Abstufungen einteilen lassen, entsprechend dem Maß ihrer Vollkommenheit und den ihnen anvertrauten Aufgaben. Frühe Autoren wie Dionysos der Areopagite sprechen ferner - wie es auch die Liturgie der Kirche tut - von neun Engelchören. Die Theologie, besonders die patristische und die mittelalterliche, hat diese Darstellungsweise nicht zurückgewiesen, sondern versucht, ihr eine lehrmäßige und mystische Erklärung zu geben, ohne ihr jedoch einen absoluten Wert beizumessen."[9]

Jeder weiß, daß der Papst nie die Zeit fände, alle seine Predigten selbst zu verfassen - man wird den Verdacht nicht los, daß bei diesen Katechesen ein OA-Mitglied die Hand im Spiel hatte. Dabei sind diese Katechesen aber eine weit bessere Diskussionsgrundlage für eine notwendige und zeitgemäße Engellehre der Kirche als die Schriften des Engelwerkes, bei denen Christus nicht so eindeutig im Zentrum steht: „Die Bezugnahme auf den Vorrang (Primat) Christi hilft uns verstehen, daß die Wahrheit von der Existenz und vom Wirken der (guten und bösen) Engel keineswegs den zentralen Inhalt der Wortoffenbarung Gottes bildet."[10]

Genau in diesem Punkt hat Weihbischof Soden schon vor Jahren mit einem biblischen Argument seine Skepsis gegenüber dem Engelwerk bekundet[11]:

„Ich darf an die Gemeinde von Korinth erinnern, in der der hl. Paulus Ordnung in das charismatische Durcheinander zu bringen hatte. Im 12. Kapitel seines ersten Briefes nennt er folgende Voraussetzungen als Gütezeichen für die Geistgaben, die in der Kirche Anerkennung finden können: Christus muß in dieser Bewegung der Herr sein, und sie muß der ganzen Gemeinde dienen. Keine der beiden Voraussetzungen ist im Engelwerk erfüllt." Das OA wischt solche Vorwürfe mit dem Hinweis auf die Eucharistische Anbetung, die Passio und den Missionseinsatz natürlich empört vom Tisch, aber in den Schriften spielt Christus wirklich kaum eine Rolle, und der pastorale Einsatz von OA-Priestern im Dienst christlicher Gemeinden hält sich in Grenzen.

Ferdinand Holböck, der die genannten Papst-Katechesen mit einem Kommentar herausgab, hat in einem Leserbrief an die „Furche" folgende Lanze für

[9] Ebendort, S. 17
[10] Ebendort, S. 9
[11] Heinrich von Soden-Fraunhofen, Die Zukunft des Engelwerks nach dem Dekret der römischen Glaubenskongregation vom 24. September 1983, Freising, 17.2.1984, S. 11

das Engelwerk gebrochen: „Im übrigen ist das Engelwerk mit seinen vielen Priestern rechtgläubiger als jene modernistischen Theologieprofessoren und Priester, die heute, in einer Zeit, wo der Dämonismus bis zum Teufelskult immer mehr zunimmt, nicht bloß vom Teufel Abschied nehmen, sondern auch die Existenz der Engel und verschiedene Dogmen offen leugnen."[12]

Es erhebt sich die Frage, ob das Wort „rechtgläubig" wirklich steigerbar ist oder ob hier nicht angedeutet wird, daß man das Engelwerk in Zeiten wie diesen schon aus taktischen Gründen unterstützen muß, um den „weniger Rechtgläubigen" das Wasser abzugraben. Vielleicht ist für viele gar nicht mehr entscheidend, ob das Engelwerk ganz auf dem Boden der katholischen Lehre steht, sondern nur mehr, ob man es fürs eigene kirchenpolitische Konzept brauchen kann. Dann allerdings würde die Sache nicht nur für die Psyche einzelner junger Menschen gefährlich, was schlimm genug ist, sondern für die ganze Kirche. Denn zweifellos hat auch das OA sein kirchenpolitisches Konzept, und wer weiß, wer schließlich wen für seine Pläne einsetzt...

Ist ein Kompromiß im gegenwärtigen Konflikt in Sicht?

Wer sich wie die Führer des Engelwerkes als Streiter im apokalyptischen Endkampf auf seiten der Engel versteht und in jedem Kritiker satanische Kräfte am Werk vermutet, wer sich zur Rettung der Kirche beziehungsweise zu ihrer Erneuerung im Sinne der Bitterlich-Eingebungen und der OA-Engellehre (die man mit der Engellehre der Kirche zumindest auf gleiche Stufe stellt) berufen fühlt, ist natürlich wenig zu Kompromissen geneigt.

Wer auf der anderen Seite den Eindruck hat, hier strebe eine Gruppe von Fanatikern mit sektiererischen Methoden und dem christlichen Glauben sehr fernen Lehren nach Macht und Einfluß in der katholischen Kirche, und daher meint, einer solchen Entwicklung müsse man unbedingt einen Riegel vorschieben, hat natürlich auch nicht viel für Kompromisse übrig.

Es ist die Frage, ob dort, wo es um die Wahrheit, wo es um zentrale Inhalte des Glaubens geht, überhaupt Kompromisse möglich sind. Die zweite Frage ist, ob in der Frage Engelwerk ein eindeutiger Spruch - entweder volle Anerkennung oder totales Verbot - möglich und angebracht ist. Es läßt sich vorhersagen, daß eine volle Anerkennung die gesamte Kirche vielen innerhalb und außerhalb dieser Kirche suspekt machen würde, daß ein totales Verbot aber - mehr aus kirchenpolitischen als aus theologischen Gründen - ebenso unwahrscheinlich erscheint.

„An Kardinal Ratzingers Wort ‚wer so im Gehorsam steht wie das OA, hat von der Kirche nichts zu befürchten', glauben wir."[13] So schrieb Georg Blaskó 1988 sicher nicht ohne Grund an Bischof Stimpfle. Man darf also anneh-

[12] Ferdinand Holböck, Versuchsweise in Kontakt, Leserbrief, Die Furche, 6.1.1989, S. 2

[13] Georg Blaskó, Brief an den Augsburger Bischof Josef Stimpfle, 28.4.1988 (4. OA-Informationsbrief, Die neuesten bischöflichen Entscheidungen, S. 10)

men, daß der nächste Spruch der Glaubenskongregation auf einen neuerlichen Kompromiß hinauslaufen wird.

Daß Verbote wenig zu lösen vermögen, haben ja indessen viele in der Kirche eingesehen, auch die Gegner des Engelwerkes. Außerdem sind sie natürlich gegenüber einzelnen Theologen viel eher durchzusetzen als gegenüber so großen Gemeinschaften wie der Lefèbvre-Bewegung oder dem Engelwerk. Überzeugen ist immer besser als befehlen. Wenn das Engelwerk aber wirklich so gehorsam ist, wie es sagt, müßte die Glaubenskongregation, wenn sie zu der entsprechenden Überzeugung kommt, keine Bedenken haben, ein klares und unmißverständlich ablehnendes Urteil über die Engellehre des OA zu sprechen. Wenn sie es nicht spricht, ist daraus zu folgern, daß maßgebliche Männer in Rom diese Lehre und nicht nur die Organisation Engelwerk unterstützen.

Wenn aber die Glaubenskongregation ein hartes Urteil spricht, bleibt es Rom unbenommen - und ein solches Vorgehen wäre wohl auch gleichzeitig zu erwarten -, dem Engelwerk goldene Brücken zu bauen, um die Existenz einer Gemeinschaft im Dienst der Engelverehrung aufrecht zu erhalten. Eine solche Gruppe, die sich - was wohl nur unter neuer Führung realistisch ist - streng an die herkömmliche Engellehre der Kirche hält und von Privatoffenbarungen, Arkandisziplin und Angstmacherei Abstand nimmt, kann sicher mit einer nahezu ähnlich großen Anhängerschar rechnen wie das jetzige OA, für Freunde von Aberglauben, Magie und Okkultismus darf aber darin kein Platz sein. Das „neue“ Engelwerk aber muß bereit und imstande sein, in einer über jeden Zweifel erhabenen Form eine solche Entscheidung Roms zu befolgen.

Ungefähr auf dieser Linie dürfte der einzige für alle Seiten und auf Dauer halbwegs akzeptable Ausweg aus dem Dilemma liegen. Bekräftigt und ergänzt Rom lediglich seine Weisungen von 1983 und überläßt es den einzelnen Diözesen, je nach mutmaßlicher beziehungsweise bewiesener Nichteinhaltung dieser Weisungen, vorzugehen, wird die Frage Engelwerk damit nicht gelöst. Im Gegenteil: Die schon in manchen Konventen verspürte spaltende Wirkung des OA (das eine solche Spaltung ja sogar als Trennung von Spreu und Weizen begrüßt) würde sich noch mehr auf die ganze Kirche ausbreiten. Das Gebäude von Engel- und Dämonennamen, Engelweihen und Geheimhaltungsregeln, das in den letzten Jahrzehnten auf dem wackligen Fundament der Bitterlich-Privatoffenbarungen errichtet wurde und vermutlich auch nicht allen OA-Mitgliedern reine Freude bereitet, erhielte wahrscheinlich nur eine neue Fassade. Denn momentan regiert im OA offensichtlich der harte Kern derer, die an diesem Gebäude nicht rütteln wollen.

Ob ein entschiedenes Wort aus Rom daran etwas ändern könnte, ist natürlich auch nicht sicher. Vielleicht würden viele im Werk einen solchen Spruch tatsächlich in vollem Gehorsam akzeptieren. Möglich wäre aber auch, daß ein Teil des Engelwerkes im Untergrund an der Bitterlichschen Privatoffenbarung (die für manche ja eine auf gleicher Stufe stehende Fortsetzung der allgemeinen christlichen Offenbarung darstellt) festhält oder sich sogar von der katholischen Kirche abspaltet. Daß mit dem Abtreten jener, die das Engelwerk schon seit seiner Entstehung kannten (Josef Finauer, Georg Blaskó, Hansjörg Bitterlich) oder später zu dessen hartem Kern stießen (Hermann Precht) sich manches ändern könnte, ist nicht auszuschließen.

Das In-Erinnerung-Rufen der alten katholischen Lehre von der Existenz von Engeln und Dämonen durch das Engelwerk hat viele für das Werk eingenommen, an der Kirche liegt es jetzt, diese traditionelle Lehre ohne abstruse Übertreibungen für die heutige Zeit zu verkünden. Das ist ihre Aufgabe, darin soll sie sich weder von Ultramontanen und Traditionalisten noch von Rationalisten und Modernisten beirren lassen. Es ist aber nicht ihre Hauptaufgabe. Die besteht in der Verkündigung des Evangeliums Jesu Christi, einer Frohbotschaft, nicht einer Drohbotschaft. Gerade ein Engel hat bei der Geburt Jesu den Hirten zuerst gesagt: „Fürchtet euch nicht!"

Durch Lehren wie jene des Engelwerkes sollte der Glaube an die Existenz solcher Engel nicht in Mißkredit geraten oder gar auf der Strecke bleiben. Es geht aber nicht darum, die Namen hunderter Engel und Dämonen und deren Strahlungen zu kennen. Es geht um jenes christliche Urvertrauen in Gott und seine guten Kräfte, das aus dem bekannten Text von Dietrich Bonhoeffer, niedergeschrieben im Gefängnis am Beginn seines Todesjahres 1945, spricht: „Von guten Mächten treu und still umgeben, behütet und getröstet immerdar, so will ich diese Tage mit euch leben und mit euch gehen in ein neues Jahr. Von guten Mächten wunderbar geborgen, erwarten wir getrost, was kommen mag, Gott ist mit uns am Abend und am Morgen und ganz gewiß an jedem neuen Tag."

XII ZEITTAFEL

Daten zur Geschichte des Engelwerkes

1896-11-01	Geburt von Gabriele Göhlert, später verehelichte Bitterlich
1947-08-30	Gabriele Bitterlich bekommt von ihrem Beichtvater den Auftrag, eine Art geistliches Tagebuch zu schreiben
1948-12—	Das bisherige Wissen soll im Zusammenhang niedergeschrieben werden
1949-04-20	Aufruf zum Werk der heiligen Engel, Zusammenschluß einiger Priester zur Engelverehrung
1949-04-25	Beginn der Niederschrift des Buches „Das Reich der Engel", bis 3. Juni 1949 vollendet
1949-12-20	Audienz bei Papst Pius XII. - Übergabe des „Engelbuches"
1950———	Priester der Gründungsgruppe des Engelwerkes legen die Engel- und Sühneweihe ab
1950———	Vermutlich Entstehung der Schriften „Kalendarium", „Das dunkle Buch" und „Die Ersterschaffenen Gottes"
1951-02-14	Approbierung der Schutzengelweihe in Innsbruck
1951-04-03	Approbierung der Engelweihe in Innsbruck
1951-04-03	Approbierung der Sühneweihe in Innsbruck
1951-05-03	Beginn der Niederschrift des Buches „Adsum", vollendet am 2. August 1951
1951-05-09	Vatikanisches Staatssekretariat bedankt sich bei Dr. Walter Waitz für das „Engelbuch"
1951-08-22	Beginn der Niederschrift des Buches „Der kleine Weg der Sühne"
1952———	Fertigstellung der Schrift „Die Gemeinschaft der Heiligen"
1952-02-29	Prof. Claus Schedl beendet Gutachten über Engelnamen
1955-09—	Erster Rundbrief des Engelwerkes
1956-10-18	Beginn der Niederschrift des Buches „Die Zusammenhänge in der Heiligen Schrift", bis 17. Februar 1957 vollendet
1958———	Laut OA Auftrag von Bischof Paul Rusch, Schutzengelbruderschaft zu gründen
1959———	Bischof Rusch läßt sich ab nun die Rundbriefe vorlegen
1960-05-03	Beginn der Niederschrift des Buches „Das Handbuch des Engelwerkes", vollendet am 7. Juli 1960
1961-04-20	Dekret zur Errichtung der Schutzengelbruderschaft als „pia unio" durch Bischof Paul Rusch am Kreuzaltar der Stiftskirche Wilten in Innsbruck, erster Rektor: P. Ephräm Lampert
1961-06-09	Kirchliche Druckerlaubnis für Statuten der Schutzengelbruderschaft Innsbruck
1961-11-24	Approbation des Aufnahmeritus in die Bruderschaft

1962-05-31	Nachwort zum Buch „Adsum“
1962-12—	„Die Gemeinschaft der Heiligen“ ergänzt herausgegeben
1965-02-12	Ritus des Schutzengelversprechens approbiert
1965-03-13	Dr. Walter Waitz beantragt in München Gründung der Schutzengelbruderschaft
1965-03-24	Dr. Waitz und DDr. Georg Blaskó erbitten Gespräch mit dem Münchner Generalvikar Matthias Defregger
1965-05-18	Ordinariat des Erzbistums München-Freising lehnt schriftlich Zulassung einer Bruderschaft ab
1965-07-28	Übernahme der Burg St. Petersberg bei Silz
1967-06-26	Errichtung der Kongregation der Schwestern vom Heiligen Kreuz in Scheffau in Tirol, Erzdiözese Salzburg, vorläufige Regel vom Salzburger Erzbischof gutgeheißen
1967-08-22	Kanonische Errichtung der Schwesterngemeinschaft „von der Auferstehung unseres Herrn Jesus Christus“ als Gliedgemeinschaft der „Schwesternschaft vom Heiligen Kreuz“ in Gundelfingen (Erzbistum Freiburg)
1968———	In Innsbruck erscheinen, herausgegeben von Dr. Waitz, die „Jahreslesungen“
1968-10-23	Privataudienz für Engelwerk-Priester aus vier Nationen bei Papst Paul VI.
1969———	Weihegebet der geheimen Sühneweihe gutgeheißen
1969-02-22	Die Priestergemeinschaft vom heiligen Kreuz im OA erstmals in Maria Vesperbild (Diözese Augsburg) kanonisch errichtet, erster Rektor: Jakob Ruf
1970———	„Rituale des Opus Angelorum“ erscheint gedruckt
1970-01-25	Kanonische Errichtung der Priestergemeinschaft im Opus Sanctorum Angelorum in der Erzdiözese Freiburg, erster Rektor: Georg Blaskó
1970-02-06	Errichtung der OA-Priestergemeinschaft in der Diözese Rom durch Kardinal Angelo Dell'Acqua.
1970-02-13	OA-Priestergemeinschaft in Leiria, Portugal
1970-02-20	Bischof Rusch genehmigt Satzungen für OA-Priestergemeinschaft in der Diözese Innsbruck
1970-08-01	Georg Blaskó tritt von der Diözese Freiburg ganz in den Dienst des Engelwerkes
1970-12-18	OA-Priestergemeinschaft in der Diözese Linz
1971-03-25	OA-Priestergemeinschaft in Aparecida/Brasilien
1971-04-27	OA-Priestergemeinschaft in Lima
1971-05-07	OA-Priestergemeinschaft in Guatemala
1971-12-25	Kanonische Errichtung der Priestergemeinschaft im Opus Sanctorum Angelorum für die Erzdiözese Wien am Kreuzaltar des Stiftes Heiligenkreuz, erster Rektor: P. Walter Schücker

1972———	Bischof Dr. Rudolf Graber von Regensburg bricht jeden Kontakt mit OA ab
1972———	Neuauflage: Übersichtstabellen über die Engelchöre
1972-04-12	Dekret des Ordinariates Innsbruck über das Tragen eines geistlichen Kleides
1972-04-26	OA-Bruderschaft in Porto Alegre/Brasilien
1972-06-03	OA-Priestergemeinschaft in Manila
1973———	Priestergemeinschaft in Innsbruck wieder aufgehoben
1973-04-20	Gemeinschaft der Werkhelferinnen als kirchliche Vereinigung durch Dekret von Kardinal Carolus Carmellus de Vasconcellos Motta in der Erzdiözese Aparecida/Brasilien errichtet
1973-04-20	Kirchliche Druckerlaubnis für das Buch der Tagesengel und für weitere OA-Schriften in Aparecida/Brasilien
1973-04-20	Kongregation der Schwestern vom Heiligen Kreuz als Sodalitium in der Erzdiözese Aparecida/Brasilien kanonisch errichtet
1973-07-02	Schedl-Gutachten über 72 Engelnamen
1973-09-08	OA-Priestergemeinschaft in Pretoria/Südafrika
1974-04-12	Orden der Brüder vom Heiligen Kreuz als Sodalitium in der Erzdiözese Curitiba/Brasilien kanonisch errichtet
1974-09-18	P. Rolf Silberer SJ richtet Anfrage an Religiosenkongregation
1974-10-05	Priesterweihe für Vincent Klee vom OA durch Bischof Petrus Canisius van Lierde in Rom
1974-10-12	Nach OA-Angabe: Audienz von Kardinal Franjo Seper für OA-Priester, er erhält nachträglich Exemplar der „Tagesengel“ (siehe auch 1975-10-11)
1975-02-15	Schreiben der Religiosenkongregation an P. Silberer SJ
1975-03—	P. Silberer SJ verschickt an deutsche Ordensoberinnen Stellungnahme der Religiosenkongregation
1975-03—	Schrift „Prägung und Eigenprägung des OA“
1975-09—	Antrag der Bischöfe von Leiria und Braga auf Wiederbelebung der Regularkanoniker vom Heiligen Kreuz von Coimbra
1975-09—	Audienz von Louis Attems bei Papst Paul VI.
1975-10-11	Mit diesem Datum wurde Kardinal Seper nach dessen Angabe das Buch "Tagesengel“ übergeben (siehe auch 1974-10-12)
1976———	Vollversammlung der Deutschen Bischofskonferenz befaßt sich mit OA
1976-02—	Affäre um den Übertritt von Novizen der Comboni-Missionare in das Engelwerk
1976-03—	Waitz-Stellungnahme zum Bericht der Comboni-Missionare
1976-03-25	Kardinal Franjo Seper bestätigt Erhalt des Kalendariums
1976-03-26	Brief von Bischof Rusch an Kardinal Julius Döpfner
1976-04-19	Der Bischof von Augsburg, Dr. Josef Stimpfle, erteilt die Druckerlaubnis für das Buch „Tagesengel“

1976-04-27 Brief Georg Blaskós an Bischof Rusch
1976-10-24 Brief des Bischofs von Leiria bezüglich Ordensrestauration
1976-12-02 Besuch von Weihbischof Heinrich Graf von Soden-Fraunhofen auf dem Winterberg bei Aschau am Inn/Sanitas-Werk
1977——— Ostern: Erster OA-Informationsbrief erscheint
1977-01-19 Rom beschließt Wiederbelebung des Kreuzordens, OA-Priester bilden Stammbesatzung
1977-04-04 Weihbischof Soden sendet Schrift „Das Engelwerk" an bayerische Diözesen
1977-06-13 Ständiger Rat der Deutschen Bischofskonferenz beauftragt Bischof Graber und Weihbischof Soden mit Vorbereitung einer Eingabe beim Hl. Stuhl
1977-07-08 Brief der Religiosenkongregation bezüglich Ordensrestauration
1977-08-14 Ansprache von Abt Karl Egger bei Eröffnung des Noviziates für den Orden der Regularkanoniker vom heiligen Kreuz in Braga
1977-08-24 Erste Reaktion des OA auf Sodens Schrift durch Kurat Carl Theodor Coester
1977-08-29 Louis Attems schreibt an Weihbischof Soden
1977-10-05 Waitz-Brief an Weihbischof Soden
1977-11-06 Prof. Johann Auer, Regensburg, beendet sein Gutachten über Theologie und Spiritualität des OA
1977-11-25 P. Hansjörg Bitterlich schreibt an Weihbischof Soden
1977-12-01 Anfrage von Kardinal Joseph Höffner namens der Deutschen Bischofskonferenz in Rom in Sachen Engelwerk
1978-04-04 Tod von Gabriele Bitterlich auf dem St. Petersberg bei Silz im Oberinntal, begraben an der Burgmauer
1978-06-11 Schreiben von Abt Egger zu Spannungen im neuen Orden
1978-06-22 Schreiben der Kongregation für Ordensleute und Säkularinstitute zu OA und Kreuzorden
1979-01-14 Beginn eines kurzen Briefwechsels zwischen Louis Attems und Prof. Johann Auer
1979-02-25 Ende des Briefwechsels Attems/Auer
1979-03-03 Prof. Auer schickt Bischof Graber Resümee seiner Korrespondenz mit Attems
1979-04-26 Stellungnahme von Georg Blaskó zum Auer-Gutachten
1979-05-04 Kardinal Joseph Ratzinger, damals Erzbischof von München, bittet Kardinal Höffner, in Rom zu urgieren
1979-05-05 Bischof Rusch bittet Prof. Auer um eine Erwiderung auf Blaskós Stellungnahme
1979-05-09 Auer-Brief an Rusch mit Antwort auf Blaskó-Schreiben
1979-05-23 Kard. Höffner bittet Rom um Beschleunigung des Verfahrens
1979-05-29 Dekret der Religiosenkongregation: Erneuerung des Kreuzherrenordens von Coimbra

1979-08-20	Prof. Schedl beendet „Résumé" zur Theologie des OA
1979-12—	OA legt der Glaubenskongregation „von sich aus" Schriften und das Auer-Gutachten vor
1980-01-14	Erzbischof Jean-Jérome Hamer lädt als Sekretär der Glaubenskongregation OA-Delegation zu Gespräch,
1980-01-14	Kardinal Höffner bittet nochmals um baldigen Bescheid
1980-01-31	Hamer übersendet OA die Gesprächspunkte
1980-02-27	Gespräch zwischen Glaubenskongregation und OA-Vertretern
1980-10-07	Entwurf für die „Konstitutionen des Ordens der Regularkanoniker vom Heiligen Kreuz"
1982-04-22	Weiteres Gespräch zwischen Glaubenskongregation und OA-Vertretern
1982-05-05	Glaubenskongregation teilt OA Bedingungen mit, unter denen OA akzeptiert werden kann
1982-05-10	„Pro memoria" des OA über Gespräche mit der Glaubenskongregation
1982-09-08	Religiosenkongregation genehmigt mit Schreiben an P, Bitterlich Ordenskonstitutionen „ad experimentum"
1982-11-21	Gutachten von Prof. Schedl über Engelnamen
1983-04-04	OA-Eingabe bei Glaubenskongregation mit Gutachten von Emmanuel Testa, Pinchas Lapide, Schalom Ben Chorin und Claus Schedl
1983-06-22	Glaubenskongregation trifft die im darauffolgenden September publizierten Entscheidungen
1983-07-01	Papst Johannes Paul II. bestätigt Entscheidungen der Glaubenskongregation
1983-07-04	Audienz für OA bei Papst Johannes Paul II. wegen der Dozentur des OA in Anapolis/Brasilien, Stiftung des „Institutum Sapientiae"
1983-09—	Gutachten für OA von P. Szekula von der Mechitaristen-Congregation über Engelnamen in der armenischen Kirche
1983-09-24	Brief der röm. Glaubenskongregation an Kardinal Höffner
1983-09-29	Runderlaß der Glaubenskongregation als Antwort auf die Anfrage der deutschen Bischöfe
1983-10-05	Brief der Glaubenskongregation an den Generaloberen der Regularkanoniker vom Hl. Kreuz und an den Prokurator des OA
1983-10-19	OA teilt deutschen Bischöfen den Spruch der Glaubenskongregation mit Begleitschreiben mit
1984-01—	Zeitschrift der Kongregation für die Evangelisierung der Völker, „Christ to the World", empfiehlt Engelwerk
1984-01-17	Soden schickt „Bemerkungen" an alle deutschen Bischöfe
1984-02-01	Die „Epistula" vom 29.9.1983 wird in den Acta Apostolicae Sedis veröffentlicht

1984-02-17	Soden verschickt Text „Die Zukunft des Engelwerkes“
1984-02-29	Sekretär der Religiosenkongregation beantwortet Anfrage von Ordensoberen
1984-03-01	Präfekt der Glaubenskongregation beantwortet Anfrage von Ordensoberen
1984-03-09	Verfügung vom Landgericht München gegen unerlaubten Druck der Schrift „Tagesengel“
1984-03-26	Der Sekretär der Deutschen Bischofskonferenz, Prälat Wilhelm Schätzler, bittet Blaskó um Mitgliederlisten in den einzelnen Diözesen
1984-04-06	Glaubenskongregation-Brief an Dr. Blaskó
1984-05-11	Blaskó beschwert sich brieflich bei Kardinal Höffner über Besuche Sodens in Exerzitienhäusern als „Beauftragter der Bischofskonferenz“
1984-10-14	Urteil vom Landgericht München wegen des unerlaubten Druckes der Schrift „Tagesengel“
1985-05-24	Kleruskongregation dankt OA für Bericht über 50 Priestergemeinschaften
1985-11-22	Bischof Soden hält in Freising, im Rahmen einer Tagung „Engellehre und Engeldarstellung“, Vortrag zum OA
1985-12—	Vortrag von Georg Blaskó bei der Engelwerk-Weihnachtstagung in Altötting: Was erwarten wir uns von einer werkeigenen Theologie?
1986-02-19	Kardinal Ratzinger, Präfekt der römischen Glaubenskongregation, erkundigt sich bei Bischöfen über die Entwicklung des OA
1986-07-18	Beginn eines von einzelnen Teilnehmern gut dokumentierten Einführungskurses zum Donatenstand des Kreuzordens in Caniçal auf der Insel Madeira
1986-09-16	Soden-Rundschreiben „Beobachtungen zum Engelwerk“, beruhend auf dem Vortrag vom 22.11.1985
1986-11—	Auftauchen erster Texte aus dem „Handbuch des Engelwerkes“ an der Hochschule Heiligenkreuz
1986-11-15	Brief Blaskós an Bischof Soden wegen dreier Schriftsätze
1986-11-26	P. Georg Blaskó beendet „Richtigstellung zu drei Schriftsätzen“, Auseinandersetzung mit Vorwürfen von Bischof Soden
1986-11-29	Brief Blaskós an Bischöfe
1986-12—	P. Hansjörg Bitterlich bietet Glaubenskongregation das Handbuch zur Untersuchung an
1986-12-01	3. Informationsbrief des Engelwerkes
1987-04-01	OA-Plan, an diesem Tag in der Kartause Gaming (Diözese St. Pölten) ein Zweigunternehmen des „Institutum Sapientiae“ zu eröffnen, scheitert

1987-07-21	Weihbischof Soden versendet „Handbuch des Engelwerkes" an alle deutschsprachigen Ordinarien und Generalvikare sowie an wichtige römische Stellen
1987-07-25	Kardinal Ratzinger beauftragt Prof. Johann Auer mit einer neuerlichen Studie über das Engelwerk und den Kreuzorden
1987-08-15	Diözesanblatt St. Pölten warnt vor dem Engelwerk
1987-08-28	Prof. Auer erbittet weitere Unterlagen von Kardinal Ratzinger für sein Gutachten
1987-09-14	Kardinal Ratzinger sendet Prof. Auer weiteres Material
1987-09-18	Blaskó will in Fulda vor deutschen Bischöfen sprechen - nach Ablehnung verschickt er Unterlagen
1987-09-23	Studientag der Deutschen Bischofskonferenz mit kurzem Soden-Referat zum OA
1987-10-18	Brief von Prof. Auer an Kardinal Ratzinger mit dem zweiten Gutachten Auers
1987-11-17	Soden-Vortrag über OA auf der theologischen Tagung (Theologisches) in Würzburg
1987-11-18	Blaskó beschwert sich bei Kardinal Ratzinger über Versand des OA-Handbuches, das auf Anordnung von Frau Bitterlich zum Forum internum gehöre
1987-11-23	Blaskó hält in Brief an den Sekretär der Deutschen Bischofskonferenz, Prälat Wilhelm Schätzler, die Frage der Mitgliederlisten für hinfällig
1987-12-11	Brief von Sekretär Schätzler, der die Anforderung der Mitgliederlisten wiederholt
1987-12-19	Beschwerde Blaskós bei Kardinal Ratzinger wegen des Soden-Vortrages in Würzburg
1988-01-12	Schreiben von Bischof Soden an Georg Blaskó
1988-01-29	Soden-Referat vor Glaubenskommission der Deutschen Bischofskonferenz in Wiesbaden-Naurod, er hat bis dahin120 Handbuch-Kopien im dt. Sprachraum und bis nach Brasilien verschickt
1988-02-25	Vollversammlung der Deutschen Bischofskonferenz empfiehlt Maßnahmen gegen das Engelwerk
1988-02-29	Beschluß in der Diözese Aachen zu OA
1988-03-01	Augsburger Generalvikar lehnt Ausstellung der Cura animarum für einen OA-Priester ab
1988-03-18	Mitteilung des Vorsitzenden der Deutschen Bischofskonferenz an Kardinal Ratzinger über den Beschluß der Vollversammlung
1988-03-25	Verwaltungsbefehl von Kardinal Friedrich Wetter/München
1988-03-29	Diözese Augsburg widerruft die Druckerlaubnis von 1976 für das Kalendarium
1988-04-28	Blaskó beklagt in Brief an Bischof Josef Stimpfle von Augsburg die Maßnahmen gegen das OA

1988-04-28	Brief Blaskós an den Augsburger Generalvikar Eugen Kleindienst
1988-04-30	Brief Blaskós an Bischof Karl Lehmann von Mainz, den Vorsitzenden der Deutschen Bischofskonferenz, Vorwurf des Antisemitismus gegen OA-Gegner
1988-04-30	Blaskó-Brief an Weihbischof Soden, Wunsch nach Dialog
1988-05—	Beitrag von Prof. Johannes van der Ploeg für „Una-Voce-Korrespondenz" („Eine alte jüdische Sekte und ihr christliches Echo")
1988-05—	Gutachten über Engel von Bischof Gregorius von der Koptisch-Orthodoxen Kirche
1988-05-02	Bischof Hermann Josef Spital von Trier lehnt in Brief an Rektor Jakob Ruf Veranstaltungen des Engelwerkes ab
1988-05-06	4. OA-Informationsbrief fertiggestellt, wird noch mit aktuellen Texten ergänzt
1988-05-06	P.Dr. Hubert van Dijk ORC: Rundbrief an alle Mitglieder und Freunde des Engelwerks
1988-05-07	Blaskó bittet um Unterredung mit Kardinal Wetter
1988-05-07	OA versendet Stellungnahmen zum Münchner Vorgehen und zur Berichterstattung in einzelnen Medien
1988-05-08	Rundbrief von Bischof Paul Hnilica SJ an Freunde des OA
1988-05-10	Soden-Brief an Georg Blaskó
1988-05-13	Sekretär von Kardinal Wetter bietet Blaskó Gesprächstermin an
1988-05-17	Rundbrief von P. Wolfgang Knupfer
1988-05-20	Verfügung von Bischof Franz Eder im Amtsblatt des Bistums Passau
1988-05-24	Brief von Dr. Georg Blaskó an Kardinal Wetter
1988-05-25	Blaskó beschwert sich bei Kardinal Ratzinger über Anordnungen deutscher Bischöfe
1988-05-27	Sekretariat der Dt. Bischofskonferenz teilt OA mit, daß die Glaubenskongregation um erneute Prüfung des OA gebeten wurde
1988-06-13	Glaubenskongregation bittet um weitere nützliche Informationen
1988-06-21	Anweisung von Diözesanadministrator Hubert Luthe/Köln
1988-06-24	Rundschreiben von Weihbischof Soden-Fraunhofen „Das Engelwerk": zehn Seiten Informationen an alle Bezieher des Amtsblatts im Erzbistum München und Freising
1988-07-07	Sendung des Bayerischen Fernsehens „Stationen" mit Beitrag: „Der Krieg der Engel"
1988-07-21	Audienz Blaskós bei Kardinal Wetter, als Berater Prof. Leo Scheffczyk, Dr. Heinz Maritz, Weihbischof Soden
1988-08-—	P. Hansjörg Bitterlich und P. Josef Bamberger besuchen Generalvikare in Österreich und hinterlassen mehrere Schriften („Das Engelwerk", „Das Handbuch des Engelwerkes", „Klarheit und Wahrheit")

1988-08-—	P. Wolfgang Knupfer beantragt beim Bischof von Passau Nichtigkeitserklärung des Verwaltungsbefehls
1988-08-17	Brief Blaskós an Kardinal Wetter mit „Gedächtnisprotokoll“ der Audienz vom 21. Juli 1988
1988-08-22	Blaskó beantragt bei Kardinal Wetter Nichtigkeitserklärung des Verwaltungsbefehls vom 25.3.1988, heftige Vorwürfe gegen Weihbischof Soden
1988-09-15	Neue Soden-Schrift „Das Engelwerk“
1988-11-08	Die Österreichische Bischofskonferenz befaßt sich mit dem Engelwerk
1988-11-12	Dekret der römischen Kongregation für das Erziehungswesen über den Hochschulstatus des „Institutum Sapientiae“ in Anapolis
1989-03-16	Frühjahrstagung der Österreichischen Bischofskonferenz, neuerliche Diskussion über das Engelwerk
1989-05-18	Diözese Eisenstadt warnt vor dem Engelwerk
1989-05-23	Die Österreichischen Bischofskonferenz richtet in einem Brief an P. Hansjörg Bitterlich „Wünsche“ an das Engelwerk
1989-08-05	In den „Salzburger Nachrichten“ widmet Karl Heinz Ritschel dem Engelwerk die Seiten 1 und 3 und erregt damit großes Aufsehen
1989-11-09	Bischof Johann Weber bekräftigt anläßlich der Herbsttagung der Österreichischen Bischofskonferenz, daß die Bischöfe vom OA die Einhaltung von drei Punkten erwarten
1989-11-12	Das ORF-Jugendmagazin „X-Large“ setzt sich mit dem Opus Angelorum auseinander
1989-11-25	„Salzburger Nachrichten“ melden: „Kein Engelwerk-Kloster in Fusch“
1990-01-—	Neue Soden-Schrift: „Das Engelwerk, eine Untergrund-Bewegung in der Kirche"

XIII LITERATUR- UND QUELLENVERZEICHNIS

Für das Buch herangezogene schriftliche Unterlagen

A) Medienberichte, Literatur und gedruckte Quellen

Die hier erwähnten Texte des Opus Angelorum sind zwar nicht nur den OA-Mitgliedern vorbehalten, aber in der Praxis trotzdem nur über das Engelwerk zu bekommen.

AAS (ACTA APOSTOLICAE SEDIS), LXXVI, Rom 1984

ALTNÖDER, Ferdinand: Ein geheimes Handbuch aus dem „Schatz der heiligen Engel" + Den Engelschatz prüfen (Kirchenblatt für Vorarlberg, 18.12.1988)

ALTNÖDER, Ferdinand: Nur Irrtümer und Auswüchse? (Kirchenblatt für Vorarlberg, 11.12.1988)

AMTSBLATT DES ERZBISTUMS KÖLN: Anweisungen bezüglich Veranstaltungen des Engelwerkes Opus Angelorum (Stück 15, 1.7.1988)

AMTSBLATT FÜR DAS BISTUM PASSAU: Verfügung betreffend das Engelwerk (Folge 4, 20.5.1988)

AMTSBLATT FÜR DAS ERZBISTUM MÜNCHEN-FREISING, Verfügung betreffend das Engelwerk (Nr. 8, 12.4.1988)

ANNUARIO PONTIFICIO, Rom, Ausgaben 1981, 1986 und 1989

ANZEIGER FÜR DIE BEZIRKE BLUDENZ UND MONTAFON: Priester durch die Fürbitte Mariens (30.7.1987)

AUER, Albert: Gott ruft Dich jeden Tag, Gedanken aus Vorträgen, Linz-Wien 1981

BASTEL, Heribert: „Wir bedürfen der Ruhe und Verborgenheit", Leserbrief (Die Furche, Wien, 16.12.1988)

BAUER, Dolores: Strom des Elends - Fluß der Hoffnung, Salzburg 1989

BAUM, Jörg: Sitzt im „Engelwerk" der Teufel? (Kirche intern, Reisenberg, Juli 1988)

BENZ, Ernst: Die christliche Kabbala, Zürich 1958

BITTERLICH, Gabriele: siehe Gabriel

BITTERLICH, Hanns M. (Herausgeber): Katalog Roswitha Bitterlich, Inns-bruck 1936

BLICKPUNKT: Weitere Einzelheiten über Schloß Petersberg bei Silz (12.4.1974)

BLASKÓ, Georg: Die angelologischen Aussagen des Zweiten Vatikanischen Konzils, Karlsruhe 1967 (Sonderdruck aus dem Oberrheinischen Pastoralblatt Nr. 7 und Nr. 8-9/1967)

BLÜMEL, Ingeborg: Zur Problematik des Engelwerkes, Leserbrief (Una-Voce-Korrespondenz, 18. Jg., Heft 4, Juli/August 1988)

BLUM, Wilfried: Der Wahrheit zuliebe, Leserbrief (Neue Vorarlberger Tageszeitung, 8.11.1985)

BOBERSKI, Heiner: Ade, Engelwerk! (Die Furche, 16.12.1988)

BOBERSKI, Heiner: Die Geheimtips des „13." (Die Furche, 4.8.1989)

BOBERSKI, Heiner: Eine Million Mitglieder? (Die Furche, 20.1.1989)

BOBERSKI, Heiner: Mayerlings Rätsel (Die Furche, 2.12.1988)

BONVIN, Jean Marc: Zur Lage des Kreuzordens (Ordensnachrichten, 28/1989)

BRAND, Barbara: Gemischte Gefühle bei Rückkehr in die Mission (Salzburger Nachrichten, 18.9.1989)

BÜRGER, Thomas: Bischöfe wollen das „Engelwerk" bremsen (KNA, Katholische Nachrichtenagentur, 29.4.1988)

BÜRGER, Thomas: „Dämonen strahlen schlecht" (Ulrichsblatt, Kirchenzeitung für die Diözese Augsburg, 23./24.7.1988)

BURKHARDT, Gunther: Auferstehung der jüdischen Sekte „Engelwerk" (Code, Juni 1987)

CHRIST TO THE WORLD: The Work of the Holy Angels (Heft 1, Jänner-Februar 1984)

CONGREGATIO PRO DOCTRINA FIDEI: Documenta inde a Concilio Vaticano Secundo expleto edita (1966-1985), Libreria Editrice Vaticana 1985

DAS KLEINE BLATT: Der Fall Knittel ist abgeschlossen (14.11.1985)

DAS NEUE TESTAMENT. Einheitsübersetzung der Heiligen Schrift, Stuttgart 1979

DER GROSSE KNAUR, Bände 7 und 10, Lexikographisches Institut, München 1982

DER SCHWARZE BRIEF: 15.000 in Maria Vesperbild (Lippstadt, Nr. 34/1989, 24.8.1989)

DER SCHWARZE BRIEF: Opus Angelorum wehrt sich gegen Verurteilung durch die Deutsche Bischofskonferenz (Nr. 20/1988, 19.5.1988)
DER SCHWARZE BRIEF: Zum Streit über das Engelwerk, II (Sonderblatt Nr. 21/88)
DIE BIBEL. Die Heilige Schrift des Alten und Neuen Bundes. Deutsche Ausgabe mit den Erläuterungen der Jerusalemer Bibel. 5. Auflage, Freiburg-Basel-Wien 1973
DIETRICH, N.N.: Weitere Einzelheiten über Schloß Petersberg bei Silz (Blickpunkt, 12.4.1974)
ENGLHARDT, Elisabeth: Zur Problematik des Engelwerkes, Leserbrief (Una-Voce-Korrespondenz, 18. Jg., Heft 4, Juli/August 1988)
FACIUS, Gernot: Das „Engelwerk" sorgt für Unruhe unter Katholiken (Die Welt, Hamburg, 19.9.1988)
FÄRBER, Franziskus Peter: Wesen, Aufgabe und Hierarchie der Engel in den drei Henoch-Büchern, theologische Dissertation, Graz 1984
FINAUER, Josef: Was ist das Opus Sanctorum Angelorum? (Innsbruck 1972)
GABRIEL, B. (Gabriele Bitterlich): Folge mir, Graz 1962
GEYER, Herbert: Gegenreformation (Wochenpresse, Wien, Nr. 51, 23.12.1988)
GÖTTLER, Norbert: Gefahr von gefleckten Katzen (Süddeutsche Zeitung, München, 14.6.1989)
HÄRING, Bernhard: Geheimwissen und Glaube sind unverträglich (Münchener Katholische Kirchenzeitung, 15.1. 1989; Kathpress, Wien, 16.2.1989; am 19.11.1989 unter anderem Titel im Rupertusblatt, Salzburg)
HÄRING, Bernhard: Reserviert gegen das „Engelwerk" (Rupertusblatt, 19.11.1989, am 15.1.1989 unter anderem Titel in der Münchener Katholischen Kirchenzeitung)
HILDEBRAND, Walter: Engel gibt es, St. Andrä-Wördern 1987
HOLBÖCK, Ferdinand: Versuchsweise in Kontakt, Leserbrief (Die Furche, 6.1.1989)
HONSIG, Markus: Apokalypse now (Kirche intern, November 1989)
HONSIG, Markus: Krenns Hilfstruppe (Kirche intern, September 1989)
JOHANNES PAUL II.: Die Engel. Sechs Papst-Katechesen, Stein am Rhein 1988
KATHOLISCHE NACHRICHTEN AGENTUR (KNA): „Engelwerk" - schärfere Gangart (15.9.1988)
KATHPRESS-INFO-DIENST: Die Freimaurer und die Kirchenturbulenzen (Wien, 10.3.1989)
KATHPRESS-INFO-DIENST: Engelwerks-Priester brachte Pfarre in Aufruhr (21.7.1989)
KATHPRESS-INFO-DIENST: Italien: Neue Rätsel um Calvis Aktentasche (27.10.1989)
KATHPRESS-INFO-DIENST: „Gewaltanwendung ist echt biblisch" (11.12.1989)
KATHPRESS-INFORMATIONSDIENST „INTERN": Engelmystik oder Kabbalistik (13.5.1988)
KATHPRESS-INFORMATIONSDIENST „INTERN": Engelwerk wünscht Dialog (22.7.1988)
KATHPRESS: Bischöfe wollen das „Engelwerk" bremsen (3.5.1988)
KATHPRESS: Kardinal aus dem Vatikan besuchte „Engelwerk" (27.12.1988)
KATHPRESS: Nur wenige Italiener glauben an Schutzengel (15.3.1989)
KATHPRESS: Robert Prantner über die Freimaurer (9.3.1989)
KATHPRESS: Scharfe Reaktion des „Engelwerkes" auf Maßnahmen des deutschen Episkopat (5.5.1988)
KATHPRESS: Studienhaus Mayerling dementiert Nähe zu „Engelwerk" und Lefebvrianern (6.12.1988)
KATHPRESS: Kardinal Groër: Priesterseminar auch für Mayerling-Studenten Pflicht (7.12.1988)
KATHPRESS: Veränderungen in der Leitung des Wiener Priesterseminars (14.7. 1989)
KIRCHE: „Engelwerk" dialogbereit (Innsbruck, 7.8.1988)
KIRCHE INTERN: Das aktuelle Dementi, Betrifft: Engelwerk (Jänner 1990)
KNITTEL, Reinhard: Klarstellung, Leserbrief (Die Furche, 23.12.1988)
KREBBER, Werner: Cherubim und Seraphim (Publik-Forum, Nr. 10, 27.5.1988)
KREBBER, Werner: Das Engelwerk (Stimmen der Zeit, 113. Jahrgang, Heft 10, Oktober 1988)
KÜBLE, Philipp: Stimme des Glaubens - Vox Fidei (Stimme des Glaubens, Nr. 10/1988, 15. Mai 1988)
KUNZENMANN, Werner: Das Geheimnis von Petersberg (Kirche, Innsbruck, 21.8.1988)
MADER, Josef: Kritische Betrachtungen zum „Engelwerk" (Anzeiger für die Seelsorge, Heft 10, Oktober 1988)
MÜLLER, Joachim: Unbehagen mit dem „Opus Sanctorum Angelorum" (Engelwerk) (Schweizerische Kirchenzeitung, Nr. 48, 1988)

MÜNCHENER KATHOLISCHE KIRCHENZEITUNG: Verklagt „Engelwerk" die Bischöfe? (15.5.1988)
MÜNCHENER KATHOLISCHE KIRCHENZEITUNG: Von einer unüberbietbaren Deutlichkeit (24.4.1988)
MÜNCHENER KATHOLISCHE KIRCHENZEITUNG: Wann wird Rom sich dazu melden? (25.9.1988)
MUSSNER, Franz: Das Opus Angelorum im Licht des Kolosserbriefs (Anzeiger für die Seelsorge, Jänner 1989)
MUSSNER, Franz: Merkmale mit bedenklichem Charakter (Münchener Katholische Kirchenzeitung, 15.1.1989; Kathpress, 16.2.1989; Rupertusblatt, 19.11.1989)
OPUS SANCTORUM ANGELORUM: Informationsbrief (1977/1983)
OPUS SANCTORUM ANGELORUM: 3. Informationsbrief, Eine Dokumentation, Stand vom 1. Dezember 1986, Herausgegeben von der Procura Generale dell'OA, Rom 1986
OPUS SANCTORUM ANGELORUM: 4. Informationsbrief, Ringen des OA um die kirchliche Anerkennung, Stand vom 6. Mai 1988, Herausgegeben von der Procura Generale dell'OA, Rom 1988 (die darin enthaltenen Quellen sind in dieser Aufstellung nicht eigens erwähnt)
ÖSTERREICHISCHES BIOGRAPHISCHES LEXIKON 1815-1950, herausgegeben von der Österreichischen Akademie der Wissenschaften unter Leitung von Leo Santifaller, Graz-Köln 1957
PERSONALSCHEMATISMUS DER DIÖZESE LINZ, Linz 1985
PIEBER, Margit: Geheimnis hinterm Stacheldraht (Kirche intern, September 1989)
PIBER MARGIT, Total weltfremd? (Die Furche, 1. 2. 1990)
PRÄSENT: Engel ja, aber (Innsbruck, 12.5.1988)
PROFIL: Ismael & Ariel. Die dunkle Welt des „Opus Angelorum" (Wien, 20. 2. 1989, S. 56)
RECHEIS, Athanas: Die Engel sind mächtige Geister, Linz 1988
RITSCHEL, Karl Heinz: Kosmos voller Engel und Dämonen + Das Erbe der Frau Bitterlich (Salzburger Nachrichten, 5.8.1989)
SALZBURGER NACHRICHTEN: Kein Engelwerk-Kloster in Fusch (25.11.1989)
SANCTA CRUX, 46. Jg., Nr. 103, Heiligenkreuz 1985
SCHEUCH, Manfred: Die Angst vor dem „Bösen" macht böse (AZ-Wochenendbeilage, Wien, 2.12.1988)
SCHÜCKER, Walter: Die Gelübde-Bindung im Werk der heiligen Engel, St. Ottilien/Heiligenkreuz 1976
S(ODEN-FRAUNHOFEN), H(einrich von): Magie und Privatoffenbarungen sind kein gutes Fundament (Münchener Katholische Kirchenzeitung, 1.5.1988)
SODEN-FRAUNHOFEN, Heinrich von: Zwischen Engeln und Dämonen (Familien-Journal, Aachen, 12/1988, liegt monatlich den Kirchenzeitungen mehrerer Diözesen bei)
ST. PÖLTNER DIÖZESANBLATT: Warnung vor Engelwerk (Nr. 11, 15.8.1987)
STATIONEN, Bayerisches Fernsehen (7.7.1988)
STATUTEN DER SCHUTZENGELBRUDERSCHAFT, Innsbruck 1961
STROBL, Bernhard: Vier neue Arbeiter im Weinberg (Rupertusblatt, Salzburg, 10.7.1977)
VAN DER PLOEG, Johannes P.M.: Eine alte jüdische Sekte und ihr christliches Echo (Una-Voce-Korrespondenz, Mai/Juni 1988)
VORARLBERGER NACHRICHTEN: Primizfeier in Thüringen (3.8.1987)
WEBERBERGER, Richard: „Furche" ist Licht, Leserbrief (Die Furche, 17.2.1989)
WIENER DIÖZESANBLATT, Jahrgänge 1988 und 1989
X LARGE, Österreichisches Fernsehen, 12.11.1989

B) Nicht gedruckte Quellen

Nahezu alle auf der Zeittafel (XII) erwähnten Briefe und Gutachten sowie alle Texte, die in den angeführten Materialsammlungen (wie OA-Informationsbriefen) aufscheinen, wurden für dieses Buch eingesehen. Wegen der Fülle des Materials ist hier nur ein Teil der benützten Texte aufgelistet.

ANONYM: Bericht über Exerzitien im Kloster Brandenburg 29.10.-2.11.1982

ANONYM: Die Verbindung der Söhne Gottes mit den Töchtern der Menschen, St. Petersberg, 28.11.1973
AUER, Johann: Beobachtungen und Gedanken zur Theologie des Engelwerkes (Gutachten I), Regensburg, 6.11.1977
AUER, Johann: Gutachten II, Sinzing 1987
(BITTERLICH, Hansjörg): Das Engelwerk (1988)
(BITTERLICH, Hansjörg): Das Handbuch des Engelwerkes (1988)
(BITTERLICH, Hansjörg): Klarheit und Wahrheit (1988)
BLASKÓ, Georg: Gedächtnisprotokoll von der Audienz bei einem Kardinal Erzbischof, Silz, 13.8.1988
BLASKÓ, Georg: Pro Memoria - Einiges aus der Lehre der Heiligen Kirche über Engel und Pastoral, Rom, 24.10.1987
BLASKÓ, Georg: Pro Memoria, Flüeli, 10.2.1989
BLASKÓ, Georg: Richtigstellung zu drei Schriftsätzen, Silz, 26.11.1986
BLASKÓ, Georg: Über die jetzige Rechtslage des Opus Ss. Angelorum, 1.5.1988
BLASKÓ, Georg: Was erwarten wir uns von einer werkeigenen Theologie? (Vortrag bei der Weihnachtstagung 1985 in Altötting)
COMBONI-MISSIONARE: Bericht über das Engelwerk (Februar 1976)
DIÖZESANPRIESTERRAT DES BISTUMS AACHEN: Protokoll der Sitzung am 29.2.1988 im Priesterhaus Maria Rast
EGGER, Karl: Ansprache anläßlich der Eröffnung des Noviziates der Congregatio Canonicorum Regularium Sanctae Crucis, Semeiro/Braga, 14.8.1977
HOBI, Emil: Thesen bezüglich Opus Angelorum (Heiligenkreuz 1986)
LOCHNER, Siegfried: Gedächtnisprotokoll über die Einführungstage für Bewerber um die Aufnahme in den Donatenstand des Kreuzordens, Madeira, Juli/August 1986
OPUS SANCTORUM ANGELORUM: Prägung und Eigenprägung des Opus Angelorum, Silz, März 1975
ROTHKRANZ, Johannes: Kritische Anmerkungen zum „Handbuch“ und zum „3. Informationsbrief“ des Engelwerkes, (Filsen/Rhein 1987)
ROTHKRANZ, Johannes: Manipulationswochen auf Madeira, Eine Dokumentation, Filsen/ Rhein, 30.7.1986
ROTHKRANZ, Johannes: Theologische Anmerkungen zu Lehren und Praktiken des Opus Sanctorum Angelorum, Filsen/Rhein 1986
SCHMIEDERER, Ernst und VOTZI Josef: Aus allen Herrgottswinkeln (profil, Wien, 20. 2. 1989, S.. 52-56)
SCHMIDPETER, P. UND ANDERE: siehe Comboni-Missionare
SILBERER, Rolf: Schreiben an deutsche Ordensoberinnen, März 1975
SODEN-FRAUNHOFEN, Heinrich von: Beobachtungen zum Engelwerk (Freising, September 1986, nach einem Vortrag vom 22. November 1985)
SODEN-FRAUNHOFEN, Heinrich von: Das Engelwerk, Freising, 15.9.1988
SODEN-FRAUNHOFEN, Heinrich von: Das Engelwerk, Freising, 24.6.1988
SODEN-FRAUNHOFEN, Heinrich von: Das Engelwerk – eine Untergrundbewegung in der Kirche (Freising, Jänner 1990)
SODEN-FRAUNHOFEN, Heinrich von: Die Zukunft des Engelwerks nach dem Dekret der römischen Glaubenskongregation vom 24. September 1983 (Freising, Jänner 1984)
SODEN-FRAUNHOFEN, Heinrich von: Die Zukunft des Engelwerks nach dem Dekret der römischen Glaubenskongregation vom 24. September 1983, Freising, 17.2.1984
SODEN-FRAUNHOFEN, Heinrich: Referat über das Engelwerk vor der Sitzung der Glaubenskommission der Deutschen Bischofskonferenz, Wiesbaden-Naurod, 29.1.1988
STRICKMANN, Klaus: Der Orden der Regularkanoniker vom Heiligen Kreuz (OSC) - Einführungskurs in Caniçal/Madeira - 8. Juli bis 2. August 1986, 22.8.1986
TREECK, Elvira von: Unbetitelter Text zum Engelwerk, Bonn (1987)
WAITZ, Walter: Stellungnahme der Leitung des Opus Angelorum zum Bericht der Comboni-Missionare, Innsbruck, März 1976

C) Schriften des Engelwerkes

Von jenen Texten, die theoretisch Mitgliedern des OA vorbehalten sind, konnten von einer (zum Teil unbekannten) größeren Anzahl die folgenden für dieses Buch herangezogen werden:

1. Schriften aufgrund der Privatoffenbarungen von Gabriele Bitterlich

ADSUM, Das Buch von der Bereitschaft, Niederschrift 1951, Überarbeitung 1962
DAS REICH DER ENGEL, A-Teil, zweite Abschrift, Innsbruck 1956 (mit Nachtrag und Übersichtstabellen über die Chöre der heiligen Engel, St. Petersberg 1972)
DER KLEINE WEG DER SÜHNE, Auflage 1968
DIE ERSTERSCHAFFENEN GOTTES, Unveränderte Neuauflage 1965, St. Petersberg 1972
DIE GEMEINSCHAFT DER HEILIGEN, Nach der Erstschrift vom Jahr 1951/52 überarbeitet und ergänzt in Galtür, Dezember 1962
DIE HEILIGEN TAGESENGEL UND DIE HEILIGEN ENGEL DER BEWEGLICHEN FESTE, UNSERE MÄCHTIGEN WEGBEGLEITER, Band I (1. Halbjahr) und Band II (2. Halbjahr), Eigenverlag St. Gratiel, Altötting o.J. (vom OA nicht genehmigter Druck)
DIE ZUSAMMENHÄNGE IN DER HEILIGEN SCHRIFT, Unveränderte Neuauflage, St. Petersberg 1972
HANDBUCH DES ENGELWERKES, 1960 (Nach Ergänzungen und Korrekturen erstmalig vervielfältigt 1961)
JAHRESLESUNGEN, I, Aus den Rundbriefen 1955 bis 1963, Unveränderte Neuauflage, St. Petersberg 1981
JAHRESLESUNGEN, II. Teil, Innsbruck 1968
RITUALE DES OPUS SANCTORUM ANGELORUM, Auflage 1970, Druck

2. Weitere Schriften

ANGELUS
BETTELBRIEFE, WERBEBRIEFE
COA-LEHRBRIEFE
CONSPECTUS (lateinischer Situationsbericht)
EXERZITIENANKÜNDIGUNGEN
KONSTITUTIONEN DES ORDENS DER REGULARKANONIKER VOM HEILIGEN KREUZ (mit den Statuten der Donaten), 1982
RUNDSCHREIBEN verschiedener Art
ST. PETERSBERG, Nachrichten aus dem Leben und Wirken unserer Gemeinschaft
STATUTEN DER DONATEN IM ORDEN DER REGULARKANONIKER VOM HEILIGEN KREUZ
WAITZ, Walter: Merkblatt für Leser von Engelschriften aus dem Werk

XIV REGISTER

Dieses Register bezieht sich nur auf Begriffe im Textteil der Abschnitte I bis XI.

A) Personen

Aus Gründen der Übersichtlichkeit wurden biblische Namen nicht in dieses Register aufgenommen. Auf eine Registrierung der Namen von Engeln und Teufeln wurde bewußt verzichtet.

B) Orte

Fotonachweis:

Peter Obermeier, Osterhofen:	35 oben, 58, 69, 80, 82, 84
Margit Pieber, São Paulo/Brasilien:	94/95
Agencia Folhas, Nana Moraes:	95 unten
Mag. Hanspeter Kathrein, Innsbruck:	35 unten
Tiroler Kunstverlag Chizzali, Innsbruck:	37
Verlag Flugbild Ges. m. b. H., Bonn:	81